Einführung in didaktisches Handeln

Karl-Heinz Flechsig / Hans-Dieter Haller

Einführung in didaktisches Handeln

Ein Lernbuch für Einzel- und Gruppenarbeit

Ernst Klett Verlag Stuttgart

CIP-Kurztitelaufnahme der Deutschen Bibliothek
Flechsig, Karl-Heinz
Einführung in didaktisches Handeln: ein Lehrbuch f. Einzel- u. Gruppenarbeit / Karl-Heinz Flechsig; Hans-Dieter Haller.
ISBN 3-12-922440-8
NE: Haller, Hans-Dieter:

2. Auflage 1977

Druck: Gutmann & Co., Heilbronn

Inhalt

0. Einleitung 7
1. Unterrichten und didaktisches Handeln 10
2. Organisiertes Lernen in Schulen und an anderen Lernorten . 27
3. Schulverwaltung und Bildungspolitik 39
4. Schüler und Adressaten 62
5. Klassen und Lerngruppen 78
6. Lehrplan und Curriculum 93
7. Leistungsmessung und Evaluation 129
8. Fächer und Lernbereiche 144
9. Lehrstoffe und Lernziele 162
10. Unterrichtsmethode und Lernorganisation 180
11. Lehrbücher und andere Medien 202
12. Klassenarbeiten, Prüfungen und Evaluationsinstrumente . . 221
13. Lehrerrollen und Lehrfunktionen 253
14. Unterrichtsgeschehen und organisierte Lernsituationen . . . 284
15. Hinweise zur Bearbeitung der „Einführung in didaktisches Handeln“ 305

Anhang:

Register mit Adressen von Institutionen 323
K.-H. Flechsig: Was ist ein Lernprojekt? 327
Textausschnitt zu Planspielen 334
Das Säbelzahn Curriculum (Ausschnitt) 341
Sachregister 353

0. Einleitung

Bei dem folgenden Text handelt es sich nicht um ein Lehrbuch im üblichen Sinne. Es geht also nicht darum, Didaktik im Überblick darzustellen, d. h. inhaltliche Aussagen ausgewählter Positionen und Autoren zu referieren und zu kommentieren. Ebensowenig handelt es sich um eine neue Didaktik aus einem Guß, d. h. um eine geschlossene Alternative zu vorhandenen Ansätzen der Erziehungs- und Unterrichtswissenschaften. Schließlich handelt es sich auch nicht um ein Handbuch, in dem in enzyklopädischer Weise die großen Felder der Disziplin Didaktik von Spezialisten abgehandelt werden. Die Absicht der Autoren läßt sich wohl am besten dadurch charakterisieren, daß man den Text als ein „Lernbuch" für Anfänger bezeichnet.

Was heißt das: Lernbuch? Zunächst soll damit gesagt sein, daß es den Lernprozeß eines Studienanfängers oder eines anderen Laien einzuleiten beabsichtigt. Dies geschieht etwa dadurch, daß in den Texten Beispiele aus jedermanns Alltag angeführt werden, so daß eine Anknüpfung an vorhandene Erfahrungen möglich ist. Da zum Beginn eines Lernprozesses jedoch auch eine „produktive Verunsicherung" dieser Vorerfahrung gehört, werden gleichzeitig vorhandene Denkmuster, Überzeugungen und Sprachgewohnheiten in Frage gestellt. Damit jedoch der Lernprozeß nicht in der Sackgasse bloßen Infragestellens endet (und damit ein Rückfall in die alte Sicherheit eintritt), sollen jeweils neue Wahrnehmungs- und Handlungsmöglichkeiten angeboten und erprobt werden. Die Überschriften der einzelnen Kapitel spiegeln Anfang und Abschluß der ersten Phase eines Lernprozesses wider: Das erste Wort bezeichnet einen geläufigen Begriff der Umgangssprache, das zweite Wort eine Begriffsformel, die im Kontext der neueren Didaktik etwa den Bereich angibt, auf den der umgangssprachliche Begriff hinweist.

Ein Lernbuch zu sein, bemüht sich der folgende Text jedoch auch in der Weise, daß neue didaktische Erfahrungen nicht nur durch die Einführung neuer Begriffe und damit neuer Betrachtungsweisen ermöglicht werden. Lernen soll vielmehr auch dadurch eingeleitet werden, daß die *Begegnung mit der Wirklichkeit selbst* stattfindet oder aber vorbereitet wird. Die Erkundungsprojekte und Planspiele, für die im Text Skizzen aufgeführt werden, haben diese Aufgabe.

Ein Lernbuch für Studienanfänger muß jedoch auch jenem speziellen Orientierungsbedürfnis gerecht werden, das traditionelle Lehrbücher zu befriedigen suchen. Dies soll jedoch nicht mit einer terminologischen und inhaltlichen Überfrachtung verbunden sein, wie dies bei anderen Lehrbüchern oft der Fall ist. Es soll auch nicht durch Demonstration von Belesenheit geschehen, die dem Anfänger zwar imponiert und ihm Zutrauen einflößt, ihn aber gleichzeitig verzagen läßt angesichts erdrückender Stoffülle. Statt dessen soll eine Orientierung vorwiegend dadurch erfolgen, daß das gesamte Feld didaktischen Handelns vorgeführt, nicht aber Quadratmeter für Quadratmeter abgegrast wird. Sie soll ferner dadurch erfolgen, daß mögliche Rollen, Interessen und Zielsetzungen benannt werden, aus denen didaktisches Handeln gespeist werden kann, nicht aber dadurch, daß eine einzelne Rolle oder ein einzelnes Interesse – etwa das des Lehrers – als dominant dargestellt wird. Schließlich sollen weitere Orientierungshilfen angeboten werden, indem Informationsquellen, Arbeitstechniken und Kooperationsmöglichkeiten bezeichnet und verfügbar gemacht werden, die für weiterführende Aktivitäten benötigt werden. Unter diesen weiterführenden Aktivitäten spielt die „Selbstorganisation von Lernprozessen" durch die Lernenden selbst eine zentrale Rolle.

Um diese Selbstorganisation und im besonderen eine Anpassung an Lernvoraussetzungen, Interessen und institutionelle Rahmenbedingungen verschiedener Adressatengruppen zu ermöglichen, haben die 15 Kapitel des Buches eine relative Selbständigkeit erhalten. Dies soll dem Leser den Einstieg an dem für ihn zentralen Punkt des Interesses ermöglichen. Ein Lesen der Kapitel in umgekehrter Reihenfolge erscheint deshalb ebenso möglich wie andere Abfolgen. Da in jedem Kapitel auf diejenigen Kapitel verwiesen wird, in denen Anschlußthemen behandelt werden, findet der Leser gewisse Stützen für ein solches Vorgehen. Ferner dürfte es der Selbstorganisation förderlich sein, wenn auch die Arbeitshilfen im 15. Kapitel nicht erst zum Schluß gelesen werden, sondern dann, wenn man sich zum ersten Mal mit einem Erkundungsprojekt oder Planspiel aus dieser Einführung befaßt.

Der Anspruch, einem anderen eine Orientierung zu geben, ist unauflösbar verknüpft damit, daß derjenige, der diese Hilfe anbietet, seine eigene Position bezeichnet. Was das vorliegende Lehrbuch in seiner Funktion als Orientierungshilfe anbelangt, so läßt sich dessen Position – und damit die Position der Autoren – wie folgt charakterisieren:

Didaktik wird verstanden als Handlungswissenschaft, d. h. als ein System der Aufklärung und Verbesserung didaktischer Praxis. Als Wissenschaft kann sie diese Aufgabe nur leisten, indem sie nicht nur die Mittel, sondern auch die Zwecke zu ihrem Gegenstand erklärt und indem sie sich dazu nicht nur empirisch-analytischer Methoden bedient, sondern auch planend-entwickelnder Verfahren. Und schließlich wird Didaktik verstanden als eine wissenschaftliche Disziplin, die Selbstaufklärung betreibt, indem sie ihre wissenschaftstheoretischen, gesellschaftlichen und disziplinären Prämissen offenlegt, begründet und diskutiert. Die hier angeführten Ansprüche und Verheißungen können nicht auf Anhieb eingelöst werden. Vielmehr versteht sich der vorliegende Text einschließlich der sich um ihn organisierenden Aktivitäten selbst als ein „lernendes System". Er ist also auch in diesem Sinne ein „Lernbuch". Konkret bedeutet dies, daß alle Leser als potentielle Mitarbeiter betrachtet werden. Dies kann dadurch geschehen, daß sie sich unmittelbar mit Fragen und Einwänden an die Autoren wenden und diese damit zum Weiterlernen veranlassen. Es kann aber auch in der Weise erfolgen, daß Dozenten oder Gruppen von Lernenden ihre Erfahrungen – insbesondere mit den bezeichneten Projekten – schriftlich zusammenfassen und sie damit anderen als Anregung zugänglich machen. Es ist vorgesehen, solche Erfahrungsberichte in geeigneter Weise zu publizieren und gewonnene Einsichten bei Neuauflagen zu berücksichtigen.

Hamburg, im April 1975
Karl-Heinz Flechsig
Hans-Dieter Haller

1. Unterrichten und didaktisches Handeln

Gründe für diese Unterscheidung

Beginnen wir mit einer Unterstellung: Sie, der Benutzer dieses Lernbuchs, hegen die Erwartung, durch die nun folgende Lektüre und daran anschließende Aktivitäten handlungsfähiger zu werden – als Lehrerstudent, als Lehrer oder Ausbilder, als Kindergärtnerin oder als Bildungspolitiker, als Schulleiter oder Elternvertreter, als Schulbuchautor oder Schularchitekt, als „Elternteil" oder einfach nur als Autodidakt.
Diese einigermaßen bunte Aufzählung von Berufen und Ämtern mag zunächst überraschen, legt der Begriff „didaktisches Handeln" doch zunächst nahe, daß es sich um eine Angelegenheit handelt, die man gemeinhin mit dem Wort „Unterrichten" bezeichnet. Jedenfalls kommt uns von der Umgangssprache her zunächst der Gedanke, darunter die Tätigkeit eines Ausbilders, eines Dozenten oder eines Lehrers zu verstehen, der mit einer Gruppe von Lernenden in einem Unterrichtsraum steht oder sitzt, verbindet man mit „Unterrichten" doch gemeinhin solche Teilfertigkeiten wie Vormachen, Erklären, Fragen, Loben, Tadeln, Üben, Einhelfen, Korrigieren, Strafen, Ermuntern oder Anweisen. Was könnte es für Gründe geben, die es rechtfertigen, von „didaktischem Handeln" zu sprechen, statt sich des geläufigen Wortes „Unterrichten" zu bedienen?
Einer dieser Gründe ist bereits angedeutet. Didaktisches Handeln ist nicht auf die Tätigkeit eines Ausbilders oder Lehrers beschränkt. Auch ein Kultusminister etwa, der neue Lehrpläne entwickeln läßt, auch eine Mutter, die ihrem Kind beim Erledigen der Hausaufgaben hilft, sind Personen, die didaktisch handeln. Ebenso tut dies ein Redakteur, der eine Sendung im Bildungsfernsehen betreut, desgleichen der Autodidakt, der sich entschließt, sie anzusehen und sie mit Kollegen zu diskutieren.
Der zweite Grund: Didaktisches Handeln läßt sich nicht auf Situationen beschränken, in denen Lehrer und Schüler miteinander sprechen. Diejenigen Tätigkeiten, die zur *Planung und Vorbereitung* von Lehr-Lernsituationen gehören, aber auch solche, die deren *Nachbereitung* und *Auswertung* dienen, können von größerem Einfluß auf den Lernprozeß sein als Ereignisse, Einfälle und Zufälle, die sich in Unterrichtsräumen ergeben.

Es gibt jedoch noch weitere Gründe, die es sinnvoll und zweckmäßig erscheinen lassen, den umfassenderen Begriff „didaktisches Handeln" einzuführen. Sie hängen zusammen mit der zunehmenden *Differenzierung unseres Bildungssystems,* mit wachsender Mitbestimmung durch Schüler und Eltern, durch Studenten und Öffentlichkeit, und sie hängen zusammen mit einer Verstärkung des Interesses und der Interessenwahrnehmung von Verbänden und Öffentlichkeit, die gegenüber Fragen von Ausbildung und Bildung ausgeübt wird.
Dadurch erweitert sich nicht nur – wie bereits erwähnt – der Kreis von Handlungsträgern im Bildungsssystem, sondern die daraus resultierenden *mittelbaren* Einwirkungen auf Lehr-Lernprozesse gewinnen gegenüber den *unmittelbaren* (in Unterrichtsräumen und in Funkkollegs beispielsweise) zunehmend an Bedeutung. Der Dorfschulmeister des 19. Jahrhunderts war – verkürzt gesprochen – nur von Gott und seinem Pfarrer abhängig, der von ihm veranstaltete Unterricht war nicht in gleichem Maße wie heute abhängig von Lehrbüchern und Lehrplänen, Medien und Organisationsentscheidungen, Versetzungsregelungen und Erlassen betreffend Klassenarbeiten. Auch fehlte ihm die Konkurrenz durch außerschulisch organisierte Lernprozesse, veranstaltet von Massenmedien oder Volkshochschulen. Die Berufsbildung bewegte sich fast ausschließlich im außerschulischen Raum.
Selbst derjenige nun, der bereit ist, diesen wachsenden Einfluß von mittelbar didaktischem Handeln auf Unterrichtssituationen zuzugestehen, der also eine solche Ausuferung und Vermaschung der Bereiche didaktischen Handelns als eine Tendenz der Fortentwicklung unseres kulturellen und gesellschaftlichen Systems zu betrachten bereit ist, gerät jedoch bald in eine neue Schwierigkeit. Er wird nämlich feststellen, daß sein Versuch, eine Beschränkung seines didaktischen Gesichtskreises auf Unterrichtssituationen aufzuheben, erkauft wird durch das Gefühl, den Überblick zu verlieren. Wenn man nämlich nicht nur die unmittelbaren, sondern auch die mittelbaren Einwirkungen auf Lehr-Lernprozesse als didaktisches Handeln versteht, wo lassen sich dann vernünftigerweise Grenzen ziehen? Gerät man dann nicht in die Situation, in der man – resignierend oder triumphierend, je nach Temperament und Weltanschauung – ausruft: „Auf dieser Welt hängt alles mit allem zusammen! Jeder Drucker, der eine Zeile für ein Lehrbuch setzt, ist ein didaktisch Handelnder!" Eine Situation, in der der Wunsch entsteht, von den vorletzten zu den letzten und von diesen zu den allerletzten Bestimmungsgründen voranzuschreiten, in der Hoffnung, die eine große Kraft zu entdecken, die auf alles wirkt.
Konkret gesprochen: Wenn man nicht nur den Lehrer im Klassenraum

als didaktisch Handelnden betrachtet, sondern auch den Vorgesetzten, der ihn kontrolliert; den Lehrbuchautor, der das Buch schrieb, welches er verwendet; die Eltern, welche die Hausaufgaben betreuten, die er nun überprüft; gibt es dann einen Grund, an diesem Punkt haltzumachen? Könnte man nicht weitergehen bis zum Handeln des Ministers, der den Vorgesetzten ausgewählt und ernannt hat, zum Verleger, der den Auftrag an den Lehrbuchautor vergab; und zum Illustriertenratgeber, der den Eltern empfahl, sich bei der Hausaufgabenbetreuung so oder so zu verhalten?
Daß die Autoren dieser Einführung zu einer Abgrenzung gekommen sind, geht schon aus dem Inhaltsverzeichnis hervor. Wie gut diese Abgrenzung begründet ist, mag der Leser zum Schluß beurteilen. An späterer Stelle dieses Kapitels (S. 14) wird zudem der Versuch unternommen, die Felder abzustecken, auf denen didaktisches Handeln stattfindet, und eine erste Gliederung vorzunehmen. Bevor dies jedoch geschieht, erscheint es zunächst notwendig, die bislang noch umgangssprachlich verwendeten Begriffe „Didaktik" und „Handeln" wenigstens so weit zu erläutern, daß grobe Mißverständnisse ausgeschlossen sind.

Organisiertes Lernen als Gegenstand der Didaktik

Daß „Didaktik" etwas mit Unterricht und Lernen zu tun hat, weiß wohl jedermann. Daß der Begriff eine Geschichte hat und daß bis in die Gegenwart hinein die unterschiedlichsten Auslegungen und Definitionen vorgenommen worden sind, sei dem Leser versichert. Warum die Autoren darauf verzichten, an dieser Stelle eine Ein-Satz-Definition des Begriffs „Didaktik" anzubieten, wird ihm nach den folgenden Überlegungen hoffentlich verständlich sein.
Da Individuen der Gattung Mensch (homo sapiens) ihr Verhalten nur in geringem Umfang in Form angeborener Instinkte vermittelt bekommen, sondern durch Lernen erwerben müssen, kommt der Art und Weise, in der dieses Lernen ermöglicht wird, hohe Bedeutung für die Entwicklung des einzelnen wie der Gesellschaft zu. Zu dem Verhalten, das erlernt wird, gehören nicht nur Laufen, Sprechen und Rechnen, sondern auch Spinnenfurcht, Nächstenliebe und Gedichteschreiben. Daß dabei einzelne Individuen das eine oder andere schneller oder besser als andere lernen, widerspricht dem nicht. Nun wurden Handfertigkeiten, Körperbewegungen, Einstellungen, geistige Fähigkeiten und soziale Verhaltensformen in vorgeschichtlicher Zeit sehr wahrscheinlich ausschließ-

lich durch Erfahrung und Umgang, durch Beobachtung und Imitation, durch Einfühlung und direkte Überlieferung vermittelt. Mit zunehmender Differenzierung der menschlichen Kultur entstand jedoch die Notwendigkeit, solche *Lernprozesse zu organisieren,* um zu sichern, daß die entsprechenden Verhaltensformen von möglichst allen Angehörigen des Stammes, der Gesellschaft oder der Gesellschaftsschicht erlernt wurden, daß das Verhalten bis zu einem gewissen Standard ausgebildet wurde und daß dies einigermaßen systematisch und ökonomisch geschah. In der Regel war dies mit dem Entstehen von Lehrberufen verbunden, soweit nicht andere Berufe (z. B. Priester) diese Aufgabe mit übernahmen.

Es erscheint nun sinnvoll, zu unterscheiden zwischen solchen Lernprozessen, die *in organisierter Weise* vermittelt werden, und anderen, die nicht organisiert, sozusagen durch das Leben selbst veranstaltet werden. Damit kommen wir zu einem ersten Bestimmungsmerkmal des Begriffs „Didaktik": Gegenstand der Didaktik bzw. didaktischen Handelns ist die Organisation von Lernprozessen menschlicher Individuen. Eine Einschränkung, die hier erforderlich erscheint, sei nur angedeutet: Die klinische Behandlung von Verhaltensstörungen, bei der es im Prinzip auch um die Organisation von Lernprozessen geht, wird üblicherweise nicht als Gegenstand der Didaktik aufgefaßt, ebensowenig eine Reihe sozialtherapeutischer und sozialpädagogischer Handlungsbereiche.

Wenn man – mit diesen Eingrenzungen – die Organisation von Lernprozessen menschlicher Individuen als didaktisches Handeln begreift, dann ergibt sich daraus auch bereits ein Hinweis auf den Gegenstand didaktischer Forschung: Ihre Aufgabe ist es, die Organisation von Lernprozessen, ihre Bedingungen, Zielsetzungen, Verfahren und Wirkungen aufzuklären, zu analysieren, zu interpretieren, zu beschreiben und zu verbessern.

Eine weitere Erläuterung des Begriffs „Didaktik" erfolgt in Kapitel 2, und zwar im Zusammenhang von Überlegungen zum organisierten Lernen. Zur besseren Verständigung bedarf jedoch auch der Begriff „Handeln" einer ersten Präzisierung. Zunächst vermittelt das Wort „Handeln" die Auffassung handgreiflichen Einwirkens auf die Umwelt, auf Menschen und Sachen. Doch kann die Einwirkung auch vermittels Sprache geschehen, keineswegs nur der Befehlssprache, sondern durch beschreibende Aussagen. Schließlich kann Handeln auch durch andere Formen symbolischen oder nichtsymbolischen Ausdrucks erfolgen: Gesten, Musik, Bilder oder Werkzeugherstellung. All dies trifft auch auf didaktisches Handeln zu: mittelbares oder unmittelbares Einwirken auf Menschen und Sachen.

Eine weitere Unterscheidung verdient jedoch an dieser Stelle Erwähnung. Wie wir in der Umgangssprache „blindes" und „absichtliches" Handeln unterscheiden, so auch im Bereich didaktischen Handelns. Dieses kann nämlich einerseits unbewußt oder bewußt geschehen. Gewohnheitsmäßiges, durch Nachahmung und bloße Tradition bedingtes didaktisches Handeln läßt sich von bewußtem und absichtsvollem unterscheiden. So sehr man annehmen darf, daß didaktisches Handeln wie wohl alles menschliche Handeln zumeist gewohnheitsmäßig und unbewußt erfolgt, so sehr wird man auch annehmen dürfen, daß immer dann, wenn „Organisation" und „Planung" ins Spiel kommen, Bewußtheit und Absicht zunehmen. So kann beispielsweise die Absicht dieses Lernbuchs, Lernprozesse zur Verbesserung didaktischen Handelns einzuleiten, nur dadurch erreicht werden, daß man unbewußte Formen didaktischen Handelns, über die jedermann verfügt, der zur Schule gegangen ist, weil er nämlich Verhaltensweisen seiner Lehrer nachahmend gelernt hat, ins Bewußtsein hebt und „auf den Begriff bringt". Deshalb spielt auch das Operieren mit Begriffen eine relativ große Rolle in diesem Buch. Durch Aufklärung der verwendeten Begriffe soll nicht nur die Verständigung erleichtert werden. Vielmehr soll auch eine bestimmte Art, didaktische Sachverhalte bewußt wahrzunehmen (wohlgemerkt nicht: sie nur auf eine bestimmte Art wahrzunehmen), damit geübt werden.

Handlungsebenen der Didaktik

Nachdem auf diese Weise der Begriff „didaktisches Handeln" so weit geklärt sein dürfte, daß grobe Mißverständnisse ausgeschlossen sind, wollen wir zu dem bereits angekündigten Versuch übergehen, die Ebenen (oder Felder oder Räume) zu umreißen, auf denen didaktisches Handeln stattfindet. Es sind dies:

- Gestaltung der institutionellen, ökonomischen, personellen und konzeptionellen Rahmenbedingungen (A-Ebene)
- Gestaltung übergreifender Lehrplan- und Schulkonzepte (B-Ebene)
- Gestaltung von Lernbereichen und Unterrichtskonzepten (C-Ebene)
- Gestaltung von Unterrichtseinheiten (D-Ebene)
- Gestaltung von Lehr-/Lernsituationen (E-Ebene)

Die Verwendung von Großbuchstaben hat den Vorteil, daß man keine neuen Wörter zu lernen braucht. Sie hat auch den Vorteil, daß in die Bezeichnungen kein Nebensinn hineinspielt, der über die erläuterten

Sachverhalte hinausgeht. Ein Nachteil besteht allerdings darin, daß die Vorstellung vermittelt werden könnte, daß diese Ebenen genau zu trennen sind oder daß sie in einem Verhältnis von Über- und Unterordnung zueinander stehen. Beides ist nicht der Fall. Wie man sich das Verhältnis vorzustellen hat, wird hoffentlich aus den folgenden Erläuterungen hervorgehen. Da sich aber auch die folgenden Abschnitte unseres Buches an diese Gliederung anlehnen, kann im Zweifelsfalle ein Blick in eines der folgenden Kapitel weitere Erläuterungen geben.
Um jedoch eine erste Vorstellung von den genannten Handlungsebenen zu vermitteln, seien im folgenden einige charakteristische Handlungsformen oder Handlungsmöglichkeiten angedeutet, die dort angesiedelt sind.

A-Ebene

Die Gestaltung der institutionellen, ökonomischen, personellen und konzeptionellen Rahmenbedingungen organisierten Lernens wurde als Charakteristikum der A-Ebene genannt. Es ist dies vorwiegend der Handlungsbereich von Bildungspolitikern, Bildungsplanern und Verwaltungsbeamten, allenfalls auch von Wissenschaftlern, die von Zeit zu Zeit Vorschläge publizieren, wie man das Bildungswesen verbessern, neu entwickeln oder auch abschaffen kann. Lehrer, Schüler, Studenten und Eltern können hier weitgehend nur mittelbar über gewählte Vertreter Einfluß ausüben oder aber über öffentliche Aktivitäten wie Publikation, Demonstration und Petition. Auf dieser Ebene werden nicht nur institutionelle Grundsatzfragen entschieden, etwa ob Berufsbildung in öffentlichen Schulen oder in Betrieben oder in beiden organisiert wird, ob die Vorschulerziehung vom Staat oder von Gemeinden und Verbänden betreut wird, ob Kirchen und Großunternehmen Hochschulen einrichten dürfen oder ob dies ein Vorrecht des Staates ist. Es werden auch Detailfragen entschieden, so etwa, wie viele Schüler wie lange welche Schulen besuchen sollen, wie groß die Gruppen, wie lang die Pausen und wie schwer die Prüfungen sein müssen. Auf dieser Ebene geht es ferner um die Bereitstellung von Mitteln, darum, ob 4 Prozent, 6 Prozent oder 8 Prozent des Bruttosozialprodukts für Bildung und Erziehung ausgegeben werden sollen, ob Personal- und Sachkosten wechselseitig übertragen werden dürfen, ob Lehrmittel vom Staat bezahlt werden. Es geht aber auch um Personalentscheidungen in den Spitzenpositionen, etwa darum, ob ein Jurist oder ein Sozialwissenschaftler, ein Demokrat oder ein Technokrat Leiter der Schulabteilung werden soll.

Und schließlich geht es um konzeptionelle Fragen, um die Formulierung von Bedarfen und Bedürfnissen der Gesellschaft, denen das Bildungswesen insgesamt gerecht werden muß, um Fragen der Mitbestimmung und der interdisziplinären sowie der internationalen Kooperation sowie darum, welche Prioritäten in bezug auf Lernziele und Lerninhalte gesetzt werden sollen: Schreiben und Lesen für alle, Fremdsprachen für viele, Psychologie für einige. Nicht zuletzt geht es um Prüfungs- und Ausleseverfahren, um Versetzungsordnungen, Abschlüsse und Berechtigungen.

B-Ebene

Auf der B-Ebene steht die Gestaltung von übergreifenden Lehrplan- und Schulkonzepten im Vordergrund. Die in unserem Lande geführte Diskussion um die Hessischen Rahmenrichtlinien verdeutlicht in etwa, worum es geht: Zwar sind auf der A-Ebene Abkommen zwischen den Ländern darüber geschlossen, welche Fächer in den öffentlichen Schulen gelehrt werden. Mit welcher gesellschaftlich-politischen und ideologisch-weltanschaulichen Zielrichtung dies jedoch zu geschehen habe, darüber findet die Auseinandersetzung in anderen Zusammenhängen statt. Dies betrifft aber nicht nur die Frage von Zielen und Inhalten, sondern auch Grundsätze der Lernorganisation, wie etwa fächerübergreifenden Unterricht, Projektstudium, Förderkurse, Differenzierung, Beratungssystem und Auslesekriterien. Didaktisches Handeln auf dieser zweiten Ebene setzt das Vorhandensein von Institutionen immer schon voraus, seien es nun Hochschulen oder Gewerbeschulen, Grundschulen oder Volkshochschulen, Fernsehuniversitäten oder Funkkollegs, Grundschulen oder Gymnasien. Auf dieser Ebene handeln nun keineswegs vorwiegend Bildungspolitiker. Vertreter von Fach- und Interessenverbänden beteiligen sich an Diskussionen und Entscheidungen ebenso wie Publizisten, Lehrer, Erziehungs- und Sozialwissenschaftler und aktive Bürger aus verschiedenen Gruppen. Daß diese Einwirkungen keineswegs einsinnig erfolgen, sondern daß Interessenkonflikte, Positionsunterschiede und Prinzipienstreit die Auseinandersetzung auch auf dieser Ebene bestimmen, ist als Normalzustand anzusehen.

C-Ebene

Die Gestaltung von Lernbereichen und Unterrichtskonzepten wurde als Charakteristikum didaktischen Handelns auf der C-Ebene genannt.

Handeln auf dieser Ebene geschieht zumeist im Rahmen dessen, was auf der B-Ebene entschieden wurde. Im besonderen geht es darum, für einzelne Bildungsstufen, Fächer, Schultypen oder Gruppen von Lernenden Pläne auszuarbeiten, zu verwirklichen und die Ergebnisse auszuwerten. So waren etwa, als „neue Mathematik" in der Grundschule eingeführt wurde, viele Lehrer auf diese Maßnahme nicht vorbereitet, sie kannten auch die Begründungen und Gegenargumente nicht, die nicht nur auf nationaler, sondern auch auf europäischer Ebene verhandelt wurden. Sie betrachteten dies als Angelegenheit von Fachdidaktikern und Fachwissenschaftlern, möglicherweise noch als eine solche von Ministerialbeamten und Psychologen. Entsprechend wurden auch die meisten Eltern sich der Problematik erst bewußt, als ihre eigenen Kinder neue Mathematik lernten und sie feststellen mußten, daß sie die Hausaufgaben nicht verstanden. Kann man darum didaktisches Handeln auf der C-Ebene beschränken auf die erwähnten Gruppen von Spezialisten? Ist es nicht mindestens erforderlich, daß Eltern und Lehrer, Schüler und Studenten zumindest über den *Bezugsrahmen* informiert sind, innerhalb dessen sich die Entwicklungen abspielen, von denen sie früher oder später betroffen sind? Sollten sie nicht auch Qualifikationen erwerben, die es ihnen ermöglichen, Mitbestimmungsfunktionen zu übernehmen? Entscheidungen auf der C-Ebene fallen jedoch nicht nur über neue Fächer oder neue Konzepte innerhalb von Fächern. Didaktisches Handeln auf dieser Ebene würde sich auch auf fächerübergreifende Gegenstände zu beziehen haben, so etwa auf die Vorbereitung, Durchführung und Auswertung von Praktika und Erkundungsprojekten in Betrieben, wie dies gegenwärtig beispielsweise im Zusammenhang mit polytechnischer Bildung und Arbeitslehre geschieht. Hier greifen lokale und regionale, schulische und außerschulische, theoretische und praktische Gesichtspunkte ineinander, von denen didaktisches Handeln bestimmt wird. Auch dies ist keineswegs nur eine Angelegenheit von Behörden, Verbänden und einigen Spezialisten unter den Pädagogen. Was hier verhandelt wird, erweist sich als bedeutsam auch für diejenigen, die später von den dort gefällten Entscheidungen betroffen sind.

D-Ebene

Mit der D-Ebene, auf der es um die Planung, Durchführung und Auswertung von *Unterrichtseinheiten* geht, kommen wir in den Bereich, der herkömmlicherweise schon als Handlungsbereich des einzelnen Lehrers oder von Lehrerteams angesehen wird. Doch dies ist zu eng gesehen:

Wenn nämlich Bildungspolitiker, Schulbuchautoren und Hochschuldozenten keine Vorstellungen davon haben, was auf dieser Ebene an didaktischem Handeln tatsächlich und möglicherweise stattfindet, arbeiten sie am sogenannten „grünen Tisch", d. h., sie entwickeln Konzepte bestenfalls für die Archive. Die Umsetzbarkeit fachwissenschaftlicher und fachdidaktischer, politischer und administrativer Erkenntnisse und Entscheidungen in reale Lernsituationen erfordert eine gewisse Fähigkeit der gedanklichen Vorwegnahme von möglichen Wirkungen und Nebenwirkungen, die sich daraus für Unterrichtseinheiten ergeben. Mit „Unterrichtseinheiten" sind hier nicht „Lektionen", also einzelne Stunden, gemeint, sondern lektionsübergreifende Planungseinheiten. Dies können – wie beispielsweise im Literaturunterricht – einzelne Ganzschriften sein, und es können Teilqualifikationen sein wie etwa „Kartenlesen". Die Literatur zum Thema „Unterrichtsvorbereitung" befaßt sich zumeist mit dieser Handlungsebene, wofern sie nicht gar die Perspektive auf die Lektionsvorbereitung verkürzt. Daß hierzu großer Bedarf besteht, leuchtet ein, wenn man sich dessen bewußt ist, daß hier diejenigen Qualifikationen liegen, die von Lehrern nicht nur täglich gefordert werden, sondern die auch Gegenstand des praktischen Teils von Examina sind. Zu leicht geraten solche Anleitungen jedoch zu „Kochrezepten", d. h., dem Leser werden im wesentlichen instrumental-technische Ratschläge gegeben, ohne daß über den Bezugsrahmen, über stillschweigend gemachte Voraussetzungen oder über mögliche Kritik an diesen Maßnahmen sowie über deren Nebenwirkungen Überlegungen angestellt werden. Möglicherweise sind die Adressaten auch dankbar für solche Verkürzungen, da sie das Gefühl von Sicherheit und Handlungsfähigkeit vermitteln, ein Gefühl, das gerade unter den Bedingungen von Prüfungsdruck geschätzt ist.

E-Ebene

Die E-Ebene didaktischen Handelns ist in den letzten Jahren, nicht zuletzt vor allem unter dem Einfluß der *Lehrerverhaltensforschung,* immer deutlicher in den Blick gekommen. Es handelt sich hier um die Gestaltung konkreter Lernsituationen. Unter der Bezeichnung „microteaching" gibt es inzwischen eine umfangreiche Literatur und vor allem auch audiovisuelle Medien (Filme, Fernsehaufzeichnungen), die sich auf das Verhaltenstraining von Lehrern beziehen. Lehrer sollen hier lernen, wie man Fragen stellt, Antworten bestätigt, erklärt, auf Aggressionen reagiert, lobt usw. Dies könnte nun den Eindruck erwecken, daß diese

Ebene ausschließlicher Handlungsbereich von Lehrern wäre und daß Schüler und Eltern nur als die von diesem Handeln Betroffenen zu betrachten seien. Es müßte für didaktisches Handeln auf dieser Ebene auch „Lerner-Verhaltenstraining“ und „Eltern-Verhaltenstraining“ geben, d. h., es müßten auch Schülern und Eltern Handlungsmöglichkeiten für konkrete Lehr-Lernsituationen gegeben werden. Schüler könnten beispielsweise lernen, wie man seinerseits Fragen stellt, wie man sich verhält, wenn Lehrer aggressiv werden, wie man anderen Lernhilfen gibt, wie man selbst seinen Lernerfolg kontrollieren kann, wie man einen Lernprozeß organisiert, wenn kein Lehrer anwesend ist, usw. Dies dürfte ganz sicher nicht nur für Studenten und Schüler höherer Altersgruppen sinnvoll sein. Die Ausbildung der Rolle des „Autodidakten“ kann von sehr frühen Altersstufen an geschehen. Lehr-Lernsituationen sind aber nicht identisch mit Gesprächen in Klassenzimmern. Lernen findet auch außerhalb von Schulen statt. Vor allem sogenanntes „Üben“ wird häufig der individuellen Beschäftigung im stillen Kämmerlein überlassen. Wo aber werden wir für diese Form didaktischen Handelns ausgebildet? Wo lernen wir, wie man aus einem Lehrtext die notwendigen Informationen entnimmt, wie man mit Nachschlagewerken umgeht, wie man sich an Berater wendet, wie man Lernerfolge prüft, wie man Anwendungsbeispiele entdeckt?
Um kein Mißverständnis aufkommen zu lassen: Wenn hier von „Schülern“ die Rede ist, so sind damit alle gemeint, die in organisierter Weise lernen. Dies können Kinder und Jugendliche sein, dies können Ministerialbeamte und Wissenschaftler sein, dies können aber auch Eltern und Lehrer sein. Ist die Vermutung eigentlich so ganz falsch, daß die Fähigkeit, Lernprozesse zu organisieren, eng damit zusammenhängt, daß man immer wieder selbst die Rolle des Lernenden übernimmt?

Qualifikationen für didaktisches Handeln

Dieser erste Versuch, die Ebenen oder Felder zu umreißen, auf denen didaktisches Handeln stattfindet, hat bereits deutlich gemacht, daß es nicht um eine einheitliche Fähigkeit gehen kann, über die Personen verfügen müssen, die didaktisch handeln. Man könnte auch hier wieder den Eindruck von Uferlosigkeit erhalten, bei dem Bemühen zu bestimmen, welche Fähigkeiten im einzelnen für didaktisches Handeln erforderlich sind. Kaum eine menschliche Fähigkeit wäre hier auszuschließen, angefangen von der Sensibilität für Wertvorstellungen und historische Bedingungen über Kontaktfreudigkeit und Umgänglichkeit bis hin zu Fähigkeiten der rationalen Argumentation und technischem Geschick. Je nachdem, auf welcher der fünf Handlungsebenen die „Praxis" angesiedelt ist, die man ausübt, werden dabei verschiedene Schwerpunkte ins Spiel kommen. Die Vielfalt von Kenntnissen und Fertigkeiten, von Einstellungen und Haltungen, von Wahrnehmungs- und Gestaltungseigentümlichkeiten wird auf jeder dieser Ebenen noch groß genug sein. Auch hier wollen wir den Versuch einer ersten Gliederung unternehmen, die möglicherweise einen Bezugsrahmen, ein Orientierungsschema abgeben kann, innerhalb dessen sich die Qualifikationen für didaktisches Handeln ansiedeln lassen. Der Vorschlag geht dahin, vier Klassen von Qualifikationen zu unterscheiden:

- Kontextverständnis
- Zielsetzungs- und Entscheidungsfähigkeit
- Repertoire alternativer Handlungsmuster
- Beurteilungsfähigkeit

Vorwegnehmend sei die These gewagt, daß sich gute „Praktiker" dadurch auszeichnen, daß sie in gewissem Maße über alle vier Klassen von Qualifikationen verfügen.

Kontextverständnis

Um mit dem *Kontextverständnis* zu beginnen: Hierzu gehört in erster Linie das Wissen um die politische, geschichtliche, gesellschaftliche, anthropologische und individuelle Bedingtheit didaktischen Handelns. Ein didaktisch Handelnder muß also wissen, von welchen politischen und ökonomischen Vorentscheidungen, aber auch von welchen Traditionen sein Handeln abhängt. Ein Bildungspolitiker auf der kommunalen – aber keineswegs nur dieser – Ebene sollte die bildungspolitischen Grundsätze der einzelnen Parteien kennen, er sollte aber auch wissen, wie diese mit deren gesellschafts- und wirtschaftspolitischen Grundsätzen zusammenhängen. Lehrer – aber nicht nur diese – sollten wissen, welchen Anteil am Bruttosozialprodukt die Ausgaben für Bildung und Erziehung derzeit im eigenen Lande und in anderen Ländern ausmachen und welche Größen dieser Anteil bestenfalls annehmen kann. Eltern – aber nicht nur diese – sollten wissen, wie es kommt, daß sie am Nachmittag bei den Hausaufgaben helfen müssen. Aber nicht nur politische und ökonomische Vorentscheidungen zu kennen macht Kontextverständnis aus. Auch die Traditionen der einzelnen Bildungseinrichtungen so weit zu kennen, daß man ihnen nicht blind unterworfen ist, gehört dazu. Wer weiß schon, warum Gymnasiallehrer „Philologen" heißen, auch dann, wenn sie Naturwissenschaften lehren, obwohl dieses Wort doch eher Sprachwissenschaftler bezeichnet? Und schließlich gehört zum Kontextverständnis das Wissen um gattungsmäßige und individualpsychologische Bedingungen menschlichen Verhaltens. Lern- und Entwicklungstheorien gehören hierzu ebenso wie sozialpsychologische Grundkenntnisse.

Zielsetzungs- und Entscheidungsfähigkeit

Zielsetzungs- und Entscheidungsfähigkeit stellt die zweite Klasse von Qualifikationen für didaktisches Handeln dar. Diese Fähigkeiten schließen einerseits das Wissen um die Wertvorstellungen und Interessen ein, die in der Gesellschaft, in der man lebt, vorhanden sind und die im Konflikt zueinander stehen. Zum anderen beinhaltet diese Fähigkeit, sich für Ziele angesichts von Norm- und Interessenkonflikten entscheiden und diese Entscheidung begründen zu können. Dies ist nun eine schöne, glatte Formel, wie wir sie auch in Lehrplänen finden können und auf die wir uns alle zu einigen vermöchten. Gerade darum aber sollten wir uns zu ihrer weiteren Präzisierung und Konkretisierung veranlaßt sehen. Diese Konkretisierung beginnt damit, daß sich Lehrer beispielsweise entscheiden müssen zwischen den Interessen der Heranwachsenden und den Interessen des Staates, zwischen den Interessen von Arbeitgeberverbänden und den Interessen von Arbeitnehmern, zwischen ihrem eigenen Sicherheitsbedürfnis und den Ansprüchen ihrer Umwelt nach Offenlegung ihrer Position. In der Geschichte der europäischen Erziehung hat sich spätestens seit der Aufklärung so etwas wie ein spezifisches erzieherisches Ethos entwickelt, das ähnlich dem Ethos des Arztes das Handeln an eine berufsspezifische Moral bindet. Die oberste Maxime dieses Ethos besagt, daß man dem Ziel der Entwicklung der individuellen Persönlichkeit der Heranwachsenden alle anderen Zielsetzungen unterzuordnen habe, etwa die Interessen von Abnehmern an gut vorbereiteten Berufstätigen, die Interessen des Staates an angepaßten Staatsbürgern, die Interessen der Kirchen an Überlieferung ihrer Wahrheiten. Läßt sich dieses pädagogische Ethos unter den Bedingungen der gegenwärtigen Gesellschaft als Richtmarke didaktischer Entscheidungen durchhalten, oder erweist es sich als großbürgerlich-liberalistisches Moralkonzept, das dem Gemeinwohl, im besonderen aber dem Wohl unterprivilegierter Gruppen, notwendigerweise entgegenwirkt? Auch wenn wir keine schnelle und erst recht keine einheitliche Antwort auf die Frage geben können, im Interesse welcher gesellschaftlichen Gruppen und unter welchen Normen Bildungspolitiker, Eltern oder Lehrer zu handeln haben, so darf doch diese Thematik nicht aus unseren Überlegungen verdrängt werden, etwa zugunsten einer Moral der Sachgerechtigkeit oder eines Gemeinwohlbegriffs, der Interessenlagen leugnet. Die Institutionen, in denen didaktisch Handelnde ausgebildet werden, müssen selbst zum Übungsfeld werden und Situationen bereitstellen, in denen sich die Fähigkeit entfalten kann, Normen zu übernehmen und abzulehnen, Ziele zu sehen, Entscheidungsbewußtsein zu entwickeln und Entscheidungen begründen zu können.

Handlungsalternativen

Daß didaktisch Handelnde über ein *Repertoire alternativer Handlungsmuster,* also beispielsweise über Fachwissen, soziale Umgangsformen und lehrmethodische Fertigkeiten verfügen sollten, ist wohl am wenigsten bestritten. Dies umfaßt Sachwissen und Handfertigkeiten der verschiedensten Art, das Umgehenkönnen mit Informationsquellen und Informationsmitteln sowie Fähigkeiten des Darstellens, Erklärens, Fragens, Überzeugens und Verstärkens. Es umfaßt ferner die Fähigkeit, Sachverhalte auf den Begriff zu bringen und zu interpretieren. Zur Kompetenz von didaktisch Handelnden gehört jedoch auch der ganze Bereich dessen, was man heute als „kommunikative Kompetenz" bezeichnet, also Sensibilität für die Interessen und Bedürfnisse anderer, aber auch für die eigenen, die Fähigkeit des Verstehens und Mitteilens über Sprachbarrieren hinweg, die Herstellung geeigneter und die Vermeidung ungeeigneter Kommunikationssituationen und den aufgeklärten Umgang mit Macht und Herrschaft, Fähigkeiten, deren sie bedürfen, wenn sie ihren Zielen gemäß in verschiedenen Kontexten wirksam handeln wollen. Auch dies läuft wieder Gefahr, zu einem schönen Katalog von Leerformeln zu geraten. Dennoch dürften einige der verwendeten Wörter verdeutlichen, daß es sich selbst bei den instrumentellen Kenntnissen und Fertigkeiten nicht nur darum handelt, klar und deutlich zu sprechen, möglichst viel zu wissen, viele gute Fragen zu stellen, zu loben und zu tadeln, eine vorbildliche Handschrift zu haben und ein klares Tafelbild herstellen zu können, obwohl auch dies Dinge sind, die nicht gering geschätzt werden sollten.

Beurteilungsfähigkeit

Als vierte Klasse praxisbezogener Fähigkeiten und praxisbezogenen Bewußtseins hatten wir *Beurteilungsfähigkeiten* genannt. Gemeint sind damit jene Elemente praktischen Handelns, deren Charakterisierung darin besteht, daß man sich nach vollzogener Handlung vergewissern sollte, welche Wirkungen die Handlung tatsächlich hatte. Hierzu gehören zunächst die Bereitschaft und das Bedürfnis, eigenes und fremdes Handeln der kritischen Würdigung zu unterziehen und nötigenfalls Korrekturen vorzunehmen. Dazu gehört aber auch die Fähigkeit, nicht nur nach beabsichtigten Wirkungen des Handelns zu forschen, sondern für unbeabsichtigte Nebenwirkungen sensibel zu sein. Der im hierfür inzwischen in der Erziehungswissenschaft geläufigen Wort „Evaluation" enthaltene Begriff „value" besagt soviel wie „Wert", und so gehört zur Evaluation auch die Überprüfung der Werte, von denen das Handeln bestimmt war. Evaluation besteht demnach nicht nur darin, zu fragen, welche Wirkungen der Rechtschreibunterricht tatsächlich hatte, sondern auch, ob die vielen darauf verwendeten Stunden tatsächlich so viel wert waren, daß man um ihretwillen auf mehr Sachwissen, differenzierte Begrifflichkeit, aufgeklärte Konsumhaltung, mehr Sport und mehr Spiel verzichtet hat. Die kritische Bilanz eigenen Tuns in diesem Sinne sichert, daß wir bewußt handeln und bewußt Erfahrungen machen.

Möglichkeiten der Arbeitsteilung

Liegt in den genannten vier Fähigkeitskomplexen nicht doch eine Überforderung für jeden einzelnen? Ist es nicht schon schwierig genug, in einem dieser Bereiche sich differenziert zu bilden? Wäre es nicht sinnvoll, arbeitsteilig vorzugehen, indem eine Gruppe didaktisch Handelnder vor allem Zielentscheidungen trifft, eine andere Gruppe diese möglichst wirksam realisiert und eine dritte Gruppe die Wirkungen möglichst distanziert und objektiv zu erfassen versucht? Wird Handlungsfähigkeit nicht geradezu gelähmt, wenn man sie an den Ansprüchen mißt, die in den vier Qualifikationsbereichen liegen?
In der Tat gibt es typische Formen der bewußten Beschränkung auf Teilfunktionen. So gibt es Individuen und Gruppen, die sich in so differenzierter Weise mit der Analyse von Kontexten befassen, in denen didaktisches Handeln steht, daß sie keine Zeit mehr finden, Ziele zu formulieren und zu realisieren, geschweige denn ihr Handeln auf seine

Wirkungen hin zu prüfen. Im Gegensatz zu diesen „Hinterfragern“ steht der Typ des „Machers“, immer bereit, seinen technischen Know-how einzusetzen, in welchem Auftrag auch immer. Dieser Gruppe didaktisch Handelnder ist der möglichst differenzierte und effiziente Handlungsvollzug an sich ein Wert. Sie beschränken sich auf die Realisierung vorgegebener Zielsetzungen in vorgegebenen Kontexten und streben optimale Lösungen an. Schließlich läßt sich noch eine Gruppe von zumeist testpsychologisch vorgebildeten Personen ausmachen, deren didaktisches Handeln sich auf die Meßfunktionen in der Evaluation beschränkt. Sie sehen sich weder als praxisgestaltende noch als Kontexte und Zielsetzungen analysierende Instanz an. Die Qualität ihres Beitrags zum didaktischen Handeln messen sie überwiegend an der Genauigkeit der erhobenen Daten.

Abgesehen davon, daß es diese Personengruppen in dieser reinen Form nicht gibt, liegt auch in einer solchen Rollenverteilung ein guter Sinn, allerdings unter einer Voraussetzung: Diese Rollen müssen als *Schwerpunktbildungen* verstanden werden, ohne daß die jeweils angrenzenden Qualifikationsbereiche total ausgeblendet oder naiv behandelt werden, und es müssen die Personen *in enger Kommunikation* stehen. Hierzu bedarf es aber eines gemeinsamen Bezugsrahmens und seiner fortwährenden Diskussion. Konkret bedeutet dies, daß ein Teil der Ausbildungs- und Weiterbildungszeit für alle didaktisch Handelnden auf die jeweils komplementären Qualifikationen verwendet werden muß, so daß der Spezialisierung ein Gegengewicht erwächst. Damit kommen wir auf die eingangs erwähnte Funktion dieses Lernbuchs als einer Orientierungshilfe zurück. Indem es dazu beiträgt, durch die Lehrtexte sowie die zusätzlichen Aktivitäten einen Bezugsrahmen für didaktisches Handeln zu entwickeln, der hinreichend umfassend ist, macht es zugleich auch die Notwendigkeit sichtbar, innerhalb jedes einzelnen Bereiches speziellere Qualifikationen zu erwerben, um didaktisches Handeln auf der Basis aufgeklärter – vor allem auch wissenschaftlich aufgeklärter – Vorerfahrungen zu leisten. Perfektes Unterrichten allein genügt demnach ebensowenig, wie die Fähigkeit zu differenzierten Voraussetzungs- und Bedürfnisanalysen, genauen Zielformulierungen oder ausgeklügelten Evaluationsverfahren für sich allein genommen hinreicht.

Literaturhinweise:

1 H.-K. Beckmann, Unterrichten und Beurteilen als Beruf; in: W. Klafki u. a., Erziehungswissenschaft 1 (Eine Einführung). Fischer Bücherei, Band 6101, 1970, Seite 215—231, sowie die daran anschließende Diskussion Seite 231 bis 236.

Dieser Beitrag ist in dem ersten Band einer insgesamt dreibändigen Einführung in die Erziehungswissenschaft enthalten, die zunächst als Funkkolleg durchgeführt wurde. In diesem Aufsatz wird Unterrichten primär als Lehrertätigkeit gesehen; es werden verschiedene Theorien und Einteilungsschemata aus der Pädagogik dargestellt, wobei der Autor zwischen „idealistischen" und „realistischen" Lehrerbildern unterscheidet.

2 P. Menck, Ansätze zur Erforschung von Unterrichtsmethoden in der BRD; in: P. Menck / G. Thoma (Hrsg.), Unterrichtsmethoden. Intuition, Reflexion, Organisation. München (Kösel), 1972, S. 158—185.

Dieser Aufsatz befaßt sich mit der Frage, welchen Stellenwert „Unterrichtsmethode" im Kontext der Didaktik nach Auffassung verschiedener Autoren hat. Menck gliedert nach vier „Ebenen didaktischer Reflexion", die zugleich auch Handlungsebenen sind. Diese decken sich teilweise mit den in diesem Abschnitt dargestellten fünf Ebenen, teilweise unterscheiden sich die Gliederungen. Insofern ist dieser Aufsatz eine wichtige Ergänzung und zugleich Relativierung zu unserer Darstellung. Eine Gegenüberstellung beider Gliederungen dürfte anregende Diskussionen vermitteln und zugleich die relative Gültigkeit und Nützlichkeit von Klassifikationsschemata illustrieren.

Vorschlag für ein Erkundungsprojekt 1:

Begriffsdefinitionen

1. Gehen Sie in eine (pädagogische) Bibliothek und sehen Sie die dort vorhandenen Lexika und Handbücher der Pädagogik ein; stellen Sie dabei fest, in welchem Verständnis dort die Begriffe „Didaktik", „Unterricht(en)" und „Lehre(n)" verwendet werden. Gehen Sie in Ihrer Gruppe arbeitsteilig vor, d. h., bearbeiten Sie pro Person zunächst nur ein Lexikon bzw. Handbuch.
2. Beschreiben Sie den Standort der Bibliothek und darin den der pädagogischen Lexika und Handbücher.
3. Fertigen Sie eine Aufstellung dieser Hilfsmittel an.

Entwurf zu einem Planspiel 1:

„Gymnasiasten wünschen Didaktikkurs“

Situation: Für die Oberstufe von Gymnasien der Bundesrepublik gibt es Reformbeschlüsse, in denen u. a. ein breiteres Angebot an Kursen, auch solchen mit erziehungs- und sozialwissenschaftlichen Themen, vorgesehen ist. Die Schüler können dabei Wünsche äußern und zwischen Kursen wählen. Im Goethe-Gymnasium zu Bestadt nimmt eine Gruppe von Schülern der Klasse 12 dieses Angebot wahr, und zwar in der Weise, daß sie an das Lehrerkollegium die Bitte richtet, einen Wahlkurs im Umfang von 12 × 3 Wochenstunden einzurichten, der sich mit der Frage von Unterricht und Didaktik befassen soll. Sie begründen ihre Bitte mit dem Hinweis darauf, daß nicht nur für künftige Lehrer, sondern auch für andere Berufe entsprechende Qualifikationen erwartet werden. Um sich orientieren zu können, in welchem dieser didaktischen Berufe ihre Interessen und Neigungen liegen könnten, bitten sie um ein entsprechendes Lehrangebot. Eine Gruppe von drei Lehrern, die für den erziehungs- und sozialkundlichen Fächerbereich federführend sind, antwortet auf diese Bitte. Je nachdem, ob diese Antwort positiv oder negativ ausfällt, liefern die Schüler neue Begründungen und halten ihre Bitte aufrecht bzw. verzichten auf ihren Wunsch.

Handlungsträger: Eine Initiativgruppe von 3 bis 4 Schülern und eine Lehrergruppe von drei Lehrern.

Spielregeln: Anfragen und Antworten erfolgen in schriftlicher Form. Zusätzlich können Aussprachen zwischen beiden Gruppen stattfinden.

Handlungsziele: Die Lehrer möchten den Wunsch ablehnen. Die Schüler möchten ihn durchsetzen. Als *Handlungsmöglichkeiten* stehen beiden Gruppen nur die schriftliche und mündliche Argumentation zur Verfügung. Ein *Schiedsrichter* beurteilt die Qualität der Argumente und entscheidet in diesem Konflikt auf Grund von Kriterien, die er ebenfalls schriftlich benennt.

2. Organisiertes Lernen in Schulen und an anderen Lernorten

Für die meisten von uns ist es selbstverständlich, daß man Lesen, Schreiben, Rechnen, Autofahren, Klavierspielen und grammatische Regeln in *Schulen* lernt. Ebenso selbstverständlich erscheint es uns, daß man Gehen, Sprechen, Radfahren, Einkaufen, Wählen und Küssen *nicht* in Schulen lernt. Und schließlich wissen wir, daß man Kochen, Schwimmen, Singen, Englischsprechen, Tanzen und Filmen *sowohl* in Schulen wie auch in anderen Umwelten, sozusagen im Leben selbst, erlernen kann.

Offensichtlich sind unsere Auffassungen davon, was Menschen in Schulen lernen und was außerhalb, von den Erfahrungen abhängig, die wir selbst gemacht haben. Hätten wir zu einer anderen Zeit gelebt oder lebten wir in einem Entwicklungsland, so wären unsere Vorstellungen von schulischem und außerschulischem Lernen verschieden. Möglicherweise hätten wir gar keine Vorstellungen von Schule. Dennoch hätten wir wahrscheinlich die Möglichkeit, alle lebenswichtigen Kenntnisse, Fertigkeiten und Einstellungen zu erlernen. Familie, Gruppe, Öffentlichkeit, das Haus, das Dorf und die freie Natur wären unsere Lernumwelten.

Fragen wir uns zunächst, wodurch sich in unserer Kultur das Lernen in Schulen vom Lernen außerhalb von Schulen unterscheidet, so fällt die Antwort nicht leicht. Ist es nur die Anwesenheit eines Lehrers, ist es der feste Stundenplan? Immerhin sind auch innerhalb unserer Kultur die Verhältnisse in den verschiedenen Lernumwelten sehr unterschiedlich. Kadettenanstalten unterscheiden sich von antiautoritären Kinderläden ganz offensichtlich, möglicherweise ebensosehr wie eine Schule in einem chinesischen Dorf von einer, die sich im Zentrum von Manhattan befindet. Oder sind Schulen in bezug auf bestimmte Merkmale alle gleich? Wie ist das in den Schulen dieser Welt:

- Muß man beim Lernen immer sitzen?
- Braucht man zum Lernen immer einen Lehrer?
- Dauern Lernphasen immer 45 Minuten?
- Gibt es für Lernleistungen überall Noten?
- Stellen die Lehrer überall die meisten Fragen (wo sie die Antwort häufig schon kennen)?
- Müssen die Schüler überall die meisten Antworten geben (die sie häufig erst noch erlernen sollen)?

– Lernen Schüler immer und überall im Wettbewerb mit anderen?
– Findet Lernen immer und überall in Räumen statt, deren Türen geschlossen sind?
– Ist es immer und überall eine „Störung“, wenn sich Kinder während des Unterrichts unterhalten?
– Müssen Eltern und Tiere, Spielzeug und Maschinen, Radios und Fernsehgeräte immer und überall vor der Tür bleiben?
– Ist das Erlernen von Wissen und Fertigkeiten immer und überall der Hauptzweck von Schulen?

Wir wollen zunächst sehen, wie weit sich der Unterschied von schulischem und außerschulischem Lernen von den Zielen und Inhalten her, die in Schulen vermittelt werden, bestimmen läßt. Kann man sagen, daß in Schulen vorwiegend oder ausschließlich Kenntnisse und Fertigkeiten vermittelt werden und daß das Erlernen von Einstellungen und Haltungen vorwiegend in außerschulischen Lernumwelten stattfindet?

Ziele und Inhalte organisierten Lernens

Jedermann, der eine unserer Schulen besucht hat, weiß, daß dort auch Einstellungen und Haltungen vermittelt werden. Es kommt nicht nur darauf an, daß jemand schreiben lernt, sondern auch, daß er eine schöne Handschrift positiv zu schätzen weiß. Nicht nur das Lösen mathematischer Aufgaben wird erlernt, sondern auch, daß logisches Denken ein positiver Wert ist. Es gibt Kritiker des derzeitigen Bildungssystems, die meinen, daß unsere Schulen überwiegend dazu dienen, ihre Schüler zu „disziplinieren“, ihnen also die Einstellungen und Haltungen angepaßter Berufstätiger und Staatsbürger zu vermitteln. Deshalb könnten auch die Lehrpläne über die Jahrzehnte gleichbleiben, weil es ja nicht auf die speziellen, für das Leben erforderlichen Kenntnisse und Fertigkeiten ankomme, sondern auf angepaßtes Verhalten. Und dies erlerne man um so besser, je weniger man den Sinn dessen einzusehen vermag, was man da zu lernen habe. Um so besser lerne man dabei zu lernen, um gelobt und nicht getadelt zu werden, zu lernen, um besser zu sein als andere, zu lernen gegen die eigenen Bedürfnisse.
Wie auch immer man sich zu dieser Kritik stellen mag, sicher ist, daß Schulen nicht nur als Stätten der Wissensvermittlung, sondern immer auch als Stätten der Sozialerziehung betrachtet werden müssen. Beide

Aufgaben können einander stützen, sie können aber auch zueinander im Widerspruch stehen. „Stützende“ Disziplinierungsmaßnahmen nehmen unter den Aussagen und Maßnahmen von Lehrern großen Raum ein, wobei es darum geht, Voraussetzungen für den Erwerb von Kenntnissen und Fertigkeiten zu schaffen („Seid doch nicht so laut, sonst könnt ihr doch gar nicht verstehen, was ich sage!“). Zur Verselbständigung der Disziplinierungsfunktion kommt es, wenn Ordnunghalten, Stillsitzen, Erstredenwennmangefragtist, Wiederholwasichgesagthabe und Nimmdireinbeispielanpeter zum Selbstzweck werden und es eigentlich gleichgültig ist, ob das entsprechende Verhalten am Beispiel von Grammatik, biblischer Geschichte, Chemie oder Kunsterziehung gelernt wird.

Die sozialerzieherische Aufgabe von Schulen erschöpft sich allerdings nicht in Akten der Disziplinierung durch den Lehrer. Die Vermittlung von Tugenden, Haltungen und Wertvorstellungen (Normen) geschieht immer auch durch geplante wie beiläufige *Einflüsse der gesamten Umwelt,* im besonderen durch die Lerngruppe; aber auch die geschriebenen („Schulordnungen“) und nicht geschriebenen Verhaltensregeln, Umgangsformen und Kommunikationsstile prägen Einstellungen und Haltungen. Schließlich dürfen auch die mehr oder weniger beiläufigen Äußerungen von Lehrern und Mitschülern über Politik, Sex, Konsum und Gastarbeiter nicht vergessen werden, über die eine Vermittlung von Wertvorstellungen erfolgt.

Können wir nach diesen Überlegungen nicht mehr daran festhalten, daß Schulen nur Stätten der Wissensvermittlung sind, so ist es ebenso offenkundig, daß außerschulische Lernumwelten nicht nur der Vermittlung von Wertvorstellungen dienen. Man wird vielmehr im Gegenteil feststellen können, daß mit der Verbreitung der Massenmedien (Presse, Rundfunk, Fernsehen im besonderen) immer mehr auch an solchen Kenntnissen und Fertigkeiten in außerschulischen Umwelten erworben werden kann, die in erster Linie der aktuellen Information oder der Unterhaltung dienen.

Merkmale organisierten Lernens

Wenn es aber nicht möglich ist, Lernen in Schulen von Lernen in anderen Umwelten danach zu unterscheiden, ob vorwiegend Kenntnisse und Fertigkeiten oder vorwiegend Einstellungen und Haltungen vermittelt werden, könnte die Unterscheidung dann nicht darin zu suchen sein, daß die Lernprozesse in Schulen in organisierter und systematischer

Form ablaufen, außerhalb von Schulen demgegenüber von zufälligen und spontanen Anlässen bestimmt sind? Sind *Schulen Stätten organisierten Lernens,* oder findet organisiertes Lernen auch außerhalb von Schulen statt?

Auch hier wird man zunächst wieder davon ausgehen, daß der *Grad an Planung, Systematik und Organisation* von Lernprozessen in Schulen höher ist; gibt es dort doch die Gliederung in Fächer, die Planung nach Schuljahren und Stunden, die Einteilung in Jahrgänge und Klassen und ausgebildete Lehrer. Gilt das aber für alle Schulen? Sind Grundschulen, deren Unterricht nicht nach Fächern gegliedert ist, keine Schulen? Sind Fahrschulen, die ihre Schüler nicht in Jahrgänge einteilen, keine Schulen? Sind Universitäten, deren Lehrer jedenfalls als Lehrer nicht ausgebildet sind, keine Schulen?

Wir können das Problem aber auch von der anderen Seite angehen und fragen, ob nicht auch Lernprozesse außerhalb von Schulen den Prinzipien von Planung, Organisation und Systematik unterworfen sind. Für die von Massenmedien vermittelten Lernprozesse gilt dies ganz sicher, denn ihnen liegt in aller Regel ein Programm zugrunde, d. h. Zeitungen oder Sendungen erscheinen zu bestimmten Zeiten, haben eine gewisse Reihenfolge, werden von entsprechend vorgebildeten und hauptberuflichen Personen betreut und zudem einer gewissen Erfolgskontrolle unterworfen. Selbst in Situationen, in denen ein Arbeiter einem anderen eine Fertigkeit vormacht und erklärt, in denen Kinder andere Kinder in die Regeln eines Spiels einführen, in denen ein Verkäufer einem Kunden die Vorzüge eines Artikels nennt, wird man nicht umhin können, ein gewisses Moment an Planung und Systematik anzuerkennen; umgekehrt lassen sich in Lehrplänen, Lehrbüchern und Lehrerlektionen Elemente finden, die unsystematisch, mangelhaft organisiert und ungeplant erscheinen.

Löst sich aber unsere feste Vorstellung von Schule nicht auf, wenn wir sagen, daß Lernprozesse innerhalb und außerhalb von Schule mehr oder weniger organisiert sind? Dies ist ganz offensichtlich der Fall, aber dies braucht auch kein Nachteil zu sein. Immerhin hat es immer schon Richtungen der Pädagogik gegeben, die den Graben zwischen Schule und Leben zuschütten wollten (allerdings in zwei Richtungen, die man als „Entschulung der Schule“ und als „Verschulung der Gesellschaft“ bezeichnen könnte). Die Gründe dafür sind verschieden. Einmal kann man sich ja ausrechnen, welche Kosten entstehen, wenn immer mehr Menschen immer länger in immer besser ausgestattete Schulen gehen sollen, wenn ein immer größerer Anteil der Bevölkerung aus Schülern und Studenten, Lehrern und Schulverwaltungsbeamten, Hausmeistern und Schulassistenten besteht. Zum anderen aber lassen sich auch die Folgen absehen, wenn die Menschen die erforderlichen Qualifikationen, die zur Bewältigung einer immer komplexer werdenden Kultur erforderlich sind, nicht erwerben. Vor allem für die Entwicklungsländer stehen Probleme ihrer wirtschaftlichen Entfaltung an, die zwar ein hohes Maß an notwendigen Qualifikationen erfordern, nicht zuletzt auch an politischen und sozialen, die aber ohne kostspielige Bildungssysteme vermittelt werden müssen. In Industriegesellschaften wiederum besteht die Gefahr, daß das Bildungswesen zu einem sich selbst genügenden, großen bürokratischen Apparat ausartet, der immer weniger der Befriedigung menschlicher Grundbedürfnisse dient, der aber auch immer weniger eine Vorbereitung auf Beruf, Politik, Freizeit, Ehe, Erziehung und öffentliches Leben leistet.

Demnach wäre das Ergebnis unserer bisherigen Überlegungen: Organisiertes Lernen ist in entwickelten Gesellschaften unabdingbar; wie weit dieses jedoch in Schulen oder aber in anderen Lernumwelten zu vermitteln ist, ist eine Frage, die nur im Hinblick auf die konkrete historische und gesellschaftliche Lage entschieden werden kann. Bevor wir jedoch Gesichtspunkte erörtern, nach denen solche Entscheidungen stattfinden und stattfinden könnten, soll zunächst der Begriff „organisiertes Lernen" erläutert werden.

Zunächst ein Vorschlag: Wir sollten von „organisiertem Lernen" sprechen, wenn die an solchem Handeln Beteiligten (Lernende und Lehrende) ihre Situation *bewußt* als eine Situation didaktischen Handelns interpretieren. Dies bedeutet nicht, daß sie diese Lebenssituation ausschließlich unter didaktischem Aspekt zu sehen haben. Jemand, der ein neues Ballspiel erlernt, kann dieses durchaus gleichzeitig auch als eine Unterhaltungssituation verstehen. Sodann müssen die *Vorstellungen über Lernziele und Lerninhalte* einigermaßen abgeklärt sein. So muß beispielsweise geklärt sein, ob das Ausfüllen von Rechenkästchen vorwiegend Lernzielen im Bereich der Rechenfertigkeit oder solchen im Bereich der Disziplinierung dient, ob ein Lehrling feilen lernt, damit er später diese Fertigkeit bei komplexeren Produktionsprozessen anwenden kann, oder ob er lernen soll, einer nicht sehr einsichtigen Tätigkeit ohne Murren nachzugehen und Gütekriterien auch dann zu akzeptieren, wenn das Produkt offenbar unbedeutend ist. Organisiertes Lernen beinhaltet immer auch eine Aufklärung der *Voraussetzungen und Bedingungen,* von denen die Lernprozesse abhängig sind. Dies sind einerseits Voraussetzungen der Lernenden (z. B. Vorkenntnisse, Voreinstellungen, Vorurteile), zum anderen aber der soziale und kulturelle Kontext, in dem Lernen stattfindet. Dazu gehören beispielsweise Gruppeninteressen und Eigengesetzlichkeiten der Institution, innerhalb deren die Lernprozesse organisiert werden (man denke beispielsweise an die speziellen technischen Bedingungen von Unterrichtsfernsehen). Daß organisiertes Lernen auch etwas mit *Methode*, d. h. mit speziellen Verfahren oder Techniken, zu tun hat, ist ebenfalls unmittelbar einsichtig. So gibt es mehr oder weniger gesicherte Regeln darüber, wie man informiert, erklärt, Aufmerksamkeit weckt, Lernhilfen gibt, Lernschritte in eine sinnvolle Abfolge bringt, Zwischenkontrollen anbringt usw. Dieses Moment der Methode ist nun keineswegs an einen einzelnen Lehrer geknüpft. Es kann vielmehr in das Lernmaterial eingehen, es kann aber auch in die Verfügung des Lernenden selbst gebracht werden. Sodann gehört zu organisiertem Lernen immer auch eine Form von *Wirkungskontrolle*. Am Ende jeder Phase eines Lernprozesses sollte eine Prüfung von Wirkungen stehen, wobei nicht nur die Frage gestellt wird, wie weit wie viele Lernende das Lehrziel erreicht haben, sondern auch die Frage, was sie sonst noch gelernt haben und welche Nebenwirkungen diese spezielle Organisation des Lernprozesses für die Beteiligten wie auch für Unbeteiligte hatte. Ein Skikurs etwa sollte nicht nur daraufhin geprüft werden, wie viele Teilnehmer in welcher Zeit die Piste wie schnell und mit wie vielen Stürzen hinabzufahren vermögen. Auch die Zahl der verstauchten Gelenke und der gebrochenen Beine sowie die Verunzierung der Landschaft könnten Kriterien für die Qualität der Lernorganisation sein. Schließlich gehört zu organisiertem Lernen ein Minimum an *Institutionalisierung*. Dies muß keineswegs die Gründung einer Schule oder die Ausschreibung eines Kurses sein. Auch eine – juristisch nicht geregelte – Absprache der Beteiligten wie auch ein individuell verfaßter Plan können in diesem Sinne eine Institutionalisierung sein.

Wer richtet Schulen ein, und warum tut er das?

Dies führt uns zurück zu der Frage, wie sich entscheiden läßt, welche Lernprozesse in einer bestimmten historischen Lage einer Gesellschaft der Organisation bedürfen. Wir wollen diese Frage so angehen, daß wir zunächst nach den Personen oder Institutionen fragen, von denen die Initiative zur Organisation von Lernprozessen ausgehen kann, sowie nach den Interessen, die diese daran haben können. In der Geschichte unseres Landes waren dies in erster Linie *Kirchen und Zünfte, Herrscher und Mäzene* und – in neuerer Zeit – *Staat und freie gesellschaft-*

liche Vereinigungen. Da unter diesen Initiatoren der Staat eine hervorgehobene Rolle spielt, sei sein Interesse als beispielhaft erläutert.
Je nach der Verfassung, nach der ein Staat in einer bestimmten historischen Situation gestaltet wird, unterscheiden sich diese Interessen. Dominante Interessen in der Vergangenheit waren sein Interesse an der Erhaltung von Herrschaft, an Gleichheit aller Bürger vor dem Gesetz (nicht zu verwechseln etwa mit Chancengleichheit), an Erhaltung (gelegentlich auch an Ausdehnung) seines Herrschaftsbereichs, an innerer Sicherheit sowie an der Überlieferung der Kultur. Daß daraus Zielkonflikte resultieren konnten, sei nur am Rande erwähnt. Im Verlaufe eines Fortschreitens der Verfassung in Richtung auf republikanisch-demokratische Prinzipien kamen weitere Interessen hinzu, wie sie etwa in den von der Verfassung der Bundesrepublik beschriebenen Grundrechten zum Ausdruck kommen. Im besonderen werden dort die freie Entfaltung der Persönlichkeit, die freie Meinungsäußerung und die Vereinigungsfreiheit als Grundrechte genannt. Dies sind zwar sehr abstrakte Interessen, und es lassen sich diese Prinzipien unterschiedlich interpretieren. Auch sind sie in der politischen Wirklichkeit unterschiedlich realisiert und werden von Regierungen und Justiz mit unterschiedlichem Nachdruck durchgesetzt. Dennoch lassen sich aus ihnen eine Reihe von Konsequenzen in bezug auf organisiertes Lernen ableiten. So würde beispielsweise ein rein auf Anpassung gerichtetes Bildungssystem gegen das Grundrecht auf freie Entfaltung der Persönlichkeit gerichtet sein. Freie Vereinigungen, die es sich zum Ziel setzen, Lernprozesse zu organisieren, können nicht verboten werden. Die in Artikel 3,3 des Grundgesetzes formulierte Aussage: „Niemand darf wegen seines Geschlechtes, seiner Abstammung, seiner Rasse, seiner Sprache, seiner Heimat, seiner Herkunft, seines Glaubens, seiner religiösen oder politischen Anschauungen benachteiligt oder bevorzugt werden", dürfte ebenfalls nicht ohne Folgen für die Gestaltung organisierter Lernprozesse sein, können solche Benachteiligungen doch zumeist nur durch entsprechende, zusätzlich fördernde Bildungsangebote ausgeglichen werden. Wenn niemand seiner Sprache wegen benachteiligt werden darf, dann muß der Staat dafür sorgen, daß sozial oder regional bedingte Sprachbarrieren abgebaut werden. Wenn niemand gegen sein Gewissen zum Kriegsdienst mit der Waffe gezwungen werden kann, dann muß er dafür sorgen, daß Bürger, die von diesem Grundrecht auch Gebrauch machen wollen, ein entsprechendes Lernangebot erhalten, das sie in die Lage versetzt, sich gegen etwaige Zwänge zu wehren.
Aber nicht nur der Staat hat ein Interesse an der Organisation von Lernprozessen, sondern auch freie gesellschaftliche Vereinigungen. Hierzu

gehören freie Vereine und Bürgerinitiativen, Gewerkschaften und Arbeitgeberverbände, Fachverbände und Betriebe, Rundfunk- und Fernsehanstalten. Je nach Interessenrichtung sind dabei Ziele und Inhalte verschieden.

Was soll heute in öffentlichen Schulen gelernt werden?

Dies führt uns zum Kern unserer Frage, wie man entscheiden kann, wann in einer Gesellschaft das Erlernen einer Fähigkeit organisiert werden soll. Daß es eines Interessenvertreters bedarf, dürfte nach den vorigen Überlegungen offenkundig sein. Für die Träger privater oder gruppenspezifischer Interessen dürfte es relativ einfach sein, einen solchen Bedarf zu erkennen und entsprechende Schritte einzuleiten. Anders verhält es sich im Falle des Staates, der in seiner idealen Form das Gemeininteresse repräsentiert. Er hat öffentliche Erziehung so einzurichten, daß sowohl die gesellschaftliche Tüchtigkeit als auch die Selbstverwirklichung aller Heranwachsenden gesichert ist. Er hat aber auch für den Fortbestand der Gesellschaft wie für ihre Verbesserung Sorge zu tragen. Die daraus resultierenden Ziel- und Interessenkonflikte bedürfen einer politischen Entscheidung, die Parteien und Regierungen entsprechend dem ihnen von ihrer Wählerschaft übertragenen Mandat fällen.
Was heißt dies konkret? Einmal muß öffentliche Erziehung so organisiert sein, daß alle Bürger in die Lage versetzt werden, die ihnen von der Verfassung zugestandenen Rechte auch inhaltlich zu nutzen. Dies erfordert die Vermittlung politischer Kenntnisse, Fähigkeiten und Einstellungen für alle. Alle Bürger müssen aber auch fähig gemacht werden, die bürgerlichen Alltagsgeschäfte auszuüben, und zwar im aufgeklärten Zustande. Hierzu gehören neben Konsum und Umgang mit Behörden auch Nachbarschaftshilfe und Rechtsgeschäfte. Ferner ist die Förderung einer allgemeinen Berufsfähigkeit Aufgabe des Staates, denn die Hinführung zu bewußten und aufgeklärten Berufsentscheidungen muß der eigentlichen Berufsausbildung vorausgehen. Wieweit die Berufsbildung selbst vom Staat zu organisieren ist, ist derzeit ein umstrittener Punkt. Immerhin wird es im Interesse des Staates liegen, daß diejenigen, welche Berufsbildung organisieren, dies nicht ausschließlich im Eigeninteresse tun, da sonst die Gefahr besteht, daß wichtige Bürgerrechte (wie die freie Wahl des Arbeitsplatzes) faktisch beschnitten werden. Die Befähigung zur Kommunikation ist ein weiterer, vom Staat zu organisierender Lernbereich. Dieser umfaßt nicht nur die Kommunikation im nationalen

Bereich, sondern auch die im internationalen. Auch geht es nicht nur um den angemessenen sprachlichen Ausdruck sowie um Schreib- und Lesefähigkeit, sondern zugleich um situationsangemessenen Sprachgebrauch, um soziales Verstehen sowie um den Abbau von Kommunikationsbarrieren. Nicht zuletzt verlangt das vom Staat vertretene Gemeininteresse unter den derzeitigen Lebensverhältnissen in unserem Land auch die Organisation von Lernprozessen, die eine Befähigung zum Umgang mit Massenmedien sowie zur Gestaltung der Freizeit, nicht zuletzt auch die Befähigung zu lebenslangem Lernen vermitteln.

Verschulung oder Entschulung?

Dieser umfangreiche Katalog von Lernzielen und -inhalten, die durch organisiertes Lernen zugänglich zu machen im Interesse des demokratischen Staates liegt (nicht unbedingt jeder Regierung), könnte den Eindruck erwecken, daß dies alles in den Lehrplan der neunjährigen Pflichtschule gehöre, denn nur dann wird es tatsächlich allen Bürgern zugänglich. Selbst wenn man bereit ist, einigen „Ballast“ aus den bestehenden Lehrplänen zu streichen, wird diese Zeit nicht ausreichen, um die angesprochenen Qualifikationen und Haltungen zu vermitteln. Auch die Verlängerung der Pflichtschulzeit um ein weiteres Jahr, wie dies von verschiedener Seite gefordert wird, dürfte das Problem nicht lösen. Nur wenn Tendenzen weiterentwickelt werden, diese Ziele auch in die Einrichtungen weiterführender Bildung hineinzutragen (Hochschulen, berufsbildende Schulen, Berufsfortbildung, Erwachsenenbildung) und somit in das Erwachsenenleben fortzusetzen, besteht die Chance ihrer Realisierung.

Heißt das aber zugleich auch die Einrichtung neuer Schulen, in die zu gehen jeder Bürger unter Androhung des Verlustes seiner Bürgerrechte verpflichtet wäre? Oder lassen sich solche Lernprozesse auch außerhalb von Schulen organisieren? In der Antwort auf diese Frage liegt zugleich auch ein Hinweis auf die Realisierbarkeit der oben erwähnten Zielsetzungen. Man bedenke: Wenn jeder erwachsene Bürger der Bundesrepublik (Gastarbeiter eingeschlossen) nur vier Stunden wöchentlich zeit seines Lebens (oder sagen wir vom 30. bis 60. Lebensjahr) formellen Unterricht in Schulen erhalten würde und wenn die Klassen, in denen er unterrichtet würde, 25 Schüler umfaßten und wenn die Erwachsenenlehrer ein Stundendeputat von 20 Wochenstunden hätten, dann brauchte man dafür etwa 200 000 Lehrer zusätzlich, also noch einmal etwa halb so viele, wie derzeit beschäftigt sind, abgesehen davon, daß damit der bereits jetzt vorhandene Stellenmangel extrem ausgeweitet würde. Angesichts dieser Zahl erscheint die Forderung durchaus sinnvoll, daß die Fähigkeit zur Organisation von Lernprozessen an alle Heranwachsenden vermittelt werden muß, so daß diese als „Autodidakten" in den verschiedensten Lebenssituationen bzw. Lernumwelten nicht nur zufällig und beiläufig, sondern systematisch und geplant zu lehren und zu lernen imstande sind. Die folgenden *Lernorte* bieten sich im besonderen für die Organisation von Lernprozessen an: Arbeitsplatz, Massenmedien, Selbstverwaltung und Mitbestimmung sowie Spiel und Unterhaltung. Wofern eine hinreichend große Zahl von Bürgern in der Lage ist, ohne Lehrer zu sein, für sich und andere in solchen Situationen Lernprozesse zu organisieren, bedarf es keiner Verschulung der Gesellschaft, um die oben beschriebenen Qualifikationen und Haltungen zu vermitteln.

Was nun den technisch-praktischen Aspekt anbelangt, die Frage also, wie die Organisation von Lernprozessen im einzelnen zu geschehen habe, muß auf die folgenden Abschnitte verwiesen werden. Hier sei nur so viel gesagt: Hinsichtlich dieses Aspekts besteht kein prinzipieller Unterschied zwischen der Organisation von Lernprozessen in Schulen und anderen Lernumwelten. In beiden Bereichen müssen Lernziele formuliert und begründet, Lernvoraussetzungen und Rahmenbedingungen geklärt, Lerninhalte ausgewählt und interpretiert, Lehr-Lernverfahren entwickelt und angewandt sowie Wirkungskontrollen durchgeführt werden. In beiden Bereichen geht es um das Erlernen von Kenntnissen und Fertigkeiten, aber auch um das Erlernen von Einstellungen und Sozialverhalten. In beiden Bereichen schließlich wird es aktivere und weniger aktive Lerner, kompetentere und weniger kompetente Lehrer geben.

Literaturhinweise:

1 Deutscher Bildungsrat, Empfehlungen der Bildungskommission, Strukturplan für das Bildungswesen. Stuttgart (Klett), Taschenausgabe 1973; darin Seite 13—39.

Der „Strukturplan" ist ein wichtiges Reformdokument, das die Bemühungen der zweiten Hälfte der 60er Jahre zusammenfaßt, Lernen in der Gesellschaft der Bundesrepublik neu zu organisieren. Dabei werden die vielfältigen Bezüge, die bei Reformvorhaben zu berücksichtigen sind, im Detail herausgestellt: Curriculum, Schulorganisation, Beratung, Verwaltung, Lehrerbildung, Finanzen und Ausstattung. Die ganze Gewichtigkeit eines großen Apparats wird deutlich — die Hoffnung, ihn bewegen und auf neue Ziele hin verändern, wissenschaftlich und planerisch durchdringen zu können, ebenfalls. Die Grundtendenz, Lernen in mehr und besseren Schulen zu organisieren, herrscht vor. Wieviel konnte von diesem umfassenden Planungsentwurf realisiert werden? Lag und liegt es nur am Geld, wenn immer mehr Abstriche von diesen Plänen gemacht wurden?

2 H. von Hentig, Cuernavaca oder: Alternativen zur Schule? Stuttgart—München (Klett—Kösel), 1971.

Dieses Bändchen stellt eine Auseinandersetzung mit der „deschooling"-Bewegung dar, berücksichtigt aber auch andere Gegen-Schulmodelle. Von Hentig versucht, solche Erfahrungen für Veränderungen in unserem Bildungswesen nutzbar zu machen, soweit die andersartigen Voraussetzungen es zulassen.

Vorschlag für ein Erkundungsprojekt 2:

„Hausaufgaben"

Als ein sehr charakteristisches Beispiel für organisiertes Lernen an außerschulischen Lernorten kann man Hausaufgaben betrachten. Über ihren Sinn gehen die Meinungen auseinander, ebenso dürften über ihre spezielle Funktion unterschiedliche Auffassungen bei Lehrern, Eltern und Schülern bestehen.

1. Aufgabe dieses Erkundungsprojekts ist es, Vertreter dieser Gruppen zu befragen, welchem Zweck Hausaufgaben ihrer Meinung nach dienen. Die vorgebrachten Begründungen wären zu sammeln und zu systematisieren.

Sodann aber wird es darauf ankommen, festzustellen, ob Hausaufgaben in der Weise, wie sie gestellt werden, den genannten Zwecken dienen können. Hierzu ist es notwendig, die Art der gestellten Hausaufgaben ebenso wie die Art und Weise ihrer Anfertigung näher zu betrachten. Im besonderen sollen dabei auch mögliche Nebenwirkungen in den Blick kommen, so z. B. die durch unterschiedliche Elternhilfe bedingte Verstärkung sozial bedingter Leistungsunterschiede.

2. Aufgabe dieses Erkundungsprojekts: Versuchen Sie, durch unmittelbare Anschauung an Hand von jeweils ein bis zwei Schülern über einige Tage zu einer Einschätzung der Qualität der Hausaufgaben wie auch der häuslichen Situation, in der sie bearbeitet werden, zu gelangen.

3. Die auf diese Weise angefertigten Fallstudien sollten dann zusammengefaßt und diskutiert werden.

Entwurf zu einem Planspiel 2:

„Die Gabe des Mäzens“

Situation: Ein amerikanischer Millionär hat seiner Heimatgemeinde, einem Bergbauerndorf in den Alpen, sein hinterlassenes Vermögen in Höhe von 3 Millionen Dollar (derzeit etwa 7 Millionen DM) vermacht. Sein Testament bestimmt, daß dieses zur möglichst gleichmäßigen Bildung und Weiterbildung aller Dorfbewohner genutzt werden muß, daß die damit geschaffenen Einrichtungen auf die Dauer unterhalten und ausgebaut werden müssen und daß die Summe zusätzlich zu den schon vorhandenen Bildungseinrichtungen zu verwenden ist. (Es dürfen also keine Einsparungen des vorhandenen Bildungsangebots damit verbunden sein.) Außerdem darf die Finanzierung nicht aus den Zinsen erfolgen, sondern muß mindestens 5 Prozent des Grundkapitals pro Jahr verbrauchen.

Handlungsträger: Die Mitglieder des Gemeinderats (9 Personen), der in zwei etwa gleich große Gruppen gespalten ist, von denen eine die Ablehnung, die andere die Annahme befürwortet. Eine dritte Gruppe (Schiedsrichter) ist unentschieden und bereit, sich von den besseren Argumenten überzeugen zu lassen.

Handlungsziel: Gewinnen der Schlußabstimmung.

Handlungsmöglichkeiten: Diskussion, Absprachen.

Spielverlauf: Das Spiel beginnt mit der Bekanntgabe des Textes des Testaments im Gemeinderat, verläuft über schriftliche Vorschläge und Gegenvorschläge sowie Diskussionen und endet mit einer Abstimmung.

3. Schulverwaltung und Bildungspolitik

Schulräte als Exponenten der Schulverwaltung

Sind Schulräte als Verwaltungsbeamte, als Bildungspolitiker oder aber als didaktische Berater zu bezeichnen?
Für die Feststellung, Schulräte seien Verwaltungsbeamte, spricht die Tatsache, daß sie in Behörden tätig sind. Sie als Bildungspolitiker zu bezeichnen wird bekräftigt durch die Tatsache, daß sie oftmals bildungspolitische Maßnahmen treffen, z. B. bei der Erstellung von Lehrplänen, in denen die Ziele der allgemeinbildenden öffentlichen Schulen festgelegt werden. Aber ihrem Auftrag nach sind sie auch als didaktische Berater tätig, da sie Veranstaltungen zur Weiterbildung von Lehrern durchführen, in den Schulen an Sitzungen teilnehmen können etc.
Wie vielfältig im einzelnen die Funktionen eines Schulrats sind und in welch hohem Maße er damit politische Tätigkeiten ausübt, wird in dem kurzen Artikel „Schulrat“ von G. Joppich aus dem „Pädagogischen Lexikon“ von 1970 deutlich:

„Die Aufgaben des Sch.s sind in Deutschland weit gespannt: Sie reichen von der pädagogischen Beratung und Weiterbildung über die Verwaltung bis zur Schulaufsicht mit dem Recht zu dienstlichen Anweisungen und der Abfassung dienstlicher Berichte über die Lehrer, Funktionen, die z. T. einander erheblich behindern.
Zu den Aufgaben des Sch.s gehören im einzelnen: Überwachung der Beachtung und Durchführung der die Schule betreffenden Gesetze, Erlasse und Verfügungen, Sorge für die Erfüllung der Pflichten, die der Schulträger in äußeren Schulangelegenheiten hat, Beratung bei Schulbauten, Teilnahme an Schulausschußsitzungen von Städten und Gemeinden, Mitwirkung bei Stellenbesetzungen, Entscheidungen in Zweifels- und Beschwerdefällen, Durchführung von Schul- und Klassenrevisionen, Feststellung von Lehrplänen, Abhaltung von Konferenzen, Einschulung in Sonderschulen, Einrichtung und Leitung von Arbeitsgemeinschaften bzw. Einrichtung und Mitwirkung in Hauptseminaren, Themenstellung für die schriftliche Hausarbeit zur 2. Prüfung, Mitwirkung in dieser Prüfung.“

(aus: Lexikon der Pädagogik, hrsg. von W. Horney u. a., Gütersloh usw. [Bertelsmann] 1970, 2 Bände, Band 2, S. 939)

Welch großem Wandel die Schulverwaltungen gerade in den letzten Jahren ausgesetzt waren, wird vielleicht deutlich aus einem Artikel der

„Hamburger Lehrerzeitung" vom 16. 11. 1974 (S. 675), der die Antwort des Senats auf eine Anfrage eines Abgeordneten wiedergibt:

Auf den Spuren einer HLZ-Meldung

Bürgerschaft der Freien und Hansestadt Hamburg
Drucksache 8/252 (09. 09. 74)

Schriftliche Kleine Anfrage des Abgeordneten Rühe (CDU)

Betr. Überproportionierter Anstieg der Oberschulratsstellen in der Hamburger Schulverwaltung.

Nach Veröffentlichungen der GEW in der letzten Ausgabe der Hamburger Lehrerzeitung soll die Zahl der Oberschulräte in Hamburg in den letzten 15 Jahren um 180 Prozent angestiegen sein, währenddessen die Zahl der Lehrer im Hamburger Schulwesen im selben Zeitraum nur um 59 Prozent zugenommen hat.

Ich frage den Senat:

1. Sind diese von der GEW veröffentlichten Zahlen richtig?
2. Welche Gründe gibt es für diesen überproportionalen Anstieg der Oberschulratsstellen?
3. Welche qualitativen Verbesserungen für die Hamburger Schüler sind durch die starke Vermehrung der Oberschulratsstellen in den vergangenen Jahren erreicht worden?

Antwort des Senats (17. 09. 74)

Zu 1 und 2:

Die Hamburger Lehrerzeitung (Nr. 13/74) hat die Entwicklung der Stellen über Oberschulräte wie folgt dargestellt:

1959	1964	1969	1974
25	31	45	70

Diese Zahlen sind richtig und im Blick auf die qualitative Entwicklung des Schulwesens durchaus angemessen.

In den Jahren 1959 bis 1969 ist das Anwachsen der Zahl der Oberschulräte insbesondere auf die bis dahin unzureichende Stellenausstattung in der Schulaufsicht und auf die ständig gestiegenen Lehrerzahlen zurückzuführen. Trotz der Stellenneuschaffungen ist das Verhältnis der Zahl von Schulaufsichtsbeamten zur Zahl des pädagogischen Personals in 1974 gegenüber 1959 nicht verbessert worden.

Zur Zeit betreut ein Schulaufsichtsbeamter durchschnittlich etwa 455 Lehrer.

In den Jahren 1970 bis 1974 war für die Einrichtung neuer Stellen neben dem notwendigen weiteren Ausbau der Schulaufsicht die Neuordnung der Schulverwaltung insbesondere durch die Einrichtung der Abteilung Schulgestaltung (Trennung von Schulaufsicht und Schulgestaltung) maßgeblich. Der Senat hat hierüber in seiner Mitteilung an die Pürgerschaft VII/105 vom 9. Juni 1970 und in seinem Bildungsbericht (Tz. 137 bis 141) ausführlich berichtet. In diesem Bereich der pädagogischen Gestaltung liegt das Schwergewicht der Personalverstärkung.

Zu 3:

Abgesehen von der Intensivierung der Schulaufsicht wird beispielhaft für die große Zahl von Maßnahmen, die sich durch die Neuordnung der Schulverwaltung als Verbesserung des Unterrichts ausgewirkt haben, auf die neuen Stundentafeln, die Lernziele und die Lehrpläne für allgemeinbildende Schulen, die Richtlinien für die Studienstufe, die Entwicklung eines Lernmittelwarenkorbes, die Einleitung von Schulversuchen, die Richtlinien für Vorschulklassen, die Hinweise für die Behandlung des Drogenproblems im Unterricht, die Vorbereitung und Einrichtung von Werkklassen, von Klassen des Berufsgrundbildungsjahres und von Fachoberschulklassen, die Ausweitung des Berufsschulunterrichts und auf die Vorbereitung und Durchführung von Sondermaßnahmen für schwerstbehinderte Kinder, für Kinder mit Lese-Rechtschreib-Schwächen sowie für Gastarbeiter- und Aussiedlerkinder hingewiesen.

Aber neben diesen Änderungen, die sich auf die Gestaltung des Schulalltags richten,. lassen sich zusätzliche Änderungen feststellen, die durch die Überschrift dieses Abschnitts angedeutet werden sollen: Schulverwaltungen übernehmen immer stärker auch Funktionen bildungspolitischen Handelns. Ursprünglich waren sie als Dienststellen des Staates vorhanden, gewissermaßen der verlängerte Arm des Ministers; durch sie wurden Beschlüsse der obersten Ebene ausgeführt, bzw. es wurde die Ausführung dieser Beschlüsse durch die Schulleiter und Lehrer überwacht. Nun muß man aber berücksichtigen, daß die Tätigkeit in der Schulverwaltung für Lehrer eine Karrieremöglichkeit darstellt, wobei die betreffenden Personen, die vom aktiven Schuldienst als Lehrer in die Schulverwaltung aufsteigen, sich zumeist noch in ihren pädagogischen Idealen an die Praxis gebunden wissen. Ihre Aufsichtsfunktion bringt sie aber nicht selten in Konflikte. Wie immer sie diese Konflikte lösen können – es zeigt sich jedenfalls, daß zwischen oberster Ministerialbürokratie und pädagogischer Praxis mit den Schulverwaltungen Zwischenstellen eingerichtet sind, die Spannungen auflösen sollen.
Bei den vielen schulreformerischen Forderungen und Maßnahmen, die in den Jahren seit etwa 1964 in der BRD festzustellen waren, war es zumeist entscheidend für den Erfolg dieser Bemühungen, ob die Schulverwaltungen sie gefördert oder vernachlässigt haben. Man konnte dabei oftmals feststellen, daß Personen aus den Schulverwaltungen sich

zunächst nicht so recht auskannten bzw. die Konsequenzen dieser Reformansätze noch nicht überblicken konnten; so ermöglichten sie zunächst einen Reform-Freiraum, der dann von den betroffenen Lehrern und Schultheoretikern aufgegriffen und ausgefüllt wurde. Angesichts der dabei auftretenden Konkretisierungen waren die Schulverwaltungen dann sehr viel besser in der Lage, die ihrem Auftrag entsprechenden Reformen zu bestärken und die ihm widersprechenden Ansätze auszusondern. Insofern darf man nicht außer acht lassen, daß Verwaltungen gelegentlich zu Reformen ermuntern, die sie dann nicht mehr wollen. Daß diese Strategie Konflikte schafft, dürfte auf der Hand liegen und ist spätestens im Zusammenhang der aktuellen Entwicklung der Gesamtschulen offenkundig geworden. Man muß aber beachten – und deshalb haben wir diesen Gedanken vorangestellt –, daß diese Strategie nur möglich ist, weil Schulverwaltungen diese ambivalente Stellung gegenüber ihren Bezugspartnern oberste Ministerialbürokratie und Praxis aufweisen, die Personen der Schulverwaltungen sich also ihrerseits in subjektiven Konflikten befinden.

Alternative Modelle zum Verhältnis von Staat und Bildungspraxis

Alternativen zu diesem skizzierten Verhältnis zwischen obersten Stellen der staatlichen Exekutive sowie deren Ausführungsorganen und den Institutionen der Bildungspraxis sind z. T. vorhanden, z. T. als Denkmodelle vorgestellt worden. Zunächst ist auf die vorhandenen Alternativen zu verweisen, die in angelsächsischen Ländern eine besondere Ausprägung erfahren haben. Hier ist es so, daß zunächst einmal kaum Zentralisierungen bestehen, d. h. daß weitgehend die administrativen Maßnahmen und Entscheidungen auf regionaler Ebene getroffen werden. Durch diese Dezentralisierung ist es zugleich auch möglich, die von den Entscheidungen und Maßnahmen betroffenen Institutionen und Personen selbst stärker in den Entscheidungsprozeß einzugliedern. Dies geschieht in den angelsächsischen Ländern durch indirekte und direkte Repräsentation. Indirekte Repräsentation liegt insofern vor, als in den lokalen Schulträgerschaften (local school authorities, local school boards) gewählte Vertreter der Eltern und Lehrer Entscheidungen treffen und die Verwaltungsbehörden beaufsichtigen; Verwaltungen sind hier der Konstruktion nach also tatsächlich Administrationen, wenngleich man nicht verhehlen darf, daß auch diese auf Grund ihrer professionellen

Kontinuität gegenüber den Gremien von Repräsentanten Vorteile ausspielen können, wie empirische Untersuchungen aus den USA wiederholt gezeigt haben. Direkte Repräsentation liegt insofern vor, als den Zielen des angelsächsischen Schulwesens entsprechend überhaupt ein größerer Bezug zur die Schule umgebenden Gesellschaft bzw. Gemeinde gesucht wird (Community school), d. h. Schule und Gemeinde stärker aufeinander bezogen sind als bei uns.
Neben solchen in anderen Gesellschaften tatsächlich ausgeprägten Alternativ-Modellen kommt der Reflexion bei uns auch die Diskussion um denkbare Alternativen ohne solche konkreten Ausformungen zugute. Hier ist es vor allem der Konflikt zwischen einer Tendenz zur Bürokratisierung, die durch staatliche Institutionen gesucht wird, und einer Basis-Orientierung oder Demokratisierung, die durch Vertreter der sogenannten Betroffenen erhoben werden, der die Diskussionen der letzten und wohl auch noch nächsten Jahre bestimmt. Wie weit sich nun tatsächlich solche Tendenzen durchsetzen können, dürfte nicht zuletzt entscheidend mit davon abhängig sein, welche reale Macht die betreffenden Gruppen ausüben können. Wir wollen diese Frage hier nicht behandeln, sondern zunächst einmal die Hintergründe und institutionellen Bedingungen dieser Tendenzen näher klären. Wir greifen dazu auf den Begriff der Bildungspolitik zurück.

Zum Begriff „Bildungspolitik"

Der Begriff „Bildung" ist in Deutschland seit dem 18. Jahrhundert bekannt und gebräuchlich; der Begriff „Politik" ist sogar noch älter. Um so mehr muß es verwundern, daß der Begriff „Bildungspolitik" erst in jüngster Zeit erfunden wurde, wo doch der Sachverhalt, den er bezeichnet, spätestens zu dem Zeitpunkt aktuell wurde, da sich der Staat der Erziehung annahm. Könnte dies daran liegen, daß es in Deutschland eine Tradition gibt, die zwischen Bildung und Politik einen Widerspruch sieht? In pädagogischen Handbüchern und Lexika findet man das Stichwort „Bildungspolitik" erst seit etwa 1965. Dabei tauchen so tautologische Definitionen auf wie „das Insgesamt aller politischen Intentionen und Maßnahmen im Bereich von Bildung"; es werden Aufgaben der Bildungspolitik beschrieben wie „einen entscheidenden Beitrag zur laufenden Veränderung der Gesellschaft [zu] leisten", „zukunftsorientiert sein", „zum Abbau der Bildungsdisparitäten in unserer Gesellschaft beitragen" und „gesamtgesellschaftliche Fragestellungen mit zur Grundlage ihrer Entscheidungen [zu] machen". Und man kann etwa erfahren, daß

Bildungspolitik sich im Gegensatz zur Schulpolitik „auf alle Bildungsmöglichkeiten, von den vorschulischen Einrichtungen über die verschiedenen Schulen, Hochschulen bis zur Erwachsenenbildung, Weiterbildung und bis zur Gerontagogik“ (letzteres ist Pädagogik für alte Leute), beziehe (alle Zitate aus dem „Handbuch der Schulpädagogik“, hrsg. von W. S. Nicklis, Bad Heilbrunn [Klinkhardt], 1973, S. 107 ff.).
Vielleicht jedoch wird man eher Klarheit über Funktion und Grundzüge der Bildungspolitik gewinnen, wenn man auf *persönliche Erfahrungen* zurückgreift und wenn man *Handlungen* näher betrachtet, die etwas mit Bildungspolitik zu tun haben. Die erste bedeutsame bildungspolitische Erfahrung macht jeder Staatsbürger bereits in seinem sechsten Lebensjahr, nämlich bei der Einschulung. Schulpflicht ist durch Gesetz geregelt, deren Einhaltung der Staat überwacht. Aus der Perspektive des Lernenden wird man leicht geneigt sein, den Staat als alleinigen Träger der Bildungspolitik zu betrachten, da man vornehmlich mit dessen Repräsentanten und gesetzlichen Bestimmungen zu tun hat, wenn man eine Schule besucht. Ein wesentlicher Grundzug der gegenwärtigen Bildungspolitik in der Bundesrepublik besteht jedoch gerade darin, daß es nicht der Staat (d. h. Bund und Länder) allein ist, der diese trägt, daß wir aber staatliches Einwirken (in Form von Gesetzen und Erlassen) zumeist unmittelbar als „Bildungspolitik“ interpretieren können, während wir bildungspolitisches Handeln anderer Gruppen, Institutionen und Personen weniger deutlich als solches zu erfassen vermögen. Die im folgenden aufgeführten Beispiele für bildungspolitisches Handeln stellen einen Versuch dar, Licht auf die verschiedenen Handlungsträger und Handlungsbereiche zu werfen sowie Richtungen der Bildungspolitik anzudeuten. Auszugehen ist von der Frage, warum und wie diese genannten Handlungen von Personen und Gruppen bzw. Institutionen mit Bildungspolitik zusammenhängen.

- Ein Lehrer beschließt, ein neues Lehrbuch im Unterricht zu verwenden.
- Der Bundeskanzler verkündet, daß die Verbesserung der Berufsbildung zu den Schwerpunkten seiner Regierungserklärung gehören werde.
- Der Dichter Heinrich Mann schreibt den berühmten Roman „Der Untertan“, in dem er die Unterdrückung der Heranwachsenden durch patriarchalische Familienerziehung, Schule und Militär im Wilhelminischen Deutschland anprangert.
- Die Gewerkschaft Erziehung und Wissenschaft fordert ein 13. Monatsgehalt für alle Lehrer.

- Eltern fordern im Stadtteil Hamburg-Altona mehr Spielplätze für ihre Kinder.
- Der Finanzminister des Bundes befürwortet eine Erhöhung des Bildungsetats im Bundeshaushalt um 20 Prozent.
- Ein Oberstudiendirektor beklagt in einem Leserbrief in der „Frankfurter Allgemeinen Zeitung“ den Verfall der gymnasialen Bildungsidee.
- Der Deutsche Industrie- und Handelstag (ein Zusammenschluß der örtlichen Industrie- und Handelskammern) gibt in einer Presseerklärung bekannt, daß die Rechtschreibleistungen der Berufsschüler ständig schlechter würden, und fordert Gegenmaßnahmen.
- Die Deutsche Bischofskonferenz nimmt zum Handbuch der Sexualkunde (herausgegeben vom Bundes-Gesundheitsministerium) öffentlich Stellung.
- Das Land Bayern richtet ein „Staatsministerium für Schulpädagogik“ ein.
- Die Ministerpräsidenten der Länder einigen sich auf den sogenannten „Radikalenerlaß“, d. h. keinen Angehörigen einer „radikalen“ Partei oder einer anderen „radikalen“ politischen Gruppe in das Beamtenverhältnis aufzunehmen.
- Schülervertreter in Köln fordern Mitbestimmungsrechte bei Zeugniskonferenzen für alle SMV-Vertreter.
- Der Generalsekretär der UNESCO erklärt das Jahr 1972 zum Internationalen Erziehungsjahr.

Zunächst einmal wird man nicht widersprechen können, daß alle aufgeführten Beispiele etwas mit Bildungspolitik zu tun haben. Doch worin unterscheiden sich die in diesen Beispielen genannten Handlungen, und welche Abgrenzung und Klärung des Begriffes und Phänomens „Bildungspolitik“ leisten sie?

Merkmale bildungspolitischen Handelns

Zunächst ist an unseren Beispielen zu erkennen, daß es sich nicht nur um Einzelpersonen handelt, die Aussagen zur Bildungspolitik machen, sondern auch um Gruppen (z. B. Schülervertreter) und Institutionen (z. B. der Deutsche Industrie- und Handelstag). Auch darin liegen oftmals Unterschiede in der Reichweite bildungspolitischer Aussagen und bezüglich der Art und Weise der Handlungsmöglichkeiten begründet, da Institutionen zumeist über einen Apparat und Hilfsmittel verfügen.

Weiterhin ist auffällig, daß die Aussagen und Maßnahmen der genannten Personen und Gruppen bzw. Institutionen von unterschiedlichen *Interessen* bestimmt sind. Von diesen Interessen her begründen sie ihren Willen, daß Bildungsprozesse so stattfinden, wie es ihren Wertvorstellungen entspricht. Dies gilt für die Stellungnahme der Bischöfe zur Sexualerziehung und die der Arbeitgeber zur Lehrlingsausbildung, aber auch für die der Eltern zur Spielplatzgestaltung. Solche Interessen richten sich vor allem auf die Qualifikationen, die im Bildungswesen vermittelt, und auf die Erziehungspraktiken, die dabei angewendet werden sollen. Ferner können sie auch von zunächst peripher erscheinender Bedeutung für diese Bildungsprozesse sein, wie im Beispiel der Gehaltsforderungen für Lehrer, wo es sich um berufliche Interessen von Personen handelt, die im Bildungswesen tätig sind.
Was nun die Personen oder Gruppen anbetrifft, die solche Interessen vortragen bzw. haben, so lassen sich auf Grund der genannten Beispiele auch unterschiedliche Legitimationsgründe für didaktisches Handeln aufweisen. Wenn Schülervertreter etwas zu Zeugnissen sagen, so handelt es sich um eine Sache, die sie unmittelbar etwas angeht, denn sie sind es schließlich, die Zeugnisse erhalten und damit unterschiedliche Berufs- und Lebenschancen zugewiesen bekommen. Ihre Legitimation ergibt sich aus ihrer Betroffenheit. Demgegenüber dürfte das Interesse der deutschen Bischöfe an Fragen der Sexualerziehung nicht aus persönlicher Betroffenheit resultieren, sondern aus einem institutionellen Auftrag. Auch dies kann ein Legitimationsgrund sein. Die Interessenten oder Interessenträger im Geschäft der Bildungspolitik sind also in unterschiedlicher Weise an den Bildungsprozessen interessiert und stehen dabei häufig in *Gegensätzen* zueinander, eine Feststellung, die an späterer Stelle noch ausführlicher behandelt werden muß.
Sodann dürfte auffällig sein, daß diese Handlungen in verschiedenen Bereichen stattfinden und eine unterschiedliche Reichweite aufweisen. Wenn ein Lehrer ein neues Lehrbuch im Unterricht einführt, so betrifft dies zweifellos nicht so viele Personen, wie es bei der Regierungserklärung des Bundeskanzlers zur Berufsbildung der Fall ist. Schon von den handelnden Personen her, die etwas über Bildung aussagen, ist eine unterschiedliche Reichweite der Aussage oder Maßnahme zu erwarten. Was dabei vor allem zählt, ist die öffentliche Stellung dieser Personen, etwa ihr Amt oder das Gehör, welches ihnen in der Öffentlichkeit geschenkt wird, sowie der Einflußbereich, auf den sie mit ihren Entscheidungen und Maßnahmen einwirken können.
Ferner wird an den genannten Beispielen bildungspolitischer Handlungen auch deutlich, daß den verschiedenen aufgeführten Personen, Grup-

pen und Institutionen unterschiedliche Handlungsmöglichkeiten und Instrumente für die Realisierung ihrer Vorstellungen und Wünsche zur Verfügung stehen. So kann der Bundeskanzler durch entsprechende Gesetzesinitiativen die von ihm als erforderlich genannten Reformen der Berufsbildung einleiten, während die Vertreter der Industrie- und Handeskammern nicht unmittelbar die Möglichkeit zur Gesetzesinitiative haben. Sie müssen dafür Parlamentsabgeordnete gewinnen (Lobby). Bildungspolitische Handlungsmöglichkeiten sind jedoch nicht allein eine Frage der verfügbaren Instrumente, sondern auch eine Frage der *Macht*. Eltern z. B., die bessere Spielplätze für ihre Kinder fordern, können die Stadtverwaltung nur dann wirksam bewegen, wenn ihre Zahl beträchtlich ist und wenn ihre Drohung, im Falle einer Verweigerung einfach eine andere Partei zu wählen, ernst genommen werden muß. So können auch die im Deutschen Industrie- und Handelstag zusammengeschlossenen Arbeitgeber die Regierung nur dann zwingen, ein ihnen genehmes Ausbildungskonzept zu verfolgen, wenn ihre Drohung, gegebenenfalls keine Lehrlinge mehr einzustellen, von der Regierung ernst genommen werden muß, etwa weil sie dann befürchten muß, von Arbeitnehmern kritisiert oder gar abgewählt zu werden. Allerdings dürfte es in der Regel zumeist gar nicht zu solchen direkten Konfrontationen und Drohungen der verschiedenen Interessengruppen kommen, da sich Machtkonstellationen „eingespielt" haben, d. h. die Betreffenden wissen genau um die Macht des anderen und werden dessen Reaktionen antizipieren können.

Damit ist schließlich ein weiterer zentraler Aspekt der Bildungspolitik angesprochen, nämlich die Frage nach den *Entscheidungsprozessen* und den dabei geltenden „Spielregeln". Wenn zu wichtigen bildungspolitischen Problemen unterschiedliche Interessen bestehen und auch von verschiedenen Gruppen vorgetragen werden, so ist danach zu fragen, wie die Prozesse verlaufen, in denen diese Probleme verhandelt und entschieden werden. Wie unsere Beispiele zeigen, gibt es sowohl formelle wie informelle, geregelte wie spontane Prozesse bildungspolitischen Handelns.

In den folgenden Abschnitten dieses Kapitels sollen nun die erwähnten wichtigsten Aspekte bildungspolitischen Handelns nacheinander erläutert werden:

– Handlungsträger und Interessenten
– Interessen und Konflikte
– Handlungsmöglichkeiten und Instrumente
– Handlungsbereiche
– Prozesse und Spielregeln

Handlungsträger und Interessenten in der Bildungspolitik

Interessenten in der Bildungspolitik orientieren sich an den im Bildungswesen vermittelten Zielsetzungen und Bildungsprozessen. Einmal sind dies die Betroffenen dieser Ziele und Prozesse (z. B. Eltern, Studenten und Schüler). Schüler können beispielsweise daran interessiert sein, das zu lernen, was sie später im Beruf auch verwenden können, damit sie sich hinreichend qualifizieren können, um ihren Lebensunterhalt zu verdienen. Eltern werden in der Regel ein gleiches bildungspolitisches Interesse haben und können dies als Erziehungsberechtigte für ihre Kinder vertreten. Zum anderen sind es die „Abnehmer" der im Bildungswesen Ausgebildeten, d. h. diejenigen, welche diese in Berufe einstellen, wie z. B. Staat und Unternehmen. Neben Betroffenen und Abnehmern stellen die im Bildungswesen beruflich Tätigen eine weitere Gruppe von Interessenten bzw. Handlungsträgern dar. So können Lehrer beispielsweise daran interessiert sein, daß die Bildungsziele, die sie mit den Schülern erreichen sollen, den fachwissenschaftlichen Prinzipien entsprechen, die sie in ihrer eigenen Ausbildung übernommen haben.
Solche Interessen verschiedener Gruppen an der Bildungspolitik können aber auch durch andere Interessen überlagert werden. Findet Ausbildung in Schulen statt, d. h. also institutionalisiert, so entwickeln sich leicht Interessen, die sich auf das „Überleben" in diesen Institutionen richten. Bei Lehrern kann dies darin bestehen, daß sie der Konkurrenz ihrer Kollegen ausgesetzt sind und diesen gegenüber Erfolge aufweisen wollen, um so in der schulischen Hierarchie besser voranzukommen. Oder es kann sein, daß sie große Schwierigkeiten haben, die Schüler zum Lernen zu motivieren, so daß sie an solchen Bildungszielen interessiert sind, die ihre Schüler motivieren (damit diese ihnen die Arbeit nicht noch schwerer machen). Auch Schüler können in der Institution Schule Interessen verfechten, die sich nicht mehr auf den für sie einsehbaren Zweck der schulischen Bildungsprozesse richten. Sind beispielsweise die schulischen Prüfungen so schwer und wichtig, daß sie nur noch für diese Prüfungen lernen müssen, so haben sie kein Interesse mehr daran, mit einem Lehrer über für sie ansonsten interessante andere Dinge zu arbeiten, da diese ihnen für die Prüfung nicht weiterhelfen. (Dies ist gegenwärtig eine Gefahr für die gymnasiale Oberstufe, die durch den Numerus clausus unter starkem Prüfungsdruck steht.) Andere Schüler — dies trifft vor allem auf die Hauptschule zu — sehen in der schulischen Arbeit keinen Sinn mehr für sich und entwickeln neue Strategien, sich

das Leben in der Schule wenigstens interessanter und abwechslungsreicher zu gestalten, z. B. indem sie Lehrer und Mitschüler gern ärgern und sich „undiszipliniert" verhalten. Auch bei Eltern können Interessen vorhanden sein, die sich gegen die gesamte Zielsetzung richten; so z. B. das Interesse daran, daß ihre Kinder möglichst früh Geld verdienen, um die Haushaltskasse zu entlasten.
Andere bildungspolitische Interessenten sind vor allem die Abnehmer der im Bildungswesen ausgebildeten Personen, also der Staat als Arbeitgeber und die Wirtschaft. Ihr Interesse richtet sich zunächst auf die Qualifikationen dieser Personen, also die für verschiedene Berufe erforderlichen Kenntnisse und Fertigkeiten. Daneben bestehen aber auch Interessen im Hinblick auf die Einstellungen und Haltungen dieser Personen: Der Staat wünscht sich loyale Staatsbürger als Beamte, die ihre Arbeit mit Engagement und Freudigkeit verrichten (entsprechende Zielsetzungen sind in den Beamtengesetzen genannt); die Wirtschaft wünscht sich ebenso arbeitswillige Personen, die sich in die Betriebsstrukturen eingliedern. Diese Art von Anforderungen an die auszubildenden Personen werden im allgemeinen nicht mehr als Qualifikation und Ausbildung bezeichnet, sondern als Sozialisations- und Erziehungsfunktionen (= vermittelte Einstellungen, Normorientierungen, Haltungen). Wie stark diese Interessen sind, zeigt sich vor allem dann, wenn eine Situation besteht, in der die Interessenträger Anlaß zu der Vermutung haben, daß die Ausgebildeten *nicht* die erwünschte Loyalität und Arbeitsfreudigkeit vorweisen. Beim Staat ist dies derzeit durch den sogenannten „Radikalenerlaß" spürbar, in der Wirtschaft finden sich entsprechende Forderungen.
Andere Interessenten, die als Abnehmer von Bildungsinstitutionen zu bezeichnen sind, vertreten weiterführende Bildungsinstitutionen. So ist z. B. die Universität ein Abnehmer des Gymnasialschulwesens und dabei interessiert daran, daß grundlegende Kenntnisse und Lernvoraussetzungen (auf denen dann die universitäre Ausbildung aufbauen soll) bereits durch das Gymnasium vermittelt worden sind.
Nun sind aber die genannten Interessenten nicht immer zugleich auch diejenigen Personen, die über Entscheidungsmöglichkeiten verfügen, also bestimmen könnten, daß ihre Wünsche auch tatsächlich realisiert bzw. durch Bestimmungen und Maßnahmen realisierbar gemacht werden. Um die daraus resultierende Frage, wer Entscheidungen im Bildungswesen treffen kann, zu beantworten, bedarf es des Einblicks in die entsprechenden gesetzlichen Bestimmungen, und zwar getrennt nach den Bildungsbereichen, um die es geht.

Bildungspolitische Interessen und Konflikte

Bildungspolitisches Handeln wäre relativ einfach, wenn jeder, der ein bildungspolitisches Interesse hat, es öffentlich vortragen, diskutieren und entsprechende Vorschläge zur Entscheidung stellen würde. Sind dann Entscheidungen gefallen, so würde man leicht erkennen können, welche Interessen sich durchgesetzt haben oder wie verschiedene Interessen in einer Kompromißlösung zusammengefaßt wurden.

Die Schwierigkeit liegt jedoch darin, daß Interessen häufig in „verkleideter" Form vorgebracht werden, d. h. daß Forderungen mit Argumenten begründet werden, die nicht den wahren Motiven entsprechen. Angenommen, eine politische Partei wollte erreichen, daß im Schulwesen die große Masse der Schüler gerade so viel lernt, wie zur Berufsausbildung von Arbeitern und einfachen Angestellten unmittelbar notwendig ist, während eine kleine Elite für Leistungsfunktionen ausgebildet werden soll, und will die Partei es weiterhin erreichen, daß eine Mehrheit sich dem anschließt und die Elite sich ebenfalls in die zugedachten Funktionen einfügt, so wird sie das nicht so sagen können. Schließlich sollen ja auch die Arbeiter und einfachen Angestellten diese Partei wählen (nach ihrem Willen), so daß es unzweckmäßig wäre, sie noch darauf aufmerksam zu machen, welche untergeordnete Funktion sie spielen sollen. Das genannte Interesse würde also verdeckt vorgebracht bzw. eingelöst werden müssen. Die Partei würde sich in ihren Argumenten (wie andere) darauf berufen, daß sie Chancengleichheit erreichen möchte, nur würde sie etwa so argumentieren, daß Chancengleichheit nicht zu Lasten der Leistungsfähigkeit gehen dürfe und es folglich notwendig wäre, das Leistungsprinzip vorrangig zu beachten. *Jeder* könne dann entsprechend seinen Leistungen auch ausgebildet werden. Da jedoch unterschiedliche Leistungsfähigkeit nicht zuletzt auch auf sozialen Unterschieden beruht, würde der Zirkel nicht durchbrochen, wohl aber wäre ein Rechtfertigungsgrund gewonnen: Wer oben ist, hat dies seiner Leistung zu verdanken. Die Partei könnte in der Öffentlichkeit sagen: Im Ziel unterscheiden wir uns von den anderen nicht, wir wollen auch Chancengleichheit, aber den dazu notwendigen Weg sehen wir anders.

Wie aber lassen sich „echte" und „verdeckte" Interessen, wahre und vorgeschobene Argumente unterscheiden? Offenbar nur durch systematische Analyse. Wir können nämlich davon ausgehen, daß bildungspolitische Forderungen und Vorschläge immer sowohl auf *normativen Prämissen* (vorgängige Wertentscheidungen und -orientierungen) als auch auf *em-*

pirischen Prämissen (Annahmen über Tatsachen) beruhen. So impliziert z. B. die im vorangehenden Beispiel genannte Forderung nach Beachtung des Leistungsprinzips in der Schule die normative Prämisse, daß es gut sei, wenn junge Menschen leistungsmotiviert sind und unter Leistungsdruck lernen. Darüber kann man unterschiedlicher Meinung sein. Das zur Stützung dieser Meinung vielleicht vorgetragene Argument, Lernen finde unter Leistungszwang am ehesten statt, impliziert die empirische Prämisse, daß dies in der Tat so sei. Die bei solchen Argumenten vorgebrachten empirischen Prämissen müssen daher auch geprüft werden. So kann z. B. eine genauere Betrachtung der motivations- und lernpsychologischen Befunde aufweisen, daß zwar Leistungsmotivation eine wichtige Motivationsart ist, doch beileibe nicht die einzige; außerdem kann zu hohe Leistungsmotivation wieder lernhemmend sein.

Handlungsmöglichkeiten und Instrumente

Wie nun bei unterschiedlichen bildungspolitischen Interessen Entscheidungen getroffen und durchgesetzt werden, d. h. wie weit sich diese Interessen in Praxis umsetzen lassen, hängt von den Instrumenten ab, die den jeweiligen Handlungsträgern zur Verfügung stehen.

Für den *Staat* handelt es sich dabei prinzipiell um diejenigen Instrumente, die auch für andere Handlungsbereiche als die Bildungspolitik zur Verfügung stehen; im besonderen aber sind zu nennen:

— *Gesetze*
Neben dem Grundgesetz sind hier die Länderverfassungen zu nennen, in denen z. T. auch Aussagen über allgemeine Bildungsziele gemacht werden; z. T. sind sie in der Form von Schulgesetzen vorhanden, in denen neben solchen Zielaussagen auch Verfahrensregelungen gegeben sind (z. B. Vertretung der Schüler und Eltern). Weiterhin sind die Beamtengesetze zu nennen wie auch die Verwaltungsgesetze der Länder. Schließlich haben auch die von der Bundesrepublik unterzeichneten Menschenrechts-Konventionen Gesetzesbedeutung.

— *Erlasse*
Auf der Grundlage der Gesetze geben die Regierungen Erlasse heraus, die rechtsverbindliche Bedeutung haben. So sind die Lehrpläne und Richtlinien für das allgemeinbildende Schulwesen in der Form von Er-

lassen gehalten, haben also dort, wo sie dies deutlich machen, zwingende Wirkung. Andere Erlasse regeln die Einstellung von Personen, den Status von Schulen, Baumaßnahmen etc.

— *Personalentscheidungen*
Wie das Beispiel des sogenannten „Radikalenerlasses" zeigt, können Personalentscheidungen zu einem Instrument des Staates in der Bildungspolitik werden, indem Gruppen (oder Individuen), die als politisch radikal (oder unbequem) empfunden werden, von der Beamtentätigkeit (oder Beförderung) ausgeschlossen werden. Weniger spektakulär sind andere Personalentscheidungen (im Bildungswesen in der Regel durch die Kultusministerien), so z. B. die Zuweisung eines Lehrers in diesen oder jenen Ort, die Versetzung in den vorzeitigen Ruhestand, die Berufung auf höhere Stellen in der Hierarchie (z. B. als Schulleiter oder Schulaufsichtsbeamter) etc.

— *Finanzierung*
Schließlich ist die Finanzierung im Bildungsbereich ein wesentliches Mittel bildungspolitischen Handelns. Die Frage, ob dem Ausbau des Vorschulwesens und/oder dem Ausbau der beruflichen Bildung Vorrang zu geben sei gegenüber den gymnasialen Bildungsinstitutionen, ist gegenwärtig in der Diskussion oft gestellt.

Auch den *Betroffenen* bildungspolitischer Entscheidungen stehen Instrumente zur Verfügung, wenngleich diese zumeist weniger zwingenden Charakter haben als die des Staates.

— *Wahlentscheidung*
Mit der Wahl einer Partei bestimmt der Staatsbürger zugleich auch ein bildungspolitisches Programm, wenngleich wir uns nicht darüber täuschen dürfen, daß dies nur in wenigen Fällen ein gewichtiges Kriterium für eine Wahl ist und daß damit noch nicht konkrete bildungspolitische Entscheidungen determiniert sind.

— *Mitarbeit in Gremien*
Zum Teil gibt es gesetzlich vorgeschriebene Gremien in der Bildungspolitik, in denen Betroffene eine Funktion als Berater der staatlichen Stellen haben. So sind für Eltern vor allem die Elternbeiräte zu nennen, die auf lokaler und Länder- und Bundesebene bestehen und neben ihrer beratenden Tätigkeit auch als Interessenverband wirksam werden können. Für Lehrer sind dies einerseits die Berufs- und Interessenver-

bände, zum anderen aber auch z. T. ähnliche Beratungsgremien wie die Elternbeiräte auf der Landesebene. Für Schüler sind dies die Schülervertretungen und politischen Schülerverbände.

— *Bürgerinitiativen*
Neben diesen — gewissermaßen offiziellen — Interessenverbänden haben sich im Verlauf der letzten Jahre zahlreiche Bürgerinitiativen, zumeist auf lokaler Ebene, gebildet, in denen der Versuch unternommen wird, auf Grund eigener Tätigkeit und Initiative Veränderungen im Bildungswesen zu erreichen, also solche nicht allein zu fordern, sondern zugleich auch an ihrer Verwirklichung zu arbeiten.

— *Streik*
Während Lehrer als Beamte kein Streikrecht haben, kann das Mittel des Streiks von anderen bildungspolitisch Betroffenen benutzt werden, um Forderungen durchzusetzen. So haben in den letzten Jahren Studenten und Schüler wiederholt Streiks durchgeführt, wenngleich sie damit nicht wie Arbeiter über ein Druckmittel verfügen, da sie dadurch ja keine Produktionsverluste bewirken, die die Gegenseite dazu bringen würde, auf die vorgebrachten Forderungen mehr oder weniger weit einzugehen. Auch Eltern haben sich des Streiks bedient, indem sie ihre Kinder einfach nicht mehr zu Schule schickten, um z. B. die Abberufung eines unliebsamen Lehrers oder die Verbesserung von Lehrmitteln zu erreichen. Letztlich können dies aber insofern keine wirksamen Instrumente in der Bildungspolitik sein, als es sich ja um das Interesse der Streikenden handelt, weiterhin Zugang zu den Bildungsinstitutionen zu haben, und sie nicht (wie z. B. Arbeiter mit den Streikkassen ihrer Gewerkschaften) selbständig für Ersatz Vorsorge treffen können.

— *Rechtsmittel*
Schließlich sind Rechtsmittel zu nennen, die dem (vor allem einzelnen) bildungspolitisch Betroffenen offenstehen. So können z. B. Lehrer, die sich nach Auffassung der Kollegen und Eltern nicht richtig verhalten, durch Dienstaufsichtsbeschwerde überprüft werden.

Bereiche bildungspolitischen Handelns

Mit der Erwähnung des Kulturföderalismus in der Bundesrepublik wurde bereits die Tatsache angesprochen, daß es verschiedene Bereiche bzw. Ebenen bildungspolitischen Handelns gibt. Orientiert man sich bei einer Einteilung dieser Ebenen an den staatlichen Institutionen (z. B. Bund – Land – Gemeinde), so ist damit auch ein unterschiedlicher Kompetenzbereich aufgewiesen. So kann und will ein Kultusministerium einem Schulträger (Gemeinde) nicht vorschreiben, an welchem Standort eine Schule in dieser Gemeinde gebaut wird. Vor allem aber kann die Bundesregierung auf Grund unserer Verfassung nicht in die Kulturhoheit der Länder eingreifen, welche sich auf alle wichtigen bildungspolitischen Entscheidungen bezieht. Berücksichtigt man bei der Feststellung solcher Ebenen bildungspolitischen Handelns auch die Tatsache, daß unabhängig von realen Entscheidungen und Maßnahmen auch Initiativen, Empfehlungen und Richtlinien für diese beschlossen werden können, wobei sich Vertreter gleichgestellter Kompetenzbereiche zu einer gemeinsamen Absprache bereitfinden, so lassen sich zumindest die folgenden bildungspolitischen Ebenen aufweisen:

– *Internationale Ebene*

Hierzu gehören internationale Institutionen, die sich mit Bildungsfragen befassen und dies auf der Grundlage von Beschlüssen zur Zusammenarbeit zwischen allen beteiligten Staaten tun. Vor allem ist hier die UNESCO zu nennen, eine Unterkommission der Vereinten Nationen. Die in der UNESCO zusammengeschlossenen Staaten können Empfehlungen über Bildungsprogramme vorlegen und Maßnahmen zur Unterstützung der Bildungs- und Erziehungsaufgaben in ihren Mitgliedsstaaten anbieten und durchführen. Dies ist insbesondere bei den sogenannten Entwicklungsländern der Fall, in denen die UNESCO Alphabetisierungsprogramme und Schulentwicklungsplanung durchführt.
Auch nicht-staatliche Organisationen sind auf der internationalen Ebene bildungspolitisch tätig, so z. B. die „International Labour Organization" (ILO), in der Gewerkschaften verschiedener Staaten zusammengeschlossen sind, die in Fragen der Berufsbildung und Ausbildung von Entwicklungshelfern aktiv wird.

– *Supranationale und bilaterale Ebene*

Hierzu gehören Vereinbarungen zwischen einer beschränkten Anzahl von Staaten. Für Westeuropa sind hierbei vor allem die OECD (= Rat für Wirtschaftliche Zusammenarbeit) mit einem Forschungszentrum für Bildungsfragen (CERI), ferner die Europäische Gemeinschaft (EG) und der Europarat als Parlament dieser Staaten zu erwähnen. Absprachen zwischen den Mitgliedsstaaten dieser Organisationen haben den Zweck, die zukünftige Schaffung eines westeuropäischen Staatenbundes zu fördern und insofern auch eine Angleichung in den Bildungssystemen dieser Länder anzustreben.

Darüber hinaus sind auf der supranationalen Ebene auch bilaterale Absprachen (also zwischen zwei Staaten) zu nennen. So bestehen zwischen Frankreich und der Bundesrepublik ein gemeinsames Jugendaustauschprogramm und Absprachen zum Fremdsprachenunterricht. Zwischen Polen und der Bundesrepublik gibt es eine gemeinsame Kommission zur Überprüfung der Schulbücher hinsichtlich der Darstellungsweise historischer und gegenwärtiger Probleme des jeweils anderen Staates.

– *Nationale Ebene*

Für die Bundesrepublik ist auf staatlicher Seite als nationale Instanz für Bildungspolitik und Bildungsplanung zunächst nur eine Zusammenkunft der einzelnen Kultusminister vorhanden gewesen (Ständige Konferenz der Kultusminister der Länder = KMK), die im Laufe der Jahre ausgebaut und durch fortlaufend arbeitende Kommissionen gestützt wurde. Auf Grund der erwähnten Grundgesetzänderung über Gemeinschaftsaufgaben findet seit den sechziger Jahren auch eine Beteiligung des Bundes in der Bildungspolitik statt. Die Zusammenarbeit zwischen Bund und Ländern erfolgt in der Bund-Länder-Kommission für Bildungsplanung (BLK), die u. a. einen Bildungsgesamtplan vorgelegt hat. Auf der nationalen Ebene sind weiterhin Beratungsgremien zu nennen, die vom Staat geschaffen und unterhalten werden, nämlich der „Deutsche Bildungsrat“ und der „Wissenschaftsrat“. Ihre Aufgabe besteht vor allem darin, langfristige Konzepte zur Beratung vorzulegen.

Ferner sind auf nationaler Ebene auch Interessenverbände tätig und organisiert, vor allem der Deutsche Gewerkschaftsbund (DGB), der Deutsche Industrie- und Handelstag (DIHT) als Vertretung der Industrie- und Handelskammern, der Deutsche Städtetag als Vertretung der Gemeinden sowie besondere Berufsverbände für Lehrer (GEW, Lehrerbund).

– *Länderebene*

Die einzelnen Bundesländer üben auf Grund des föderalistischen Aufbaus der Bundesrepublik die Kulturhoheit aus. Die entsprechenden Entscheidungen sowie Maßnahmen werden von den Kultusministerien getroffen, die in einigen Bundesländern sowohl das Schul- als auch das Hochschulwesen umfassen (sowie weiterhin andere Bereiche der Kulturpflege wie Denkmalschutz etc.), in anderen Bundesländern jedoch diesen Bereich in zwei Ministerien gliedern, von denen eines für das Schulwesen zuständig ist.

Die auf Bundesebene tätigen Interessengruppen und Verbände haben zumeist auch auf Landesebene entsprechende Vereinigungen.

— *Mittelinstanzen*
In verschiedenen Bundesländern gibt es zwischen der Ebene des Kultusministeriums und der kommunalen Ebene sogenannte „Mittelinstanzen". Diese sind beim Regierungspräsidenten angesiedelt und treffen vor allem für den Bereich der Volks- und Realschulen Personal- und Sachentscheidungen in Routinebereichen.

— *Kommunale Ebene*
Schließlich ist die lokale Ebene als Bereich bildungspolitischen Handelns zu nennen, wenngleich die Kompetenzen hier nur beschränkt sind. Zumeist sind die Gemeinden und Kreise vor allem für Fragen der Schulträgerschaft (Schulbau und -unterhaltung) zuständig. Sie bestimmen aber auch bei Personalentscheidungen (z. B. Auswahl der Schulleiter) mit.
Auf lokaler Ebene sind wiederum auch die meisten der bereits erwähnten Interessengruppen und Verbände tätig.
Nicht zu vergessen sind Bürgerinitiativen, die in den letzten Jahren zunehmend, vor allem auf kommunaler Ebene, Interessen artikuliert und durchgesetzt haben (z. B. „Aktion kleine Klasse" in Frankfurt).

— *Schulische Ebene*
Wieweit man auch die einzelne Schule als Ebene bildungspolitischen Handelns anzusehen bereit ist, wird davon abhängen, in welchem Maße dort auch Grundsatzfragen, Konflikte und Interessen verhandelt werden, die über technisch-administrative und individuelle Fragen hinausreichen. An einzelnen Schulen ist dies ganz sicher der Fall, vor allem dort, wo Modellversuche stattfinden (Gesamtschulen, Ganztagsschulen, Oberstufenreform).

Bildungspolitische Entwicklungstrends

Betrachtet man die Entwicklungen auf der bildungspolitischen Szene näher, die sich seit einigen Jahren deutlich abzeichnen, so ist auffällig, daß zwei Trends bestehen, die gegenläufig und damit konfliktträchtig sind: Einerseits verstärkt sich der Einfluß der Bildungsverwaltungen, also des Staates, andererseits wird zunehmend auch Kritik an diesem Einfluß sowie an der Art und Weise seiner Beschaffenheit geübt und der Einfluß der „Basis" geltend gemacht.
Die klassischen Mittel des Staates zur Ausübung seiner Funktionen in der Bildungspolitik und -planung sind Gesetze und gesetzesähnliche Be-

stimmungen (z. B. Erlasse), Personalentscheidungen und Haushaltsentscheidungen sowie schließlich Aufsichtsfunktionen, die auf Grund gesetzesähnlicher und gesetzlicher Bestimmungen ausgeübt werden (z. B. Prüfungsbestimmungen). Die in der Öffentlichkeit und durch sozialwissenschaftliche Untersuchungen an der Handhabung dieser Mittel geübte Kritik richtete sich vor allem auf die folgenden Gesichtspunkte:

- Der Anteil, den der Staat von seinen Gesamtausgaben für den Bildungsbereich bereitstellt, ist zu gering; das Resultat sind überfüllte Klassen, Lehrermangel, Numerus clausus, fehlende Lehr- und Lernmittel, fehlende Schulbauten bzw. überalterte Schulbauten, eine unzureichende Lehrlingsausbildung etc. So hat die Bundesrepublik Deutschland 1965 vom gesamten Volkseinkommen nur 4,5 Prozent (1972: 4,8 Prozent) für Bildung und Wissenschaft aufgebracht, während dies z. B. in Frankreich 5,6 Prozent, in Großbritannien 6,4 Prozent, in den USA 6,5 Prozent und in der UdSSR 7,3 Prozent waren.
- Der Staat sichert das im Grundgesetz verankerte Recht auf Entfaltung der Persönlichkeit (GG 2,1) sowie das in der Konvention zum Schutze der Menschenrechte 1952 (Art. 2) auch von der Bundesrepublik Deutschland gebilligte Recht auf Bildung nicht in hinreichendem Maße. Das Resultat ist, daß Bildungsprivilegien bestehen, und zwar für die oberen sozialen Schichten, während die unteren Schichten in den Hauptschulen lediglich so viel an Ausbildung erhalten, wie unbedingt zur Berufsausbildung nötig ist.
- Der Staat trifft seine Entscheidungen weitgehend obrigkeitsstaatlich, d. h. ohne Beteiligung und Berücksichtigung der Betroffenen; die Entscheidungen fallen in zumeist intransparenter Weise und werden selten hinreichend begründet.
- Der Staat vertritt die Interessen derer, die mächtiger sind als andere, d. h. mehr Einflußmöglichkeiten auf die Entscheidungen ausüben können. Im besonderen könnten Unternehmerverbände mehr bildungspolitische Einflüsse ausüben als die Gewerkschaften.
- Der Staat verwirklicht nicht das Ziel der Erziehung der heranwachsenden Generation zu selbstbestimmungsfähigen Menschen und Staatsbürgern, sondern erzieht zu Anpassung und Leistungsorientierung.

Diese Kritik bezeichnet damit wichtige Gebote, die in der Verfassung der Bundesrepublik aufgestellt, jedoch in der gesellschaftlichen Wirklichkeit bislang nicht hinreichend realisiert wurden. Forderungen, die sich aus dieser Kritik ergaben, beinhalten vor allem Veränderungen in folgenden Bereichen:

- Ausbau der Lehrerbildung und -fortbildung, d. h. Befähigung aller Lehrer zu verantwortlichem und entscheidungsfreudigem sowie fachlich kompetentem Verhalten sowie Erhöhung der Lehrerzahlen.
- Reform der Schule selbst, d. h. Erhöhung der Mittel, um veränderte Zielsetzungen, kleine Klassen, Fördermaßnahmen für Lernschwache, Differenzierung, Lehrmittelausstattung finanzieren zu können.
- Reform der Schulorganisation, d. h. Abbau des dreigegliederten Schulwesens unter gleichzeitigem Abbau des Prüfungs- und Leistungszwanges.
- Veränderung der Entscheidungsstrukturen, d. h. mehr Entscheidungsmöglichkeiten für die „Basis", wie dies in den angelsächsischen Staaten auf Grund anderer Verfassungen möglich ist.
- Ermöglichung von mehr Experimenten im Schulwesen, d. h. Einrichtung von Versuchs- und Modellschulen zur Erprobung neuer Lehr- und Lernmöglichkeiten.

Diese Forderungen sind vom Staat teilweise aufgegriffen und in Reformmaßnahmen umgesetzt worden; markante Beispiele hierfür sind die Einrichtung von Gesamtschulen und Gesamthochschulen, die Veränderung von Lehrplänen (z. B. in Hessen die neuen „Rahmenrichtlinien"), die Integration von Berufsbildung und Gymnasialbildung, wobei für die Finanzierung solcher Versuche auch die Beteiligung des Bundes erreicht wurde. Weitere Maßnahmen sind zu erwarten. Sie bedeuten aber in fast allen Fällen, daß der Einfluß des Staates auf das Bildungswesen in erheblichem Maße steigt. So haben inzwischen die einzelnen Kultusministerien besondere Planungsabteilungen sowie von ihnen abhängige Institute für Bildungsplanung eingerichtet, die als Instrumente der staatlich gelenkten Bildungsreform dienen und die Entscheidungen und Maßnahmen der Landesregierungen und der Bundesregierung effektiver vorbereiten, in Unterrichtspraxis umsetzen und einer Erfolgskontrolle unterziehen. Damit erhöht sich jedoch die Gefahr, daß diese einzelnen Reformmaßnahmen sich zu einem Konzept der „techno- oder bürokratischen Bildungsreform" vereinen, d. h. nicht zur Realisierung der von der oben beschriebenen Kritik angesprochenen Zielsetzungen führen, sondern zu bloßen Anpassungsstrategien werden, die zur Aufrechterhaltung des Wirtschaftswachstums und der Machtstrukturen in unserem Lande notwendig sind. Bildungsreform gerät damit gleichzeitig in Gefahr, wichtige Verfassungsaufträge zu verfehlen.

Literaturhinweise:

1 H. Heckel — P. Seipp, Schulrechtskunde. Neuwied und Berlin (Luchterhand), 4., neub. Auflage 1973.

Dieses Buch ist ein Standardwerk, in welchem informiert wird über den Aufbau bildungspolitischer Instanzen, Rechtsfragen und Besonderheiten der einzelnen Bundesländer. In den Interpretationen von Rechtsfragen rechnen wir dieses Werk eher einer liberal-konservativen Position zu, welche u. a. auch deutlich wird, wenn man das folgende Buch zum Vergleich heranzieht.

2 Deutscher Bildungsrat, Empfehlungen der Bildungskommission. Zur Reform von Organisation und Verwaltung im Bildungswesen. Teil 1: Verstärkte Selbständigkeit der Schule und Partizipation der Lehrer, Schüler und Eltern. Teil 2: Fragen einer ziel- und programmorientierten Schulverwaltung unter besonderer Berücksichtigung des Ministerialbereichs. Stuttgart (Klett) 1973 und 1974.

In diesen Empfehlungen versucht die Bildungskommission, Impulse für eine größere Selbständigkeit der pädagogischen „Basis" zu geben und diese doch in Einklang zu bringen mit zentralen Verwaltungsverpflichtungen. Seinerzeit kam es zu heftigen Auseinandersetzungen, als die Bildungskommission diese Empfehlung verabschiedet hatte, da vor allem die Kultusminister der CDU in ihr eine zu weitgehende Regionalisierung und Basis-Demokratisierung sahen. So steht denn zu erwarten, daß diese Empfehlungen mehr eine Arbeit für die Geschichte sind, als daß sie unmittelbare Verwirklichung finden würden. Dennoch sind sie ein lesenswertes Dokument für die bildungspolitischen Alternativen, die in unserer Gegenwart formuliert worden sind.

Vorschlag für ein Erkundungsprojekt 3:

„Interview mit einem lokalen Bildungspolitiker"

Wie Sie wissen, haben sowohl die politischen Parteien als auch große Verbände (Gewerkschaften, Arbeitgeberverband, Kirchen etc.) auf Bundesebene Schwerpunkte in ihrer Bildungspolitik gesetzt und dabei bestimmte Positionen bezogen und Forderungen erhoben. Auf der lokalen und kommunalen Ebene finden ebenfalls bildungspolitische Diskussionen statt. Hier sind neben den Repräsentanten der oben erwähnten Gruppen weitere Personen und Gruppen aktiv, so z. B. Elternvertretungen, Bürgerinitiativen oder Journalisten.

Die Themen der Bildungspolitik reichen von der Gesamtschule und der Reform des berufsbildenden Schulwesens bis hin zur Einrichtung eines Abenteuerspielplatzes oder der Zusammenfassung der gymnasialen Oberstufe und Berufsschule an einem Ort zu einem System.
Um den Zusammenhang zwischen den auf der „oberen" Ebene der Bildungspolitik vertretenen Positionen und den konkreten Entscheidungen am Ort herstellen zu können, bietet sich ein Interview mit einem lokalen (kommunalen) Bildungspolitiker an. Er wäre einerseits nach den von seiner Gruppe auf Bundesebene vertretenen bildungspolitischen Schwerpunkten zu befragen sowie danach, wie dies auf der kommunalen Ebene konkretisierbar wird.
Die Interviews sollten in Gruppenarbeit vorzubereiten sein, arbeitsteilig durchgeführt und am Schluß von einer Redaktionsgruppe ausgewertet und zusammenfassend dargestellt werden.
Um die Namen geeigneter Personen zu erfahren, kann man sich an die örtlichen Parlamente, Parteigeschäftsstellen, Schulverwaltungen und die Presse wenden. Zur Durchführung des Interviews sollten Sie sich von einem Dozenten oder Tutor beraten lassen.

Skizze für ein Planspiel 3:

„Elterninitiative zur Vorschulerziehung"

Situation: Eltern eines Stadtteils (insgesamt 20 von 8000) haben sich zusammengefunden, um einen Modellschulkindergarten zu gründen. Sie berufen sich auf die Empfehlungen des Deutschen Bildungsrats, die hierzu Regelungen vorgeschlagen haben, denen sich auch das Kultus- und Sozialministerium ihres Bundeslandes angeschlossen haben. Das dazu notwendige Verfahren sieht vor, daß über die Einrichtung solcher Modellschulkindergärten ein Verein entscheidet, dem Vertreter der Freien Verbände (Caritas, Arbeiterwohlfahrt etc.) angehören, die jetzt bereits zahlreiche Kindergärten unterhalten; ebenfalls stimmberechtigt sind Vertreter der Öffentlichkeit (Parteien, Kirchen, Ministerien) in diesem Verein. Allerdings bedarf es der Zustimmung der örtlichen Parlamente, ehe ein solcher Modellschulkindergarten von diesem Verein eingerichtet wird. Nach ersten Gesprächen mit Repräsentanten des Vereins sind die Eltern sicher, daß dieser ihrem Vorhaben zustimmen würde. Sie benötigen aber vorerst die Zusage des Stadtparlaments, dem dadurch allerdings keine Mehrkosten erwachsen würden. Eine starke Fraktion des Stadtparlaments vertritt jedoch die Auffassung, daß vor einem allgemeinen Entwicklungsplan der Stadt, selbst in bezug auf die Gründung vorschulischer Einrichtungen, den man erst in ein bis zwei Jahren verabschieden könne, keine Zusage gemacht werden solle. Eine andere, etwa gleich große Fraktion ist nicht dieser Meinung, da sie gerade die Bürgerinitiativen unterstützt wissen möchte. Für die Abstimmung ist nun die Entscheidung einer dritten Fraktion ausschlaggebend, die sich hierüber bislang noch keine Gedanken gemacht hat. Alle drei Fraktionen sind in einem vom Stadtparlament eingerichteten Ausschuß vertreten, der Sprecher der Elterninitiative anhört und befragt, zudem auch einen Experten des Vereins „Modellschulkindergärten" eingeladen hat. Dieser Ausschuß soll dem Stadtparlament eine Empfehlung vorlegen.

Handlungsträger: 2 Elternvertreter, je 2 Vertreter der drei Fraktionen, ein Vereins-Experte.

Spielregeln: Es sind Argumente für die genannten Positionen mündlich vorzubringen sowie von den Unentschiedenen Fragen zu stellen, die einer Entscheidung dienlich sind. Die Ausschuß-Sitzung ist öffentlich und wird protokolliert.

Handlungsziele: Die Elternvertreter möchten ihren Wunsch durchsetzen, ebenso wie die beiden Fraktionen, die sich bereits entschieden haben; die unentschlossene Fraktion möchte nicht mit Enthaltung stimmen, will sich also auch entscheiden, wobei sie den besseren Argumenten zur Durchsetzung verhelfen möchte. Auch der Vereins-Experte unterstützt die Eltern. Diese Handlungsziele werden jedoch dadurch verändert, daß die unentschiedene Partei mit der ablehnenden Partei eine Koalition eingegangen ist, die sie nicht wegen einer geringfügigen Sache aufs Spiel setzen würde.

4. Schüler und Adressaten

Mit dem geläufigen Wort „Schüler", wie es in der Umgangssprache verwendet wird, verbindet man für gewöhnlich die Vorstellung „Kinder und Jugendliche", also das *Merkmal „Alter"*. Wenn man jedoch akzeptiert, daß sich organisiertes Lernen bereits gegenwärtig – und künftig wahrscheinlich in verstärktem Maße – über die gesamte Lebenszeit erstreckt, so erscheint es sinnvoll, einen Begriff zu wählen, der in dieser Hinsicht nicht vorbelastet ist.

„Schüler" vermittelt auch die Vorstellung eines bestimmten *sozialen und ökonomischen Zustands*, so das Fehlen von Erwerbstätigkeit und (infolgedessen?) relative Abhängigkeit, eingeschränkte Mündigkeit. Auch diese Auffassung ist kaum noch mit der Realität zu vereinbaren, wenn der Staat durch Stipendien und Beihilfen für Ausbildung und Umschulung zunehmend die gesellschaftliche und wirtschaftliche Bedeutung organisierten Lernens anerkennt.

Schließlich verführt die Verwendung des Wortes „Schüler" dazu, darin eine einheitliche Eigenschaft zu sehen, die mehr oder weniger ausgeprägt ist, etwa so, daß man von „guten", „mittleren" und „schlechten" Schülern spricht. Diese Auffassung ist aber weder bei näherer Betrachtung haltbar noch mit dem Stand der Forschung vereinbar. Es zeigt sich nämlich, daß es eine Vielzahl von individuellen Eigenschaften gibt, die beim Lernen eine Rolle spielen und die dementsprechend bei der Organisation von Lernprozessen zu berücksichtigen sind: Angefangen bei geistigen und körperlichen Behinderungen über Vorkenntnisse und Vorerfahrungen bis hin zu erworbenen Arbeitsstilen und Einstellungen zum Lernen reicht das Geflecht jener Eigenschaften, von denen es abhängt, wie gut und unter welchen Bedingungen jemand lernt.

Einige dieser „Adressatenmerkmale", die beim Lernen von Bedeutung sind, kennt jedermann: „Reife", Interesse, Begabung oder Fleiß werden sie in der Umgangssprache genannt. Andere wiederum sind dem Laien weithin nicht geläufig. Hierzu gehören beispielsweise Impulsivität, Lernbereitschaft, Lerneinstellung oder gegenstandsbezogene Lernvoraussetzungen.

Angesichts der Fülle und Verflochtenheit solcher Adressatenmerkmale neigt ein breites Publikum, darunter auch Lehrer, dazu, vor ihnen überhaupt die Augen zu schließen und es sozusagen zur Privatsache des einzelnen Adressaten zu erklären, mit welcher Ausstattung er in die Lernsituation eintritt. Im Falle des Versagens hat der Adressat eben wieder abzutreten.

Weniger gleichgültige Menschen erkennen immerhin an, daß es volkswirtschaftliche Verschwendung sei, Adressaten mit mangelnden Lernvoraussetzungen in Schulen und Hochschulen aufzunehmen, nur um sie dann wieder abzustoßen. Sie empfehlen daher, eine „Auslese“ bei der Aufnahme in Schulen vorzunehmen, um „Spreu vom Weizen zu trennen“, wie sie sagen. Wieder andere – und wer von Ihnen, geschätzter Leser, gehörte wohl nicht dazu – meinen, daß vor allem humanitäre Gründe dafür sprechen, auf Adressatenmerkmale Rücksicht zu nehmen, und dies nicht nur bei der Aufnahme in Schulen, sondern fortwährend innerhalb jedes Unterrichts. So sind beispielsweise Schulreifetests immer auch damit begründet worden, daß man Kindern schulische Mißerfolge ersparen sollte, die sie allein deshalb erfahren müßten, weil sie auf Grund mangelnder Reife noch nicht die Voraussetzungen für schulisches Lernen mitbrächten. Ein Jahr im Schulkindergarten werde wahrscheinlich ausreichen, um diese Schulreife herbeizuführen.
Und schließlich gibt es eine vierte Gruppe, die der Ansicht ist, daß *nicht Auslese, sondern individuelle Förderung* jedes Adressaten die Aufgabe von Unterricht sein sollte. Informationen über Adressatenmerkmale dürften daher einzig und allein zu dem Zweck erhoben werden, die günstigsten Lernbedingungen für jeden einzelnen herzustellen.
Guter Wille reicht jedoch noch nicht hin, um vernünftige didaktische Entscheidungen – seien es solche der Förderung oder solche der Auslese – treffen zu können, und so stellt sich die Frage, welche Adressatenmerkmale die Wissenschaft bisher ausfindig gemacht hat, die bei organisiertem Lernen zu berücksichtigen sind. Wenn es so wäre, daß vor allem von „Begabung“ (sprich „Intelligenz“) der Lernerfolg abhängt, wie wäre es dann, wenn man dies bei der Lernorganisation dahingehend berücksichtigte, daß man Adressaten auf der Basis einschlägiger Tests in Intelligenzgruppen einteilte?
Leider hat es die pädagogische Forschung bei der Klärung der Frage nach den bedeutsamen Adressatenmerkmalen ziemlich schwer. Nicht daß es unmöglich wäre, individuelle menschliche Eigenschaften zuverlässig zu messen; wohl aber ist die Bestimmung der für erfolgreiches Lernen ausschlaggebenden Adressatenmerkmale immer nur in bezug auf Lehrsysteme möglich. Kommen wir auf unser Beispiel von Grundschule und Schulkindergarten zurück: Wenn in der Grundschule vor allem Lesen, Schreiben und Rechnen gelehrt werden, dann muß man Adressatenmerkmale erheben, die als Lernvoraussetzungen für Lesen, Schreiben und Rechnen in Frage kommen. Vielleicht noch ein wenig Common sense, damit die Verständigung klappt, und ein Minimum an Diszipliniertheit, das verhindert, daß ein Kind aus der Situation ständig aus-

bricht. Betrachtet man sich daraufhin die Aufgaben der derzeit gebräuchlichen Schulreifetests, so spiegeln sie genau diese Lernvoraussetzungen wider. Wie aber müßte ein entsprechender „Aufnahmetest" für den Kindergarten bzw. Schulkindergarten aussehen? Wären hier Sprech-, Mal-, Bewegungs-, Verständigungs-, Handfertigkeits- und Sozialverhaltensaufgaben sinnvoll? Sollte dann im Falle des Nichtbestehens das Urteil lauten: „Zurück in die Familie", obwohl doch erwiesenermaßen dort diese Lernvoraussetzungen nicht vermittelt wurden? Hier wird ein Grundkonflikt jeder Auslese sichtbar, die bei Eintritt in ein Schul- oder Ausbildungssystem betrieben wird.

Lernvoraussetzungen und Bildungssystem

Immerhin dürfte an unserem Beispiel deutlich geworden sein, daß man Lernvoraussetzungen immer nur im Hinblick auf die Ziele und Inhalte sowie die typischen Lernsituationen in Lehrsystemen festlegen kann. Dies könnte die Idealvorstellung eines Bildungssystems erzeugen, das Schulen oder Kurse für Benachteiligte und Privilegierte, für musisch und sportlich Interessierte, für Aggressive und Friedliche, für Gesellige und Einzelgänger, für Hochintelligente und Mittelmäßige, für Faule und Fleißige bereithielte und so für jeden das zu seinen individuellen Eigenschaften „passende" Angebot bereithielte. Die Aufgabe der Testpsychologen wäre es dann, für die Passung von Töpfen und Deckeln zu sorgen.

Lassen wir die Frage nach der Realisierbarkeit eines solchen Bildungssystems beiseite. Fragen wir statt dessen nach seiner Wünschbarkeit. Müßte ein solches Bildungssystem nicht sehr schwerwiegende unerwünschte Nebenwirkungen in Kauf nehmen? Würde nicht vor allem das Entstehen von Sozialbeziehungen verhindert, wenn jeder seinem jeweiligen Lernzustand entsprechend immer wieder neuen Gruppen zugeordnet würde? Wie wäre es um die Zusammenarbeit und den Ideenaustausch in solchen Gruppen von jeweils gleichgearteten Individuen bestellt? Und schließlich: Müssen Menschen nicht auch lernen, selbst unter ungünstigen Bedingungen und gegen ihre eigenen Vorlieben noch mit einigem Erfolg Lernerfahrungen zu machen?

Man darf wohl von der (auch aus praktischen Gründen sinnvollen) Annahme ausgehen, daß auch künftig unser Bildungssystem so beschaffen sein wird, daß Lerngruppen bestenfalls auf der Grundlage von nur einem oder ganz wenigen Adressatenmerkmalen gebildet werden (vgl.

Kapitel 5). Dies kann das Alter sein, wie dies bei unseren derzeitigen Jahrgangsklassen der Fall ist. Es könnte aber auch das Interesse am Erwerb einer ganz speziellen Qualifikation sein, wie dies für Fahrschulen oder Skikurse zutrifft. In jedem Falle müßten wir uns fragen, ob die Einteilung nach gerade diesem Merkmal sinnvoll ist.

„Reife" als allgemeine Lernvoraussetzung

Um mit dem am häufigsten erörterten Adressatenmerkmal zu beginnen, wollen wir uns zunächst dem Lebensalter zuwenden. Lange Zeit war man der Auffassung, daß Menschen „reiften" – etwa so wie Äpfel. Diese Reifung wurde vor allem als eine Frage des Lebensalters angesehen, und so gab es Entwicklungspsychologen, die genau wußten, was ein „typischer" Dreijähriger konnte, wußte und dachte. Allmählich setzte sich jedoch die Einsicht durch, daß es am bloßen Älterwerden wohl doch nicht liegen könne – selbst bei Äpfeln spielt der Sonnenschein eine Rolle –, sondern daß die *Erfahrungen*, die ein Mensch macht, entscheidend sind. Damit wurde das Modell des „Reifens" komplizierter, denn einerseits bedarf das Sammeln von Erfahrung, also das Lernen, der Zeit. Zum anderen aber bedarf es *spezifischer Anreize*. Diese hängen wiederum nicht nur von der Beschaffenheit der familiären, sozialen, architektonischen und kulturellen Umwelt ab, sondern auch wiederum von der jeweiligen Fähigkeit des „Reifenden", diese Anreize wahrzunehmen und auf sie reagieren zu können. Die Aufforderung „Wieviel ist 136 × 47?" dürfte für Menschen, die keinen Zahlbegriff haben, kaum als Anreiz in diesem Sinne wirken. Daß sie dennoch dadurch gereizt werden könnten, liegt auf einer anderen Ebene. Man sieht also, selbst „Reife" ist keineswegs einfach als ein rein biologisch vom Organismus selbst gesteuerter Wachstumsprozeß zu verstehen.

Dennoch hat das Modell der Reife Unbehagen ausgelöst, nicht zuletzt deswegen, weil es so leicht biologische Auslegungen nahelegt, die zu sehr vereinfachen und die gefährlichen Konsequenzen nahelegen: Man darf die Reifung getrost der Zeit überlassen, erzieherische Bemühungen zahlen sich demnach nicht aus. Wenn der Erziehungserfolg ausbleibt, dann liegt dies an mangelnder Reife des Adressaten, nicht an mangelnder Qualifikation des Erziehers. Das Reife-Modell läßt sich leicht zur Rechtfertigung und Entlastung erfolgloser Erzieher verwenden, und dies nicht zuletzt könnte ein Grund für seine Beliebtheit sein.

In drei Richtungen wurde das Modell daher durch Kritik und Forschung abgebaut und durch andere Modelle ersetzt. Einmal wurden altersspezifisches Verhalten und altersspezifische Lernvoraussetzungen als Durchschnittswerte, nicht mehr als „typisch“, aufgefaßt. Die entsprechenden Aussagen lauten dann etwa: „Kinder, die unter folgenden Bedingungen aufwachsen und die daher folgende Erfahrungen machen können, weisen im Alter von n Jahren im Mittel folgende Merkmale auf, wobei diese mit z Monaten um diesen Mittelwert streuen. Wenn sich Bedingungen und Erfahrungen ändern, verschieben sich auch diese Werte.“

Auf der anderen Seite versuchte man herauszufinden, für welche Lernerfahrungen Adressaten in einem bestimmten Alter „bereit“ sind. Da man solche Bereitschaft nur dadurch erkunden kann, daß man entsprechende Lernanreize anbietet und festzustellen versucht, wie Adressaten darauf in welchem Alter reagieren, verlagert sich das Interesse vom *alterstypischen* Verhalten zum *altersmöglichen* Verhalten.

Drittens schließlich erfolgte von der Intelligenzforschung her ein gewisses Aufbrechen des Reife-Modells. Intelligenztests bestehen bekanntlich aus einer Serie von Aufgaben, in denen verschiedene intellektuelle Leistungen, wie beispielsweise Klassifizieren, Raumvorstellung oder Sprachbeherrschung, geprüft werden. Da man feststellen konnte, daß diese Aufgaben um so besser gelöst wurden, je älter ein Individuum ist (vom 20. Lebensjahr an finden sich allerdings nur noch geringe altersspezifische Unterschiede), führte man das Lebensalter sozusagen als Korrekturgröße ein. Wir erhalten dann den sogenannten „Intelligenzquotienten“: Testpunktzahl geteilt durch Alter. Man kann das Verfahren aber auch umkehren und sagen: Wenn ein Individuum 86 Punkte im Intelligenztest des Autors X hat, dann hat es ein „Intelligenzalter“ von n Jahren, d. h. es entspricht den durchschnittlichen N-jährigen. Damit nun wird der Altersbegriff relativiert, und so verwundert es nicht, daß es zu bestimmten pädagogischen Nutzanwendungen kam, im besonderen zu der vor allem in Großbritannien zeitweilig verbreiteten Praxis, Schüler nicht in Jahrgangsgruppen, sondern in Intelligenzgruppen zum Unterricht zusammenzufassen. Diese Praxis wird als „streaming“ bezeichnet (vgl. S. 85).

Eine solche Praxis ist jedoch nur dann sinnvoll, wenn erwiesen ist, daß Lernerfolg in hohem Maße von der Intelligenz abhängt. Ist dies der Fall, so wäre es u. U. vernünftiger, das Adressatenmerkmal „Intelligenz“ bei didaktischen Entscheidungen mehr zu berücksichtigen als das Merkmal „Alter/Reife“. Glücklicherweise liegen zu diesem Punkt umfangreiche Forschungen vor. Sie besagen grob, daß Unterschiede zwischen Adressaten bezüglich ihrer Schulleistungen zu höchstens 35 Prozent durch Intelligenzunterschiede erklärt werden können. Sie besagen

aber auch, daß diese Abhängigkeit um so geringer ist, je systematischer unterrichtet wird. Rechtfertigen solche Befunde ein Abweichen von der bisherigen Praxis der Jahrgangsgruppierung, vor allem dann, wenn Lehrer offenbar nicht in der Lage sind, intelligenzunterschiedliche Gruppen in lehrmethodischer Hinsicht unterschiedlich zu unterrichten, wie dies aus anderen Untersuchungen hervorgeht? Und wie, wenn nicht ausschließlich traditionelle Schulleistungen erreicht werden sollen?
Die Entscheidung dürfte nicht zuletzt davon abhängen, wieweit es gelingt, Adressatenmerkmale ausfindig zu machen, die besser als Alter/Reife oder Intelligenz geeignet sind, didaktische Entscheidungen zu begründen.

Andere allgemeine Lernvoraussetzungen (Persönlichkeitsmerkmale)

In den letzten Jahren ist durch eine Reihe von Untersuchungen herausgearbeitet worden, daß offenbar auch Zusammenhänge bestehen zwischen Adressatenmerkmalen wie „Ängstlichkeit", „Leistungsmotivation" oder „Impulsivität" einerseits und der Lehrmethode andererseits, bei der Adressaten jeweils am besten lernen. So weist beispielsweise eine Untersuchung darauf hin, daß sogenannte „entdeckende" Lehrverfahren (bei denen der Lernende seinen Lernprozeß weitgehend selbst steuern kann) vor allem nicht-ängstliche Adressaten fördern, ängstliche hingegen behindern. Bei aller Vorsicht, die derzeit noch geboten ist, wurde hier offensichtlich eine weitere Gruppe von Adressatenmerkmalen entdeckt, die für didaktische Entscheidungen bedeutsam werden können. Man faßt sie zumeist mit unter die Gruppe der „Persönlichkeitsmerkmale".

Das „Erbe-oder-Umwelt"-Problem

Für Lehrer und Didaktiker, aber auch für Eltern und Nichtpädagogen hat nun die Frage Bedeutung, wieweit solche zumindest kurzfristig nicht veränderbaren Persönlichkeitsmerkmale wie Begabung, Ängstlichkeit, Leistungsmotivation, Impulsivität oder Lernfähigkeit angeboren oder anerzogen seien. „Erbe oder Umwelt" ist das Stichwort, unter dem die Problematik nicht erst in den letzten hundert Jahren, sondern schon länger diskutiert wurde. Daß dabei weltanschauliche Positionen und gesellschaftliche Interessen im Spiel waren und sind, verwundert nicht.

Hängen doch die erzieherische Verantwortung dafür, was ein Mensch wird, und die Frage, ob denn die Lebenschancen und Güter auf dieser Welt gerecht verteilt sind, auch davon ab, wie man diese Frage beantwortet.
Auch die Wissenschaften waren und sind in der Beantwortung der Frage, wieweit Intelligenz anlagebedingt und wieweit sie erziehungsbedingt (im weitesten Sinne) ist, noch nicht zu endgültigen Schlüssen gekommen. Dies ist verständlich, weil ja schon in den ersten Lebensmonaten, in denen „Intelligenz" (mit nicht sehr genauen Instrumenten) gemessen werden kann, immer schon genetische Anlagen und Lernprozesse in ein Wechselspiel getreten sind und zu jenem Verhalten geführt haben, das dann zum Testzeitpunkt gemessen wird. Auch die naturwissenschaftlich orientierte Humangenetik konnte bislang die biologisch-physiologisch-genetischen „Standorte" der Intelligenz nicht eindeutig lokalisieren.
Was soll nun der Didaktiker tun angesichts der Unentschiedenheit dieser Frage, in welchem Maße menschliches Verhalten von Persönlichkeitsmerkmalen festgelegt und in welchem Maße es erzieherisch beeinflußbar ist? Er darf immerhin in dem Bewußtsein ans Werk gehen, daß jedes Neugeborene, sofern es nicht krankhaft geschädigt ist, alle Lernchancen hat, die ihm die derzeitigen Lernumwelten bieten. Er muß allerdings wissen, daß schon im ersten Jahr Festlegungen von Persönlichkeitsmerkmalen erfolgen, die den Verhaltensspielraum einschränken, die teilweise nicht und teilweise nur unter erheblichem Aufwand rückgängig gemacht werden können. Also haben es didaktisch Handelnde auch in der Kinderkrippe schon mit „Persönlichkeiten" zu tun, d. h. menschlichen Individuen, die sich untereinander hinsichtlich vieler Merkmale unterscheiden und deren jedes eine eigentümliche und individuelle Kombination solcher Merkmale aufweist, die eben sein Persönlichkeitsbild ausmachen.

Systemspezifische Lernvoraussetzungen

Persönlichkeitsmerkmale wie die erwähnten stellen jedoch nur eine Klasse von Adressatenmerkmalen dar. Ein didaktisch Handelnder wird demnach bei seinen Entscheidungen (Aufnahme, Gruppierung, Förderung, Auslese, Kurswahl, Laufbahnberatung etc.) noch nach anderen Adressatenmerkmalen zu suchen haben, die möglicherweise von noch größerem Gewicht für die Lernchancen eines Adressaten in einem bestimmten Unterrichtssystem oder einer bestimmten Lernumwelt sind. Wir wollen sie als „systemspezifische Lernvoraussetzungen" bezeichnen. Damit sind vor allem Vorkenntnisse und Teilfertigkeiten, aber auch bereichsspezifische Interessen gemeint, die ein Adressat in neue Lernsituationen einbringt.

Nehmen wir folgendes Beispiel: Eine Klasse mit 30 Schulanfängern beginnt mit dem Lesekurs. Abgesehen von der breiten Streuung in bezug auf Persönlichkeitsmerkmale bringen diese Kinder unterschiedliche Lernvoraussetzungen für den Lesekurs mit. Fünf dieser Kinder können überhaupt schon lesen, sieben Kinder kennen alle Buchstaben und einzelne Wörter, zehn kennen einzelne Buchstaben, und acht Kinder haben von Buchstaben und Wörtern keine Ahnung. Mehr noch: Fünf von diesen können noch nicht einmal einfache Formen und Lageverhältnisse bestimmen, so daß sie einen Kreis nicht von einer Ellipse, ein auf dem Kopf stehendes Dreieck nicht von einem auf der Seite stehenden unterscheiden können. Außerdem unterscheiden sich diese Kinder hinsichtlich der Stärke ihres Wunsches, lesen zu lernen: Fünfzehn Kinder brennen darauf, weil sie endlich die Bücher, die man ihnen bisher vorgelesen hat, allein lesen können möchten. Zehn sind der Sache gegenüber ziemlich indifferent, und fünf schließlich haben schon eine Menge negativer Erfahrungen gemacht, etwa indem sie Ohrfeigen erhielten, als sie sich Großvaters Buchstabierkurs widersetzten.

Aber auch in weiterführenden Schulen unseres Bildungssystems treten ähnliche Situationen auf. Nehmen wir das Beispiel von Studenten der Pädagogik, die einen Statistikkurs für Anfänger besuchen müssen. Sie haben von der Schule her nicht nur unterschiedliche Mathematikkenntnisse – einige haben Vorkenntnisse auf dem Gebiet der Matrizenalgebra, anderen fehlen diese ganz –, auch ihre Einstellungen zur Mathematik sind durch eine lange Schulgeschichte geprägt. Einige reagieren auf jede Art mathematischer Symbolik mit Unlustgefühlen und haben sich für ihren Beruf nicht zuletzt deshalb entschieden, weil sie nie wieder etwas mit Mathematik zu tun haben wollten. Andere haben Mathematik sogar als Wahlfach gewählt. Sie freuen sich, „endlich handfeste und exakte Methoden kennenzulernen und nicht nur quasseln zu müssen“. Verständlich, daß die Lernchancen beider Gruppen unterschiedlich zu beurteilen sind.

Nicht nur in Statistikkursen, sondern weithin in Hochschulen – aber auch in Volkshochschulen – finden sich Veranstaltungsankündigungen mit der Bezeichnung „für Fortgeschrittene“. Stellt sich die Frage: „Worin fortgeschritten?“ Werden bestimmte Kenntnisse und Fertigkeiten, die in früheren Kursen vermittelt wurden, als Lernvoraussetzungen angenommen, ist es differenzierteres Problembewußtsein, sind es methodische Fähigkeiten, oder ist es eine fortgeschrittenere Anpassung an akademische Gepflogenheiten in Seminaren? Es dürfte eine interessante

Sache sein, hierbei nähere Erkundungen über Einzelheiten einzuholen, vor allem die Begründungen zu erfahren, mit denen solche Lernvoraussetzungen jeweils gefordert werden.

Zusammenhang von Lernvoraussetzungen und Lernerfolg

Eine Begründung dürfte jedenfalls stichhaltig sein: Es gibt inzwischen auch forschungsgemäß gesicherte Hinweise darauf, daß systemspezifische Lernvoraussetzungen den Lernerfolg in erheblichem Maße bestimmen. Aus diesem Grund ist es für didaktisch Handelnde wichtig, Fähigkeiten der „didaktischen Diagnostik“ zu erwerben. Als Fähigkeit der didaktischen Diagnostik ist einerseits die Verfügung über Modelle und analytische Begriffe zu verstehen, mit denen man die für didaktische Entscheidungen wichtigsten Adressatenmerkmale bestimmen kann. Zum anderen handelt es sich um die Fähigkeit, Instrumente auszuwählen, zu entwickeln und anzuwenden, die geeignet sind, diese Merkmale im Detail zu messen. Es muß sich dabei keineswegs nur um standardisierte Tests handeln. Auch einfachere, im aufgeklärten Zustand konzipierte Verfahren können gegenüber dem blinden Zugriff Verbesserungen enthalten, besonders dann, wenn man sie in Kenntnis ihrer Fehlerbehaftung verwendet.

Als systemspezifische Lernvoraussetzungen sind jedoch nicht nur Vorkenntnisse und Voreinstellungen zu einem Lerngegenstand zu nennen. Je länger die Bildungsgeschichte eines Menschen ist, desto fester sind auch seine Einstellungen zum Lernen, zur Lernorganisation, zur Schule, zu Lehrern und zu einzelnen Lernbedingungen geprägt. Der eine erwartet, daß stets ein Lehrer den Lernprozeß straff steuert, der andere ist gewohnt, Lernprozesse weitgehend selbst zu organisieren und Lehrer vor allem in der Rolle des Beraters heranzuziehen. Es gibt Menschen, die meinen, nur unter Prüfungsdruck lernen zu können, andere empfinden Prüfungsangst als lähmend. Und schließlich gibt es Menschen, die schon auf den Anblick von Wandtafeln und Bankreihen, auf den Geruch von Schwamm und Kreide mit Abwehr reagieren und unter solchen „schulischen“ Bedingungen erhebliche Lernwiderstände entwikkeln, obwohl sie beim Skikurs durchaus lernfähige und lernwillige Adressaten sind. Wie auch immer man diesen Komplex systemspezifischer Lernvoraussetzungen bezeichnen mag – etwa als „didaktische Sozialisation“ –, jeder didaktisch Handelnde sollte um sie wissen, und er sollte auch einige Überlegungen darüber angestellt haben, wie man sie diagnostizieren und wie man sie berücksichtigen kann.

Es bleibt für Lehrer aller Schularten, Eltern und alle anderen Handlungsträger eine aufregende Frage, von welchen Adressatenmerkmalen der Lernerfolg in einem (guten oder schlechten) Unterricht abhängt. Von der Forschungslage her lassen sich dabei kaum generalisierbare Aussagen machen. Um so interessanter dürfte es sein, zu sehen, wie sich die Forschung überhaupt dieser Frage nähern kann.
Am Beispiel einer Untersuchung von A. Krapp (1973) sei dies kurz erläutert. Am Anfang steht ein vom Autor auf Grund seiner Literaturkenntnis entwickeltes „Modell", das den Zusammenhang von Adressatenmerkmalen und Umweltbedingungen *für den Grundschulbereich* wie folgt skizziert:

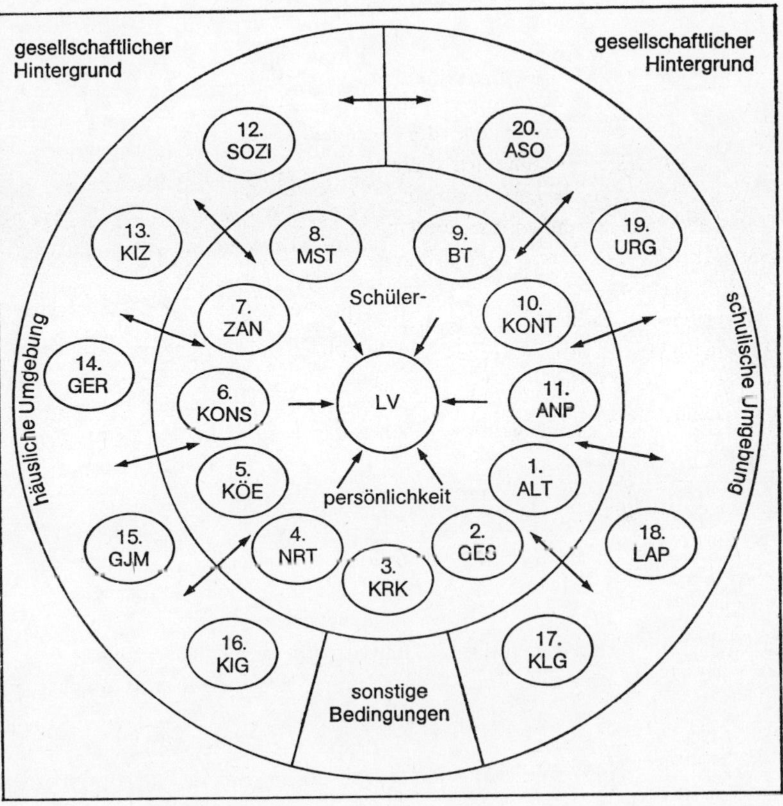

„Abb. 2: Differenzierung des Modells zur Darstellung der Bedingungsvariablen des Leistungsverhaltens in der Schule mit den Variablen der Untersuchung. (Zur Erläuterung der Abkürzungen vgl. Tab. 8, S. 73 [hier: 72])"

„Tab. 8: Übersicht über Bezeichnung und Herleitung der untersuchten Bedingungsvariablen (Prediktoren)"

Nr.	Abk.	Bezeichnung	Herleitung
1	ALT	Lebensalter	Zahl der Lebensmonate über 6/0 Jahre zum Zeitpunkt der Untersuchung
2	GES	Geschlecht	Angaben im Schülerbogen
3	KRK	Krankheitsanfälligkeit	Zahl der durchgemachten Krankheiten in der Vorschulzeit (Gesundheitskarte)
4	NRT	Neurotizismus	Zahl der auffälligen Verhaltensweisen (ärztliche Untersuchung: Elternangaben)
5	KÖE	Körperliche Erscheinung	Faktorenwerte aus verschiedenen Einzelangaben, z. B.: Körpermessungen, ärztliche Beobachtungen, Elternaussagen und Lehrerurteile
6	KONS	Konstitution bzw. Gestaltwandel	
7	ZAN	Zahnentwicklung	
8	MST	Kognitive Schulreife	Gesamtpunktwert im Münchener Schulreifetest (MST)
9	BT	Intelligenz	Gesamtpunktwert im „Bildertest BT 1/2"
10	KONT	Anpassungsverh.	Faktorenwerte aus einem Lehrerfragebogen zum Sozialverhalten
11	ANP	Kontaktbereitsch.	
12	SOZI	Sozialstatus	Summenwert aus verschiedenen soziologischen Einzelangaben
13	KIZ	Familiengröße	Zahl der Kinder in der Familie
14	GER	Geschwisterreihe	Rangplatz in der Geschwisterreihe
15	GJM	Alter der Eltern	Geburtsjahr der Mutter
16	KIG	Kindergartenbes.	Zahl der Monate im Kindergarten
17	KLG	Klassengröße	Zahl der Kinder in der Schulklasse
18	LAP	Erfahrung des Lehrers	Zahl der Dienstjahre nach der 2. Lehramtsprüfung
19	URG	Urteilsgenauigkeit d. Lehrers	Korrelation der Körpergrößenschätzung des Lehrers mit objektiven Messungen
20	ASO	Urteilsdifferenzierung	Ähnlichkeit der Persönlichkeitsbeurteilungen für den leistungsbesten und -schwächsten Schüler einer Klasse

Quelle: A. Krapp, Bedingungen des Schulerfolgs. München (Oldenbourg) 1973, S. 20 und 73.

Diese Merkmale wurden mit verschiedenen Instrumenten (Tests, Beobachtungslisten, Fragebogen) gemessen und in „Punktwerte" übergeführt. Sodann wurde mit Hilfe statistischer Verfahren, die hier nicht dargestellt werden können, überprüft, ob Zusammenhänge vorliegen, die jenseits des Zufalls liegen. Die auf diese Weise gewonnenen Daten können dann herangezogen werden, um Argumente über den Einfluß der verschiedenen Adressatenmerkmale auf die Schulleistung *unter den Bedingungen des derzeit durchgeführten Grundschulunterrichts in der Bundesrepublik Deutschland* zu untermauern.
In der genannten Untersuchung ließ sich für die folgenden Adressatenmerkmale ein erheblicher Einfluß feststellen, wobei in der Tabelle ein Maß für diesen Einfluß angegeben ist, das weiter unten erläutert wird.

Merkmal	Einflußgröße
1. ALT	1 Prozent
2. KÖE	2 Prozent
3. MST	32 Prozent
4. BT 1/2	35 Prozent
5. KONT	13 Prozent
6. ANP	8 Prozent
7. SOZI	15 Prozent
8. KIZ	4 Prozent
9. KLG	12 Prozent

Die Einflußgröße ist eine Prozentzahl. Sie gibt an, wieviel Prozent der Schulleistungsunterschiede (zwischen den einzelnen Kindern) durch das betreffende Adressatenmerkmal erklärt werden können. Diese Einflußgrößen hängen allerdings auch untereinander zu einem gewissen Grad zusammen. Man darf die Prozentwerte deshalb nicht einfach addieren und meinen, man könne nun genau erklären, wovon im einzelnen die Schulleistung abhängt. *Alle Einflußgrößen zusammengenommen erklären nämlich die Leistungsunterschiede erst zu ca. 50 Prozent.*
Was bedeutet nun dieses Wissen um Zusammenhänge zwischen solchen Adressatenmerkmalen, die in gewisser Weise *Lernvoraussetzungen* sind, und solchen Adressatenmerkmalen, in denen sich Lern*resultate* widerspiegeln? Kann man daraus schließen, daß man Adressaten auf Grund der obengenannten Merkmale zu Gruppen zusammenfassen sollte, die möglichst gleiche Ausprägungen dieser Merkmale auszeichnen? Und wenn man dies täte – wüßte man eigentlich, welche verschiedenen Arten von Unterricht jede dieser Gruppen haben müßte, um optimalen Lern-

erfolg zu erzielen? Sollte dieser Unterricht dann so beschaffen sein, daß die Zusammenhänge von Lernvoraussetzungen und Lernerfolg deutlicher hervortreten oder daß sie verschwinden? Und schließlich: Lassen sich die erwähnten Adressatenmerkmale so schlechthin in Lernvoraussetzungen und Lernresultate einteilen? Sind nicht Intelligenz, Kontaktverhalten und Anpassung gleichzeitig auch Lernresultate? Ist nicht Schulleistung (früherer Stufen) gleichzeitig noch Lernvoraussetzung (für folgende Stufen)?
Diese wenigen Fragen mögen verdeutlichen, daß sich aus Forschungsbefunden der gewonnenen Art – so zuverlässig und wertvoll sie auch sein mögen – didaktisches Handeln nicht automatisch ableiten läßt. Wohl aber können sie dazu dienen, die Begründungen für die eine oder andere didaktische Praxis (z. B. Differenzierungsmaßnahmen, vgl. Kapitel 5) zu verbessern.

Persönlichkeitsmerkmale und systemspezifische Lernvoraussetzungen

Wir haben Adressatenmerkmale nach zwei Gruppen gegliedert, *Persönlichkeitsmerkmale* und *systemspezifische Lernvoraussetzungen.* Es gibt nun (wie das vorangehende Beispiel zeigt) in der wissenschaftlichen Literatur verschiedene Beiträge, die sehr viel weitergehende Differenzierungen vornehmen. Für Zwecke einer ersten Orientierung dürfte die bisherige Einteilung jedoch hinreichen. Sofern überhaupt das Bewußtsein für die Notwendigkeit didaktischer Diagnostik von Adressatenmerkmalen und ihrer Berücksichtigung bei didaktischen Entscheidungen geweckt ist, bietet sich eine Fülle weiterführender Lektüre an.
Was bleibt, ist die Frage, mit welchen Begründungen man die Berücksichtigung von Adressatenmerkmalen vertreten bzw. ablehnen kann. Hier gibt es immerhin erhebliche Unterschiede in den Positionen. Eine dieser Positionen besagt, daß es vor allem *Gründe der Rationalisierung* seien, die eine optimale Förderung durch Individualisierung angeraten sein lassen. Eine zweite Position geht vom Ziel der *Selbstverwirklichung und der Entfaltung der Persönlichkeit* aus. Man bezeichnet sie auch als die „emanzipatorische“. Nach dieser Position kann es nicht nur darauf ankommen, individuelle Lernvoraussetzungen zu berücksichtigen (um identische Lernziele zu erreichen), sondern auch in bezug auf die Lernziele sollte eine Individualisierung möglich sein. Eine dritte Position schließlich versucht, in Kenntnis individueller Lernvoraussetzungen, de-

ren Bedeutung herabzumindern, weil ihre Vertreter dafürhalten, daß damit die Ungleichheit in der Gesellschaft eher erhöht wird, und weil damit die Planbarkeit der Gesellschaft einschließlich des Bildungssystems abnimmt. Man könnte diese Position als eine *„bürokratisch-egalitäre"* bezeichnen. Sicher ist damit das Spektrum möglicher und tatsächlicher Positionen nicht hinreichend beschrieben, die man zur Frage der Berücksichtigung individueller Adressatenmerkmale einnehmen kann. Auch läßt sich jede dieser Positionen wieder aus unterschiedlichen weltanschaulichen und moralischen Grundpositionen heraus begründen. Jeder didaktisch Handelnde sollte sich jedoch dessen bewußt sein, daß er zu dieser Frage früher oder später wird Stellung nehmen müssen. Je besser er sich darauf vorbereitet, desto eher wird er in der konkreten Situation zu aufgeklärtem Handeln fähig sein.

Literaturhinweise:

1 C. Jencks, Chancengleichheit. Reinbek bei Hamburg (Rowohlt), 1973; darin Seite 100—134.

Dieser Band enthält eine Untersuchung der Frage, inwieweit Chancengleichheit durch Bildung hergestellt werden kann, und kommt dabei zu wenig optimistischen Folgerungen. Man beachte aber, daß es sich um Aussagen für die USA handelt, bei denen z. T. unterschiedliche sozio-kulturelle Voraussetzungen bestehen.

2 R. Oerter, Moderne Entwicklungspsychologie. Donauwörth (L. Auer), 1973; darin Seite 19—93.

Dieser Band stellt eine Zusammenlegung der entwicklungspsychologischen Forschung dar; in dem ausgewählten Abschnitt wird vor allem die Frage der Beziehungen zwischen Anlage und Entwicklung aufgegriffen.

Vorschlag für ein Erkundungsprojekt 4:

„Wie wird Schulreife festgestellt?"

Versuchen Sie, durch Befragung von Grundschul-Lehrern und Schulpsychologen herauszufinden, wie die Schulreife vor dem Eintritt in die 1. Grundschulklasse bei Kindern festgestellt wird. Wenn dazu Tests etc.

durchgeführt werden, so lassen Sie sich diese erklären. Fragen Sie dann weiterhin, was mit den Kindern gemacht wird, die nicht über die geforderte Schulreife verfügen.
Diskutieren Sie diese Erfahrungen in Ihrer Gruppe, und fertigen Sie einen kurzen Bericht über das Ergebnis Ihres Erkundungsprojekts an.

Entwurf zu einem Planspiel 4:

„Hochschuleingangsprüfung"

Situation: Es ist bekannt, daß für die meisten Studienfächer der Numerus clausus eingeführt worden ist. In den vom NC betroffenen Studienfächern werden die Studienbewerber zentral auf Grund der Kriterien „Abiturnotendurchschnitt", „Wartezeit" und „soziale Härte" in die verschiedenen Hochschulen bzw. Fachbereiche eingewiesen. Gegen dieses Verfahren richtet sich Kritik, und verschiedentlich wurde die Forderung vorgetragen, daß es besser wäre, wenn jede Hochschule bzw. jeder Fachbereich eine eigene Eingangsprüfung durchführte, um so besser den fach- und ortsspezifischen Bedingungen gerecht werden zu können. Wir nehmen an, daß die Hochschulbehörde des Bundeslandes Nordrhein-Westfalen einen Erlaß herausgegeben hat, der die Hochschulen bzw. Fachbereiche auffordert, Vorschläge für die Gestaltung dieser Eingangsprüfungen zu unterbreiten und der Behörde vorzulegen.

Handlungsträger: Die Hochschulabteilung des Ministeriums, vertreten durch Ministerialrat Abel; die Pädagogische Hochschule Bestadt, vertreten durch ihren Rektor Bebel. Die beiden Herren werden durch Beratungs- und Entscheidungsgremien unterstützt, so der Rektor durch einen „Ausschuß für Studium und Lehre", der Ministerialrat durch die Mitarbeiter seiner Abteilung.

Handlungsziele: Die Hochschulabteilung möchte möglichst rasch diese Prüfung einführen, die Hochschule möchte den Prozeß verzögern. Die Hochschulbehörde hat gewonnen, wenn sie es erreicht, diese Prüfung binnen zwei Jahren durchzusetzen, die Hochschule, wenn sie sich dem mindestens zwei Jahre entziehen kann.

Handlungsmöglichkeiten der Behörde: Erlasse, Vorschläge, Beratung, Disziplinarmaßnahmen, Korrespondenz.

Handlungsmöglichkeiten der Hochschule: Diskussion, Korrespondenz, Gremienbeschlüsse, Streik, Niederlegung von Ämtern, Vorschläge, wissenschaftliche Gutachten.

Spielverlauf: Das Spiel beginnt mit dem (datierten) Erlaß der Hochschulbehörde und verläuft über Prozesse in den Selbstverwaltungsgremien der Hochschule über die Korrespondenz mit der Behörde bis zu einem Beschluß oder Nichtbeschluß „betr. Einführung der Hochschuleingangsprüfung an der Pädagogischen Hochschule Bestadt".

5. Klassen und Lerngruppen

Bitte stellen Sie sich die folgende Szene vor:
Zum Beginn eines Ski-Kurses haben sich 30 erwartungsfrohe „Adressaten" im Alter von 6 bis 60 Jahren vor der Piste versammelt; ihnen entgegen kommen 4 Ski-Lehrer, die sich dieser Gruppe annehmen sollen. Die Ski-Schüler sind männlichen und weiblichen Geschlechts, verschiedener Konfession und Nationalität; einige unter ihnen haben gesagt, daß sie bereits Skilaufen können, wenn auch noch nicht besonders gut, einige können es nach eigener Aussage ein wenig, und einige können es noch gar nicht und wissen nicht viel mehr, als daß man die Ski irgendwie unter die Füße schnallen muß. Auch andere Unterschiede in der Gruppe fallen dem Beobachter sofort auf: Manche der Ski-Schüler sind sehr viel besser ausgerüstet als die übrigen; einige scheinen wenig motiviert zu sein und langweilen sich schon; andere stehen herum und frieren, während wieder andere durch Auflockerungsübungen sich fit machen wollen. Dicke und Dünne, Große und Kleine, Ängstliche und Mutige: Die 30 „Schüler" unterscheiden sich voneinander, wie man es nur bei einer bunt zusammengewürfelten Gruppe erwarten kann. Auch die Ski-Lehrer sind nicht aus einem Holz geschnitzt; nach den ersten Gesprächen erkennen wir einen vertrauenerweckenden 50jährigen; eine mütterliche Dame um die Dreißig; eine kontaktarme junge Dame um die Zwanzig, die aber offenbar besonders gut Skilaufen kann, und einen sprachgewandten, playboyhaften Herrn um die Vierzig.
Die ersten Gespräche lassen auch schon das Problem dieser Gruppe deutlich werden: Wie sollen die 30 Ski-Schüler auf die 4 Ski-Lehrer aufgeteilt werden? Sollte man abzählen lassen und nach dem Zufall aufteilen? Sollte man Männlein und Weiblein trennen, Könner von Anfängern, sollte man die Schüler ihren Lehrer jeweils selbst wählen lassen oder umgekehrt die Lehrer ihre Schüler? Auch nach Nationen und Sprachkenntnissen könnte man aufteilen. Oder sollte man gar die Ängstlichen und Frierenden von den Mutigen und Tatendurstigen absondern? Schließlich könnte man eine Lösung darin sehen, daß man einen Psychologen zu Rate zieht und sich seinem Urteil anvertraut.
Nehmen wir nun einmal weiter an, Sie würden als Beobachter dieser Szene die Initiative ergreifen und der Gruppe einen Vorschlag unterbreiten wollen, wie sie am zweckmäßigsten aufgeteilt werden könnte; gewiß würden Sie zunächst danach fragen, welche der genannten Merkmale besonders wichtig und welche weniger wichtig für die Aufgaben-

stellung der Gruppe sind. Die Wichtigkeit der Merkmale der Schüler richtet sich nach deren Zielsetzung, nämlich Skilaufen zu lernen, und die Wichtigkeit der Merkmale der Lehrer richtet sich nach deren Fähigkeit, Skilaufen auf bestimmte Weise zu lehren. Dazu können wir eine Liste anfertigen, in der zunächst alle wichtig erscheinenden Merkmale aufgeführt sind:

Merkmalsträger	Merkmal	Ausprägung
Schüler	Geschlecht	männlich – weiblich
	Alter	über 30 – unter 30
	Konfession	evangelisch – katholisch – ohne K.
	Sprache	deutsch – französisch – italienisch
	Vorkenntnisse	gute Vorkenntnisse – wenig V. – keine V.
	Ausrüstung	ist gut ausgerüstet – ist schlecht ausgerüstet
	Motivation	ist motiviert – ist wenig motiviert
	Kälteempfindlichkeit	friert leicht – friert nicht
Lehrer	Geschlecht	männlich – weiblich
	Alter	über 30 – unter 30
	Erfahrung	erfahrener Lehrer – Playboy-Typ mütterlich – kontaktarm besonders gute Läuferin
	Sprachkenntnisse	deutsch – französisch – italienisch

Als weniger bedeutsame Merkmale sowohl für das Erlernen als auch für das Lehren des Skilaufens wird man wohl Geschlecht und Konfession bezeichnen können. Auch die Tatsache, daß einer der Ski-Lehrer ein Playboy-Typ ist, können wir vielleicht ignorieren. Schließlich wird man auch die Frostanfälligkeit einiger Schüler außer acht lassen können, wenn man Vorsorge dafür trifft, daß z. B. deren Ausrüstung bzw. Kleidung verbessert wird. Die Merkmale lassen sich also reduzieren, wenn man die für die Zielsetzung weniger bedeutsamen vernachlässigt und andere zu verändern versucht, wenn dies möglich ist. Es verbleiben bei den Schülern somit die Merkmale: Sprache, Vorkenntnisse, Ausrüstung, Motivation; bei den Lehrern: Erfahrung, Sprache, Persönlichkeit. Diese Merkmale sind unterschiedlich (= variabel) ausgeprägt: so ist in bezug auf das Merkmal „Motivation“ festgestellt worden, daß einige der

Adressaten wenig, andere jedoch stärker motiviert seien; in bezug auf die Variable „Sprache" wollen wir annehmen, daß einige nur deutsch sprechen, andere nur französisch und der Rest nur italienisch. Die 4 Adressaten-Variablen und die 3 Lehrer-Variablen sind also in verschiedenen (fast immer zwei oder drei) Ausprägungen vorhanden. Bei den Ski-Lehrern wissen wir genau, wer welche Merkmale aufweist; die Ausprägungen der Variable bei den verschiedenen Personen ist hier also bekannt. Bei den Ski-Schülern wissen wir jedoch nicht, wer sowohl gut ausgerüstet ist als auch motiviert oder wer zwar gut ausgerüstet, jedoch wenig motiviert ist etc. Wir kennen die Kombinationen der 4 Schüler-Variablen nicht und müssen deshalb davon ausgehen, daß alle theoretisch denkbaren Kombinationsmöglichkeiten gleiche Wahrscheinlichkeit haben, vorzukommen. Dies bedeutet, daß bei den 4 Schüler-Variablen insgesamt 24 Kombinationen möglich sind (4 Fakultät). Die Zahl der Kombinationsmöglichkeiten, die theoretisch auftreten können, ist also fast so groß wie die Zahl der vorhandenen Personen, so daß wir erwarten können, daß nahezu jeder Schüler sich von den anderen unterscheidet. Somit ist die Konsequenz dieses Gedankenspiels deutlich: Um allen Ski-Schülern gerecht zu werden, müßte man für jeden einzelnen einen passenden Ski-Lehrer als Einzellehrer haben. Dies allerdings geht praktisch nicht zu verwirklichen, da wir ja nur 4 Ski-Lehrer haben, die zudem nicht so beschaffen sind, daß sie den Kombinationsmöglichkeiten entsprechen würden. Wir können also selbst bei so wenigen relevanten Variablen nur einen geringen Teil der Kombinationsmöglichkeiten berücksichtigen. Es ließe sich so verfahren, daß man zunächst die Sprachkenntnisse zu berücksichtigen versucht. Nehmen wir an, einer der Ski-Lehrer würde nur deutsch sprechen, einer nur italienisch, einer sowohl deutsch als auch italienisch und einer sowohl deutsch als auch italienisch und französisch, nehmen wir weiterhin an, die 30 Ski-Schüler würden sich gleichmäßig auf die 3 Sprachen aufteilen, so könnten wir folgende Aufteilung vornehmen:

Ski-Lehrer:	*Ski-Schüler:*
spricht deutsch	6 Deutsche
spricht italienisch	6 Italiener
spricht deutsch/ital.	4 Deutsche + 4 Italiener
spricht deutsch/ital./franz.	10 Franzosen

Wir sehen also, daß allein zur Berücksichtigung der in drei Ausprägungen auftretenden Variable „Sprache" eine Einteilung gewählt werden muß, die es nicht gestattet, weitere Variablen noch zu berücksichtigen. Zudem haben wir auch so noch Nachteile: Der deutsch und italienisch

sprechende Ski-Lehrer muß zweisprachig unterrichten und zwei Personen mehr aufnehmen als seine beiden Kollegen, die nur eine Sprache sprechen; der dreisprachige Ski-Lehrer muß gar alle 10 Franzosen aufnehmen und kann von seinen anderen Sprachkenntnissen keinen Gebrauch machen.
Mit der Variablen „Sprache“ haben wir zugleich auch dasjenige Differenzierungskriterium gewählt, welches unabdingbar berücksichtigt werden muß, denn wenn jemand nur deutsch versteht, nützt ihm ein auf Italienisch gehaltener Ski-Unterricht relativ wenig.
Fassen wir die Ergebnisse unseres Gedankenspiels zusammen, um sie dann auch für andere Lernsituationen nutzbar machen zu können:
1. Bei der Zusammensetzung von Lerngruppen nach variablen Merkmalen der Lernenden lassen sich in der Regel weniger Variablen berücksichtigen als insgesamt relevante Variablen vorhanden sind.
2. Die Variablen der Lernenden werden nicht immer eine Entsprechung in den Variablen der Lehrenden finden, so daß eine konstante Zuordnung von Lernenden nur selten gelingt bzw. nur nach einer Variablen (hier: Sprache) geleistet werden kann.
Wie sähe das nun in einer Schule aus, in der ja auch lernrelevante Variablen bei den Lehrenden und Lernenden vorhanden sind, wie in Kapitel 4 deutlich wurde? Die wichtigsten der in diesem Kapitel aufgewiesenen Adressatenmerkmale sind:

- Alter oder Reife
- Interesse
- Begabung oder Fähigkeit
- Fleiß oder Lernmotivation
- Impulsivität, Ängstlichkeit etc.
- Lernbereitschaft
- Lerneinstellung
- gegenstandsbezogene Lernvoraussetzungen
- systembezogene Lernvoraussetzungen

Kriterien der äußeren Differenzierung in Schulen

Sie werden nun zu Recht sagen, daß in unseren Schulen solche Differenzierungskriterien bislang kaum eine Rolle spielen; vielmehr wird ja gemeinhin nach Klassen aufgeteilt, besser gesagt nach Klassenstufen, wobei die Schüler nach dem Alter differenziert werden: 6jährige kommen in die 1. Klasse, 7jährige in die 2. Klasse usw. Nur wenn es Parallelklassen an einer Schule gibt, dann können für diese weitere Differenzierungsmerkmale berücksichtigt werden, so etwa das des Fächerschwerpunktes (z. B. am Gymnasium neusprachlicher versus altsprachlicher Zweig versus mathematisch-naturwissenschaftlicher Zweig). Wir wollen jedoch unsere Überlegungen hinsichtlich der Berücksichtigung weiterer lernrelevanter Differenzierungsmöglichkeiten und hinsichtlich der Zuordnung verschiedener Lehrer vorläufig zurückstellen und uns den vorfindbaren Gegebenheiten des allgemeinbildenden Schulwesens und deren historischer Entwicklung zuwenden. Unser Schulwesen kennt als wichtigste Differenzierungsform die sogenannte „äußere Differenzierung", die sich auf Einteilungen von Schülergruppen oberhalb der Klassenebene richtet; demgegenüber umfaßt „innere Differenzierung" Einteilungen innerhalb einer gegebenen Schulklasse. Wir wenden uns erst der „äußeren Differenzierung" zu.

Zunächst müssen wir dabei berücksichtigen, daß bis in die Neuzeit hinein Schulen vor allem *Standes*schulen waren, d. h. daß es für verschiedene Stände unterschiedliche Schulen gab. So fanden sich die Kinder des Adels in anderen Schulen zusammen als die Bürger- und Handwerkerkinder, diese wieder in anderen als Bauernkinder, sofern Schulen für diese überhaupt vorhanden waren. Die Zugehörigkeit zu einer Sozialschicht ist immer schon ein Differenzierungskriterium gewesen. Erst mit der Einführung der allgemeinen Grundschule, die in der Weimarer Verfassung 1919 festgelegt wurde, ist in Deutschland die erste gesetzlich verbindliche Einheitsschule für alle heranwachsenden Staatsbürger geschaffen worden, allerdings nur für die ersten vier Schuljahre. Ferner gilt es zu berücksichtigen, daß Schulen lange Zeit weitgehend von den Kirchen getragen wurden. Daß eine Differenzierung nach Gesichtspunkten der Religionszugehörigkeit von vornherein erfolgte, versteht sich von selbst. Teilweise damit zusammenhängend, teilweise jedoch auch unabhängig davon, herrschte die Auffassung vor, daß Mädchen anders erzogen werden müßten als Jungen und daß eine Erziehung beider Geschlechter in ein und derselben Schule nicht stattfinden dürfe. Die Forderung nach einer *Koedukation* beider Geschlechter hat noch nach dem zweiten Weltkrieg in der Bundesrepublik die Gemüter bewegt. Vor allem in kleineren und mittleren Städten war auf diese Weise durch die Einrichtung verschiedener Schulen nach Stand, Konfession und Geschlecht der Differenzierungsspielraum verbraucht. Innerhalb einer Schule selbst waren die Differenzierungskriterien vor allem Fächerwahl und Kenntnisstand; so wurden im Mittelalter die Schüler in verschiedene, „Haufen", „lectiones" oder anders genannte Gruppen eingeteilt, die Lesen oder Rechnen lernten, in einem Einführungslehrbuch oder mit Texten von lateinischen oder griechischen Autoren arbeiteten. Alle Gruppen arbeiteten aber für gewöhnlich in einem Raum und mit nur einem Lehrer. Erst in der Zeit des Neuhumanismus (um 1500) wurden gelegentlich auch verschiedene Klassen geschaffen, in denen Schüler nach ihrem Alter getrennt unterrichtet wurden und Lehrer sich spezialisierten. Als dann im 18. Jahrhundert von verschiedenen Staaten die allgemeine Schulpflicht eingeführt wurde, war, da die große Mehrzahl der Bürger auf dem Lande lebte, dort aber in der Regel nur ein Lehrer lehrte, ebenfalls noch keine Differenzierung nach verschiedenen Klassen möglich.

Dieser Zustand hat sich bis in die Gegenwart fortgesetzt, denn auch heute gibt es noch einklassige „Zwergschulen" auf dem Lande. Es muß allerdings angemerkt werden, daß einzelne Lehrer an diesen Schulen durch „innere" Differenzierung mangelnde Möglichkeiten zu äußerer Differenzierung ausgleichen. In städtischen Verhältnissen kam es zur Bildung größerer Schulsysteme. In diesen Fällen gruppierte man Schüler entweder nach dem Stand ihrer Kenntnisse oder nach ihrem Alter; zugleich konnten damit auch Spezialisierungen von Lehrern allgemein möglich werden: Es entstand das System der Jahrgangsklasse, wobei die Schüler in verschiedenen Fächern von verschiedenen Fachlehrern unterrichtet und von ihrem Klassenlehrer betreut wurden. Man kann das System der Jahrgangsklasse analog zur Rekrutierung von Soldaten sehen: Wie diese jahrgangsweise erfaßt und für die militärische Ausbildung zu Gruppen zusammengefaßt wurden, wobei als Differenzierungskriterium vielleicht nur die Körperlänge relevant war, so wurden auch die Schüler mit Beginn der allgemeinen Schulpflichtzeit jahrgangsweise „ausgehoben" und zu Klassen zusammengefaßt. Allerdings achtete man lange Zeit und verschiedenen Orts noch darauf, Jungen und Mädchen sowie Katholiken und Protestanten voneinander zu trennen, doch erforderte diese Differenzierung bereits eine hinreichende Zahl von Schulanfängern, damit sich die Einrichtung solcher Parallelklassen lohnte. In vielen Grundschulen auf dem Lande ist noch heute die Zahl der Schulanfänger so gering, daß eine Aufteilung in verschiedene Parallelklassen nicht möglich ist. Für eine Differenzierung von Schülergruppen nach durchgängig anwendbaren und leicht erfaßbaren Merkmalen ist also eine entscheidende Voraussetzung die hinreichend große Gesamtzahl derer, die überhaupt aufgeteilt bzw. differenziert werden können.

Wie bereits erwähnt, waren und sind neben Geschlecht und Konfession die Fächerschwerpunkte als Differenzierungskriterium innerhalb von

Schulen bekannt. So lassen sich in den meisten Gymnasien „Zweige" einrichten, d. h. unter den zwei, drei, vier oder mehr Parallelklassen einer Altersstufe können unterschiedliche Schwerpunkte gesetzt werden, etwa indem ein neusprachlicher, ein altsprachlicher und ein mathematisch-naturwissenschaftlicher Zweig eingerichtet wird. Dieses Differenzierungskriterium ist zum Teil auch schon am Berufswunsch und am Interesse der Schüler orientiert, d. h. es ermöglicht eine *Wahl seitens des Schülers.* In vielen Hauptschulen hat man seit einigen Jahren eine andere Differenzierung versucht, nämlich die Aufteilung von Schülern eines Altersjahrgangs nach ihren *Leistungen,* indem man solche Hauptschüler eines Jahrgangs zusammenfaßte, die gute Leistungen (im Durchschnitt) aufwiesen, solche mit mittleren Leistungen und solche mit schlechten Leistungen. Zumeist wurde diese Leistungsdifferenzierung jedoch nicht in allen Fächern betrieben, sondern nur in einigen, vor allem in Deutsch, Englisch und Mathematik.

Leistungsdifferenzierung

Eine solche Differenzierung nach Leistungen wird in der Bundesrepublik zunehmend auch in Gesamtschulen durchgeführt. Die Situation ist ähnlich wie bei der Einführung der allgemeinen Schulpflicht, als große Schülermassen zu bewältigen waren und man dazu überging, die Schüler eines Jahrgangs in Klassen aufzuteilen; in Gesamtschulen nämlich, die das alte dreigliederige Schulsystem ablösen sollen, entstehen größere Leistungsspannen oder -differenzen bei den Schülern, denn nach hergebrachter Gewohnheit gesprochen, haben wir jetzt in einem Jahrgang Schüler, die früher in der Hauptschule gewesen wären, solche aus der Realschule und solche aus dem Gymnasium. Zumindest bis zum Ablauf der allgemeinen Schulpflicht könnten nun diese leistungsunterschiedlichen Schüler in einer Jahrgangsklasse zusammen unterrichtet werden. Was liegt näher, als daß man nun dazu übergeht, diese Unterschiede durch ein Differenzierungsverfahren nach den Leistungen zu berücksichtigen? Dazu werden entweder für alle Fächer Leistungsklassen eingerichtet, die unterschiedlich schwere Anforderungen bringen (zumeist sind es drei verschiedene Leistungsniveaus), oder man richtet Leistungskurse nur für einige Fächer ein und berücksichtigt dabei die unterschiedlichen Leistungen eines Schülers in den verschiedenen Fächern; dies bedeutet, daß man z. B. in Mathematik im A-Kurs (dem schwierigsten) sitzen kann, in Deutsch hingegen im C-Kurs (dem leichtesten).

Damit aber, das darf nicht vergessen werden, wird tendenziell der alte Zustand eines dreigliederigen Schulsystems in neuer Form wiederhergestellt, d. h. das dreigliederige Schulsystem findet sich – nun jedoch gewissermaßen unter einem Dach – in der Gesamtschule wieder.

Forschungsbefunde zur Leistungsdifferenzierung liegen vor allem aus den angelsächsischen Ländern vor, in denen dieses Verfahren schon seit den zwanziger Jahren bekannt ist (es muß aber erwähnt werden, daß es wohl erstmals gegen Ende des letzten Jahrhunderts in Deutschland erprobt wurde, und zwar im sogenannten „Mannheimer System"). In England hatte man zunächst versucht, die Schüler auf Grund ihrer Intelligenzmerkmale zu gruppieren, in den USA war es zunächst vor allem das Kriterium allgemeiner Schulleistung, dann eine fachspezifische Leistungsdifferenzierung („setting" genannt) wie jetzt an unseren Gesamtschulen. Daneben ist eine Fülle von gemischten Verfahren bekannt, so etwa der Versuch, Schüler der Grundschule nur für das Lesenlernen nach Leistungsunterschieden zu gruppieren.

Die Forschungsbefunde sind z. T. widersprüchlich, z. T. auf Grund unzulänglicher Forschungsmethoden mit Vorsicht zu genießen; insgesamt zeigen sie jedoch die folgende Tendenz: Leistungsdifferenzierung verändert die Schulleistung der Schüler nicht im erwarteten und nicht in einem dieses Verfahren rechtfertigenden Maße; z. T. konnten zwar geringe Leistungssteigerungen für „gute" oder für „schlechte" Schüler erzielt werden, z. T. aber war es nur so, daß die „guten" Schüler besser und die „schlechten" Schüler noch schlechter wurden. Leistungsdifferenzierung wirkt sich offensichtlich jedoch in stärkerem Maße in anderen Bereichen aus, etwa im Sozialverhalten der Schüler untereinander, die nunmehr unter höherem Leistungsdruck stehen und sich somit als Konkurrenten ansehen, oder im emotionellen Verhalten der einzelnen Schüler, die nun weniger Entlastungen durch eine Klassengemeinschaft erfahren können und dabei ängstlicher werden.

Fassen wir zusammen. Bisher wurden und werden vor allem die folgenden Merkmale zur Differenzierung nach Lerngruppen herangezogen: Alter, Geschlecht, Konfession, Fächerschwerpunkt, allgemeine Schulleistung, fachspezifische Schulleistung und Intelligenz. Daneben hatten wir am Beispiel der einklassigen Dorfschule erläutert, daß auch innerhalb von Lerngruppen von Zeit zu Zeit wechselnde Untergruppen gebildet werden. Wir sprechen in diesem Falle von *„innerer* Differenzierung" (im Unterschied zur „äußeren" Differenzierung, bei der die Lerngruppen längerfristig getrennt werden).

Innere Differenzierung und Gruppenunterricht

Wir wollen uns nun der inneren Differenzierung zuwenden. Eine Kindergartenschwester beispielsweise, die 3–5jährige Kinder zu betreuen hat, wird für manche Spiele, bei denen es ein wenig wild hergeht, die Kleineren absondern; wenn gemalt werden soll, kann sie die Kinder sich zu Gruppen zusammensetzen lassen, die sich besonders gern mögen und gut verstehen; wenn der tägliche Spaziergang gemacht wird, sind alle dabei; wenn die Mädchen mit Puppenspielen beschäftigt sind, können die Jungen Auto spielen (Sie haben ja recht, wenn Sie kritisieren, daß wir Mädchen- und Jungenrollen gängiger Art übernehmen, aber an dieser Stelle kommt's nur auf das Beispiel an) usw. Dies bedeutet, daß sie eine Gesamtgruppe zu betreuen hat, die nicht durchgängig aufgeteilt wird, sondern lediglich für spezifische Zwecke. Anders gesagt: Differenzierungskriterien richten sich hier nach den Lernsituationen und Lernzwecken, die wiederum verschiedenartig beschaffen sind und wechseln.
Bevor wir diese flexible Differenzierung von Lerngruppen auch auf größere Systeme anwenden bzw. ihre Anwendbarkeit auf das Schulwesen prüfen wollen, erscheint es angebracht, noch einmal auf das eingangs geschilderte Gedankenspiel zum Ski-Kurs zurückzukommen und eine Möglichkeit darzustellen, wie sich die Aufteilung nach dem Prinzip der inneren Differenzierung der Teilnehmer bewerkstelligen ließe.
Wir erinnern uns: Wir hatten einige Voraussetzungen, nämlich die Zahl der Ski-Schüler (insgesamt 30) und deren Unterscheidungsmerkmale Sprache, Vorkenntnisse, Ausrüstung, Motivation einerseits und die Zahl der Ski-Lehrer (4) und deren Merkmale Erfahrenheit, Sprache, Kontaktfähigkeit, eigene Lauftechnik andererseits, herausgestellt. Nun betrachten wir nicht mehr die gesamte Lernsituation dieser Gruppe (nämlich Skilaufen zu erlernen) als Lernzweck, sondern unterscheiden eine Reihe von sehr viel spezielleren Lernsituationen, etwa: Skistiefel in den Bindungen befestigen, richtig hinfallen, Wachs auswählen und auftragen, Spur fahren, aufsteigen, Stemmbogen etc. Wir könnten bei jeder Einheit die sprachintensiven Themen oder Lernabschnitte von denen abheben, in welchen vor allem etwas vorgemacht und nachgeahmt werden muß. Bei den sprachintensiven Lernabschnitten wird man nicht umhin können, die Gruppen nach den Sprachbedürfnissen (der Schüler) und Sprachkenntnissen (der Lehrer) zu bilden. In den anderen Fällen wird man jedoch eine andere Einteilung vornehmen können. Beim Langlauf etwa könnte man die Gruppen nach dem Merkmal „Ausdauer und Belastbarkeit" zusammenstellen.

Auch in Hochschulen und allgemeinbildenden Schulen läßt sich innere Differenzierung in dieser Weise realisieren. Man kann beispielsweise in einem Forschungspraktikum Studenten, denen Statistikkenntnisse fehlen, für eine bestimmte Phase dieses Kurses zusammenfassen, um dieses Defizit auszugleichen.
Diese auch als „Binnendifferenzierung" bezeichnete Praxis stellt die Differenzierung innerhalb eines Klassenverbandes dar, d. h. also die Aufteilung einer ansonsten konstanten Klasse in Untergruppen, z. B. für gelegentliche Projektarbeit in Gruppen. Binnendifferenzierung kann aber auch darin bestehen, daß jeder Schüler einer Klasse einzeln arbeitet, wie dies beispielsweise beim programmierten Lernen geschieht und immer dann, wenn die Schüler isoliert voneinander arbeiten (vgl. S. 274). *Gruppenunterricht* als die gängigste Form der Binnendifferenzierung bezeichnet einmal ein methodisches Prinzip, zum anderen aber auch ein Unterrichtsziel. Als *methodisches Prinzip* versucht der Gruppenunterricht, Schüler gemeinsam und damit auch voneinander lernen zu lassen und Aufgabenverteilung vorzunehmen (d. h. nicht alle Schüler einer Klasse dasselbe arbeiten zu lassen). Als *Unterrichtsziel* versucht der Gruppenunterricht, Schülern Gelegenheit zum Lernen von sozialen Verhaltensweisen zu geben, indem sie z. B. erkennen, daß bei einer Aufgabenverteilung Kooperation gewährleistet sein muß und Konkurrenzdenken die Verwirklichung der Aufgabe gefährden kann.
Innere und äußere Differenzierung der Lerngruppen kann jedoch auf Zeit auch verbunden werden mit arbeitsteiliger Tätigkeit der Lehrenden. In diesem Falle sind nicht nur Lerngruppen, sondern Lehr-Lerngruppen über die Zeit hin variabel.

Team Teaching

Um es wiederum am Beispiel unseres Ski-Kurses zu erläutern: Manchmal genügt es, wenn für jede der 3 Sprachen nur eine Gruppe gebildet wird, so z. B. wenn erklärt werden soll, welche Wachsarten es gibt und wie das Wachs aufgetragen, entfernt etc. wird. Derweil könnte der eine Ski-Lehrer, der so entlastet wird, andere Funktionen ausüben, z. B. durch die drei Lerngruppen gehen und die Ausrüstung überprüfen oder Vorbereitungen für den folgenden Lernabschnitt treffen oder auch schlicht und einfach eine Pause einlegen. Und warum sollte die kontaktarme Klasse-Läuferin nicht einmal allen 30 Schülern zugleich ihre Lauftechnik zeigen? Während dieser Zeit wären die anderen 3 Ski-Lehrer dann für andere Aufgaben frei.

Übertragen wir dieses Prinzip auf die Schule, so bedeutet dies, daß nicht ein Lehrer eine Klasse in allen oder den meisten Fächern unterrichtet (was in den Grund- und in vielen Hauptschulen der Fall ist), daß nicht ein Lehrer in einer Klasse jeweils ein oder zwei Fächer unterrichtet (was in Realschulen und Gymnasien der Fall ist), sondern daß sehr wohl auch in einem Fach (oder besser: in einem Fachbereich) mehrere Lehrer in einer Lerngruppe unterrichten könnten, wenn sie sich in ihren Funktionen nur aufteilen würden und die Lerngruppe selbst flexibel differenziert würde. Wie das verwirklicht werden kann, zeigt das folgende Modell:

Nehmen wir an, wir haben die Abschlußklassen eines Gymnasiums zu betreuen, insgesamt 4 Parallelklassen mit insgesamt 60 Schülern. Nun wollen wir uns in diesem Modell auf die sozialwissenschaftlichen Fächer beschränken, also Geschichte, Politik, Gegenwartskunde, Philosophie. Das Arbeitsthema, das behandelt werden soll, lautet: 2. Weltkrieg. Nach herkömmlicher Differenzierung würde man entweder Interessengruppen einrichten können, die als Kurse oder Projektgruppen an speziellen Aufgaben zu diesem Thema arbeiten und jeweils einen Fachlehrer haben, oder man ließe das verbreitetere Modell der 4 Parallelklassen unangetastet, wobei diese Fächer von je einem Fachlehrer simultan unterrichtet würden. Bei einer flexiblen Schüler- und Lehrerdifferenzierung können wir aber davon ausgehen, daß wir die gesamte Gruppe der 60 Schüler als Grundeinheit nehmen, die zunächst gemeinsam (im Großgruppenunterricht) Informationen zum Arbeitsthema erhält. Dazu können Filme, Dia-Serien und Tonbandaufnahmen vorgeführt werden, was zweckmäßiger und ökonomischer ist, als wenn jede Parallelklasse oder jeder Kurs sie getrennt anschauen bzw. anhören würde. Auch ist es möglich, in dieser Gesamtgruppe einen der 4 zur Verfügung stehenden Lehrer eine einführende Vorlesung halten zu lassen, wobei wiederum die Gruppe beliebig groß sein kann (bzw. so groß, wie die Raumverhältnisse es gestatten). Damit wären Basisinformationen zunächst angeboten, doch käme es im weiteren Verlauf darauf an, daß die Schüler diese Informationen verarbeiten und reflektieren, um somit aus eigener Anschauung den Wert dieser Informationen bewerten und kritisieren zu können. Dazu könnte man Projektgruppen einrichten, in denen spezielle Bereiche eingehender behandelt werden, als dies bislang der Fall war. Solche Projektgruppen könnten z. B. über folgende Fragen arbeiten: Notwendigkeit des 2. Weltkrieges auf Grund der ökonomischen Entwicklungen in den zwanziger und dreißiger Jahren; Einstellungen zum 2. Weltkrieg in der gegenwärtigen Öffentlichkeit (Ältere und Jüngere); weltpolitische Veränderungen auf Grund des 2. Weltkrieges

etc. Diese Projektgruppen würden von den 4 Lehrern betreut werden, die dabei ihrerseits ihre unterschiedlichen Kompetenzen und Interessen einbringen bzw. verwirklichen könnten. Es könnten begleitende Plenumsveranstaltungen stattfinden, bei denen die einzelnen Gruppen über ihren Ansatz, ihre Fortschritte in der Projektarbeit und schließlich ihre Ergebnisse berichten würden. Es könnten weitere Untergruppen gebildet werden, die teilweise ohne Lehrer arbeiten.
Natürlich sind dies keine völlig neuartigen Überlegungen; in Modellschulen hat sich diese Praxis teilweise schon bewährt. Gegenüber der herkömmlichen Schulpraxis ist allerdings neu, daß hier eine flexible Differenzierung sowohl eine Gruppe von Lernenden als auch eine Gruppe von Lehrenden umfaßt und daß diese Differenzierung auf der Basis einer größeren Lerngruppe, d. h. einer die gängige Klassengröße übersteigenden Zahl von Adressaten stattfindet. Versuche dieser Art sind z. B. in Schweden und den USA durchgeführt worden. Elemente dieses Modells sind jedoch auch in der deutschen Schulpraxis und aus der pädagogischen Tradition bekannt.

Widerstände gegen innere Differenzierung und Team Teaching

Warum jedoch wird in unseren Schulen nicht nach diesem Modell differenziert? Dazu müssen wir wissen, daß selbst Gruppenunterricht noch nicht in dem Maße verwirklicht ist, wie es gefordert wird. Wenn Sie sich an Ihre Schulzeit erinnern, werden Sie dies wahrscheinlich bestätigen können. Schon Gruppenunterricht beruht auf Voraussetzungen, die in der Schulpraxis oftmals nicht gegeben sind: So bedarf es geeigneter Räumlichkeiten, etwa eines unterteilbaren Klassenraums, in dem für die verschiedenen Gruppen Arbeitsplätze vorhanden sind. Zudem sind die meisten Lehrer offensichtlich für die Durchführung von Gruppenunterricht nicht hinreichend ausgebildet oder nicht bereit dazu; immerhin ist ein Unterricht „leichter" durchzuführen, wenn man als Lehrer „frontal" unterrichtet, denn dabei ist der Fortgang der Lernprozesse – optisch und inhaltlich – besser zu überschauen.
Die Verwirklichung eines flexiblen Differenzierungsverfahrens mit entsprechender Differenzierung der Lehrfunktionen, wie sie oben dargestellt wurde, findet noch größere Widerstände. So liegt ein gewichtiges Hemmnis ganz einfach darin, daß Lehrer zu wenig gelernt haben, mit Kollegen zusammenzuarbeiten. Dort, wo eine solche Zusammenarbeit besteht,

etwa in Fach- und Schulkonferenzen, handelt es sich selten um konkrete Fragen der Unterrichtsgestaltung. Das Unterrichten – und das gilt auch für die Hochschulen weitgehend – wird zu sehr als individuelle Tätigkeit dessen angesehen, der dabei die Position des Lehrenden einnimmt. Für arbeitsteiliges Unterrichten wären soziale Einstellungen, Kommunikationsfähigkeit und -bereitschaft vonnöten, die man in entsprechenden Lernsituationen während der eigenen Ausbildung erfahren müßte. Wenn Lehrer Lerngruppen in differenzierter Weise zu bilden imstande sein sollen, so setzt dies differenziertes Lehren und Lernen in der Lehrerbildung voraus.

Ein weiteres Hindernis ist wohl darin zu sehen, daß bei solchen Differenzierungsansätzen Planungen notwendig werden, die mehr Arbeit außerhalb der eigentlichen Unterrichtssituation verursachen. Zwar könnte sich dieser erhöhte Planungsaufwand einmal für den Lehrer „bezahlt" machen, indem er später leichter unterrichten könnte, doch würden zunächst zumindest in einer Übergangszeit erhebliche Mehrbelastungen für ihn entstehen. Zudem bedarf es entsprechender Planungsinstrumente und -erfahrungen; so müssen vor allem neue Lernmaterialien entwickelt und erprobt werden.

Der Hinweis auf solche Widerstände, Hemmnisse und mangelnde Voraussetzungen erfolgt jedoch nicht in der Absicht, Resignation zu erzeugen oder das Beharren auf dem Status quo zu rechtfertigen. Er soll vielmehr zu einer realistischen Einschätzung des möglichen Aufwands wie auch des möglichen Ertrags beitragen. Er soll zugleich Ausbildungserfordernisse deutlich machen und die Bereitschaft verstärken, diese zu realisieren.

Literaturhinweise:

1 A. Yates, Differenzierungsprobleme im Schulwesen; in: A. Rang — W. Schulz (Hrsg.), Die differenzierte Gesamtschule. München (Piper), 1969, S. 72—87.

Dieser Aufsatz ist ein zusammenfassender Ausschnitt aus einer umfangreichen Studie über Forschungsergebnisse zur Differenzierung, die Yates 1966 für die UNESCO vorlegte.

2 W. Schulz, Zur Differenzierung an Gesamtschulen; in: A. Rang — W. Schulz (Hrsg.), Die differenzierte Gesamtschule, a. a. O., S. 181—204.

Schulz entwickelt in diesem Aufsatz das Modell einer stufenbezogenen Differenzierung und äußert sich dabei auch über die notwendige Flexibilität bei der Zuordnung von Lehrern.

Vorschlag für ein Erkundungsprojekt 5:

Differenzierungskriterien

Wie werden Schulklassen derzeit bei der Einschulung in Grundschulen und Gymnasien gebildet?
Versuchen Sie, durch Interviews mit Schulleitern, Lehrern oder Eltern diese Frage zu beantworten.
Versuchen Sie bei Ihren Interviews zu erfahren, ob über die genannten Differenzierungskriterien hinaus weitere Gesichtspunkte als bedeutsam angesehen werden (wenn ja, weshalb).
Bemühen Sie sich auch darum, die Instrumente und Techniken kennenzulernen, mit denen die Daten gewonnen werden, auf deren Basis die Gruppierung vorgenommen wird.

Entwurf zu einem Planspiel 5:

„Die kooperative Fahrschule“

Situation: Fünf Fahrlehrer (die Herren Amann, Bemann, Cemann sowie die Damen Demann und Emann) haben eine gemeinsame Fahrschule gegründet, weil sie sich davon Vorteile versprechen. Sie zeichnen sich durch unterschiedliche Fähigkeiten im Umgang mit Menschen, im Unterrichtsstil und hinsichtlich ihrer Interessen aus. Sie unterrichten jeweils 70 Fahrschüler gleichzeitig. Auch diese Fahrschüler haben unterschiedliche Interessen, Vorerfahrungen und Erwartungen, sind unterschiedlich lernfähig und haben verschiedene Terminvorstellungen. Die Lehrer treten jeweils als Gruppe auf, ihre Schüler hingegen äußern ihre Wünsche jeweils nur individuell. Die Fahrlehrer haben die Absicht, den Fahrunterricht so zu organisieren, daß sie Freude an der Arbeit haben und ihre Einkünfte möglichst erhöhen.

Handlungsträger: Die fünf Fahrlehrer sowie acht Fahrschüler, die jedoch nicht als Gruppe auftreten.

Spielregeln: Die Fahrlehrer formulieren zunächst ihre Vorlieben und arbeiten einen Fragebogen aus, in dem sie Wünsche, Zeitvorstellungen etc. der Fahrschüler erfassen. Die Fahrschüler füllen den Fragebogen aus und können auf das Angebot positiv wie auch negativ reagieren,

d. h. den Vorschlag akzeptieren, um Änderung bitten, aber auch darauf verzichten, diese Fahrschule zu besuchen.

Handlungsziele: Die Fahrlehrer möchten den Unterricht so organisieren, daß sie Freude an der Arbeit haben und einen möglichst hohen Gewinn erzielen. Die Fahrschüler möchten möglichst preiswerten Unterricht zu den ihnen gelegenen Zeiten haben, der auch ihnen Spaß macht.

Handlungsmöglichkeiten sind für die Fahrlehrer: schriftliche Formulierung ihrer Vorlieben, Aussprache, Entwicklung eines Fragebogens, Auswertung des Fragebogens, Korrespondenz mit den Fahrschülern. Für die Fahrschüler bestehen folgende Handlungsmöglichkeiten: Beantwortung des Fragebogens, Rücksprache mit der Fahrschule, Akzeptieren des Vorschlags, Modifizieren des Vorschlags, Ablehnung des Vorschlags.

6. Lehrplan und Curriculum

Wie sähe wohl ein Unterricht aus, bei dem ein Lehrer jeden Morgen in seine Schulklasse käme und fragte: „Also Kinder, was wollt ihr heute mal lernen?"

Vielleicht würde das die Schüler freuen und zu ungeahnter Arbeitsbegeisterung anstacheln. Vielleicht aber würde es ein Chaos werden, da man sich nur selten darüber einigen könnte, was von den vielen Vorschlägen jedesmal aufgegriffen werden sollte. Auf jeden Fall wissen wir, daß es so in unseren Schulen nicht jeden Morgen zugeht; wenn ein Lehrer auch einmal unvorbereitet ist, so würde er doch wohl kaum den Schülern die Initiative überlassen.

Man wird diese Frage vielleicht als absurd empfinden, wenn man nämlich der Meinung ist, daß in öffentlichen, vom Staat eingerichteten Schulen doch nichts X-beliebiges gelernt werden könne, sondern daß die Gesellschaft ja gerade deshalb Schulen hat und bezahlt, damit die heranwachsende Generation nützliche und bildende Dinge lernt: Lesen und Schreiben, Rechnen, Sprachen, höhere Mathematik, Geographie usw. (vgl. S. 32). Das alles – so wird man sagen – kann nicht dem Zufall oder dem Willen des einzelnen ausgesetzt sein; die Überlieferung unseres Kulturerbes muß – bei allem Spaß, der auch einmal sein soll – in harter Arbeit gelernt werden. Schließlich, so könnte jemand einwenden, könne man sich heutzutage doch auch keinen Arzt leisten, der auf die Frage nach seiner Ausbildung und Qualifikation freimütig gestehen wird, daß er 13 Jahre Schule und sechs Jahre Universität besucht und in dieser Zeit viele interessante Dinge gelernt habe, wie die Herstellung von Raketen und Raumfahrt-Technik, daß er viel diskutiert habe über die gesellschaftliche Funktion der Medizin und über die Neuordnung des Krankenkassensystems usw., daß er aber weder diagnostizieren noch behandeln könne. Dies also sind Gründe dafür, daß Ziele und Inhalte öffentlicher Bildungseinrichtungen verbindlich festgelegt werden.

Wer jedoch der Meinung ist, daß in unseren Schulen zu wenig auf die Wünsche der Schüler Rücksicht genommen wird, daß diese zwar viel über z. B. die Schlachten eines Cäsar oder Napoleon erfahren, nur wenig Antworten hingegen auf die für sie sehr viel brennenderen Fragen aus ihrem alltäglichen Erfahrungsbereich, der wird auf stärkere Berücksichtigung der Schülerinteressen bei der Auswahl von Lernzielen und -inhalten drängen. Er wird auf Schulmodelle verweisen können, die in den letzten Jahren auch bei uns starke Beachtung gefunden haben und in denen es darum geht, eine „Schülerschule“ zu verwirklichen, in der zwar nicht völlige Willkür herrscht, in der aber stärker als im durchschnittlichen Schulbetrieb die Wünsche der einzelnen Schüler berücksichtigt werden. Wie in Kapitel 4 deutlich wurde, handelt es sich um die Berücksichtigung der individuellen Schülerpersönlichkeit und ihrer unterschiedlichen Motivationen, Interessen und Bedürfnisse. Berühmte Beispiele solcher „Gegenschul-Modelle“ sind das englische Summerhill und die italienische Schülerschule von Barbiana.

Aber würde derjenige, welcher sich eine solche „Schülerschule“ wünscht, zugleich auch der Meinung sein, der Lehrer solle in der Tat, wie eingangs geschildert, jeden Morgen seine Schüler aufs neue fragen, was sie denn an diesem Tage lernen möchten? Oder würde er mit ihnen gemeinsam längerfristig planen? Und welche Gesichtspunkte würden dann diese Planung bestimmen?

Zielsetzungen sind also in jedem Fall notwendig. Dazu gehört, daß Entscheidungen darüber getroffen werden, was an einem Lernort oder in einer Schule gelernt werden soll. Daß überhaupt Ziele formuliert werden, ist ziemlich unabhängig von der weiteren Frage, ob diese am Bedarf der Gesellschaft oder an den Interessen und Bedürfnissen der Lernenden orientiert sind. Mit dieser Frage wollen wir uns nun näher auseinandersetzen. Wer also führt Zielplanungen für Schulen und Unterricht durch, und in welcher Weise geschieht dies?

Wir hatten in Kapitel 1 fünf Ebenen didaktischen Handelns vorgestellt. Handeln, das sich auf die Entwicklung, Kritik, Revision und Einführung von Lehrplänen und Curricula bezieht, haben wir der B-Ebene zugeordnet. Es ist abhängig von den institutionellen, politischen, organisatorischen und adressatenspezifischen Entscheidungen der A-Ebene, wie sie in den Kapiteln 2–5 umrissen wurden, und wirkt auf diese zurück. Es steht jedoch auch in enger Beziehung zu den nächstfolgenden drei Handlungsebenen.

Traditionellerweise werden für allgemeinbildende Schulen solche Zielangaben und Inhaltskataloge in Form von *Richtlinien und Lehrplänen* herausgegeben, und zwar *als Erlasse* des jeweiligen Kultusministers. Auf der Grundlage dieser Zielvorgaben werden weitere Planungsdokumente entwickelt, vor allem die Lehrbücher und die Unterrichtsvorbereitungen der einzelnen Lehrer. Richtlinien und Lehrpläne haben insofern eine Steuerungsfunktion für diese anderen Planungsebenen des Unterrichts; der Begriff „Richtlinien“ impliziert dabei einen etwas größeren Spielraum, doch ist der Begriff „Lehrplan“ gebräuchlicher, was sich in Wortbildungen wie „Lehrplantheorie“, „Lehrplanentwicklung“ und „Lehrplankritik“ niederschlägt.

Charakteristik von Lehrplänen

Lehrpläne sind Kataloge von Aussagen über Zielsetzungen und Inhalte, die durch organisierte Lernprozesse, d. h. durch Unterricht, realisiert werden sollen. Allerdings erfolgt die Benennung dieser Zielsetzungen nicht immer sehr detailliert und ausdrücklich. So können auch Inhalte, Stoffe, Handlungsanweisungen an Lehrende und Lernende in einem Lehrplan enthalten sein, doch wohnen dann auch solchen Aussagen immer gewisse Zielsetzungen inne. Für gewöhnlich ist ein Lehrplan des traditionellen Typs in zwei Teilen aufgebaut. Im ersten Teil werden Zielangaben gemacht (etwa: Der Schüler soll ..., Der Schüler erreicht ... etc.), im zweiten Teil werden Inhalte genannt, an denen im Unterricht diese Zielsetzungen verwirklicht werden sollen (z. B. Lektüretexte für den Literaturunterricht, physikalische Experimente, historische Ereignisse etc.). Es werden Hinweise zur Behandlung und u. U. auch direkte Anweisungen an Lehrende gegeben, welche Aktivitäten sie im Unterricht ausführen sollen. Allerdings ist dabei zu beachten, daß für gewöhnlich dieser zweite Teil, der insgesamt sehr viel präziser ist als der erste, nur als Richtschnur für den Lehrenden gelten soll, während der erste Teil als verbindlich bezeichnet wird.

Wie ein solcher Lehrplan aussieht, davon gewinnt man am besten dadurch eine Anschauung, daß man in einer Bibliothek oder bei Bekannten einen solchen Lehrplan einsieht. Wir geben auf den folgenden Seiten zur Illustration zwei Beispiele aus den Jahren 1968 und 1974. Daran schließt sich dann eine Tabelle an, in der die in Lehrplänen verschiedener Jahre enthaltenen Stundenanteile der einzelnen Fächer aufgeführt werden (vgl. Haarmann, 1971).

GEMEINSCHAFTSKUNDE

Klassen 12 und 13

Allgemeines

Geschichte, Geographie und die in der Sozialkunde vertretenen Disziplinen Politik, Soziologie und Volkswirtschaft bilden die wissenschaftlichen Grundlagen des Gemeinschaftskundeunterrichts.

Es empfiehlt sich, daß Lehrer mit verschiedenen Fakultas (Geschichte, Erdkunde, Sozialkunde) den Unterricht geben. Ist eine Doppelbesetzung nicht möglich, so können mehrere Lehrer den Stoff nach thematischen Gesichtspunkten untereinander aufteilen und die Klassen bzw. Kursgruppen im Wechsel (Epochenunterricht) unterrichten. Dabei darf der Stoff nicht nach fachwissenschaftlichen

Kriterien gegliedert werden. Die Wochenstunden dürfen nicht unter verschiedene Lehrer aufgeteilt werden.
Der Lehrplan gliedert sich in vier Teile (A, B, C, D), in Kapitel (römische Ziffern) und Abschnitte. Die unter den einzelnen Kapiteln oder Abschnitten aufgeführten Stichworte, Gesichtspunkte und Probleme sind als Hinweise auf wichtige Aspekte oder Fragen und nicht als stoffliche oder methodische Anweisungen zu verstehen.
Der Lehrplan legt weder die Reihenfolge noch die Kombination der Stoffe im einzelnen für den Unterricht fest. Die Lehrer bestimmen selbst, in welcher Reihenfolge sie die Teile A, B und C behandeln und wie sie einzelne Kapitel, Abschnitte und Gesichtspunkte untereinander verknüpfen.
Verbindlich sind die Mindeststunden und die Ziele, die der Lehrplan zu den Teilen und zu einigen Kapiteln und Abschnitten nennt. Um diese Ziele zu erreichen, ist es weder nötig noch erwünscht, das Vorgeschlagene vollständig zu behandeln. Die Lehrer setzen Schwerpunkte und begrenzen den Stoff auf thematische Unterrichtseinheiten. Sie achten darauf, daß im Rahmen der jeweiligen Thematik genaue Kenntnisse und Grundeinsichten erworben werden und daß kontroversen Fragen offen nachgegangen wird.
Wenn Zeit bleibt, können andere für die politische Bildung wichtige Themen nach eigener Wahl erörtert werden.

TEIL A
WIRTSCHAFT
(35 Stunden)

Der Schüler wird zum Verständnis ökonomischer Zusammenhänge angeleitet. Er soll lernen, komplexe Situationen zu analysieren und wirtschafts- und sozialpolitische Ziele und Möglichkeiten zu erkennen und in ihren Konsequenzen zu beurteilen.

I. Grundkenntnisse

Die Vertrautheit mit den folgenden Begriffen ist zu sichern oder neu zu vermitteln:
Ökonomisches Prinzip und wirtschaftliches Verhalten
Die Produktionsfaktoren; wirtschaftliche Leistungssteigerung
Urproduktion, verarbeitendes Gewerbe, Dienstleistungen
Der Wirtschaftskreislauf
Märkte und Preise
Geld und Währung
Sozialprodukt und Volkseinkommen
Ordnungsformen der Wirtschaft

Dem Verständnis der historischen Voraussetzungen der gegenwärtigen Wirtschaft dient die Behandlung der folgenden Themen:
Industrialisierung und wirtschaftliches Wachstum im 19. und 20. Jahrhundert
Die soziale Frage und der Streit um die Wirtschaftsordnung

II. Wirtschaftspolitische Probleme
Von den vorgeschlagenen Problemen werden einige ausgewählt. Wichtig ist, daß an konkreten Beispielen Grundsätzliches erkannt, diskutiert und beurteilt wird. In jedem Falle sind zu berücksichtigen: Die Interdependenz von politischer Ordnung und Wirtschaftsverfassung, die wirtschaflichen Konsequenzen politischer Ziele, die Lenkungs- und Ordnungsfunktion des Staates und seine wirtschaftspolitischen Mittel, die Einflußmöglichkeiten der Konsumenten und Produzenten.

Zur Auswahl werden gestellt:
Wirtschaftliche Konzentration und Wettbewerbspolitik
Konjunkturpolitik im Konflikt zwischen Haushaltsausgleich, Geldwertstabilität und stetigem Wirtschaftswachstum
Struktur-, Konjunktur- und Sozialpolitik im Widerstreit (erörtert am Beispiel einzelner Gebiete und Wirtschaftszweige)
Autonome Lohnpolitik der Tarifpartner und gesamtwirtschaftliche Interessen
Das Unternehmen im Widerstreit privater Interessen und gesellschaftlicher Ansprüche. Unternehmertum und Mitbestimmung
Leistung und gerechter Lohn. Verteilung des Volkseinkommens (Vermögen, Einkommen, Steuern, Subventionen)
Die Zukunftssicherung als individuelle und gesellschaftliche Aufgabe
Nachfragesteuerung und Konsumfreiheit bei wachsendem Wohlstand
Internationale Arbeitsteilung, Welthandel und nationale Interessen
Wirtschaftliche Integrationsformen – ein Vergleich (EWG – EFTA – COMECON)
Industrialisierung und Landschaft. Landwirtschaftspolitik und Agrarlandschaft

TEIL B
GESELLSCHAFT
(35 Stunden)
Der Unterricht befaßt sich mit Bedingungen, Formen und Problemen menschlichen Zusammenlebens. Soziale Verhaltensweisen und

Strukturen und deren Wandlungen in der Industriegesellschaft werden auf ihre Voraussetzungen und ihre Eigenart hin betrachtet. Die sozial bedingten Antriebe und Hemmnisse des individuellen Denkens und Handelns müssen deutlich und vorhandene Vorurteile und Denkklischees erkennbar werden. Damit dient der Unterricht dem Selbstverständnis des Schülers. Es kommt nicht auf die Beschreibung von Zuständen an, sondern auf die Auseinandersetzung mit offenen Fragen.

Quelle: Lehrpläne für das Gymnasium. Freie und Hansestadt Hamburg, Schulbehörde. 1968, S. 69–71.

GESCHICHTE

Inhaltsübersicht

Zur Didaktik
Allgemeine Hinweise
Fachlernziele
Einsichten und Fähigkeiten
Fertigkeiten
Zur Unterrichtsgestaltung
Zur Organisation
Lernerfolgskontrollen
Verfahren
Kategorien zur Erkenntnis der Geschichte
Inhalte
Vorsemester
Studienstufe
Grundkurs
Leistungskurs

Zur Didaktik

1 Allgemeine Hinweise

Die Ziele und Themen des Geschichtsunterrichtes stehen im Zusammenhang mit folgenden Überlegungen:

1.1 Individuum

Der Schüler will sich in seiner Gegenwart zurechtfinden und behaupten. Er muß sie daher in ihrer Differenziertheit, zu der auch die geschichtliche Bedingtheit gehört, erfassen lernen. Im Geschichtsunterricht, der Vergangenes in seinen Zusammenhängen behandelt, lernt er dafür erforderliche Methoden und Denkweisen.

Der Schüler wird durch soziale (kulturelle), wirtschaftliche und politische Probleme in seiner Umwelt direkt berührt. Er lernt sie besser verstehen, wenn er einerseits ihre historischen Bedingungen und andererseits andersartige Erscheinungen vergangener Zeiten im Vergleich kennenlernt. Der Lehrplan versucht, dem durch eine sozial- und verhaltensgeschichtliche Akzentuierung und durch einen Bezug zu gemeinschaftskundlichen Inhalten oder durch deren Einbeziehung zu entsprechen.

Der Schüler sieht sich selbst im Vergleich mit anderen, er setzt sich mit Handlungs- und Denkweisen anderer Menschen auseinander. Eine solche Auseinandersetzung kann zu seinem Selbstverständnis beitragen sowie seine Menschenkenntnis erweitern und realitätsgerechter machen. Der Geschichtsunterricht kann durch die Behandlung historischer Situationen eine Einstellung fördern, die nach der Handlungsfähigkeit und Handlungsmöglichkeit des Menschen fragt und diese Fragen auf sich selbst bezieht.

Historische Kenntnisse und der Umgang mit Methoden der Geschichtswissenschaft können den Schüler befähigen, Ideologien und Wertungen differenzierter zu sehen und vorsichtiger zu urteilen. Der Schüler lernt Alternativen kennen. Auf diese Weise kann dem Schüler geholfen werden, einen eigenen Standort zu gewinnen.

1.2 Gesellschaft

Unsere demokratische Gesellschaft erwartet vom einzelnen ein hohes Maß an Rationalität. Bei der Betrachtung von gesellschaftlichen Strukturen und Prozessen sind Kenntnisse, methodische Fähigkeiten und Fertigkeiten erforderlich. Die Untersuchung solcher Strukturen und Prozesse in der Vergangenheit mit geschichtswissenschaftlichen Methoden fördert die Distanz zum Objekt der Betrachtung.

Darüber hinaus soll der einzelne lernen, am politischen Leben teilzunehmen; dies verlangt Urteils- und Handlungsfähigkeit. Der Geschichtsunterricht leistet dazu einen Beitrag, wenn er die historische Dimension von Fragen der Gegenwart aufschließt und nach Kriterien für die Beurteilung vergangener politischer Entscheidungen fragt. Durch die Kontrastierung von vergangenen und gegenwärtigen Erscheinungen können Bezugspunkte für eine distanzierte Beurteilung von Vergangenheit und Gegenwart gewonnen werden. Die Behandlung von Zusammenhängen zwischen Vergangenheit und Gegenwart trägt zum besseren Verständnis der Gegenwart bei. Wandlungsfähigkeit ist ein wichtiges Merkmal offener Gesellschaften. Die Betrachtung von Bedingungen, Formen und Folgen des

Wandels und der Kontinuität in der Geschichte kann das Bewußtsein für die Chancen und Probleme von Veränderungsprozessen in der Gegenwart schärfen.

1.3 Wissenschaft

Der Geschichtsunterricht, insbesondere der Leistungskurs in der Studienstufe, hat in wissenschaftliche Probleme, in die Arbeitsweise und Theorie des Faches einzuführen. Auch der Grundkurs orientiert sich an diesen Aufgaben, er intendiert aber weder eine explizite Entwicklung methodischer Fertigkeiten unter dem Aspekt der Wissenschaftspropädeutik, noch soll er zu einer *umfassenden* Auseinandersetzung mit der Theorie des Faches führen. Der Schüler begegnet der Geschichte als Historie, d. h. geschichtswissenschaftlich erfaßter Vergangenheit, und als Historiographie, d. h. Darstellung dieser Vergangenheit.

Die auf der Sekundarstufe I erworbenen historischen Kenntnisse werden gefestigt und erweitert, so daß der Schüler sich in der Vergangenheit orientieren kann. Der Schüler soll ferner Einsichten in Strukturen und Prozesse vergangener Epochen gewinnen und fragend auf neue Erscheinungen anwenden können, ohne dabei die Theorie des Faches beherrschen zu müssen. Der Prozeß kritischer Revision des eigenen historisch-politischen Vor- und Wertbewußtseins kann mit verfeinerten Methoden fortgesetzt werden.

Im Bereich der Historiographie soll der Schüler Bedingungen und Mittel der menschlichen Erkenntnis, Darstellung und Beurteilung der Geschichte zu analysieren lernen.

Die wissenschaftspropädeutische Aufgabe des Leistungskurses besteht vor allem darin, nach Gegenstand, Möglichkeiten und Grenzen sowie Sinn der Geschichtswissenschaften zu fragen.

2 **Fachlernziele**

Die folgenden Ziele des Geschichtsunterrichts geben Richtungen an. Der Grad der Abstraktion, die Differenziertheit und Komplexität der Themenbehandlung, die auf die Ziele ausgerichtet werden soll, wird je nach Situation und nach Art der Kurse variieren.

2.1 Einsichten und Fähigkeiten

1. Das Besondere vergangener Zeiten erfahren und dadurch das Verständnis für menschliches Verhalten und für die Dimension der Zeit gewinnen.
2. Durch die Konfrontation mit unterschiedlichen historischen Erscheinungen den Blick für mögliche Alternativen schärfen und damit auch die Fähigkeit zum distanzierten Urteilen und zum demokratischen Verhalten fördern.

3. Eigene Vorstellungen und Wertungen mit Hilfe historischer Kenntnisse und Erkenntnisse in Frage stellen lernen.
4. Unmittelbare und mittelbare Voraussetzungen gegenwärtiger Verhältnisse, Probleme und Entwicklungen verstehen lernen.
5. Voraussetzungen und Wirkungen des Wandels in der Geschichte erkennen.
6. Nach dem Zusammenwirken verschiedener Faktoren im Spannungsfeld von Notwendigkeit und Freiheit fragen.
7. Nach dem Verhältnis von Utopie und Realität, Planung und Verwirklichung fragen.
8. Erscheinungsformen und Veränderungen politisch-sozialen Lebens verdeutlichen und Maßstäbe zu ihrer Beurteilung gewinnen.
9. Grundlegende Begriffe von ihrem Ursprung her und auf verschiedene Zeiten bezogen verstehen und angemessen anwenden.
10. Die Bedeutung geschichtlicher Bedingungen für politische Entscheidungen der Gegenwart abzuschätzen.
11. Deutungen von geschichtlichen Ereignissen als politische Kraft, die Gegenwart und Zukunft mitbestimmt, begreifen.
12. Politische Meinungen und Theorien der Gegenwart durch Einbeziehung von wissenschaftlich erfaßter Vergangenheit ideologiekritisch auf Wahrheit und Funktion hin befragen lernen.
13. Standort und Zeitgebundenheit des Denkens, Urteilens und Handelns erkennen und bewerten. Bedingungen historischer Fragestellungen und Urteile erkennen.
14. Methoden der Geschichtswissenschaft als Möglichkeit verstehen und benutzen lernen, Urteile über Vergangenes objektiver zu machen.
15. Den Gegenstand historischer Betrachtung als Problem gesellschaftlich vermittelter Überlieferung von Wirklichkeit begreifen.
16. Verständnis für Möglichkeiten und Grenzen der Geschichtswissenschaft gewinnen.

2.2 Fertigkeiten

Bei der Anordnung der folgenden methodischen Lernziele ist nicht an eine Empfehlung für eine Bestimmung der Reihenfolge gedacht; Auswahl und Verwirklichung werden im wesentlichen abhängen vom Entwicklungsstand der Schüler und den gewählten Themen. Der Grundkurs kann die methodischen Lernziele im Vergleich zum Leistungskurs weniger umfassend und differenziert verfolgen. Er rückt entsprechend seiner Zielsetzung bestimmte Lernziele wie die Auswertung von Darstellungen stärker in den Vordergrund und berücksichtigt weniger die methodischen Fertigkeiten der Quelleninterpretation.

Lernziel	**Lerninhalt**
Der Schüler soll lernen: Arbeitsvorhaben innerhalb der Kursthemen zu formulieren, gemeinschaftlich oder selbständig zu planen und durchzuführen und sie beim Voranschreiten der Arbeit laufend zu modifizieren;	Diskussion des Kursplans: Übernahme von Teilaufgaben; Planung, Arbeitsaufteilung und Kooperation, Ergebnissammlung und -auswertung in Gruppenarbeit; Planung und Durchführung von Facharbeiten, Prüfungsvorbereitungen.
Informationsquellen zu bezeichnen, sie in primäre (Überreste) und sekundäre (Tradition) zu gliedern sowie nach äußeren Merkmalen (Schriftquellen, audiovisuelle Medien, Kulturüberreste, tradierte Institutionen und Gebräuche) einzuteilen;	Auswahl- und Ordnungskriterien für die Masse historischer Überlieferung, Zuordnung spezifischer Erschließungsmethoden.
sich Informationen selbständig zu beschaffen;	Erstinformation aus Lehr- und Handbüchern (Register, Fußnoten, Literaturangaben), bibliographisches Arbeiten (Bibliothekskataloge, Bibliographien, Fachzeitschriften), Benutzung populärer und wissenschaftlicher Sekundärliteratur (Lesetechniken, Exzerpieren, Rezensionen).
Informationen geordnet aufzunehmen und zu sammeln.	Aufnahme und Nacharbeiten von Vorträgen usw., Einrichten und Führen von Heften, Ringbüchern, Karteien, Zettelkästen.

(...)

Quelle: Richtlinien und Lehrpläne, Band IV, Oberstufe des Gymnasiums, 3. Teilband: Rahmenrichtlinien für den Unterricht im Vorsemester und in der Studienstufe.
Freie und Hansestadt Hamburg. Behörde für Schule, Jugend und Berufsbildung. 1974, S. 2–5.

Man beachte bei den beiden Beispielen Unterschiede in bezug auf:
- die Differenzierung nach Zielen und Inhalten,
- die Differenzierung nach allgemeinen und fachlichen Lernzielen,
- die Begründungsstruktur,
- Integration in übergreifende Lernzusammenhänge.

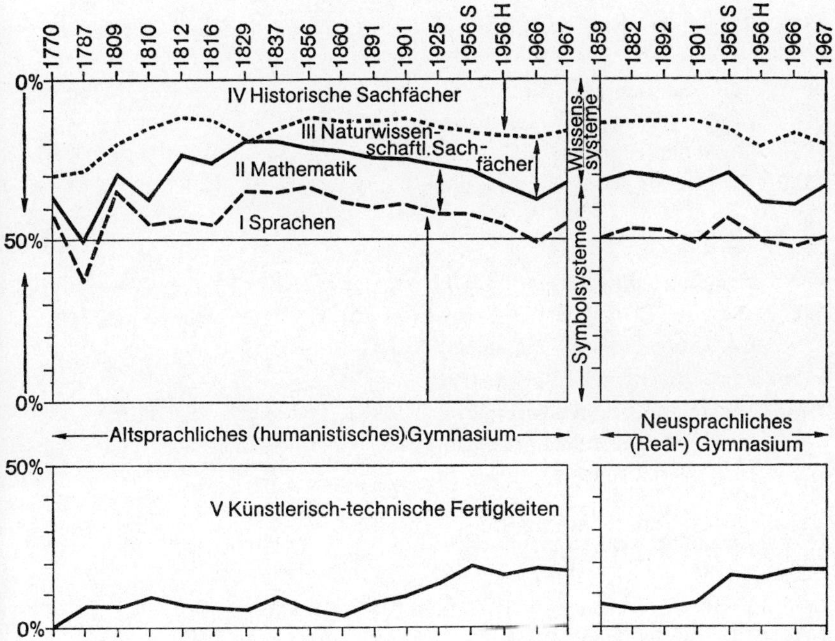

Die Entwicklung der Lehrpläne an den allgemeinbildenden Schulen vom Ende des 18. Jahrhunderts bis heute
Die Jahreszahlen bedeuten:

1. Humanistisches (altsprachliches Gymnasium)

1770 Weimarer Plan. Singen zählt hier noch zur Religion; 6 Jahrgänge (Blättner, S. 40)

1787 Plan der Domschule zu Güstrow. Hier wurde das gesamte Fächerangebot erfaßt, das jedoch in der Praxis differenziert wurde, d. h. in den sog. Nebenklassen konnten bestimmte Sprachstunden ausgetauscht werden gegen sach- und berufskundlichen Unterricht (Hülshoff-Reble, S. 162 ff.)

1809 Wolfs Lehrplan für das Joachimsthaler Gymnasium; 3 Jahrgänge auf einer realistischen Bürgerschule aufbauend (Paulsen II, S. 221)

1810 Herbarts Lehrplan für die gelehrten Schulen in Königsberg; 6 bzw. 9 Jahrgänge (Asmus III, S. 52 f.; vgl. S. 62 f.)

1812 Süverns Lehrplan; 10 Jahrgänge (Blättner, S. 127; Paulsen II, S. 288)

1816 Humboldts Lehrplan für das Gymnasium; 10 Jahrgänge (Giese, S. 88 ff.)

1829 Lehrplan von Thiersch; 4 Jahrgänge, auf Bürgerschule aufbauend (Paulsen II, S. 424)

1837 Schulzes Lehrplan für Preußen; von jetzt ab regelmäßig 9 Jahrgänge (Blättner, S. 127; Giese, S. 127 f.)

1856 Preußen (Blättner, S. 131, 293; Giese, S. 157 f.)

1860 Lattmanns Lehrplanvorschlag (Lattmann, S. 93, 96)

1891
1882 Preußen (Giese, S. 191; Blättner, S. 293)

1901 Preußen (Blättner, S. 293; Giese, S. 217, 221)

1925 Richerts Lehrplan für Preußen (Blättner, S. 293)

1956 Schleswig-Holstein (Blättner, S. 293)

1956 Hessen (Giese, S. 324)

1966 Niedersachsen, altsprachlicher Zweig (Priesemann, S. 154 ff.)

1967 siehe Oberrealschule

2. Realgymnasium (neusprachliches Gymnasium)

1859 Preußen: Real- und höhere Bürgerschule (Blättner, S. 136; Giese, S. 158)

1882 Preußen (Blättner, S. 137; Giese, S. 192)

1892 Preußen (Blättner, S. 137)

1901 Preußen (Giese, S. 218, 221)

1956 Schleswig-Holstein (Blättner, S. 293)

1956 Hessen (Giese, S. 323)

1966 Niedersachsen, neusprachlicher Zweig (Priesemann, S. 154 ff.)

1967 siehe Oberrealschule

3. Oberrealschule (mathematisch-naturwissenschaftliches Gymnasium)

1882 Preußen (Blättner, S. 140; Giese, S. 193)

1892 Preußen (Blättner, a. a. O.)

1901 Preußen (Blättner, a. a. O.; Giese, S. 218, 221)

1925 Preußen: Plan für Richerts Deutsche Oberschule, der in auffallender Kontinuität der Entwicklung des mathematisch-naturwissenschaftlichen Gymnasiums steht. Für das Realgymnasium und die Oberrealschule hatte Richert Stundentafeln lediglich für

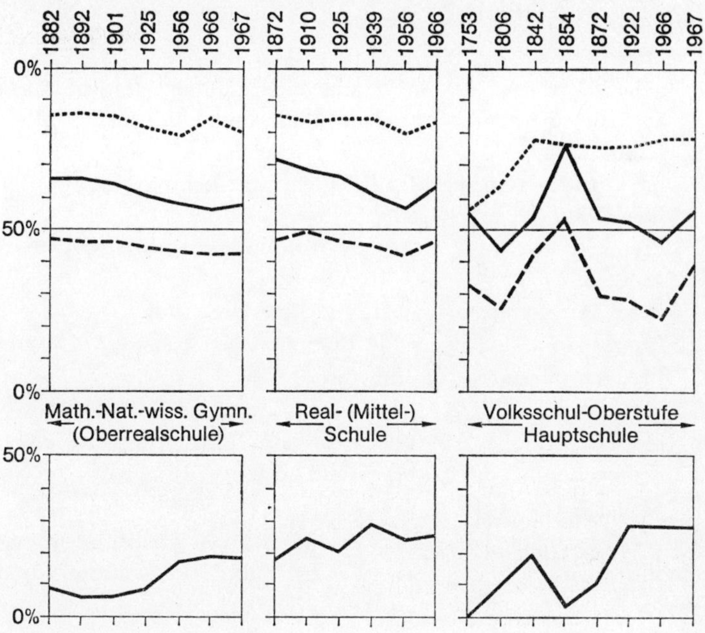

die Naturwissenschaften, nicht aber für alle Fächer entworfen (Richtlinien II)

1956 Hessen (Giese, S. 323)

1966 Niedersachsen, mathematisch-naturwissenschaftlicher Zweig (Priesemann, S. 154 ff.)

1967 Altsprachliches, neusprachliches und mathematisch-naturwissenschaftliches Gymnasium: Beschluß der Kultusministerkonferenz vom 14./15. 6. 1966 gemäß Abkommen der Ministerpräsidenten der Länder zur Vereinheitlichung des Schulwesens vom 28. 10. 1964; Zahlen zitiert nach Amtsblatt des Hess. Kultusministers, Juli 1967 (S. 553 ff.)

4. Mittel-(Real-)Schule

1872 Falks Allgemeine Bestimmungen; immer 6 Jahrgänge (Giese, S. 175; Maskus, S. 67)

1910 Preußen (Maskus, S. 90)

1925 Preußen (Maskus, S. 102)

1939 Deutsches Reich (Maskus, S. 127)

1956 Hessen (Giese, S. 318)

1966 Niedersachsen (Priesemann, S. 153)

5. Volksschuloberstufe (Hauptschule)

1753 Braunschweigische Schulordnung. Die Prozentangaben sind Annäherungswerte, da die Halbstundenzählung des dreiklassigen Systems eine genaue Stundenzählung unmöglich macht (Dietrich-Klinik, S. 131)

1806 Bayern: Instruktion für die Elementar-Lehrer (Königl. Bayer. Reg.-Blatt IV, Stück 1806, S. 26)

1842 Preußen: Sluymers Lehrplan für Volksschulen ... (Königsberg 1847, S. 2 ff.)

1854 Preußen: Stiehlsche Regulative (Scheibe, S. 19 ff.)

1872 Preußen: Falks Allgemeine Bestimmungen (Giese, S. 170 f.)

1922 Preußen (Giese, S. 263; Scheibe, S. 75)

1966 Niedersachsen, ohne 9. Schuljahr (Piesemann, S. 153)

1967 Hessen: Bildungsplan von 1956 nach Einführung des obligatorischen Englischunterrichts (Giese, S. 316)

Quelle: D. Haarmann, Die Entwicklung der Lehrplanstruktur an allgemeinbildenden Schulen; in: Westermanns Pädagogische Beiträge (1971), S. 403–412; hier S. 406 und 407.

Entwicklung von Lehrplänen

Lehrpläne werden in der Regel durch Kommissionen erstellt. Dazu berufen die für eine Schulart, ein Unterrichtsfach oder einen Lernbereich zuständigen Referenten der Kultusministerien Personen aus der Unterrichtspraxis, Fachdidaktiker und gelegentlich auch Fachwissenschaftler. Diese Lehrplankommissionen haben jedoch keine letztgültige Entscheidungsgewalt; sie erstellen den Lehrplan zunächst nur als Entwurf. Dieser Entwurf kann dann im Kultusministerium noch verändert werden; auf jeden Fall wird er in letzter Verantwortung vom Kultusminister als Erlaß, also mit Rechtskraft, herausgegeben. Die Veröffentlichung erfolgt in der Regel im Amtsblatt des Ministeriums oder der Regierung und zumeist noch in einem Verlag. Schon in den sechziger Jahren hat sich in der BRD die Praxis verbreitet, einen Lehrplan zunächst für ein bis zwei Jahre probeweise herauszugeben, ihn dann nach vorliegenden Erfahrungen zu verändern und ihn schließlich endgültig zu erlassen. Für gewöhnlich wurden Lehrpläne dann etwa 6–8 Jahre beibehal-

ten, bis man im Ministerium, oftmals auch auf Drängen der Lehrerverbände, an die Entwicklung eines neuen Lehrplans heranging.
Was das Verfahren der Lehrplanentwicklung anbelangt, so zeichnet es sich bis in die Gegenwart hinein durch folgende Eigentümlichkeiten aus:

- Lehrpläne werden nicht öffentlich erstellt. Die Mitglieder von Lehrplankommissionen sind keine Repräsentanten ihrer Berufsgruppe, sondern werden von den Bildungsverwaltungen ausgesucht. Der Entwicklungsprozeß ist nur einer kleinen Gruppe bekannt, kaum aber den meisten Betroffenen, so daß allenfalls diese Gruppe (Vertreter der Lehrerverbände, Wirtschaftsverbände, Ministerialbeamte, Schulverwaltungsbeamte) während der Erstellung eines Lehrplans ihre Vorstellungen äußern kann.
- Lehrpläne werden im allgemeinen ohne besonderen Informationsaufwand erstellt. Die Mitglieder von Lehrplankommissionen verfügen in der Regel lediglich über ihre privaten Erfahrungen und ihr persönliches Wissen. Es wird hingegen nicht der Versuch unternommen, systematisch Informationen zu beschaffen (etwa zu der Frage, welche Lernziele Schüler überhaupt erreichen können).
- Lehrpläne werden ohne Kooperation zwischen den einzelnen Bundesländern erstellt. Nur selten kommt es zu einem Kontakt zwischen den Kommissionen verschiedener Bundesländer. Somit erfüllt Lehrplanentwicklung kaum die Aufgabe, eine Gleichheit von Bedingungen zu wahren, die auf Grund einer hohen Mobilität der Bevölkerung wohl notwendig wäre.
- Lehrpläne werden nicht systematisch auf ihre Verwirklichung und Realisierbarkeit hin überprüft. Zwar ist mit der genannten probeweisen Einführung neuer Lehrpläne ein erster Schritt in diese Richtung zu verzeichnen, doch bedürfte es genauerer Untersuchungen darüber, wie Lehrer und Schüler einen Lehrplan in Praxis umsetzen können.

In jüngster Zeit haben jedoch die Kultusverwaltungen teilweise einschneidende Veränderungen vorgenommen, von denen vor allem zwei bemerkenswert sind: einerseits die Einrichtung eigener Entwicklungsinstitute, die Aufgaben der Lehrplanentwicklung übernehmen, andererseits bezieht sich die Arbeit überregionaler Gremien (KMK) inzwischen auch auf Lehrplanentwicklung (vgl. S. 124).

Begründung von Lehrplänen

Wenn in Lehrplänen ernstgemeinte *Aussagen über Ziele* des öffentlichen Schulwesens enthalten sind, so dürfte es von Bedeutung sein, daß diese Ziele auch *begründet* werden, d. h. daß man den Versuch unternimmt, nicht Setzungen zu praktizieren, sondern auch Motive verdeutlicht und auf ausgesonderte Alternativen hinweist. Es ist allerdings so, daß in der Vergangenheit für die Begründung von Lernzielen (vor allem in den Lehrplänen) nicht allzuviel Tinte verschwendet wurde.

Wie unser Eingangsbeispiel zeigte, könnte man Lehrpläne allein aus den aktuellen Interessen und *Bedürfnissen der Lernenden* selbst begründen, denn sie sind es schließlich, die die Folgen zu tragen haben, wenn sie mehr oder weniger gut auf die Zukunft vorbereitet werden oder wenn sie sich in der Schule nicht entfalten können. Als einzige Begründung wären sie aber sicher zu einseitig. Ebenso einseitig wäre es, wollte man Lehrpläne allein aus dem gegenwärtigen oder künftigen *Bedarf der Gesellschaft an Qualifikationen und sozialen Verhaltensweisen* begründen. Schließlich ist dieser Bedarf weder eindeutig erkennbar, noch weiß man, wer eigentlich als Experte oder Befugter für eine solche Bedarfsfeststellung gelten könnte. Sodann – und die Lehrpläne an allgemeinbildenden und Hochschulen tragen eindeutig diese Marke – lassen sich Lehrpläne aus der *Systematik der Fächer* ableiten: Was an Mathematik wichtig ist, bestimmen die Mathematiker. Wer aber bestimmt dann, ob Mathematik wichtig ist, und wie kann er dies begründen? Bei all diesen Begründungen darf man nicht vergessen, daß es bereits eine *Tradition* des Fächerkanons unserer allgemeinbildenden und berufsbildenden Schulen gibt. Desgleichen gibt es auch eine Geschichte von Versuchen, ihn zu begründen. Jedermann kennt den Versuch, Lateinunterricht mit dem Argument zu begründen, daß damit ganz allgemein das „logische Denken geschult" werde. Wenige nur kennen die Untersuchungen, die dieses Argument als nicht stichhaltig ausweisen.

Diese vier Quellen der Begründung von Lehrplänen: Tradition, fachwissenschaftliche Systematik, gesellschaftlicher Bedarf und Interesse der Lernenden, werden von verschiedenen Gruppen zu verschiedenen Zeiten in unterschiedlicher Weise herangezogen. Derzeit gibt es beispielsweise eine Auseinandersetzung an Hochschulen darüber, ob Lernziele und Lerninhalte in erster Linie aus der Berufspraxis und damit aus einer Perspektive des gesellschaftlichen Bedarfs heraus begründet werden sollen oder primär aus der fachwissenschaftlichen Systematik. In besonderer Weise betrifft dies die Ausbildung der Gymnasiallehrer, bei denen

zwischen fachwissenschaftlichem Angebot und Unterrichtsanforderungen erhebliche Abweichungen feststellbar sind.
Auch der Versuch, die vier Begründungsmöglichkeiten in ausgewogener Weise zu berücksichtigen, stellt nur eine Alternative dar. Immerhin dürfte er den Vorteil haben, daß er den Konsens einer relativ großen Zahl von Betroffenen findet.

Verwendung und Aufnahme von Lehrplänen

Waren die bisherigen Bemerkungen zur Lehrplanentwicklung noch auf die mit den Lehrplänen verbundenen Absichten, Begründungen und Aufgaben gerichtet, so ist nun zu fragen, inwieweit Lehrpläne diese ihnen zugedachten Funktionen auch wirklich erfüllen. Diese Frage erfordert eine nähere Betrachtung des Prozesses, wie Lehrpläne in der weiteren didaktischen Planung von Lehrenden, Verlagen usw. verwendet werden, obwohl entsprechende Informationen kaum verfügbar bzw. erhoben sind.
Schulbuchverlage haben offensichtlich ein großes Interesse an der Kenntnis von Lehrplänen, da sie damit rechnen müssen, daß ihre Schulbücher nicht zugelassen werden, wenn sie den Prinzipien eines Lehrplans ernsthaft widersprechen. Sie haben aber vermutlich ihrerseits kein Interesse daran, daß ihre Entwicklungsverfahren (im besonderen die Art und Weise, wie sie Lehrpläne bereits vor Publikation erhalten können, um sich in ihrer Produktion auf sie einzustellen, ferner auch die Arbeitstechniken bei der Erstellung von Schulbüchern) an die Öffentlichkeit gelangen, da sie dann auch der Konkurrenz bekannt würden. Das Produktionsinteresse der Verlage wird aber offensichtlich durch die bestehenden Praktiken der Lehrplanentwicklung nicht hinreichend gedeckt, da sie wiederholt Kritik an ihnen geäußert haben.
Lehrer haben verständlicherweise sowohl Interesse an wie auch die Verpflichtung zur Einsichtnahme in Lehrpläne. Über die Art und Weise dieser Verwendung kann man jedoch von Lehrern widersprüchliche Äußerungen hören. Es scheint so, daß die Einsichtnahme in den Lehrplan jedenfalls nicht zum täglichen Brot der Lehrer gehört. Dies bestätigte sich in zwei Untersuchungen, die in der Schweiz (Santini) und in Schleswig-Holstein (Hameyer) durchgeführt wurden:

B. Santini, Das Curriculum im Urteil der Lehrer. Weinheim (Beltz) 1971. – U. Hameyer, Bildungspläne kritisch befragt. In: Die Deutsche Schule 64 (1972) 10, S. 623–631.

Über den Gebrauchswert von Lehrplänen für *Schüler und ihre Eltern* lassen sich schließlich nur noch Vermutungen anstellen, da keine Untersuchungen darüber vorliegen. War es vor Jahren oftmals noch schwer, einen Lehrplan überhaupt in der Öffentlichkeit zu erwerben, so hat sich dies insofern geändert, als die neueren Lehrpläne in Buchhandlungen zumeist angeboten werden, also leicht zu kaufen sind. Es ist aber zu vermuten, daß Schüler und Eltern – auch wenn sie sich für einen Lehrplan interessieren und von seiner Käuflichkeit wissen sollten – Schwierigkeiten bei der Lektüre und Interpretation haben werden. Diese abzubauen wäre Aufgabe der Lehrer, indem sie in Elternversammlungen und mit den Schülern im Unterricht den Lehrplan besprechen.

Tendenzen der Lehrplanentwicklung in jüngster Zeit

Gerade dieser *Gebrauchswert* von Lehrplänen war es, der in der Bundesrepublik in den sechziger Jahren eine zweite Quelle der Kritik darstellte (neben der auf S. 107 geschilderten Kritik am *Verfahren* der Lehrplanentwicklung). Berühmt wurde vor allem die Kritik am „*Leerformelcharakter*" der Lehrpläne, d. h. an der Unbestimmtheit und Interpretationsbedürftigkeit der Zielangaben, was zu Verunsicherungen bei den Lesern der Lehrpläne führen mußte. Insofern wurde eine größere Eindeutigkeit durch Spezifikation der Zielsetzung gefordert. Wie dies geschehen konnte, glaubte man durch Beispiele aus den USA aufweisen zu können. Dort hatte nämlich bereits in den fünfziger Jahren eine Entwicklung ihren sichtbaren Anfang genommen, die zu einer völligen Revision der Lehr- und Lernmaterialien führen sollte und die sich als „*Curriculum*entwicklung" bezeichnen läßt. Ein gewichtiger Unterschied zwischen der Erstellung von Lehrplänen traditionellen Typs und der Erstellung von Curricula ist darin zu sehen, daß nunmehr Zielangaben für Unterricht und Lernen spezifiziert wurden, und zwar in der Weise, daß sie als Lernziele ein *beobachtbares Schülerverhalten* angaben. Wo man früher vielleicht sagte: „Der Schüler soll Einsichten in die abendländische Kultur- und Geisteswelt erwerben", fragte man sich jetzt danach, woran denn eine solche Einsicht konkret aufweisbar sein könne, kam zu einer Vielzahl von möglichen Merkmalen und definierte dann als Lernziele eine Reihe solcher Verhaltensweisen wie: „Der Schüler soll mindestens fünf Gemälde des 15. Jahrhunderts sowie ihre Künstler benennen können."

Ein weiterer gewichtiger Unterschied liegt in der Behandlung von Zielen und Inhalten, die früher lediglich additiv aufgeführt wurden, wobei oftmals unklar bleiben mußte, wie denn lobenswerte Zielsetzungen mittels der später im zweiten Teil des Lehrplans genannten Inhalte verwirklicht werden konnten; demgegenüber war nun eine *Vermaschung der Ziele und Inhalte* festzustellen, d. h. man bemühte sich darum, beide Komponenten zu integrieren. Dies wiederum führte oftmals dazu, daß man bei der Benennung von Inhalten sich die Intentionen verdeutlichte, auf Grund deren die Inhalte ausgewählt worden waren (vgl. auch Kapitel 9).
Schließlich sind neuere Lehrpläne oftmals sehr viel konkreter gehalten, indem sie durch Unterrichtsbeispiele illustrieren, wie die Umsetzung der Ziele und Inhalte in realen Unterricht möglich ist.
In die Lehrplanentwicklung in der Bundesrepublik Deutschland wurden solche und andere Elemente der neueren Curriculumentwicklung aufgenommen, so daß sich von nun ab zwei Entwicklungsstränge ergeben: einmal die Verfahren der neueren Curriculumentwicklung selbst, die zumeist als Hochschulprojekte durchgeführt wurden, zum anderen Modifikationen in der Lehrplanentwicklung. Diese beiden Entwicklungsstränge werden im folgenden dargestellt.

Curriculumentwicklung

Curricula unterscheiden sich von der traditionellen Lehrplanentwicklung vor allem dadurch,

- daß in ihnen der Versuch systematischer Erstellung, Begründung und Anordnung von Lernzielen unternommen wird,
- daß die Lehrmittel zur Realisierung dieser Ziele entwickelt und erprobt werden (wobei man auch vom „Curriculum-Paket“ sprechen kann, da verschiedene Lehrmittel, wie Lehrbuch, Film, Tonband, Experimentiermaterialien etc., aufeinander abgestimmt werden),
- daß die Umsetzung des geplanten in einen realisierten Unterricht durch Anweisungen an den Lehrer vorbereitet wird
- und daß schließlich der Erfolg des gesamten – durch das Curriculum vermittelten – Lernprozesses systematisch auf erreichte Ziele und Nebenwirkungen hin überprüft (evaluiert) wird (vgl. Kapitel 7).

Bei dieser Form von Curriculumentwicklung handelt es sich um eine Konzeption, die zu Anfang der sechziger Jahre in den USA entstand und dann seit etwa 1967 auch in der Bundesrepublik bekannt wurde. Dabei übernahm man bei uns auch den Begriff „Curriculum", der sich in Wortbildungen wie „Curriculumforschung" (vor allem die Herleitung von Zielsetzungen und die Erfolgsprüfung), „Curriculumtheorie" (nämlich die theoretische Beschreibung des Verfahrens einer Curriculumentwicklung) und „Curriculumentwicklung" (die Maßnahmen selbst, die zur Herstellung von Curricula führen, indem z. B. eine Projektgruppe an der Entwicklung von Materialien arbeitet) fortsetzte. Der Begriff selbst ist nicht neu; er entstammt der mitteleuropäischen Pädagogik der Barockzeit und bedeutet soviel wie „Bildungsgang" (Curriculum vitae = Lebenslauf). Nur in den angelsächsischen Ländern war er dann in Kontinuität gebräuchlich.

Das gängige Verständnis von „Curriculum" war in der Bundesrepublik Deutschland zunächst geprägt durch diese aus den USA übernommene Konzeption der sechziger Jahre. Inzwischen hat jedoch eine Bedeutungserweiterung stattgefunden. So gibt es z. B. in Bayern „curriculare Lehrpläne", die sich von Lehrplänen alter Art dadurch unterscheiden, daß man zwei Elemente der Curriculumentwicklung aufgegriffen hat, nämlich die Spezifikation von Lernzielen und ihre Überprüfung.

Unterschiedliche Konzepte der Curriculumentwicklung in der BRD

Unterschiedliche Konzepte bestimmen inzwischen die Curriculumentwicklung in der BRD und werden von verschiedenen Institutionen versucht bzw. realisiert. Dabei entsteht, wie bereits erwähnt, ein Definitionsproblem, nämlich die Frage, was denn von diesen verschiedenartigen Ansätzen noch als „Curriculumentwicklung" bezeichnet werden soll und was nicht. Wie bereits bei der Darstellung der Lehrplanentwicklung erwähnt wurde, sind inzwischen auch in diesem Bereich Veränderungen zu verzeichnen, die unter dem Einfluß der ersten Arbeiten zur Curriculumforschung und -entwicklung entstanden sind und die ausgewählte Elemente enthalten. Faktisch ist diese Entscheidung wohl bereits vollzogen, da der Sprachgebrauch von Bildungspolitikern, Fachdidaktikern und Erziehungswissenschaftlern auch diese Ansätze modifizierter Lehrplanentwicklung als „Curricula" begreift, nicht zuletzt wohl auch deshalb, weil dies Modernität und Wissenschaftlichkeit verspricht.

Die Unterschiede, die zwischen den verschiedenen Konzepten der Curriculumentwicklung bestehen, lassen sich vor allem hinsichtlich zweier

Merkmale erkennen, des *Entwicklungsprozesses* (die Verfahren der Auswahl und Formulierung von Lernzielen, die Entscheidungen über sie, die Erstellung von Lehr- und Lernmaterialien, die Evaluation) und der *Produkte* (z. B. Lernziele können lediglich als Leitideen formuliert sein oder als konkrete Aufgabenbeschreibungen, Lehr- und Lernmaterialien sind entweder so entwickelt worden, daß sie vom Lehrer nur noch einzusetzen sind, oder so, daß sie weitere Planungs- und Entwicklungsarbeiten des Lehrers erforderlich machen). Wir versuchen bei der Darstellung dieser unterschiedlichen Konzepte der historischen Entwicklung zu folgen.

„Geschlossene" Curricula

Zunächst wurde der wohl weitestgehende Ansatz bekannt, der heute oftmals als Entwicklung „geschlossener" Curricula bezeichnet wird und der von vielen zunächst als einzig mögliche Alternative zur traditionellen Lehrplanentwicklung aufgefaßt wurde. Es handelt sich dabei um die Erstellung detaillierter Planungsunterlagen zur Organisation von Lernprozessen, sozusagen „vorgefertigten" Unterricht. Grundzüge dieser Konzeption sind auf Seite 111 bereits aufgewiesen. Man produzierte möglichst alle Elemente der Lernorganisation, im besonderen Verlaufspläne und Testaufgaben sowie Lehr- und Lernmaterialien für jede Minute des Unterrichts im voraus.
Eine große Rolle spielten auch „unterrichtstechnologische" Mittel (programmiertes Lernen, Sprachprogramme für das Sprachlabor etc.), die als „self-instructional materials" konzipiert wurden, so daß die Schüler mit ihnen selbständig arbeiten konnten. Die Aufgabe des Lehrers bestand dabei vor allem darin, sie „zum Einsatz" zu bringen oder durch eigenes Handeln zu ergänzen.
Ein besonderes Problem entstand nun dadurch, daß die Konzeption lehrerunabhängigen Lernens, wie sie im Rahmen des programmierten Lernens und der Unterrichtstechnologie entstanden war, auf Curricula insgesamt übertragen wurde. Manche Curricula wurden nämlich nicht so entwickelt, daß unterrichtstechnologische Mittel die Schüler direkt ansprachen, vielmehr sollte der Lehrer diese Funktion übernehmen. Dennoch wollte man wie beim beliebig wiederholbaren programmierten Lernen genau festlegen, was im Unterricht geschehen sollte. Es wurde so der Lehrer zum Vollzugsorgan vorgeplanter und fremdgeplanter Unterrichtssysteme, ohne diese noch hinreichend kompetent über-

schauen zu können. Die Gefahr lag dabei nahe, daß er dann nicht mehr fähig war, auf spontane Erfordernisse (ungeplante also) des Unterrichts zu reagieren; zudem bedeutete diese einseitige Fixierung auf qualifikationserzeugenden Unterricht, daß Zielsetzungen des sozialen Lernens zu verkümmern drohten.

Die Entwicklung in der BRD läßt sich nun so kennzeichnen, daß auf erste, wenige Versuche im Hinblick auf „geschlossene" Curricula Reduktionen folgten; später kam es dann auch zu einer massiveren Kritik, die im folgenden Abschnitt aufgegriffen wird.

Eine erste Modifikation des Typs der geschlossenen Curriculumentwicklung bestand darin, daß sich Entwicklungsgruppen darauf beschränkten, *Materialien* zu erstellen. Nach dieser Konzeption wurde die Funktion der Curriculumentwicklung vor allem darin gesehen, durch wissenschaftlich qualifizierte Personen qualitativ einwandfreie Materialien für eine Unterrichtspraxis zu erstellen, die dann vom Lehrer ausgewählt und gegebenenfalls modifiziert werden konnten. Lernziele wurden dabei auch vorgelegt, jedoch zumeist nur als charakteristische Beispiele oder in einer weniger spezifizierten Form.

Als besonderes Problem dieses Ansatzes stellte sich heraus, daß Lehrer mit solchen in Entwicklungsgruppen erstellten Materialien oftmals nicht in der Freizügigkeit, Souveränität und unter eigener Weiterarbeit umgingen, wie dies von den Produzenten erwartet wurde und wie es notwendig gewesen wäre, wenn die Materialien sinnvoll an die jeweils unterschiedlichen Schülergruppen herangetragen werden sollten. Diese Materialien schienen hingegen einen Eigenwert zu gewinnen und somit gerade nicht der Unterstützung des Lehrerunterrichts zu dienen, sondern zu reglementierenden Vorgaben zu werden.

Eine weitere Modifikation läßt sich als noch weitergehende Reduktion des ursprünglichen „geschlossenen" Konzepts der Curriculumentwicklung bezeichnen. Hierbei haben die jeweiligen Entwicklungsgruppen nur noch die Aufgabe der Produktion von genauen *Lernzielbeschreibungen und Leistungskontrollen* (Tests), die dann vom Lehrer anzuwenden sind. Dies wird in Bayern beispielsweise mit den sogenannten „curricularen Lehrplänen", in Schleswig-Holstein mit dem Projekt „Lernziel-Bank" (einer Sammlung von Lernzielen und Test-Aufgaben) versucht. „Curriculumentwicklung" dieses Typs scheint vor allem betrieben zu werden, um eine effektivere Steuerung und Kontrolle der Unterrichtspraxis zu erreichen, ohne erst lange Jahre auf die Ergebnisse aufwendigerer Produktionsformen warten zu müssen. Jedoch ergibt sich mit ihr automatisch die Konsequenz, daß nun von den Lehrern die Umsetzung solcherart vorgefertigter Lernzielkataloge und die Einhaltung von Leistungskriterien in einer Art und Weise verlangt werden, für die sie nicht ausgebildet sind. Daß der Aufwand dafür erheblich größer als in der traditionellen Unterrichtsplanung ist, leuchtet unmittelbar ein. Es werden daher eine Reihe flankierender Maßnahmen notwendig, um diesem Konzept zum Erfolg zu verhelfen. Dazu gehört auch, durch bessere Lehrerfortbildung die entsprechenden Voraussetzungen zu schaffen.

„Offene" Curricula

Curriculumentwicklung nach diesen verschiedenen Ansätzen war nach den inzwischen vorliegenden Erfahrungen oftmals weniger geeignet, Probleme zu lösen, als durch sie Probleme aufgeworfen wurden. Eine massive Kritik gegen die als „geschlossen" bezeichneten Curricula setzte etwa um 1971/72 ein. Man verwies darauf, daß die Stellung und Funktion des Lehrers bislang zu sehr vernachlässigt worden sei, und trug vor allem die folgenden Erfahrungen vor:

- Lehrer durchschauten die Lernorganisation nicht genug und fühlten sich als Ausführungsorgane unverstandener Anweisungen.
- Lehrer fühlten sich durch die neuen Curricula in ihren eingeübten Funktionen zurückgedrängt und entwickelten daraufhin das Bedürfnis nach konkurrierenden Aktivitäten; sie störten somit die dem Curriculum zugrunde liegenden Intentionen.
- Lehrer würden dadurch, daß man Unterricht möglichst perfekt für sie vorplante, nicht kompetenter im Hinblick auf die neuen fachwissenschaftlichen, psychologischen und pädagogischen Erkenntnisse.

Viele Lehrer und Erziehungswissenschaftler wiesen darauf hin, daß bei einer auf Perfektion und Effektivität ausgerichteten Curriculumentwicklung die Lehrer und die Schüler entmündigt würden, da sie lediglich zu Administratoren und Empfängern eines vorfabrizierten und gewissermaßen konservierten Unterrichts würden. Man forderte deshalb flexiblere Planungen, sogenannte „offene Curricula", und die Entwicklung der Curricula unter Beteiligung von mehr Lehrern, als dies bislang bei den Projektgruppen (zumeist aus Hochschulen) der Fall war. Diese Argumentation lief darauf hinaus, der schulischen „Basis" mehr Freiräume zu ermöglichen bzw. zu sichern. Eine andere Position wurde auch von Lehrern, aber vor allem von Mitgliedern der Schulverwaltungen, vorgetragen und richtete sich darauf, daß man bei der perfektionistischen Art der Erstellung von Curricula noch lange Jahre würde

warten müssen, bis die Schulen hinreichend „versorgt" seien. Gegen das Prinzip äußerte man keine Kritik, wohl aber gegen den enormen Aufwand. Diese Argumentation lief darauf hinaus, schnell zu Veränderungen in der Unterrichtsplanung zu kommen, wie es im Beispiel der „curricularen Lehrpläne" versucht wurde. Dazu ermöglichte man durchaus eine gewisse Offenheit und auch Freiräume, versuchte aber mit Rahmenrichtlinien, die Grenzen dieser Freiräume zu ziehen.
Man muß also beachten, daß auch die geforderten „offenen" Curricula nicht ohne genauere Vorgaben erstellt werden können. Was beinhaltet nun dieser Ansatz der „offenen" Curricula im einzelnen?
Hierbei geht es um den Versuch, Unterrichtseinheiten zwar von Entwicklungsgruppen (aus Lehrern *und* Wissenschaftlern bestehend) vorplanen zu lassen, in ihnen jedoch so viel Alternativen aufzunehmen und bei der Unterrichtsrealisation Spontaneität zu ermöglichen, daß keine starre Vorplanung und Reglementierung bestehen. Als ein Versuch dieser Art, der zwar nicht unter der Bezeichnung „offene Curriculumentwicklung" läuft, kann auch die „Curriculum-Werkstatt" angesehen werden, die in der „Laborschule" der Universität Bielefeld angesiedelt ist. Dieses Projekt macht jedoch auch deutlich, welche enormen finanziellen, personellen usw. Voraussetzungen mit dieser Produktionsform verbunden sind.
Inzwischen liegen erste Ergebnisse der Bielefelder Gruppe vor, und zwar einmal in Form von Curriculumentwürfen, zum anderen in Form eines Erfahrungsberichts von W. Harder:

> „Drei Jahre Curriculum-Werkstätten". Stuttgart (Klett) 1974; alle Publikationen erscheinen in der „Schriftenreihe der Schulprojekte Laborschule/Oberstufen-Kolleg".

Bestandsaufnahme und ein Beispiel

In der BRD gab es 1972 schätzungsweise ca. 200 Curriculum-Entwicklungsgruppen. Ihre Zahl dürfte sich inzwischen noch erhöht haben. Zunächst ist nun zu berücksichtigen, daß es sich hierbei um Gruppen sehr unterschiedlicher Art handelt. So sind Projektgruppen vorhanden, in denen etwa 4 hauptamtlich tätige Mitarbeiter über mehrere Jahre hinweg angestellt sind, wie auch (und das dürfte die Mehrzahl sein) solche Gruppen, die allenfalls aus dem Sachetat einer Schule oder eines Instituts an einer Hochschule geringe Zuwendungen erhalten.

Was tun solche Gruppen, wer arbeitet in ihnen mit, und wie erfährt man etwas über ihre Resultate? Am Beispiel einer finanziell günstig ausgestatteten Gruppe wollen wir im folgenden näher auf solche Fragen eingehen. Wir stützen uns dabei auf ein Interview, welches einer der Autoren 1972 mit Mitarbeitern dieser Projektgruppe durchgeführt hat. Inzwischen ist die Arbeit dieser Gruppe weitgehend beendet; die von ihr entwickelten und erprobten Materialien gehören zweifellos in den Katalog der interessantesten Curriculumprodukte, die in der Bundesrepublik entstanden sind.

Projekttitel:
„Frankfurter Projekt zur Modernisierung des Mathematikunterrichts"

Projektleiter:
Prof. Dr. H. Bauersfeld, Seminar für Didaktik der Mathematik, Universität Frankfurt, 6 Frankfurt/Main, Senckenberganlage 11 (heute: Universität Bielefeld)

Mitarbeiter:
Prof. Dr. V. Weis
Frau E. Wolff, Dipl.-Psychologin
Hahn
Kolbe
2–3 Hilfskräfte
Studenten in der Evaluationsgruppe
Lehrer in der Entwicklungsgruppe

Objektbereich/Zielsetzung:
Bei den Aktivitäten des Frankfurter Projekts handelt es sich um die Entwicklung eines Lehrplans, die Untersuchung der Effekte und die Maßnahmen der Lehrerausbildung beim Einsatz dieses Lehrplans. Darüber hinaus ist von einer Entwicklungsgruppe ein spezieller Lehrgang („alef") für Mathematikunterricht in der Grundschule (1.–4. Schuljahr) entwickelt worden, von dem Experimentalfassungen bei den Projektuntersuchungen verwendet wurden. Es ist also eine Entwicklungsgruppe tätig gewesen, nach deren Arbeit sich eine Evaluationsgruppe bildete, die Hauptobjekt der vorliegenden Befragung ist, da die Entwicklungsgruppe ihre Arbeit inzwischen fast vollendet hat und die Personen in andere Stellungen gerückt sind. Als Objekt der Evaluation (Erfolgs-

kontrolle) sind auch Versuche mit Vorschulklassen zu bezeichnen, bei denen Möglichkeiten eines früheren Lernbeginns erprobt wurden.
Zu Beginn (1966/67) orientierte sich die Entwicklungsgruppe, insbesondere unter dem Einfluß des Materials von Dienes, am Konzept des „modernen Mathematikunterrichts" in der Grundschule, gekennzeichnet etwa durch Mathematisierung des Grundschulunterrichts und Einführung der Mengenlehre. Zunehmend stellte sich heraus, daß die Effekte einer solchen Innovation (und dabei auch die Transferwirkungen in anderen Bereichen, so dem Sozialverhalten, der Entwicklung bestimmter Denkstile, dem Sprachverhalten etc.) zu überprüfen und — entsprechend ihrer Wünschbarkeit — auszugestalten seien. Diese Erkenntnis — nach den ersten Vorversuchen präzisiert — wurde in folgenden Zielsetzungen von besonderer Bedeutung zusammengefaßt (vgl. Projektplan 1970):
- durch „offene" Aufgaben größere Individualisierung und Kreativitätsförderung;
- das Finden neuer Denkstrategien und die Reflexion über eigenes Denken (Beitrag zu kompensatorischer Erziehung);
- das Erlernen sozialer Verhaltensweisen durch Gruppenarbeit und demokratischen Kommunikationsstil;
- Motivationssteigerung durch Verwenden von Regelspielen;
- durch vorwiegend ikonische und enaktive Repräsentation auch Förderung von nicht-verbalen Bereichen des Denkens und Ausgleich schichtenspezifisch unterschiedlicher Lernvoraussetzungen;
- durch aktuelle Sprechanlässe eine Verbesserung des Sprachverhaltens;
- zugleich auch eine breitere Fundierung des herkömmlichen Rechnens.

Projektgeschichte:
Den Beginn kennzeichnet eine Konfrontation mit Dienes-Materialien (1966), woraufhin Prof. Bauersfeld mit 2 Lehrern solche Materialien ausprobierte. 1967 versuchte die Max-Traeger-Stiftung, ein Mathematikprojekt zu fördern, und stellte dann 90 000 DM bereit. 1968 wurde auf der Basis von Lehrgangsentwicklungen ein Hauptversuch vorbereitet, und 1968/69 wurde eine Zweiteilung in Entwicklungs- und Evaluationsgruppe vollzogen.
Nach Auslauf der ersten Finanzierung gab es einige Schwierigkeiten, bis im September 1969 die Stiftung Volkswagenwerk 959 000 DM bis Ende 1973 bewilligte.
Zu diesem Zeitpunkt sollte das Projekt auch abgeschlossen werden; im Sommer 1972 sollte die Materialentwicklung bereits fertig sein, für die restliche Zeit handelt es sich also um Evaluationsmaßnahmen.

Die Mehrzahl der Mitarbeiter gehört bzw. gehörte dem Seminar an (fast die gesamte Entwicklungsgruppe). Das Projekt hat (auch international) bereits eine gewisse Beachtung gefunden, was mit dazu beigetragen haben dürfte, daß die Außenkontakte sehr stark und zahlreich sind und dabei auch über die einzelnen Mitarbeiter laufen.
Auf Grund ihrer Erfahrungen hat die Gruppe deutliche Lernprozesse vollzogen, die ihr zu bestimmten Orientierungen verhalfen; neben der speziellen didaktischen Orientierung insbesondere solche im Hinblick auf Probleme der Entwicklungsverfahren, Lehrerbeteiligung, Implementierungsmöglichkeiten (Verbreitung) und Materialkonzipierung. Als weniger hinreichend bewältigt wird das Evaluationsverfahren betrachtet, da man hierzu mehr Mitarbeiter und längerfristige Arbeit benötigen würde. Die Materialentwicklung vollzog sich nur in geringem zeitlichem Vorsprung (2 bis 4 Wochen) vor der Materialerprobung in den jeweiligen Versuchsklassen. Das Material wurde auch von Projektmitgliedern in Unterrichtssituationen ausprobiert. Eine formalisierbare Strategie war nicht beabsichtigt.

Entwicklungsverfahren:
Ursprünglich stark am Konzept von „teacher-proof (‚lehrersicheren') curricula" orientiert, wandte sich die Gruppe mit zunehmenden Erfahrungen mehr einem Konzept „offener Curricula" zu. Nicht voll gelöst ist dabei die Frage, inwieweit ursprüngliche Entwicklungskriterien beizubehalten sind, insbesondere die Operationalisierung von Lernzielen und vollständige Ausarbeitung der Materialien. Ein Mantel der „teacher-proof curricula" wird vor allem darin gesehen, daß sie die fehlenden Kompetenzen von Lehrern lediglich sublimieren wollen, anstatt die notwendigen Kompetenzen zu diagnostizieren und gezielt zu vermitteln.
Insofern richtet sich ein großer Bestandteil der Projektarbeit auf die elementare Verbesserung der Lehrerkompetenzen, und zwar durch Anweisungsmaterialien, Wochenendschulungen, Erfahrungsaustausch und die Tätigkeit von „Multiplikatoren" (Projektlehrer, die Arbeitsgruppen organisieren und selbst ausbilden).
Hinsichtlich der Materialkonzipierung wurde ein Problem darin gesehen, daß trotz ausdrücklicher Hinweise an die Lehrer, die vorgegebenen Materialien auszuwählen und nach Bedarf zu strukturieren, diese dazu tendieren, das Material in der vorgelegten Reihenfolge vollständig anzuwenden. Hieraus ergab sich die Einsicht, daß die Bereitstellung von Materialien und die Einweisung *vor* dem Gebrauch allein nicht genügen, sondern daß eine ständige Verbindung und Kooperation mit der Entwicklungsgruppe bestehen muß, die auch „vor Ort" (also in der

Klassensituation) stattfindet. Weiterhin wurde von der Gruppe darauf hingewiesen, daß Lehrgänge mit Lehrern insofern nicht ihren Zweck erfüllten, als ihnen hierbei zwar „gute Vorsätze" vermittelt wurden, sie aber später wiederum im nicht-reformierten Kontext der Schulsituation ihre Tätigkeit ausüben mußten und „alte Gewohnheiten" wiederaufnahmen.

Evaluationsverfahren:
Die Gruppe äußerte sich skeptisch gegenüber dem Verfahren formativer (prozeßbegleitender) Evaluation, da sich hieraus Revisionskriterien erst zu einem sehr viel späteren Zeitpunkt ergeben, so daß die Verwertung von objektiven Messungen für den Kurseinsatz erst nach der Entwicklungsphase möglich wird. Zwar werden Maßnahmen betrieben, die als formative Evaluation verstanden werden (insbesondere der Erfahrungsaustausch mit den Lehrern), doch richtet sich das Hauptaugenmerk auf summative (abschließende) Evaluation, da durch sie eine umfassendere Sicherung von Nebeneffekten möglich wird. Die Evaluation orientiert sich an folgenden Fragen:

1. Welche Auswirkungen hat der Lehrgang in der kognitiven Entwicklung der Kinder?
2. Welche Auswirkungen hat der Lehrgang im affektiven und sozialen Bereich?
3. In welchem Maße werden die Lernziele erreicht?

Die bei der Evaluation eingesetzten Verfahren sind mehrere psychometrische Instrumente (z. T. selbst konstruiert), Unterrichtsbeobachtungen, Fragebogen zu Einstellungen (selbst entwickelt), lernzielorientierte Tests (selbst entwickelt). Die bisher vorliegenden Ergebnisse können an dieser Stelle jedoch nicht dargestellt werden.

Kommunikationsstruktur:
Innerhalb der Projektgruppe ist die Konfliktstruktur gering und besteht vornehmlich hinsichtlich des Operationalisierungskonzeptes und der Bewertung empirischer Untersuchungsverfahren. Analog zum Projektansatz bemüht man sich, pluralistische Lösungen gelten zu lassen.
Die Gruppe wünscht sich bessere Kooperationsmöglichkeiten mit anderen Projekten und Fachwissenschaftlern, wobei sie bedauert, daß diese auf didaktische Diskussionen kaum eingehen. Zwar hat man gute Kontakte zu anderen Projekten, doch ist daraus eine wirksame Kooperation bislang noch nicht entstanden.

Perspektiven:
Eine Zentralisierung der Curriculumentwicklung wird abgelehnt, doch würden Servicefunktionen begrüßt (Dokumentation, organisierter Informationsaustausch, neutrale Basis für Kommunikation).
Die zur Förderung der Curriculumentwicklung notwendigen Maßnahmen werden insbesondere im Bereich des Lehrertrainings gesehen sowie in einer Verbesserung der Methodologie pädagogischer Forschung, die Entwicklungsfunktionen stützen und nicht hemmen sollte.
Für ein Ausbildungsseminar zur Curriculumentwicklung werden methodologische Probleme und die Möglichkeit eines Erfahrungsaustausches (Reflexion der eigenen Tätigkeit und der Interessen) als Gegenstände genannt.

Publikationen:
Die Gruppe legt ihre Ergebnisse in der hektographierten Reihe „Frankfurter Projektberichte" vor (E. Wolff: „Stichprobe und Parallelisierung", V. Weis: „Mathematikunterricht und Intelligenzentwicklung im ersten Schuljahr"). Ergebnisse wurden weiterhin im Bericht an die Stiftung Volkswagenwerk aufgeführt. Der Lehrgang selbst wird im Schroedel-Verlag publiziert.

Regionale pädagogische Zentren

Einen eingehenden Vorschlag zur Verwirklichung der „schulnahen" und „offenen" Curriculumentwicklung hat im Jahre 1972 eine Gruppe von Wissenschaftlern und Praktikern in der Denkschrift „Regionale Pädagogische Zentren" (Gerbaulet u. a., Stuttgart [Klett], 1972) vorgelegt. Diese Denkschrift wurde dann im darauffolgenden Jahr in wesentlichen Forderungen vom Deutschen Bildungsrat mit seiner Empfehlung „Zur Förderung praxisnaher Curriculum-Entwicklung" aufgegriffen. In solchen Zentren (RPZ) sollen hauptamtlich tätige Lehrer und Wissenschaftler unter fortwährender Mitarbeit weiterhin in Schulen unterrichtender Lehrer (die dazu in ihren Stundendeputaten entlastet werden) die neuen Ansätze der Curriculumentwicklung erproben und somit den Schulen das notwendige Material bedarfsorientiert liefern. Zudem können diese RPZ auch wichtige weitere Funktionen übernehmen, etwa für die Fortbildung der praktizierenden Lehrer, für die Dokumentation von Unterrichtseinheiten, für die Kontaktpflege zwischen Lehrern verschiedener Schulen etc.

Wieweit aber eine solche Forderung verwirklicht werden kann, hängt von der Bereitschaft der staatlichen Instanzen und den von ihnen eingeräumten Finanzmitteln ab. Es steht nach Lage der Dinge nicht zu erwarten, daß die Forderungen und Empfehlungen der Denkschrift und des Deutschen Bildungsrates in naher Zukunft realisiert werden. Immerhin ist 1974 in zwei Bundesländern durch Unterstützung einer Industrie-Stiftung jeweils ein RPZ versuchsweise eingerichtet worden.

Zur weiteren Entwicklung

Sah es Ende der sechziger Jahre bei der Diskussion zur Curriculumentwicklung in der Bundesrepublik noch so aus, daß man eine Vielzahl von Projekten zur Entwicklung der jetzt als „geschlossen" bezeichneten Curricula erwarten konnte, so zeigt sich nunmehr, daß diese Produktionsform kaum noch angegangen wird. Die vorangehend skizzierten Veränderungen lassen statt dessen erwarten, daß Curriculumentwicklung zunehmend näher „am Verwendungsort" betrieben wird, wobei allerdings diese Arbeiten von staatlichen Richtlinien gesteuert werden. Damit dürfte einerseits ein neues Handlungsfeld für Lehrer erschlossen werden, andererseits aber auch der bei den früheren Ansätzen noch vorhandene Spielraum eingegrenzt sein. Folgende Konsequenzen lassen sich daraus ableiten:

- Entscheidungen und Maßnahmen auf der B-Ebene didaktischen Handelns (vor allem bei der Erstellung von Rahmenrichtlinien und der Bereitstellung finanzieller Mittel) dürfen nicht hierarchisch einseitig von oben nach unten laufen, wenn vermieden werden soll, daß sich zwischen B- und D- bzw. E-Ebene schwerwiegende Konflikte ergeben. Solche Konflikte werden sich z. B. einstellen, wenn übergeordnete Maßnahmen in Unkenntnis der an der „Basis" tatsächlich laufenden Prozesse und wirkenden Probleme getroffen werden.
- Man sollte auf Regelungen der Verfahren drängen. So wird z. B. eine Arbeitsgemeinschaft von Curriculumentwicklern gut daran tun, mit den Bildungsverwaltungen relativ frühzeitig Absprachen über Zielsetzungen, experimentelle Freiräume etc. zu treffen, da sie ansonsten leicht in Gefahr gerät, nach vollbrachter Arbeit vielleicht begründungslos ihr Produkt verworfen zu sehen. (Will sie dabei erforderliche Kompromisse *nicht* eingehen, so bieten sich dennoch andere Wege an, indem die entwickelten Produkte über außerstaatliche Stellen [z. B. Verlage] veröffentlicht werden können.)

- Lehrer sollten versuchen, die für die schulnahen Curriculum-Entwicklungsaktivitäten erforderlichen Kompetenzen zu erwerben. In der Ausbildungsphase könnte dies einmal durch den Besuch entsprechender Lehrveranstaltungen geschehen, zum anderen aber auch dadurch, daß Lehrerstudenten sich solchen Arbeitsgemeinschaften oder Projektgruppen anschließen, die Aktivitäten der Curriculumentwicklung durchführen und dies mit Schulhospitationen und Schulpraktika verbinden.
- Auch andere beteiligte und betroffene Gruppen sollten sich um Verbesserung ihrer Kompetenzen für Entscheidungen und andere Maßnahmen bemühen. Für Wissenschaftler bedarf es dazu vor allem einer eingehenden Orientierung über Probleme und Bedürfnisse der Schulpraxis. Für Eltern, Schüler und Studenten illustrieren wir abschließend die Notwendigkeit, sich für currrculare Entscheidungen und Maßnahmen zu „qualifizieren", an einem Beispiel aus einer Initiativgruppe Hamburger Eltern, Schüler, Studenten und Dozenten für den Aufbau einer Projektgruppe zur Förderung schulnaher Curriculumentwicklung:

„Hierbei sollen vor allem *Lehrer, Schüler und Eltern* in curriculare Problemstellungen eingeführt werden. Es wird dazu der Versuch unternommen, an ein alltägliches Problem anzuknüpfen, in bezug auf welches auch *Schüler und Eltern* Erfahrungen vorbringen können (d. h. sich als ‚Experten' verstehen können und nicht befürchten, mangels Kompetenz nicht mitreden zu können). Im einleitenden Planspiel sollen Ansatzpunkte einer eingehenderen Analyse entdeckt werden, die dann zunehmend realitätsbezogenere Aktivitäten ermöglicht, nämlich eine Beobachtung von ablaufenden Unterrichtsprozessen, später auch deren veränderte Planung sowie die Analyse der Auswirkungen dieser Veränderungen. Thema dieses Einführungs„seminars" sind Hausaufgaben; es könnten aber auch andere Themen sein, die traditionellerweise sowohl in die Schule als auch in das Elternhaus hineinragen, etwa Zensuren, Disziplin, Freizeit und Beruf.

Unterrichtsprojekt ‚Hausaufgaben'

1. Phase Vorbesprechung; Kennenlernen der Teilnehmer etc.

2. Phase: Planspiel ‚Schüler fordern Abschaffung der Hausaufgaben'

- Ausgangssituation ist ein Interessenkonflikt zwischen *Schülern* (die die Abschaffung aller Hausaufgaben fordern), deren *Lehrern* (die die Hausaufgaben beibehalten wollen, da sie nicht alles im Unterricht behandeln können) und deren *Eltern* (die Hausaufgaben zwar nicht abschaffen wollen, aber die für sie bestehende Überlastung bemängeln).
- Im Spiel werden Interessen wechselseitig überprüft. Warum entstehen diese Interessen? Wie lassen sie sich vereinbaren? Wie kann der Konflikt gelöst werden?
- Vorbereitet sind Informationskarten über empirische Untersuchungen, die lernpsychologische Bedeutung von Übungsaufgaben, die didaktische Funktion

von Hausaufgaben (Disziplinierung oder Übung?) und die soziale Bedeutung von Hausaufgaben (Benachteiligung für Arbeiter) betreffend.
- Rollen werden vertauscht oder echt gespielt.
- Die Auswertung des Planspiels erfaßt insbesondere die Realitätsnähe (vor allem der Konfliktlösung), Problembereiche in der Praxis (was muß geändert werden?) und Alternativen (was ließe sich verändern?).
- Schließlich wird ein Anforderungskatalog vorbereitet, der die Punkte benennt, die in die Konfliktlösung aufgenommen wurden (z. B. waren die Schüler zu einem Kompromiß bereit, wenn die Lehrer mehr Hausaufgaben ‚aufgeben', die man auch in Arbeitsgruppen anteilig bewältigen kann).

3. *Phase: Teilnehmende Beobachtung und Analyse* faktischer Situation in einigen Klassen sowie Befragung von Betroffenen: Wie werden Hausaufgaben konzipiert und aufgegeben? Wie werden sie erledigt (Zeit- und Arbeitsanalyse)? Wie werden sie im Unterricht genutzt? Welche Hausaufgaben erscheinen als sinnvoll, welche nicht? Wie urteilen die Betroffenen darüber?
4. *Phase: Anknüpfungspunkte* für gemeinsame Unterrichtsplanung unter curriculumtheoretischen Ansprüchen: Wie müßte Unterricht aussehen, in dem keine Hausaufgaben mehr notwendig bzw. in dem sie sinnvoll sind? Wie läßt sich dieser Unterricht konzipieren? Welche Aufgaben hätten die verschiedenen Betroffenen dabei?
5. *Phase: Durchführung* des Projekts mit Unterrichtsplanung leitet über in Curriculumentwicklung, d. h. jetzt wird eine Unterrichtseinheit entworfen und erprobt, bei der Alternativen verwirklicht werden bzw. der gemeinsame Nenner bei der Lösung des Hausaufgabenproblems umgesetzt wird. Das können auch Versuche mit verschiedenen Bedingungen sein, etwa völlig ohne Hausaufgaben und in verschiedenen anderen Formen (nur für Gruppen, ohne und mit Aufsicht etc.)."

Quelle: H.-D. Haller, Einführung in curriculares Arbeiten; in: K. Frey u. a. (Hrsg.), Curriculum-Handbuch, erscheint 1975 bei Piper, München.

„Normbücher"

Lehrplan- und Curriculumentwicklung findet gegenwärtig jedoch noch in einem anderen Zusammenhang statt: Getragen von der Absicht, die Gleichartigkeit der Leistungsanforderungen im Abitur herzustellen und damit den Numerus clausus weiter zu rechtfertigen, hat die „Ständige Konferenz der Kultusminister der Länder" (KMK) in den Jahren 1974/1975 Kommissionen mit der Erstellung sogenannter „Normbücher" beauftragt. Es handelt sich dabei um sehr detaillierte Angaben von Lernzielen, Lerninhalten und Bewertungskriterien für das Abitur. Daß dies ein ganz radikaler Ansatz zentraler Curriculumentwicklung „von oben" ist, läßt sich leicht einsehen, wenn man bedenkt, daß sich Schüler, Lehrer, Verlage und Entwicklungsgruppen bei ihrer Arbeit auf diese Ziele und Inhalte einstellen müssen, wenn sie nicht riskieren wollen,

am Abitur „vorbeizulernen" und „vorbeizulehren" und damit die Zulassungschancen zum Studium zu verringern.
Außerordentlich bedenklich ist es, daß bei der Entwicklung dieser Normbücher alle Erkenntnisse und Errungenschaften der Curriculumforschung der letzten 10 Jahre unberücksichtigt blieben. Weder die wissenschaftliche Erfahrung von Entwicklungsgruppen noch die Einbeziehung der Betroffenen oder die — bei den Hessischen Rahmenrichtlinien so nachdrücklich geführte — öffentliche Diskussion kamen zur Geltung. Im besonderen aber ist dieses Verfahren insofern ein Rückfall in eine frühe Vergangenheit, als der Staat wiederum nur Ansprüche formuliert (ohne sie zu begründen) und keine Hilfen zu ihrer Realisierung mitliefert, eine Praxis, die man bereits überwunden glaubte.
Der Einwand, es handele sich bei den Normbüchern ja „nur" um Kataloge von Prüfungsaufgaben und -kriterien, ist zu schlicht, als daß man ihn ernsthaft diskutieren sollte. Noch immer stellte das Bekanntmachen von Prüfungsaufgaben die effektivste Form der Zielorientierung in Schulsystemen dar. Man darf deshalb diese Normbücher als einen Versuch betrachten, nicht nur die föderalistische Struktur des Bildungswesens der BRD grundsätzlich aufzuheben, sondern auch als den Anspruch der Bildungsbürokratie, die Ziele und Inhalte der öffentlichen Bildung bis ins Detail zu regeln. Dies brauchte dann kein Nachteil zu sein, wenn dieses Bestreben verbunden wäre mit breiten öffentlichen Diskussionen darüber, was zu lernen für alle nützlich sei, sowie mit einer Differenzierung der Begründungen eben dieser Ziele. Das Gegenteil ist jedoch der Fall: Die Entwicklungen fanden unter weitgehender Geheimhaltung statt. Begründende Aussagen finden sich in den Normbüchern so gut wie überhaupt nicht.

Literaturhinweise:

1 E. Lemberg, Zum bildungstheoretischen Ansatz der hessischen Bildungspläne 1956/57; in: „Reform von Bildungsplänen — Grundlagen und Möglichkeiten", Sonderheft 5 zu „Rundgespräch", hrsg. vom Leiter des Hessischen Lehrerfortbildungswerkes. Frankfurt usw. (Diesterweg), 1969, S. 5—25.

Lembergs Aufsatz ist eine Darstellung der Konzeption eines früheren Lehrplans auf einer Tagung, bei der es gerade um die Abfassung eines neuen Ansatzes ging.

2 J. I. Goodlad, The Curriculum; in: J. I. Goodlad (ed.), The Changing American School. (= The Sixty-fifth Yearbook of the National Study of

Education, part II.) The University of Chicago Press (Chicago, Illinois), 1966, S. 32—58.

Dieser Beitrag wurde auf dem Höhepunkt der amerikanischen Curriculum-Reform geschrieben und faßt die Reformansätze und offene Probleme zusammen.

3 W. Klafki, Von der Lehrplantheorie zur Curriculum-Forschung und -Planung; in: W. Klafki u. a., Erziehungswissenschaft 2 (Eine Einführung). Fischer Bücherei, Band 6107, 1970, Seite 74—88 sowie die daran anschließende Diskussion.

Klafki vergleicht die Lehrplantheorie Erich Wenigers (aus den dreißiger Jahren) mit der Curriculumtheorie von Saul B. Robinsohn, die 1967 erschien und in der BRD viel beachtet wurde.

Vorschlag für ein Erkundungsprojekt 6:

„Lehrpläne“

1. Stellen Sie eine Liste der derzeit für Ihr Bundesland gültigen Lehrpläne oder Richtlinien auf, und zwar unter Angabe der Bezugsquellen und des Erscheinungsjahres. Gehen Sie dabei in Ihrer Gruppe arbeitsteilig vor. Sehen Sie dazu in Ihrer Bibliothek die Erlaß-Sammlungen Ihres Kultusministeriums ein (Amtsblatt).

2. Vergleichen Sie einen älteren und einen neueren Lehrplan Ihres Bundeslandes, wobei der neuere Lehrplan u. U. auch ein vorerst nur probeweise eingeführter Plan sein kann. Stellen Sie dazu in Ihrer Gruppe gemeinsame Kriterien auf, etwa in bezug auf die folgenden Punkte:

– Verbindlichkeit (Werden Aussagen über Verbindlichkeiten gemacht? Welche der Teile des Lehrplans sind verbindlich?)
– Eindeutigkeit der Formulierung (Lassen die Lernzielangaben z. B. Interpretationen zu, die Sie sich zunutze machen könnten bzw. bei denen Sie Schwierigkeiten bekommen könnten, wenn Sie sie als Lehrer ausschöpfen würden?)
– Begründungen (Sind Lernziele und Entscheidungen anderer Art im Lehrplan begründet und, wenn ja, wie?)
– Positionen (Lassen die Zielsetzungen und sonstigen Angaben Positionen erkennen, die z. B. *eine* gesellschaftliche Interessengruppe oder -richtung bevorzugen?)

– Realisierbarkeit (Sind die genannten Zielsetzungen überhaupt realisierbar, inwieweit werden Hilfsmittel genannt?)

Teilen Sie sich die verfügbaren Lehrpläne dann so auf, daß jeder entsprechend seinem Wahlfach bzw. Fachstudium einen alten und neuen Lehrplan vergleichen kann. Tragen Sie die Ergebnisse in bezug auf die verabredeten Kriterien dann in der Gruppe zu einer schriftlichen Vorlage zusammen.

Vorschlag für ein alternatives Erkundungsprojekt:

„Wie verwenden Lehrer Lehrpläne bzw. Richtlinien?“

Versuchen Sie, durch Interviews mit Lehrern verschiedener Schularten eine Antwort auf diese Frage zu geben. Unterscheiden Sie die Äußerungen der Lehrer nach Meinungen über den Wert eines Lehrplans und ihre Kritik am Lehrplan einerseits und nach realen Kenntnissen des Lehrplans und Anwendungsweisen andererseits. Um über diese Kenntnisse ein Urteil fällen zu können, sollten Sie selbst sich durch Einsicht in den entsprechenden Lehrplan vorher informieren.

Entwurf zu einem Planspiel 6:

„Das Säbelzahn-Tiger-Curriculum“

Situation: Der im Anhang abgedruckte Text „Das Säbelzahn-Curriculum“ ist ein Ausschnitt aus einer Satire, in der die Interessen verschiedener Personengruppen einer Gesellschaft an Bildungszielen zum Ausdruck kommen. Spielen Sie die in der Geschichte dargestellte Situation weiter, wobei Sie in Ihrer Gruppe die genannten Personen als Rollenträger verkörpern. Sie erinnern sich: Nach der Veränderung in den Lebensbedingungen des Stammes traten neue Notwendigkeiten auf; so mußte ein Mittel gegen die Bären gefunden werden, da sie nicht mehr (wie früher die Tiger) durch Feuer zu verscheuchen waren. Drei grundlegende Fertigkeiten wurden entdeckt: die Bären in Fallgruben fangen, die Fische mit Netzen fangen, die Antilopen mit Schlingen fangen. Nun wollten modern denkende Mitglieder des Stammes diese Fertigkeiten in

den Schulen gelehrt wissen. Doch daraus wurde nichts, weil sich andere Interessen dagegen wandten.
Nun spielen Sie die Geschichte weiter: Ein ganz Radikaler gibt nicht auf; er sagt sich, daß man nur erreichen müsse, daß eine Ausbildungsstätte für die Lehrer eingerichtet wird, bei der man dann eher zu Reformen kommen könne (vor allem dann, wenn er selbst Ausbilder der zukünftigen Lehrer sein würde).

Handlungsträger: Der „Radikale", der „weise alte Mann", der Erfinder der Bären-Fallgrube (als Experte), ein Lehrer für „Tiger-Vertreiben durch Feuer", ein Vorsitzender des Stammesrates, drei Mitglieder des Rates.

Spielregeln: Die Beteiligten versuchen, einander und den Stammesrat durch Argumentation zu überzeugen, wobei sie insbesondere auf das Urteil von Experten zurückgreifen möchten, um ihren Argumenten mehr Gewicht zu verleihen. Eine Entscheidung wird durch den Stammesrat durch Abstimmung gefällt.

Handlungsziele: Die Radikalen möchten die neuen lebensnotwendigen Fertigkeiten in die Schulen bringen; sie sehen in der Weigerung der alten Männer einen Versuch, die Jugend des Stammes möglichst dumm zu halten, um sie besser beherrschen zu können. Die alten Männer wiederum sehen in dem Wunsch der Radikalen einen Versuch, zur bestimmenden Kraft im Stamm zu werden, und wollen sich die Macht nicht nehmen lassen. Der Stammesrat wird von zumeist älteren Männern gebildet, von denen aber einige geneigt sind, den Radikalen in bezug auf die Veränderung der schulischen Inhalte und die Ausbildung der Lehrer zuzustimmen.

7. Leistungsmessung und Evaluation

Wieso haben Fragen der Leistungsmessung überhaupt etwas mit didaktischem Handeln zu tun? Sind Lehren und Prüfen denn nicht zwei Paar Stiefel? Ist es überhaupt gut, wenn diejenigen, welche unterrichten, zugleich auch prüfen? Wäre es nicht besser, wenn es neben den Bildungssystemen in einer Gesellschaft von diesen unabhängige Prüfungssysteme gäbe?
Wie auch immer man zu diesen Fragen prinzipiell stehen mag – unsere derzeitige Situation in der BRD wie auch in vielen anderen Ländern zeichnet sich dadurch aus, daß Bildungssystem und Prüfungssystem in engster Verbindung stehen. Dies geht so weit, daß z. B. Behörden Prüfungsordnungen für den Hochschulbereich erlassen, die faktisch die Qualität von Studienordnungen haben. Und wer schulpflichtige Kinder hat, wird selbst ermessen können, wie weit sich die Funktionen des Prüfens im Schulbereich in den Vordergrund geschoben haben, während die Funktionen des Lehrens und Lernens in starkem Maße in die Hausaufgaben hinein verdrängt worden sind.
Diese enge Verflechtung von Lehren und Prüfen erscheint uns Grund genug, auch den Komplex „Leistungsmessung und Evaluation" mit in den Bereich didaktischen Handelns einzubeziehen, auch wenn er nicht trennscharf unter unseren Begriff der „Organisation von Lernprozessen" fällt. Nichts wäre in der derzeitigen Situation verhängnisvoller als eine Ausklammerung dieser Problematik aus der didaktischen Theorie und Praxis. Sie würde die Gefahr mit sich bringen, daß Prüfungen von Ritualen, Bräuchen und Tabus noch mehr bestimmt sein würden, als dies bisher schon der Fall ist.

Ein alltäglicher Fall: Qualifikationsmessung oder Leistungsmessung?

Wie ist das, wenn Sabine Autofahren lernt? Schon lange, bevor sie die Erlaubnis zum Führen eines Kraftfahrzeugs erhalten kann, hat sie einen Teil der Verkehrszeichen kennengelernt, hat häufig auf dem Beifahrersitz gesessen und die Handgriffe beobachtet; vielleicht hat ihr Freund oder ihr Vater sie auch schon einmal unerlaubterweise ans Steuer gelassen. Dann sucht sie sich eine Fahrschule aus, nachdem sie sich mit Freunden und Bekannten darüber unterhalten hat, wo man am preiswertesten und freundlichsten bedient wird, nimmt an einigen

„theoretischen Stunden“ teil, liest ein paar Texte und nimmt noch zwischen 20 und 40 Fahrstunden. Sodann meldet sich Sabine zur Prüfung – beim Technischen Überwachungsverein – an, bekommt dort einen Termin und einen „Prüfer“ benannt und muß nun ihre neu erworbene Qualifikation (nämlich ein Kraftfahrzeug führen zu können) unter Beweis stellen. Hält der Prüfer ihre Leistungen – theoretisch wie praktisch – für ausreichend, bekommt sie ihren „Qualifikationsnachweis“, sprich Führerschein. Wenn nicht, darf sie noch ein paar Stunden mehr nehmen und sich erneut zur Prüfung melden. So einfach ist das, auch wenn es freundliche und autoritäre Fahrlehrer, kompliziertere und einfachere Verkehrssituationen, wohlwollende und launische Prüfer gibt. Was allerdings auffällt, ist dies: Der Prüfer ist nicht zugleich auch Warentester oder Marktkontrolleur. Er sammelt daher keine Daten darüber, welche Fahrschulen erfolgreich sind oder wie teuer es dort ist, den Führerschein zu erwerben – zwecks Veröffentlichung oder Lizenzentzug.
Wie würde sich Sabine verhalten, wenn sie die folgende Fahrschule besuchen müßte?: Sie darf sich die Fahrschule nicht selbst aussuchen, sondern bekommt eine solche zugewiesen. Jeder Kurs dauert 30 Stunden – für alle. Der Fahrlehrer geht davon aus, daß keiner der Fahrschüler je ein Verkehrszeichen oder Auto von innen gesehen hat. Einen großen Teil der Fahrübungen müssen die Fahrschüler privat organisieren, wobei es ihrem Glück oder ihrer Findigkeit überlassen bleibt, einen Helfer zu finden. Der Fahrlehrer ist zugleich auch der Prüfer. Im Mißerfolgsfalle herrscht Konsens darüber, daß der Fahrschüler unbegabt oder unkonzentriert, die Umstände widrig oder das Auto bockig war – die Qualität der Fahrschule wird grundsätzlich nicht in Frage gestellt. Am Ende erhält man eine Bescheinigung, auf der eine Zahl (zwischen 1 und 6) steht, die zwar nichts darüber aussagt, ob man einen Pkw zuverlässig durch den Verkehr steuern kann, wohl aber darüber, ob man zur besseren oder schlechteren Schülergruppe gehört. Schließlich: Wenn man bei der Fahrprüfung durchfällt, muß man den ganzen Kram wiederholen. Ob Sabine und ihre Mitschüler mit dieser Regelung wohl zufrieden wären?

Warum überhaupt Qualifikationsmessung?

Was hat unser Beispiel der Fahrschule mit Leistungsmessung zu tun? Nun, zunächst wohl dies: Es kann sinnvoll sein, Qualifikationen zu prüfen. Wie das Beispiel des Führerscheins zeigt, können damit Gefah-

ren für die Gesellschaft verringert werden (wenngleich zugestanden sei, daß Charakterfehler häufiger zu Unfällen führen mögen als Unkenntnis eines Verkehrszeichens). Zum anderen aber ist die Verteilung von Berufs- und Lebenschancen auf Grund nachgewiesener Qualifikationen vergleichsweise gerechter als auf Grund von Kastenzugehörigkeit, ererbtem Kapital, Ellenbogengebrauch oder bloßer Gesinnungstreue.
Zweitens zeigt das Beispiel „Fahrschule", daß es möglich ist, einigermaßen situationsgerecht und zuverlässig zu prüfen, ob eine Person eine Qualifikation (Fähigkeit, Fertigkeit etc.) erworben hat. Voraussetzung dafür ist allerdings, daß man diese Qualifikationen hinreichend präzise bestimmen kann. „Krankheiten heilen" ist in diesem Sinne zwar eine höchst wünschenswerte, wenngleich sehr unpräzis beschriebene Qualifikation.

Soll man auch die Qualität von Unterricht messen?

Wenn wir es für nützlich und sinnvoll halten, daß die Qualifikationen von Lernenden – am Anfang oder am Ende organisierter Lernprozesse – gemessen werden, dann erhebt sich auch die Frage, ob es nicht auch notwendig und nützlich ist, die *Qualität des Unterrichts* zu messen. Schließlich hängt von ihr die Möglichkeit des Qualifikationserwerbs in erheblichem Umfang ab. Um so mehr muß es überraschen, daß es in unserem Bildungssystem kaum systematische Bemühungen um eben diese Qualitätsmessung gibt. Verläßt man sich hier auf das freie Spiel der Kräfte, einen Marktmechanismus, der gute von schlechten Bildungssystemen durch Konkurrenzmechanismen scheidet? Dies kann in einem überwiegend staatlichen Bildungswesen kaum der Fall sein, da es einen solchen Wettbewerb nicht gibt. Gibt es statt dessen entsprechende staatliche Kontrolle, etwa durch die zuständigen Schulaufsichtsorgane?
Man kann zunächst davon ausgehen, daß die Qualität von Schulen und Unterricht überall dort einer Prüfung und Beurteilung unterzogen wird, wo Adressaten frei wählen können, wo sie lernen wollen. Dies hat bei uns wie im Ausland vor allem für den Hochschulbereich lange Zeit gegolten. Es gilt zum Teil auch für Volkshochschulen, Privatschulen und Privatlektionen: Wenn die Hörer ausbleiben, findet der Kurs nicht statt. Allerdings kann – wie das Beispiel unseriöser Fernlehrinstitute zeigt – dieser Marktmechanismus durch manipulative Werbung und mangelnde Information außer Kraft gesetzt werden. Auch in Schulen,

in denen Adressaten zwischen verschiedenen Kursen wählen können, gibt es Ansätze einer Qualitätsprüfung des Lehrsystems. Schließlich gilt es zu erwähnen, daß in verschiedenen Ländern diejenigen ein Interesse an der Qualitätsprüfung von Unterricht und Schulen haben, welche die Finanzen bereitstellen. „Rechenschaft“ (accountability) ist das Schlagwort, unter dem derzeit in den USA der Versuch unternommen wird, herauszufinden: „What instruction for our money?“ Wie im einzelnen dann solche Verfahren zur Überprüfung der Qualität von Unterricht aussehen, kann hier aus Gründen des Umfangs nicht beschrieben werden. Wohl aber läßt sich sagen, daß derzeit in der Öffentlichkeit noch kein sehr starkes Interesse daran besteht, die Qualität von Unterricht zu prüfen. Wie anders könnte man sich sonst erklären, daß in den Normtabellen von Schulleistungstests zwar eine sehr differenzierte Beschreibung von Unterschieden zwischen Schülern, nicht jedoch von solchen zwischen Schulen und Klassen angeboten wird?

Was ist „didaktische Evaluation“?

Zwischen der *Qualifikationsmessung von Adressaten und der Qualitätsmessung von Unterricht* besteht ein Zusammenhang. Er besteht darin, daß in beiden Fällen Daten erhoben, Informationen gewonnen werden, die für *didaktische Entscheidungen* genutzt werden. Es kann sich beispielsweise handeln um Entscheidungen über

- die Zulassung von Adressaten zum Unterricht,
- die Förderung von Adressaten innerhalb eines differenzierten Unterrichtssystems,
- die Bescheinigung einer Qualifikation,
- die Beurteilung eines Kurses,
- die Überarbeitung einer Unterrichtseinheit,
- die Einrichtung integrierter oder additiver Gesamtschulen,
- die Anwendung ganzheitlicher oder synthetischer Erstlesemethoden,

um nur eine kleine Auswahl von Beispielen zu erwähnen.
In den letzten Jahren hat sich für jede Art von Datenerhebung für didaktische Entscheidungen der Begriff „Evaluation“ bzw. „didaktische Evaluation“ eingebürgert. Im besonderen im Zusammenhang mit Projekten der Curriculumentwicklung werden Entscheidungen über die Beibehaltung, Verbesserung oder Abschaffung eines Curriculums auch als „Curriculumevaluation“ bezeichnet.

Dieser Begriff der „Evaluation“ erlaubt es uns somit, die Messung von Eigenschaften der Adressaten und der Eigenschaften von Unterrichtssystemen (einschließlich der Lehrerqualifikationen) aufeinander zu beziehen. Je nachdem, welches Interesse überwiegt, kann man dann zwischen „Adressatenevaluation“ und „Systemevaluation“ unterscheiden.
Bevor wir uns nun näher mit diesen beiden Hauptaspekten der Evaluation befassen wollen, sei zunächst gefragt, welche Eigenschaften (bei den Adressaten oder bei den Unterrichtssystemen) sinnvollerweise gemessen werden sollen.

Evaluationskriterien

Wo immer didaktische Evaluation in diesem Sinne stattfindet – sei es nun Adressatenevaluation oder Systemevaluation –, gilt es zu klären, *welche Eigenschaften im einzelnen gemessen werden sollen,* um die gewünschten Daten zu erhalten. Im Falle des Führerscheinerwerbs scheint sich eine unproblematische Antwort anzubieten: Die wichtigsten Teilqualifikationen, die zur Bewältigung von Verkehrssituationen notwendig sind, nämlich Kennen der Verkehrszeichen, rechtzeitiges Reagieren auf Verkehrszeichen und andere Fahrzeuge, sichere Bedienung aller Hebel und Tasten und wissen, was man in Ausnahmesituationen (Pannen, Unfall) zu tun hat. Aber schon hier bleibt manches offen: Wie ist das mit der Beherrschung momentaner Aggressivität, wie ist das mit dem Einfluß von Drogen (erlaubten und unerlaubten), wie ist das mit dem rechtzeitigen Erkennen technischer Mängel? Sollte neben Sehtüchtigkeit auch Charakterfestigkeit geprüft werden?
Ganz ähnliche Probleme ergeben sich bei der Evaluation der Eigenschaft „Lesenkönnen“. Reicht es aus, wenn jemand etwas Geschriebenes laut vorlesen kann, oder soll er auch nachweisen, daß er den Inhalt des Gelesenen verstanden hat? Soll er etwa nachweisen, daß er gern und oft zu Büchern greift, oder begnügt man sich mit dem Nachweis der technischen Fertigkeit „Lesen“? Für die Einschätzung des künftigen Lebensweges sind dieses ganz offensichtlich höchst unterschiedliche Sachverhalte.
Schon diese beiden Beispiele zeigen, daß die *Maßstäbe oder Kriterien,* die man für die Evaluation braucht, nicht vom Himmel fallen oder beim Experten bezogen werden können. Es bedarf vielmehr der fortwährenden Aufklärung und Verständigung darüber, an der nicht nur Lehrer und Experten, sondern auch Betroffene und Öffentlichkeit teilnehmen sollten – und das nicht nur im Falle der Fahrprüfung.

Gültigkeit der Evaluation

Wobei Experten helfen können, ist die Klärung der Frage, wie „gültig" die Maßstäbe sind. Damit ist folgendes gemeint: Wenn sich Verantwortliche und Betroffene darauf geeinigt haben, für welche Berufs- oder Lebenssituation Qualifikationen erworben werden sollen, dann können Experten prüfen, ob das Evaluationsverfahren angemessen ist. Es geht die Sage, daß viele große Politiker, Mediziner und Ingenieure schlechte Schüler waren. Davon, daß auch überragende Studienräte früher schlechte Schüler waren, hört man selten etwas. Heißt dies, daß das Evaluationsverfahren, genannt Abitur, keine Gültigkeit für Berufserfolg schlechthin hat, sondern nur eine solche für den Lehrerberuf? Da diese Frage inzwischen auch bildungspolitisch und volkswirtschaftlich interessant geworden ist, bemühen sich Wissenschaftler zunehmend darum, gültigere Evaluationsverfahren zu entwickeln, mit denen man Daten gewinnen kann, die solche *Vorhersagen* und damit entsprechende didaktische Entscheidungen verbessern helfen. In idealer Weise gültig wären Maßstäbe, die in verkürzter Form alle jene Berufs- und Lebenssituationen widerspiegeln, denen der Adressat künftig auf dem betreffenden Gebiet begegnen wird. Da aber auch der Evaluationsexperte nicht in die Zukunft schauen kann, sondern sich auf Grund von Erfahrung und Trendanalyse bestenfalls ein etwas realistischeres Bild machen kann als der Laie, kann er seine Prognose eben auch nur mit einer gewissen Wahrscheinlichkeit abgeben. Je sorgfältiger er dann seine Prognose mit den tatsächlichen Ereignissen vergleicht, desto gültiger kann sein Evaluationsverfahren werden. Das ist oft sehr schwer, denn man kann zwar feststellen, wie viele Führerscheinbesitzer nach fünf Jahren ohne Unfall geblieben sind. Viel schwieriger wird es jedoch sein, die wenigen Individuen aufzuspüren, die zwar durch die Prüfung fielen, dennoch aber ein Auto fahren, und dies ebenfalls fünf Jahre lang unfallfrei.

Gültigkeitsprobleme bei der Adressatenevaluation

Man wird sich vermutlich leicht dahingehend verständigen können, daß es gut ist, wenn die Verfahren der Adressatenevaluation möglichst gültig sind, d. h. wenn die Prüfungsaufgaben möglichst weitgehend mit den künftig zu erwartenden Situationen im Leben und im Beruf übereinstimmen. Wie aber ist das mit den Kriterien, an denen man die *Qualität von Unterricht* mißt? Genügt es, daß die Adressaten hinterher die Prüfung bestehen, oder will man, daß sie diese Prüfung *auf Grund des Unterrichts* (und nicht etwa auf Grund außerunterrichtlicher Bemühungen, etwa eines Repetitors bei der juristischen Staatsprüfung) bestehen? Genügt es festzustellen, daß die Adressaten gelernt haben, was sie lernen sollten, oder muß man auch prüfen, ob sie gelernt haben, was sie nicht lernen sollten? Es kommt nämlich vor, daß man lernt, mathematische Aufgaben zu lösen, gleichzeitig aber gegenüber mathematischen Symbolen ein solches Unbehagen aufbaut, daß man später Bücher, in denen solche vorkommen, schleunigst beiseite legt. War dann der Mathematikunterricht erfolgreich? Und schließlich: Ist es legitim, außer den Unterrichtseffekten auch Kosten und Zeitaufwand als Evaluationsmaßstäbe heranzuziehen? Es ist anzunehmen, daß hierüber weniger leicht eine Verständigung herbeizuführen ist als über Maßstäbe (Kriterien) der Adressatenevaluation. Allerdings kann das auch daran liegen, daß wir bisher über die Qualifikationen von Personen mehr gesprochen haben als über die Qualität von Unterricht, noch weniger darüber, wie beide zusammenhängen.

Was ist wichtiger: Systemevaluation oder Adressatenevaluation?

Wie bereits erwähnt, ist man gemeinhin schnell bei der Hand, im Falle mangelnden Lernerfolgs *die Schuld bei den Adressaten und nicht beim Unterricht* zu suchen. Begabungs- und Konzentrationsmangel, fehlender Arbeitseifer oder Leistungswille, Disziplinlosigkeit etc. werden dann häufig als Gründe aufgeführt.

Wenn es um Mängel des Lehrsystems geht, so werden bestenfalls äußere Umstände angeführt: zu große Klassen, zu enge Räume, zu viel Stundenausfall. Wenig qualifizierte Lehrer, schlechte Lehrbücher, unangemessene Stoffe oder unfähige Eltern kommen vergleichsweise seltener zur Sprache.

Wenn es aber so wäre – und beim Stand der Wissenschaft muß man dies annehmen –, daß der Lernerfolg eines Adressaten mehr von den Lernbedingungen (zu denen freilich auch die Berücksichtigung seiner individuellen Lernvoraussetzungen gehört) abhängt als von Chromosomen und Charakter, ist es dann nicht fair, der Systemevaluation den Vorrang zu geben vor der Adressatenevaluation? Müßte nicht zunächst entschieden werden, ob die Lernbedingungen erreichbaren Standards entsprechen, bevor man ein davon unabhängiges Urteil über die Qualifikation ausspricht? In extrem schlechten Schulen hieße dann das Urteil: Gelernt hat er zwar nichts, aber seine Leistung ist eine ungeheure gewesen.

Wie das Beispiel der Numerus-clausus-Praxis zeigt, kann man annehmen, daß die Entwicklung eher gegenläufig ist, d. h. daß man „objektive" Hochschuleignungstests an die Stelle des Abiturs treten läßt, wobei dann von zwei fast gleich Qualifizierten derjenige, der diese Qualifikation unter schlechteren Lernbedingungen erwerben mußte, aber drei oder vier Punkte weniger im Test erreicht, möglicherweise abgewiesen wird, obwohl seine „Leistung" unbestritten höher ist.

Systemabhängige Adressatenevaluation?

Ist dann aber „Leistungsmessung" nicht doch weniger ungerecht als Qualifikationsprüfung? Ist nicht die Aussage „Die Schülerin E. gehört in Mathematik zum oberen Drittel ihrer Klasse" vernünftiger als die Angabe: „Sie kann Gleichungen mit 2 Unbekannten mit 40prozentiger Wahrscheinlichkeit richtig lösen"? Oder wie wäre es mit einer Verbindung von Systemevaluation und Adressatenevaluation etwa zu folgender Aussage?: „Leider ist es unserer Schule nur teilweise gelungen, die Lehrziele zu erreichen. Sie liegt deshalb unter den Schulen unseres Landes an drittvorletzter Stelle in den Mathematikergebnissen. Dies ist nur zum Teil unsere Schuld, denn uns stehen hierfür leider nur zwei unausgebildete Lehrer zur Verfügung. Angesichts dieser Verhältnisse ist die Tatsache, daß die Schülerin E. Gleichungen mit 2 Unbekannten mit 40prozentiger Wahrscheinlichkeit richtig löst und damit zum oberen Drittel ihrer Klasse gehört, positiv zu werten, auch wenn man in Rechnung stellt, daß ihr Vater Diplom-Ingenieur ist und ihr regelmäßig bei den Hausaufgaben hilft."

Zugegeben, derzeit erschiene ein derartiges Zeugnis frivol. Wir haben uns an die *systemunabhängige Adressatenevaluation* gewöhnt. Auf Zeugnissen erscheinen die Bezeichnungen von Fächern, dahinter Noten und sonst nichts. Wir gehen davon aus, daß diese Zahlen einigermaßen zuverlässiger Ausdruck von erworbenen Qualifikationen bzw. erbrachten Leistungen sind. Wie weit ist diese Annahme, auf der immerhin so wichtige didaktische Entscheidungen wie die Zulassung zum Studium beruhen, gerechtfertigt?

Zuverlässigkeitsprobleme bei der Adressatenevaluation

Um das Problem überschaubar zu halten, bleiben wir bei unserem Fahrschulbeispiel. Die auf dem Führerschein dokumentierte Eigenschaft „kann einen Pkw führen" erweist sich bei näherem Hinschauen als ein Qualifikationsbündel, d. h. als eine Menge von Eigenschaften, die sich aus Teilmengen zusammensetzt, den Teilqualifikationen. Auch hier wieder wegen der besseren Anschaulichkeit eine Vereinfachung. Wir gehen davon aus, daß es sich insgesamt um 6 Teilqualifikationen handelt, und zwar:

T_1 = Verkehrszeichen kennen
T_2 = Vorfahrtsregeln aufsagen und am Modell anwenden
T_3 = Aussagen über das Verhalten bei Pannen und Unfällen machen
T_4 = Bedienungshebel des Pkw kennen und (im Bedarfsfall schnell) bedienen können
T_5 = Verkehrssituation einschätzen können
T_6 = In Verkehrssituationen richtig reagieren

Zum Teil handelt es sich um mehr „theoretische", zum Teil um mehr praktische Qualifikationen.

Bei näherer Betrachtung unserer 6 Teilqualifikationen kann es nun dazu kommen, daß nicht jeder alle sechs als gleichgewichtig erachtet. Die meisten Autofahrer werden T_6 für wichtiger als T_2 erachten, nicht zuletzt weil letztere in ersterer voll mit enthalten ist. Wer also Qualifikationen in Teilqualifikationen gliedert, wird sich darüber Gedanken machen müssen, ob bzw. in welcher Weise er eine *Gewichtung* vornehmen will. Das gilt auch für Deutschaufsätze, wo früher häufig getrennte Beurteilungen für Ausdruck, Inhalt und Rechtschreibung vergeben wurden.

Kommen wir aber auf unser Beispiel der Fahrprüfung zurück. Wollen wir eine Teilqualifikation zuverlässig prüfen, so genügt es nicht, bloß *eine* Frage zu stellen oder *eine einzige* Situation zu beobachten, sonst könnte nämlich das Urteil auf dem Zufall beruhen. Wer den Knopf für den Scheibenwischer nicht findet, muß deshalb nicht auch bei der Bremse versagen. Man kann also die Zuverlässigkeit einer Prüfung dadurch erhöhen, daß man mehrere Fragen stellt oder mehrere Situationen beobachtet. Allerdings: Auch bei 100 richtig beantworteten Fragen ist Zufall nicht absolut ausgeschlossen, sondern nur außerordentlich unwahrscheinlich geworden, daß es sich um Zufallsereignisse handelt.

Nehmen wir also an, daß wir – unter Hinzuziehung eines Statistikers oder auf Grund eigener Überzeugung – zu der Auffassung gelangt

sind, für jede unserer 6 Teilqualifikationen genügen 10 Fragen oder Beobachtungen, um einigermaßen zuverlässig sagen zu können, daß der Prüfling qualifiziert ist, wenn er alle oder 9 oder 8 (wie weit wir heruntergehen wollen, bedarf zusätzlicher Erwägungen) Aufgaben richtig löst. Nehmen wir ferner an, daß wir alle Teilqualifikationen gleich gewichten wollen, so besteht unsere Prüfung aus 6 × 10, also 60 Aufgaben (Fragen oder Beobachtungen). Es gilt nun zu entscheiden, wo zweckmäßigerweise ein „Schnitt" zu machen ist, unterhalb dessen die Qualifikation nicht bescheinigt werden kann. Dabei wird man sich auch fragen müssen, wie zu entscheiden ist, wenn die Lösungen so verteilt sind, daß eine Teilqualifikation ganz ausfällt, während die anderen fünf gut erreicht werden.
Angenommen, wir gestehen einige Zufallsfehler zu und legen den Schnitt bei 45/46 Punkten, dann hat unsere Prüfung zwei „Noten": die Note „Qualifikation vorhanden" (für 46 und mehr Punkte) und die Note „Qualifikation nicht vorhanden" (für 45 und weniger Punkte). In dieser Situation könnte dann jemand kommen und sagen, daß man die Qualifikationsunterschiede zwischen „Erfolgreichen" und „Versagern" ja viel differenzierter ausdrücken kann. Kann man: Man braucht nur die ursprünglichen Punktzahlen hinzuschreiben. Man kann auch Punktklassen zusammenfassen, so daß 4, 6, 10 oder auch 20 Klassen, sprich „Noten", herauskommen. Man kann dies nach verschiedenen Prinzipien tun – und darüber ist in der testpsychologischen Literatur viel geschrieben worden.

Warum Noten?

Aber warum *sollte* man Unterschiede herausstellen, die über die Feststellung „qualifiziert – nicht hinreichend qualifiziert" hinausgehen? Wie unser Beispiel der Führerscheinprüfung zeigt, geht es auch anders. Welche Interessen gibt es beispielsweise für Schulen, sechs „Noten" zu vergeben statt zwei? Könnte es daran liegen, daß die Vergabe von Noten noch andere Funktionen hat als die der Qualifikationsbescheinigung?
Eine Funktion wird Noten ganz offensichtlich von verschiedener Seite zugeschrieben, die über die Qualifikationsbeurteilung hinausgeht, es ist dies die *Anreizfunktion*. Befürworter dieser Funktion sind der Auffassung, daß die Möglichkeit, sich gegenüber anderen auszuzeichnen oder

sich an einer Skala zu messen, Mißerfolg oder gar Strafen zu meiden, einer der wesentlichsten Beweggründe dafür ist, daß Adressaten in Schulen überhaupt lernen.
Oft wird auch als Grund für Notengebung genannt, daß durch sie Lehrer und Eltern *Lernfortschritte mitgeteilt* bekommen und daß auf diese Weise *Entscheidungen über künftige Lernwege verbessert* werden können, da Noten hierüber hinreichend gültige und zuverlässige Informationen liefern. Weitere Argumente für oder gegen differenzierte Notengebung lassen sich in entsprechenden Diskussionen leicht finden. Welches Argument tatsächlich stichhaltig ist, kann nur durch systematische Begriffsbildung und Nutzung von Forschungsergebnissen entschieden werden. Dies hindert Bildungspolitiker aber nicht daran, Schulnoten bereits in ihrer bisherigen Form für die Verteilung von Bildungschancen heranzuziehen, wie dies die gegenwärtige Handhabung des Numerus clausus beweist.
Warum ist eine so breite Öffentlichkeit bereit, sich mit Indikatoren für Leistungsunterschiede zufriedenzugeben, wo sie doch ein Interesse haben müßte, Informationen über Qualifikationen zu verlangen? Wäre man auch bereit, sich einem Mediziner anzuvertrauen, von dem man lediglich weiß, daß er zum oberen Drittel seines Examensjahrgangs gehörte, auch wenn man darüber im unklaren wäre, ob er konkrete Qualifikationen wie „Blinddarmdiagnose stellen“ oder „Knochenbrüche einrichten“ erworben hat? Umgekehrt: Könnte das Festhalten an Noten und Leistungsmessung eine Art Verlegenheitslösung sein, auf die man überall dort zurückgreifen muß, wo Qualifikationen nicht eindeutig bestimmt oder nicht erreicht werden wie etwa im Fach „Deutsch“? Es gibt Gründe, dieser Frage nachzugehen.

Evaluation von Lernvoraussetzungen

Auch wenn man das in Schulen weitverbreitete „Messen individueller Unterschiede“ und die Zuverlässigkeit von Noten in Frage stellt und statt dessen der Qualifikationsprüfung den Vorzug gibt, wird man nicht umhin können, auch andere Funktionen der Adressatenevaluation als sinnvoll anzuerkennen. Dies gilt im besonderen für die *Evaluation der Lernvoraussetzungen,* die Adressaten in die Lernsituation einbringen. Neben allgemeinen Persönlichkeitsmerkmalen (Intelligenz, Motivation, Ängstlichkeit, Impulsivität, Kreativität etc., vgl. Kapitel 4) spielen dabei Vorkenntnisse und Voreinstellungen zum Lerngegenstand eine Rolle.

Es gibt inzwischen seitens der Forschung genügend Hinweise darauf, daß durch Berücksichtigung solcher Lernvoraussetzungen – etwa indem man differenzierte Lehrmethoden wählt – eine Erhöhung der Lernchancen zu erreichen ist.

Gültigkeitsprobleme bei der Systemevaluation

Wir haben uns bisher vorwiegend mit dem Problem der Adressatenevaluation befaßt und diese von der sogenannten Leistungsmessung und Benotung abgegrenzt. Dies darf jedoch den zweiten Gesichtspunkt, auf den wir bei der Analyse unseres Fahrschulbeispiels gestoßen sind, nicht in Vergessenheit geraten lassen: die *Systemevaluation.*

Erinnern wir uns, daß wir gesagt hatten, die Qualität von Lehrsystemen läßt sich ebenso beurteilen wie die erworbenen Qualifikationen von Adressaten. Ebenso wie erstere mehr oder weniger vorhanden oder nicht vorhanden sein können, kann auch ein Lehrsystem mehr oder weniger geeignet sein, Lernprozesse zu fördern. Dies beschränkt sich jedoch nicht nur auf das methodische Geschick oder die Persönlichkeit eines Lehrers. Auch das Lehrbuch und der Lehrplan, das soziale Klima im Klassenraum, die Unterrichtsorganisation und schließlich die Schule als Lernumwelt können von Einfluß sein.

Im Gegensatz zur Messung von Qualifikationen und individuellen Unterschieden von Personen hat die didaktische Forschung bislang kaum Konsens darüber erreicht, welche Eigenschaften man messen muß, wenn man die Qualität von Lehrsystemen bestimmen will. Die Schulverwaltungen beschränken sich auf leicht meßbare Dinge wie Klassenstärke, Stundenausfall, physische Anwesenheit; Lehramtskandidaten werden vor allem danach beurteilt, ob sie flüssig reden, ein klares Tafelbild herstellen, möglichst jeden Schüler drankommen lassen, und vielleicht danach, ob sie „bitte“ und „danke“ sagen und sich beim Reden mäßigen. Die Erforschung von schulischen wie außerschulischen Lernbedingungen ist jedoch Voraussetzung dafür, daß man bessere Meßlatten oder – wie wir sie jetzt nennen können – „Evaluationskriterien“ für die Bestimmung der Qualität von Unterricht zur Verfügung hat als bisher.

Um auf das Fahrschulbeispiel zurückzukommen: Es wäre nützlich zu wissen, ob man die Lernchancen der Adressaten dadurch verbessern kann, daß man die Fahrstunden verdoppelt, die Gruppen teilt oder den Lehrer auswechselt.

Wer nach den bisherigen Überlegungen unsicher geworden ist, ob seine bisherigen Annahmen in Sachen Leistungsmessung stimmen, und nach Anhaltspunkten für eine Reform der bestehenden Praxis sucht, darf nicht auf Patentlösungen hoffen. Autoritäten und Experten können zwar bei technischen Einzelfragen der Evaluation Rat geben. Die Grundfrage jedoch: „Zu welchem Zweck evaluiere ich?" kann nur im möglichst aufgeklärten Dialog aller Betroffenen geklärt werden. Wenn man sich darauf einigen kann, daß es gut ist, Qualifikationen zu prüfen, Lernvoraussetzungen zu bestimmen sowie die Qualität von Unterricht zu messen, ohne gleichzeitig Menschen zu ängstigen, zu benachteiligen oder zu beherrschen, dann ist auch der Weg zur Entwicklung entsprechender Evaluationsverfahren nicht weit (vgl. Kapitel 12: *Prüfungsarbeiten und Evaluationsinstrumente*).

Literaturhinweise:

1 K. J. Klauer, Einführung in die Theorie lehrzielorientierter Tests; in: K. J. Klauer u. a., Lehrzielorientierte Tests, Beiträge zur Theorie, Konstruktion und Anwendung. Düsseldorf (Pädagogischer Verlag Schwann), 1972, S. 13 bis 43.

Lehr- bzw. lernzielorientierte Tests sind derzeit häufig im Gespräch; sie sollen nicht wie die klassischen Tests nach statistischen Kriterien allein standardisiert werden, sondern didaktisch „relevanter" sein.

2 S. Kvale, Prüfung und Herrschaft. Weinheim und Basel (Beltz), 1972, darin Seite 69—81.

Kvales Kritik am Herrschaftscharakter von Prüfungen ist die gegenwärtig wohl radikalste Kritik; sie baut auch darauf auf, daß Prüfungen die ihnen zugesprochenen Funktionen kaum erfüllen können, wozu empirische Belege herangezogen werden.

3 C. H. Weiss, Evaluierungsforschung. Opladen (Westdeutscher Verlag), 1974. Darin bes. S. 19—46 und 145—165.

Dieses aus dem Amerikanischen übersetzte Buch orientiert ganz generell über Fragen der Systemevaluation, geht jedoch im besonderen auch auf Fragen der Evaluation von Bildungssystemen und Curricula ein. Von Interesse ist die Darstellung des Zusammenhanges von Zielen, Entscheidungen und Evaluationsprogrammen sowie der einzelnen Funktionen, die Evaluationsprojekte haben können.

Vorschlag für ein Erkundungsprojekt 7:

Vorstellungen von Schülern darüber, wie Schulnoten zustande kommen

Versuchen Sie, mit Schülern Ihres Bekanntenkreises Gespräche darüber zu führen, wie nach deren Meinung Zeugnisnoten zustande kommen. Im besonderen geht es darum, zu erkunden, welche Faktoren nach Meinung der Schüler in die Zensur eingehen und ob diese Faktoren von den Schülern als sinnvoll eingeschätzt werden. Sie können auch versuchen, Einstellungen zu Noten überhaupt und Vorstellungen über „gerechte" Benotung mit zu erkunden.
Fertigen Sie einen Bericht mit möglichst vielen wörtlichen Zitaten an.
Es erscheint zweckmäßig, daß Sie die Gespräche durch Gruppendiskussion, Berichte über Selbsterfahrung, Konsultation von Dozenten oder Lektüre vorbereiten.
Es sollten Schüler aller Schularten und Altersgruppen sowie Leistungsgruppen befragt werden.
Je nachdem, wieviel Zeit Sie für die Befragung aufwenden, können Sie die Zahl der Schüler selbst bestimmen. Auf jeden Fall sollte das intensive Gespräch mit wenigen Schülern Vorrang haben vor kurzen Gesprächen mit vielen Schülern.

Entwurf zu einem Planspiel 7:

Evaluation des vorliegenden Kurses

Situation: Sie selbst haben inzwischen 7 Abschnitte dieses Lernbuchs durchgearbeitet. Auch andere Gruppen haben dies getan. In einer dieser Gruppen ist der Wunsch entstanden, das Gelernte unmittelbar anzuwenden, und zwar so, daß der bisherige Kurs einer Evaluation unterzogen wird. Dabei haben sich zwei Positionen herausgebildet. Die eine Teilgruppe ist der Meinung, daß vor allem geprüft werden müsse, welche Kenntnisse und Begriffe der Kurs sicher vermittelt hat. Eine zweite Gruppe ist demgegenüber der Auffassung, daß es weniger auf Wissen und Kenntnisse ankomme als vielmehr auf Problembewußtsein. Eine dritte Gruppe will demgegenüber wissen, ob Arbeitstechniken und die Fähigkeit zur Selbstorganisation von Lernprozessen vermittelt worden sind. Einer vierten Gruppe schließlich kommt es vor allem darauf an, festzustellen, ob der Kurs ein gutes soziales Klima und individuelle Bedürfnisbefriedigung vermittelt hat. Aus Gründen des für eine zuverlässige Datenerhebung erforderlichen Aufwands muß die Evaluation auf einen dieser Gesichtspunkte beschränkt werden. Die vier Gruppen vertreten jeweils eine dieser Positionen. Sie formulieren ihre Position in einem kurzen Papier. Anschließend findet eine Diskussion statt, die mit einer Abstimmung abgeschlossen wird.

Handlungsträger: Sie selbst als Vertreter einer dieser Positionen.

Spielregel: Die Begründungen der Optionen erfolgen schriftlich. Über die Gruppendiskussion wird ein Protokoll geführt. Das Plenum wählt einen Diskussionsleiter. Die Entscheidung erfolgt mit einfacher Mehrheit.

Handlungsziele: Jede Gruppe möchte ihre Auffassung durchsetzen.

Das Planspiel ist in der Weise erweiterungsfähig, daß die beschriebenen Positionen abgewandelt und neue Positionen eingeführt werden. Allerdings darf keine Addition erfolgen, die den Aufwand erhöhen würde.

8. Fächer und Lernbereiche

Was ist ein Fach? Herausgefordert, auf diese Frage eine Antwort zu geben, würden Sie vielleicht antworten: „Ein Teil des Lehrplans einer Schule“ oder, wenn Sie mit neueren Begriffen vertraut sind, „ein Teilcurriculum“. Formal gesehen hätten Sie damit recht. Das schwierige Problem jedoch, *nach welchen Gesichtspunkten* man Lehrpläne bzw. Curricula gliedert, hätten Sie damit umgangen. Vielleicht halten Sie es für die natürlichste Sache der Welt, daß Unterricht immer zugleich „Fachunterricht“ ist, daß Sie gar nicht auf den Gedanken kommen, darin eine Schwierigkeit zu sehen.

Daß es ein Problem ist, ein Curriculum zu gliedern, mag Ihnen vielleicht bewußt werden, wenn Sie einmal nicht an die Lehrpläne unserer allgemeinbildenden Schulen denken, sondern an die der Hochschule. Hier wird der Begriff „Fach“ sowohl für die Bezeichnung der wissenschaftlichen Disziplin wie auch zur Bezeichnung von einzelnen Teilen innerhalb dieser Disziplin und möglicherweise auch zur Bezeichnung eines Studienganges verwendet. Auf die Frage: „Welches Fach studieren Sie?“ würden Studenten antworten: „Medizin, Jura, Mathematik“ usw. Auf die Frage: „In welchen Fächern haben Sie schon das Vorexamen (Physikum) abgelegt?“ würde ein Mediziner möglicherweise antworten: „Physiologie, organische Chemie“ etc. Und schließlich besteht die Möglichkeit, daß jemand auf die Frage nach seinem Fach antwortet: „Gewerbelehrer“, obwohl es sich dabei um einen Studiengang handelt, der zwar verschiedene wissenschaftliche Disziplinen umfaßt, wobei der Begriff selbst aber eher ein Berufsziel als eine solche Disziplin bezeichnet.

Die Gleichung „Fach = wissenschaftliche Disziplin bzw. Teildisziplin“ scheint demnach nicht aufzugehen. Dies wird noch deutlicher, wenn man die Bereiche der Berufsbildung oder Primarerziehung betrachtet. Hier lauten die Bezeichnungen der Fächer beispielsweise „Kaufmännisches Rechnen“, „Materialkunde“, „Lesen“ oder „Leibeserziehung“, alles plausible Einteilungen, jedoch keine wissenschaftlichen Disziplinen.

Das Fach als Organisationshilfe

Offenkundig ist, daß die Einteilung von Curricula in Fächer eine Organisationshilfe darstellt. Zum einen kann man feststellen, daß Schulen, die eine sehr spezialisierte Ausbildung vermitteln und kein sehr umfangreiches Programm anbieten, einer solchen Organisationshilfe nicht bedürfen: Fahrschulen, Tanzschulen, Fechtschulen, Nähschulen, Segelschulen und Reitschulen kennen keine Fächereinteilung, obwohl auch sie natürlich in ihren Lehrgängen eine gewisse Systematik haben. Hochschulen, Berufsschulen, Sekundarschulen und Volkshochschulen kommen offenkundig ohne das Prinzip der Fächergliederung nicht aus, denn sie bieten ein sehr umfangreiches und zeitlich langfristiges Programm an. Wie aber ist es mit Kindergärten? Hier kennen wir bislang noch keine Fächer, obwohl es sich doch auch hier um ein zeitlich und inhaltlich umfassendes Programm handelt. Liegt das etwa daran, daß man erst von einem gewissen Alter an in Fächern denken und unterrichten kann? Liegt es daran, daß Fachwissen zu anspruchsvoll für junge Kinder ist, oder wird im Kindergarten gar nicht unterrichtet? Oder welche anderen Gründe könnte es hier für das Fehlen von Fächern geben?

Fächer sind jedoch nicht nur darum eine Organisationshilfe, weil sie eine zeitliche Verteilung des Unterrichts auf verschiedene Einheiten bewirken, sondern sie ermöglichen auch *Arbeitsteilung der Lehrer*, die innerhalb einer Schule oder Hochschule tätig sind. Seitdem es die Differenzierung unserer gesellschaftlich-kulturellen Umwelt nicht mehr erlaubt, an die Möglichkeit eines „Universalisten" als Lehrer zu glauben, der alle Kenntnisse und Strömungen seiner Zeit überschaut, ist es auch zunehmend fragwürdiger geworden, die Fiktion des Allzwecklehrers aufrechtzuerhalten, wie dies lange Zeit im Falle des Volksschullehrers zutraf. Arbeitsteilung im Bereich von Schule und Unterricht wäre jedoch auch anders herzustellen, beispielsweise durch eine Differenzierung des Lehrerberufs nach *Funktionen* (vgl. Kapitel 13 *Lehrerrollen und Lehrfunktionen*). Auch wissen wir, daß gegenwärtig eine Spezialisierung nach *Bildungsstufen* eingeführt bzw. angestrebt wird, die künftig vermutlich noch höhere Bedeutung erlangen wird: Lehrer für die Grundschule bzw. Primarstufe, für die Sekundarstufe I, die Sekundarstufe II (einschließlich Berufsbildung), Hochschullehrer und „Andragogen" (Lehrer für Erwachsene). Dennoch wird das Fächerprinzip auch langfristig ein Gesichtspunkt sein, nach dem eine Differenzierung der didaktischen Berufe und damit die Arbeitsteilung zwischen ihnen erfolgt. Um eine Organisationshilfe handelt es sich beim Prinzip des Fachunterrichts jedoch nicht nur insofern, als damit überschaubare Unterrichtseinheiten gebildet und Lehrer arbeitsteilig-spezialisiert ausgebildet werden können. Die Organisation von Schulen kann dadurch bis in die Gestaltung der Räume hinein beeinflußt werden, und zwar immer dann, wenn spezielle *„Fachräume"* vorgesehen sind. Damit erhält die Ökologie von Schulen gegenüber der einförmigen Reihung von relativ eintönig ausgestatteten

„Klassen"-Räumen oder „Hörsälen" ein Element der Abwechslung. Und es ist gar nicht einzusehen, warum es neben Physik-, Chemie-, Musik-, Werk- und Biologieräumen, neben Turnhallen und Sprachlabors nicht auch spezielle Räume für geisteswissenschaftliche Fächer, für Mathematik oder sozialwissenschaftliche Fächer geben soll, zumal dann auch eine Einsparungsmöglichkeit gegeben wäre: Wenn Schüler in Fachräumen unterrichtet werden, stehen derzeit nämlich während dieser Zeit die Klassenräume zumeist leer.

Fächer als Sozialisationsfelder

Haben Sie schon einmal gehört oder gelesen, daß sich ein Mathematiklehrer als „Mathematiker im Schuldienst" bezeichnet? Was meinen Sie wohl, soll in dieser Bezeichnung zum Ausdruck kommen? Lediglich der ständisch-bewußte Hinweis darauf, daß man Akademiker ist, die Andeutung der Möglichkeit, daß man ja schließlich auch etwas anderes hätte werden können als „nur" Lehrer, oder aber drückt sich in dieser Formulierung auch so etwas aus wie der Bezug auf die Normen, denen man sich in erster Linie verbunden wissen möchte, auf die Instanz, mit der man sein Selbstbewußtsein und sein Selbstwertgefühl begründet?
Wie man weiß, hat der „Fachmann", der „Experte" in unserer Gesellschaft ein hohes Ansehen, und je „härter" der Kern des Wissens und der Fertigkeiten, je schwieriger sie zu erwerben sind, desto höher die soziale Einschätzung bei vielen anderen. Der „Vielwisser" oder „Alleskönner" ist eher die negative Kontrastfigur zum Spezialisten. Damit ist jedoch jedem Individuum die Möglichkeit gegeben, die Fachleute seiner Richtung nicht nur als tätigkeitsgleiche Personen zu betrachten, sondern sie sich zur sozialen Bezugsgruppe zu wählen.
Wenn jemand sich eine Gruppe als soziale Bezugsgruppe wählt, so bedeutet dies, daß er die in dieser Gruppe vorherrschenden Ansichten und Meinungen, Wertvorstellungen und Überzeugungen im wesentlichen teilt. Dies ist nun nicht beschränkt auf die Einstellungen zum speziellen Bereich, etwa zum Fach selbst, sondern erweitert sich zu einer Perspektive, die Welt überhaupt zu sehen. Sich als „wir Naturwissenschaftler", „wir Juristen", „wir Soziologen" zu fühlen bietet einen speziellen Bezugsrahmen, die Dinge dieser Welt wahrzunehmen und zu interpretieren. Damit ist eine Rolle beschrieben, die einerseits festlegt und stabilisiert, andererseits aber auch beschränkt und gelegentlich borniert macht. Wir sprechen dann gern von „Fachidioten"!

Daß die Fachzugehörigkeit zum Rollenmerkmal werden kann, ist von der Soziologie herausgearbeitet worden. In welcher Weise sich die unterschiedlichen Wertvorstellungen auf die verschiedenen Fächergruppen verteilen, ist ebenfalls von der Berufsforschung untersucht worden. Demnach kann es als bestätigt angesehen werden, daß Individuen, die sich deutlich einem Fach als einer sozialen Bezugsgruppe zuordnen, auch bezüglich sozialer Normen und Wertvorstellungen spezifische Eigenschaften aufweisen. Worin im einzelnen diese Unterschiede bestehen, kann an dieser Stelle nicht ausgeführt werden, dies dürfte auch in unserem Zusammenhang, wo es ja lediglich darum geht, Fächer als Sozialisationsfelder zu verstehen, entbehrlich sein. Ebensowenig können hier bezüglich der Mechanismen, die zur Entstehung fachbezogener normativer Orientierungen führen, detaillierte Aussagen gemacht werden. Es sei lediglich darauf hingewiesen, daß es sich dabei um Lernprozesse handelt, die im wesentlichen über Gewohnheiten und Überlieferung, durch direkte Kommunikation von „Gestandenen" und „Neulingen" verläuft.

Die Entstehung der Fächer

Daß die Urmenschen (und wohl auch die alten Germanen) keine Bildung nach Fächern kannten, darf als zutreffend angenommen werden. Anders verhielt es sich in der griechischen Antike. An ihrem Ende hatte sich – vor allem unter dem Einfluß von Aristoteles – die „enzyklios paidaia", ein System der Allgemeinbildung, entwickelt, das sieben Wissenschaften kannte: Grammatik, Rhetorik, Philosophie bzw. Dialektik, Arithmetik, Musik, Geometrie und Astronomie. Mittelpunkt dieses Bildungssystems war die große Bibliothek von Alexandria, die 47 v. Chr. durch einen Brand vernichtet wurde. Diese sieben Fächer bildeten auch noch das Gliederungsprinzip der Artistenfakultät der europäischen Universitäten des Mittelalters. Man faßte diese „septem artes liberales" zu zwei Gruppen zusammen, die auch zeitlich aufeinanderfolgend gelehrt wurden, das „Trivium" (Grammatik, Rhetorik und Dialektik) und das „Quadrivium" (Arithmetik, Musik, Geometrie und Astronomie). Daneben waren die theologischen und juristischen Fakultäten entstanden, wenn man so will als Berufsschulen auf der Basis von Textgelehrsamkeit. Was diese Entwicklung anbelangt, so ist auch heute noch die „Geschichte der Pädagogik" von Wilhelm Dilthey, die zwischen 1870 und 1890 entstanden ist und die in einer Ausgabe von 1960 vorliegt, eine lesenswerte Darstellung.

Der Fächerkanon des Gymnasiums hat in seiner „klassischen“ Variante ebenfalls seinen Ursprung in den Sieben Freien Künsten des Mittelalters. Das 17. und 18. Jahrhundert brachten über die Bildungsstätten des Adels („Ritterakademien“) weitere Fächer in den Bildungskanon ein, vor allem lebende Fremdsprachen (Französisch, Italienisch, Englisch), Kriegskünste (Festungslehre, Waffenkunde, Kartographie/Geographie), dynastische Geschichte sowie musische Fächer wie Reiten, Tanzen, Fechten und Zeichnen. Die bürgerliche Variante dieser Adelsbildung fügte dann im 18. Jahrhundert unter dem Einfluß des enzyklopädisch-aufklärerischen Denkens weitere „Realien“-Fächer hinzu, vor allem im ökonomischen und naturkundlichen Bereich. Hier hat auch die „Realschule“ ihren Ursprung, so daß es im 19. Jahrhundert bis in die Mitte unseres Jahrhunderts hinein zwei Typen bürgerlicher Bildung gibt, den eher bildungsbürgerlichen Typ des humanistischen Gymnasiums und den eher erwerbsbürgerlichen Typ des Realgymnasiums bzw. der Realschule und „Oberrealschule“.
Der Kanon der Schule für das „gemeine Volk“ geht demgegenüber im wesentlichen auf die Religionseinübung, den Katechismusunterricht, zurück, die seit dem 16. Jahrhundert zunehmend durch die Fächer Lesen, Schreiben und Rechnen ergänzt wurde. Da hier ohnehin bis zum Ende des 19. Jahrhunderts der Typ der „Zwergschule“, d. h. der einklassigen Dorfschule, überwog, waren bestenfalls Ansätze von heimat- und sachkundlichen Themen vorhanden, wobei jedoch eine Differenzierung nach Fächern schon deshalb nicht erforderlich war, weil ohnehin nur ein Lehrer für alles zur Verfügung stand. So ist der Fachunterricht im Bereich der Volksschule ein relativ spätes Kind der Schulgeschichte.

Das Verhältnis von Schulfächern und wissenschaftlichen Disziplinen

Diese kurzen historischen Anmerkungen legen es nahe, den Blick etwas näher auf das Verhältnis „Universitätsfächer“ und „Schulfächer“ zu richten, haben wir doch festgestellt, daß die Gymnasialfächer aus den Fächern der Artistenfakultät des Mittelalters und daß die Volksbildung überhaupt nicht aus Fächern der Hochschulen heraus begründet wurden. Nimmt man die Frage nach den Fächern der beruflichen Bildung einerseits und den Fächern von Fachhochschulen hinzu, so bietet sich zunächst ein ziemlich verwirrendes Bild.
Festhalten kann man dies: Schulfächer sind keineswegs immer, möglicherweise noch nicht einmal überwiegend, identisch mit den Fächern

der Hochschulen. Wir wissen, daß man an Hochschulen zwar Zoologie und Botanik studieren kann, nicht aber Biologie, daß man Politologie, Geschichte und Geographie studieren kann, nicht aber „Gemeinschaftskunde", ganz zu schweigen von der Tatsache, daß die meisten Fächer der Hochschule überhaupt keine Entsprechung im Bereich der allgemeinbildenden Schulen haben, man denke nur an die Disziplinen der Technischen Universitäten (Maschinenbau, Architektur etc.), an Medizin und Jurisprudenz und letztlich auch an Ökonomie und Verwaltungswissenschaften, wofür es allenfalls Ansätze im Bereich der Gemeinschaftskunde gibt.

Andererseits ist inzwischen die Lehrerbildung so strukturiert, daß alle Realschul- und Gymnasiallehrer ein oder mehrere wissenschaftliche Fächer an Hochschulen studieren, um sich für ihren künftigen Beruf zu qualifizieren, daß sie aber dort an Inhalten ausgebildet werden, die sich mit dem Lehrplan der Schulen keinesfalls decken. Das Beispiel des Anglisten, der Belletristik, vorwiegend Shakespeare, sowie Alt- und Mittelenglisch studiert und dann Kinder in die Anfangsgründe der englischen Sprache einführen muß, obwohl ihm weder Linguistik noch Psycholinguistik, weder „Landeskunde" noch Phonetik vermittelt wurden, mag für andere stehen.

Wie kann man hier einen Ausweg finden, wo doch offensichtlich nicht einmal die Hochschule in der Lage ist, Studiengänge so zu gestalten, daß sie dem Stand der Forschung, also dem Fortschritt der Disziplin selbst, entsprechen? Wie ist es möglich, hier zu einer Koordination zu gelangen, wo doch die Hochschule die volle Autonomie hat, darüber zu bestimmen, was als die zentralen Inhalte des Faches zu gelten hat, und wo andererseits die Lehrplankommissionen für das allgemeinbildende Schulwesen anderen Begründungen bei der Auswahl der Lernziele und Lerninhalte zu folgen haben als allein dem Gesichtspunkt der „Struktur wissenschaftlicher Disziplinen"? (Vgl. Kapitel 6: *Lehrpläne und Curricula.*) Gibt es hier die Möglichkeit, eine spezielle „Vermittlungsinstanz" einzurichten?

Was ist Fachdidaktik?

An Universitäten und Pädagogischen Hochschulen gibt es bekanntlich Dozenten und Professoren, die man als „Fachdidaktiker" bezeichnet, z. B. gibt es Lehrstühle für „Chemie und ihre Didaktik" oder aber auch für „Didaktik der deutschen Sprache". Es gibt auch eine Reihe von Büchern, die im Titel den Hinweis darauf enthalten, „Didaktik des

...-Unterrichts" zu sein. Und schließlich gibt es den Titel zur Bezeichnung von Prüfungsfächern im Lehrerexamen oder auf den Umschlagblättern von Zeitschriften. Offensichtlich muß es etwas geben, das man als „Fachdidaktik" bezeichnet.

Angesichts dieser Sicherheit bezüglich der institutionellen Verankerung dieses Komplexes stellen sich verschiedene Fragen: „Ist Fachdidaktik selbst ein Fach, d. h. gibt es einen eigenen Kanon systematischen Wissens, eine spezielle Forschungsrichtung und einen Ausbildungsgang dafür?" Sodann: „Geht Fachdidaktik aus von der Struktur einer wissenschaftlichen Disziplin, und bemüht sie sich um das Lehren dieser Disziplin, oder geht sie aus von bereichsspezifischen Lernzielen, und versucht sie, Erkenntnisse verschiedener Disziplinen zu deren Vermittlung zu integrieren?" Und schließlich: „Gibt es zu jedem Fach eine entsprechende Fachdidaktik – also auch eine ‚Didaktik der Biochemie' oder ‚Didaktik der Statistik', oder gibt es immer eine spezielle Didaktik für jeweils mehrere Disziplinen, also etwa ‚Didaktik der Naturwissenschaften' bzw. ‚Didaktik der Sozialwissenschaften'?"

Daß auf diese Fragen gegenwärtig noch keine abschließende Antwort gegeben werden kann, hat mehrere Gründe: Zum einen befinden sich die Wissenschaften in einem fortschreitenden Prozeß der Differenzierung, und es ist plausibel, daß die Fachdidaktiken diesen nicht mitvollziehen können, sonst würde es letztlich zu jeder Dozentur eines Faches eine entsprechende Dozentur für die Didaktik dieses Faches geben müssen. Sodann hat die Fachdidaktik, die ursprünglich im Sekundarbereich ihren Schwerpunkt hatte und damit begrenzt war auf die dort vermittelten Fächer (also ca. 15), diesen Bereich überschritten und somit sowohl den Grundschulbereich als auch den Hochschulbereich erfaßt. Konsequenterweise müßte dem auch eine Differenzierung in Grundschul-Fachdidaktik (etwa der Mathematik), Sekundarschul-Fachdidaktik und Hochschul-Fachdidaktik entsprechen. Dies aber wäre eine erhebliche Ausuferung. Ferner wird zunehmend deutlicher, daß Fachdidaktik als Wissenschaft notwendigerweise interdisziplinär betrieben werden muß und nicht mehr als Angelegenheit individueller Qualifikation verstanden werden kann, etwa einer solchen, die durch ein Doppelstudium (Fach plus Erziehungswissenschaften) erworben werden könnte. Eine Anerkennung dieses Sachverhalts würde eine weitere Vervielfachung des Personalbedarfs erfordern. Und schließlich ist inzwischen überhaupt in Frage gestellt worden, ob es sinnvoll ist, an der Differenzierung der Lernbereiche allein nach dem Prinzip des Faches festzuhalten. Letzterem Punkt wollen wir unsere weitere Aufmerksamkeit zuwenden.

Kritik an der Dominanz des Fächerprinzips

Wenn man will, kann man „Fächer" als Schubladen betrachten, in denen Wissen in sortierter Weise gespeichert ist und aus denen es mühelos abgerufen werden kann. Jedenfalls legt der Sprachgebrauch dieses Bild nahe. Man kann Fächer aber auch als *Begriffssysteme* verstehen, die einen je spezifischen Zugriff auf die Wirklichkeit vornehmen, auf Kosten jeweils anderer Aspekte. Wie auch immer, man wird zugeben müssen, daß auf diese Weise immer Erfahrungen „zwischen" solchen Schubladen oder Begriffssystemen liegenbleiben oder hindurchfallen, daß Zusammenhänge unmittelbarer Lebenserfahrung durchschnitten und manche Erfahrungen gar nicht auf den (wissenschaftlichen) Begriff gebracht werden. Was Wunder, daß sich gegen das Prinzip der Fächerung von Unterricht schon früh Kritik erhoben hat! Schon gegen Ende des 19. Jahrhunderts gab es unter dem Stichwort „Utraquismus" (lat. utraque = das Eine und das Andere) den Vorwurf, daß der Fächerkanon überquellen müsse, wenn man zu den klassischen Inhalten des humanistischen Gymnasiums nunmehr die neuen Fächer der Realschule einfach hinzunehme. Außerdem war abzusehen, daß es dabei nicht bleiben würde, sondern daß nach den Sprachen und den Naturwissenschaften auch Technik, Recht, Verwaltung, Sozialwissenschaften und Wirtschaftswissenschaften mit gleichem Recht als relevante Inhalte Eingang in den Kanon der höheren Bildung fordern könnten. Die Suche nach einem „Auswahl-Konzentrationsprinzip", das zur Beschränkung des Fächerkanons dienen sollte, wurde laut. Als schlichter Ausweg bot es sich natürlich an, an irgendeiner Stelle das Tor zuzumachen, zu sagen, was jetzt nicht drin ist, kommt nicht mehr hinein, und zu behaupten, daß das, was drin sei, aus irgendeinem Grunde „bildender" sei als das, was draußen geblieben ist. Daß das Problem bis in unsere Gegenwart nicht gelöst wurde, braucht nicht ausführlich erläutert zu werden.

Kritik kam zu Beginn des 20. Jahrhunderts jedoch auch noch aus einer anderen Ecke. Unter dem Stichwort „Gesamtunterricht" wurde vor allem für die Grundschule, aber auch für die Volksschule geltend gemacht, daß die Fächerung insofern aus psychologischen und erzieherischen Gründen für die Entwicklung der Individuen wie auch für die Bildung sozialer Gruppen verhängnisvoll sei, als dadurch unmittelbare Umweltbeziehungen und Primärerfahrungen nicht hinreichend genutzt und reflektiert werden könnten. Bereits um die Jahrhundertwende entwickelte ein Reformpädagoge namens Richard Seyfert Unterrichtseinheiten, die nicht nach Fächern, sondern nach Zusammenhängen wie

„Wohnen", „Ernährung" oder „Bauen" gegliedert waren. Ähnliche Tendenzen kamen in den Forderungen nach „heimatkundlicher" Orientierung des Unterrichts und nach „volkstümlicher Bildung" zum Ausdruck. Sie haben vor allem im Bereich der Grundschul- und Hauptschuldidaktik einen deutlichen Niederschlag – im besonderen im Prinzip des Gesamtunterrichts – gefunden, obwohl sie später als „idyllisch-romantisierend" und „wissenschaftsfeindlich" charakterisiert wurden.

Nach dem Zusammenbruch des Hitlerreichs schließlich und mit dem Entstehen einer Idee der *politischen Bildung*, die konkret die Einführung des Faches „Gemeinschaftskunde" brachte, gab es einen weiteren Impuls zur Organisation „fächerübergreifenden Unterrichts", d. h. zur Relativierung der Bedeutung des Fachunterrichts. Es stellte sich nämlich das Unbehagen heraus, daß die für politische Bildung („Gemeinschaftskunde") vorgesehenen Stunden der Einfachheit halber auf die Fächer Geschichte, Erdkunde und evtl. Deutsch aufgeteilt wurden, da die Lehrer nicht für das neue Fach vorgebildet waren und eine Didaktik eigener Art fehlte. Andererseits bestanden offensichtlich Hemmungen, das Fach als „Politologie" zu kennzeichnen, da dies mehrheitlich doch als Einbruch des Bösen in die heile (Fächer-)Welt der Schule empfunden worden wäre, abgesehen davon, daß dieses Fach an den deutschen Hochschulen in den späten vierziger und frühen fünfziger Jahren noch kaum vertreten war. Immerhin kam es zu ersten Ansätzen einer fächerübergreifenden Gemeinschaftskunde. Dadurch wurden Überlegungen, ob man die Idee des „fächerübergreifenden Unterrichts" nicht auch auf andere Bereiche ausdehnen sollte, angeregt.

Die vierte Quelle der Kritik an einer einseitig fächerorientierten Ausrichtung des Unterrichts ist jüngeren Datums und kommt aus dem Hochschulbereich selbst, im besonderen aus den forschungsintensiven Disziplinen. Hier wurden unter dem Stichwort „Interdisziplinarität" Forderungen formuliert, die den Abbau enger Fachgrenzen und Zusammenschlüsse von Forschern verschiedener Disziplinen um Projekte der Großforschung beinhalteten. Besonders im Bereich der Weltraumforschung, aber auch in der Krebsforschung, der Kommunikationsforschung, der Umweltforschung und – der Bildungsforschung hatte es sich nämlich herausgestellt, daß Wissenschaften, wenn sie praktisch werden, d. h. unmittelbar anstehende gesellschaftliche Probleme lösen wollen, dazu nur in der Lage sind, wenn sie vom Problem, nicht von der Disziplin her strukturiert werden. Wenn dies aber im Bereich der Forschung notwendig ist, dann muß die Fähigkeit, problemorientiert zu arbeiten, schon auf den frühen Bildungsstufen angelegt werden. Dementsprechend wurden für den Hochschulbereich Forderungen nach „Projektstudium" und auch im Sekundarbereich solche nach „Lernprojekten" begründet (vgl. Kapitel 10 und 14). Dieser Prozeß ist noch keineswegs abgeschlossen, und es ist anzunehmen, daß er die allgemeindidaktische und hochschuldidaktische Diskussion noch eine geraume Weile bestimmen wird.

Alternativen zum Fächerprinzip

Läßt man sich von dieser Kritik beeindrucken, d. h., ist man bereit zuzugestehen, daß „Fächerung" sowohl in lernpsychologisch-erzieherischer als auch in gesellschaftspolitischer und wissenschaftstheoretischer Hinsicht zu Nebenwirkungen führt, die nicht akzeptabel sind, so gerät man zunächst in Verlegenheit: Arbeitsteilung und Systematisierung der Erkenntnis, schulische Organisation und Tradition sind Kräfte, die nicht einfach rückgängig gemacht werden können, ohne einen erheblichen Kulturverlust zu riskieren. Aussagen der Art, daß auf dieser Welt alles mit allem zusammenhängt, alles immer gleichzeitig wirksam sei und daher immer zugleich berücksichtigt werden müsse, helfen kaum weiter, obwohl sie unaufgeklärte Gemüter noch immer beeindrucken.
Bei dem Versuch, zu einer Überwindung des Fächerprinzips zu kommen, ohne seine positiven Funktionen für den Unterricht aufzugeben, ist in den letzten Jahren gelegentlich der Begriff des „Lernbereichs" aufgetreten. Er ist formal genug, als bloßes *Organisationsprinzip* verstanden zu werden, und offen genug, um ihn auf verschiedenste Lösungsmöglichkeiten curricularer Probleme anwenden zu können. Lernbereiche können wie bisher (und konsequenter als bisher) *wissenschaftliche Disziplinen und Subdisziplinen* sein. Aber auch *Berufs- oder Tätigkeitsfelder* können als Lernbereiche verstanden werden, womit die Möglichkeit besteht, Lernprozesse von praktischen und gesellschaftlichen Problemen her zu strukturieren. Entsprechendes gilt für außerberufliche Felder, in denen Menschen gesellschaftliche Aktivitäten ausüben. Und schließlich können unter Lernbereichen *Schichten oder Funktionen der menschlichen Persönlichkeit* begriffen werden, etwa kognitive (intellektuelle) Funktionen, affektive (emotionale) Funktionen und psychomotorische Funktionen (Bewegungsapparat). Dabei kann die Differenzierung erheblich weiter gehen und Sub-Funktionen bezeichnen.
In der neueren Curriculumforschung, im besonderen in den Curriculumtheorien, kehren diese drei Gliederungsaspekte für Lernbereiche immer wieder. Struktur der Disziplin, Bedarf der Gesellschaft und Bedürfnisse

des Individuums werden als Hauptdeterminanten von Curricula angesehen (vgl. Kapitel 6). Wie kann man damit die Idee des Lernbereichs verbinden?

Von der eindimensionalen zur mehrdimensionalen Bestimmung von Lernbereichen

Am einfachsten wäre es, für jeden dieser drei Aspekte getrennt entsprechende Differenzierungen vorzunehmen und Unterricht nach drei Typen von Lernbereichen zu differenzieren, bei denen je nachdem disziplinäre Aspekte, praktische Probleme oder Bedürfnisse des Individuums die dominanten Gesichtspunkte sind. Auf diese Weise würden dann im Stundenplan etwa folgende Bezeichnungen für Lernbereiche friedlich nebeneinander stehen: „Grundbegriffe der Volkswirtschaftslehre", „Methoden der Temperaturmessung", „Wohnen", „Gründung von Bürgerinitiativen", „Ausbildung der Feinmotorik der Hand", „Verbesserung sensumotorischer Koordination".

Diese Lösung würde aus verschiedenen Gründen kaum befriedigen. Einmal wäre dabei überhaupt nicht zu übersehen, was an welcher Stelle tatsächlich gelernt wird. (Das ist zwar auch beim Fächerprinzip nicht gesichert, aber immerhin gibt es da gewisse Mutmaßungen.) Zum andern wäre die Ausbildung der Lehrer erheblich erschwert: Fachwissenschaftler würden mit Psychologen, Praktiker mit Pädagogen und alle miteinander konkurrieren, statt zu kooperieren. Und schließlich würde man Methoden und Inhalte, Begriffe und Erfahrungen, Emotionen und Bewegungen noch perfekter in verschiedene Schubladen verstauen, als dies beim Fächerprinzip der Fall ist.

Man wird daher nicht um die Aufgabe herumkommen, Unterrichtseinheiten zu entwickeln, die jedem der drei Aspekte zugleich in spezifischer Weise Rechnung tragen, die untereinander nach Maßgabe des im Gesamtcurriculum angelegten Rahmenkonzepts in Verbindung stehen, die praktikabel sind und auf die Lehrer in spezifischer Weise vorgebildet werden können. Der Fachdidaktik – die sich zunehmend zu einer „Lernbereichsdidaktik" wird wandeln müssen – fällt dann die Aufgabe zu, einerseits altersstufenspezifische und andererseits disziplinen- und tätigkeitsspezifische Modelle der Integration zu entwickeln, eine Aufgabe, die sie nur dann wird lösen können, wenn sie sich selbst zu interdisziplinärer Organisation bereit findet.

Ansätze hierzu finden sich in verschiedenen Traditionen der pädagogischen Praxis und der didaktischen Entwicklungsforschung. Einerseits sind es jene in der Literatur dokumentierten Unterrichtseinheiten, die unter der Bezeichnung des „exemplarischen Lernens", des „Lernprojekts", aber auch der „gesamtunterrichtlichen Einheit" bekanntgeworden sind. Zum anderen sind es verschiedene Projekte der Curriculumentwicklung, auf die an anderer Stelle bereits hingewiesen wurde (vgl. Kapitel 6).

Neue Lernbereiche

Angenommen, die Gliederung der Curricula verschiedener Bildungs- und Ausbildungssituationen würde künftig nach Lernbereichen erfolgen, wie hätte man sich dann deren *thematische Bestimmung* vorzustellen? Der Versuch einer Antwort auf diese Frage muß auf zwei Aspekte eingehen: auf den *Umfang* eines Lernbereichs und auf den *Beitrag, den der Lernbereich für das Gesamtcurriculum erbringen soll.*

Was den Umfang eines Lernbereichs anbelangt, so schwankt dieser bereits beim Fächerunterricht erheblich. Es gibt einstündige bis sechsstündige Fächer, es gibt solche, die über ein Halbjahr laufen (Kurse), und solche, die von der Primarstufe bis zum Abitur durchlaufen, z. B. Deutsch. Angenommen, man setzt für eine Jahreswochenstunde 30 Zeitstunden (einschließlich Hausarbeit) ein, so ergeben sich hier Schwankungen des Fachumfangs von 15 bis 2000 Stunden. Im Hochschulbereich hat kürzlich E. v. Weizsäcker den Umfang eines „Bausteins" auf 200 bis 250 Stunden veranschlagt. Es muß dabei von den Lernzielen und den Lerninhalten her bestimmt werden, welche Größe ein Lernbereich, d. h. die nächstkleinere Einheit eines Gesamtcurriculums, haben soll, ein absolutes Maß dafür gibt es nicht.

Was die inhaltliche Abgrenzung eines Lernbereichs anbelangt, so können hier nur sehr formale Gesichtspunkte angelegt werden. So viel aber dürfte zu sagen sein: Ein Lernbereich sollte so abgegrenzt werden, daß *gleichzeitig*

- die Adressaten einen deutlich erkennbaren Zuwachs in bezug auf mindestens eine Qualifikation erreichen, die für sich allein genommen Handlungs- und/oder Erkenntnismöglichkeiten vermittelt,
- mindestens ein gesellschaftlich-kulturell bedeutsamer Erfahrungs- und Handlungsbereich theoretisch und/oder praktisch erkundet wird und
- mindestens eine wissenschaftliche Disziplin zur Geltung kommt.

Hartmut von Hentig hat in seinem Gutachten über „Lernziele der Gesamtschule" (Stuttgart [Klett], [3]1971) Themen genannt, die man als

Beispiele für die Benennung von Lernbereichen wählen könnte, auch wenn nach Auffassung des Autors das Gesamtcurriculum insgesamt und nicht durch Addition dieser Bereiche zu ihrer Realisierung gedacht ist. Es handelt sich bei dem Vorschlag v. Hentigs um folgende Themen (S. 7):

„1. Das Leben in der *sich beschleunigt verändernden* Welt.
2. Das Leben in der *arbeitsteiligen* (spezialisierten) Welt.
3. Das Leben in der *von Wissenschaft und Technik rationalisierten* Welt.
4. Das Leben im *Beruf zwischen Theorie und Praxis.*
5. Das Leben mit der *Fülle der Mittel* und der *Vielfalt der Ziele.*
6. Das Leben mit der *Kunst.*
7. Das Leben in der *Demokratie,* in der *Politik,* in der *Öffentlichkeit.*
8. Das Leben in der *Konsumgesellschaft.*
9. Das Leben in der *säkularisierten Welt.*
10. Das Leben mit einigen *Entlastungstechniken.*
11. Das Leben mit dem eigenen *Körper,* mit den *Trieben.*
12. Das Leben mit den *anderen Generationen.*
13. Das Leben in der *einen Welt.*“

Wie kann man von solchen Ziel- und Inhaltsperspektiven zu Lernbereichen gelangen? Vermutlich nicht in der Weise, daß man einfach die 14 Schulfächer in diese 13 Zielperspektiven (oder auch andere) umordnet und dann in gleicher Weise auf Schulstunden pro Woche und pro Jahr verteilt. Wahrscheinlich aber auch nicht so, daß man fordert, jeder Lernbereich müsse immer alle diese Zielperspektiven gleichermaßen abbilden.

Am Beispiel des Zielbereichs „Das Leben in der Konsumgesellschaft“ läßt sich jedoch verdeutlichen, in welcher Richtung die Konkretisierung eines Lernbereichs erfolgen könnte. In bezug auf die *individuellen Funktionen* wären jene Formen aufgeklärter Bedürfniskontrolle zu entwickeln, welche erforderlich sind, um rationales Konsumverhalten zu entwickeln. In bezug auf *wissenschaftliche Begründungsmöglichkeiten* für die Konsumentenrolle wären Inhalte der Ökonomie nahebringen, und in bezug auf den *Handlungsbereich* des Konsumierens, in dem ja auch Kinder bereits aktiv sind, wären konkrete Qualifikationen zu vermitteln, beispielsweise des Preisvergleichs, des Durchschauens manipulativer Werbung, des Verhaltens im Falle betrügerischer Verkaufspraktiken usw. Art und Menge der Unterrichtseinheiten, die diesem Lernbereich zuzuordnen sind, können hier nicht beschrieben werden. Immerhin gibt

es bereits entsprechende Modelleinheiten. Auch kann nicht generell gesagt werden, ob diese Unterrichtseinheiten eher Kurs- oder eher Projektcharakter haben sollten.
Was nun die Frage anbelangt, ob Lernbereiche in gleicher Weise autonome Einheiten der Lehre sein sollten, wie es derzeit in der Regel die Fächer sind, so ist mit dem Hinweis auf die oben erwähnten 13 Zielperspektiven folgendes zu sagen: Insgesamt muß eine engere Beziehung der Lernbereiche zueinander hergestellt werden, als dies bislang der Fall ist. Ein Lernbereich sollte jeweils mehrere Zielperspektiven enthalten, wenn auch mit bestimmtem Schwerpunkt. Innerhalb jedes Lernbereichs sollten aber die einzelnen Unterrichtseinheiten eine größere Eigenständigkeit haben, als dies etwa bei den in Lektionen gegliederten Fächern der Fall ist. Diese Forderung ist nun sehr viel leichter anzumelden und zu begründen, als zu verwirklichen. Vor allem steht dem die bisherige Lehrerbildung entgegen, die in hohem Maße immer noch – auch im Bereich der Grundschuldidaktik in zunehmendem Maße – am Fächerprinzip orientiert ist.

Konsequenzen für Lehrerbildung und Lehrerrolle

Wenn Lehrer in die Lage versetzt werden sollen, Unterrichtseinheiten zu entwickeln und durchzuführen, die stärker an den Prinzipien der Interdisziplinarität als dem reinen Fächerprinzip orientiert sind, und wenn diese Unterrichtseinheiten gleichzeitig stärker auf Tätigkeits- und Berufsfelder bezogen sind, dann müssen entsprechende Qualifikationen in der Lehrerbildung vorbereitet werden. Möglichkeiten hierzu bestehen und werden ansatzweise auch bereits praktiziert, und zwar überall dort, wo Dozenten und Praktiker interdisziplinär zusammenarbeiten, wie beispielsweise in der Curriculumentwicklung. Auch die Schulpraktika bedürften unter diesem Gesichtspunkt der Revision. An die Stelle der isolierten und zumeist rein fachbezogenen Lektionsvorbereitung, die in Einzelarbeit zu leisten ist, hätte die Vorbereitung und Durchführung von fachübergreifenden und praxisbezogenen Unterrichtseinheiten zu treten, die dann in Teamarbeit zu erfolgen hätten. Außerdem sollten Lehrerstudenten in stärkerem Maße die Berufsfelder und Tätigkeitsbereiche kennenlernen, in denen ihre Schüler künftig arbeiten werden. Ob die „Lebensferne" unserer Schulen nicht auch darin begründet ist, daß Lehrer in ihrer großen Mehrzahl kaum jemals in anderen Erfahrungs- und Arbeitsbereichen tätig waren als in Schulen?

Nicht zuletzt verlangt ein Übergang von Fächern zu Lernbereichen eine größere Sensibilität für die individuellen psychischen und physischen Funktionen der Adressaten, die der systematischen Entwicklung bedürfen, und zwar nicht nur im Kindergarten und in der Grundschule, sondern auch darüber hinaus. Der durch den Zielaspekt „Leben mit dem eigenen Körper, mit den Trieben“ angesprochene Lernbereich spricht beispielsweise nicht nur Wissenschaftsbereiche an, die derzeit in den allgemeinbildenden Schulen kaum vertreten sind, etwa Physiologie und Psychologie, er verlangt auch eine Thematisierung jener affektiven Sachverhalte, die tagtäglich das Schulleben bestimmen, verbale Aggressionen von Schülern und Lehrern oder Frustrationserlebnisse beim Nichtdrankommen beispielsweise.
Das Argument, daß damit der ohnehin überladene Stoffkatalog der Lehrerbildung noch mehr überfordert würde, sticht nur teilweise. Zum einen besteht immer die Möglichkeit, Stoffkataloge zu ändern und Prioritäten anders zu setzen. Zum anderen hört Lehrerbildung ja nicht mit dem Examen auf, sondern geht in die verschiedensten Fortbildungsprozesse über.
In bezug auf die Lehrerrolle ergeben sich ebenfalls Konsequenzen. Lehrer werden sich nicht mehr so ausschließlich als Fachvertreter verstehen können, auch wenn dies teilweise einen Verzicht auf die damit gegebene Überlegenheit und damit auf Sicherheit bedeutet. Sie werden ihre Aufgabe mehr in der Vermittlung disziplinärer, praxisbezogener und personenbezogener Aspekte sehen müssen als darin, Anwalt *eines* bestimmten Aspektes zu sein, nämlich eines Faches. Sie werden außerdem wahrhaben müssen, daß die Aufgabe, Unterrichtseinheiten für die verschiedenen Lernbereiche zu entwickeln, nur in kooperativem Zusammenwirken von Lehrern, Wissenschaftlern, Praktikern und den Lernenden selbst zu lösen ist. Damit aber würden sie zugleich ein wesentliches Merkmal gegenwärtiger Berufswelt in die Schule einbringen und damit zu erhöhtem Praxisbezug der Schule beitragen: dem „Leben in der arbeitsteiligen Welt“.

Die bleibende Bedeutung der Disziplinarität

Sollten die bisherigen Überlegungen den Eindruck erzeugt haben, daß das Fach-Prinzip, genauer die fachwissenschaftliche Begründung von Unterricht, künftig keine Bedeutung mehr habe, so gilt es, dem mit Nachdruck entgegenzuwirken. Es wäre verhängnisvoll, wenn Schulen

und Hochschulen ihren Unterricht an den Erkenntnissen der Wissenschaften vorbei oder gar im Gegensatz dazu betrieben und ihn statt dessen auf Folklore eigener Art gründeten.
Aber gerade weil Unterricht immer so eng wie möglich dem Stand der Forschung entsprechen, d. h. die neueren Erkenntnisse wissenschaftlicher Disziplinen nutzen soll, dürfen diese disziplinären Erkenntnisse nicht in „Fächern“ erstarren. Genau diese Gefahr jedoch besteht beim Fachunterricht. Nicht nur, weil es ja immer der *Stand der Wissenschaft zum Ausbildungszeitpunkt des Lehrers* ist, der in das Fach hineinwirkt und damit einen zeitlichen Rückstand verursacht. Auch die Tatsache, daß selbst die Studiengänge der Hochschule gegenüber der Forschungslage zugehöriger Disziplinen hinterherhinken, bedingt diese Gefahr. Die Bemerkung, daß der gegenwärtige Religionsunterricht keine der theologischen Positionen der letzten 50 Jahre ernsthaft aufgearbeitet hat, stimmt nachdenklich und ist ganz sicher nicht nur auf dieses Fach zu beschränken.
An der Tatsache, daß sich wissenschaftliche Disziplinen immer weiter differenzieren, daß sich immer neue Forschungsfelder auftun und andere verdrängen, kann die Didaktik, im besonderen die Fachdidaktik, nicht vorbeisehen. Sie kann aber diesem Umstand nicht dadurch gerecht werden, daß sie in möglichst kurzgeschlossener Weise und möglichst ohne zeitliche Verzögerung diesem Differenzierungsprozeß folgt und den Fächerkanon der allgemeinbildenden Schulen, der Berufsschulen und schließlich auch die Studiengänge der Hochschulen von Jahr zu Jahr verändert und anpaßt. Sie wird ihm erst recht nicht dadurch gerecht, daß sie letztlich den Stand der Wissenschaftsgliederung von 1880 fixiert und behauptet, dies sei der für Bildungszwecke gültige klassische Fächerkanon. Die Chance besteht vielmehr darin, Wissenschaftler, die im Forschungszentrum stehen, an der Entwicklung und Entfaltung von Lernbereichen und Unterrichtseinheiten zu beteiligen, ohne wiederum Lernziele und Lerninhalte allein und direkt aus der Forschung abzuleiten.

Literaturhinweis:

D. C. Kochan (Hrsg.); Allgemeine Didaktik — Fachdidaktik — Fachwissenschaft. Darmstadt (Wiss. Buchgesellschaft) 1970.

Dieses Werk bringt eine Reihe von Aufsätzen aus den 60er Jahren, in denen einmal Grundlagen der didaktischen Theoriebildung und dann das Verhältnis der Didaktik zu Fachwissenschaften und Fachdidaktiken angesprochen wird; dabei wird auch berücksichtigt, wie sich diese Bereiche faktisch beeinflußt haben.

Vorschlag für ein Erkundungsprojekt 8:

„Welche Fächer in welchem Land?"

Versuchen Sie, durch Einblick in den „World Survey of Education" (hrsg. von der UNESCO Paris, 5 Bände, 1955 ff.) festzustellen,

a) welche Fächer im Elementar- bzw. Sekundarbereich überhaupt gelehrt werden,

b) welche unterschiedlichen Gewichtungen im Vergleich zur BRD bestehen.

Sie müssen die Suche natürlich begrenzen. Auf jeden Fall sollten Sie neben BRD und DDR, USA und UdSSR, zwei Entwicklungsländer sowie zwei weitere Industrieländer einbeziehen.

Skizze für ein Planspiel 8:

„Integrierter oder additiver Ökologieunterricht?"

Situation: Die KMK (Ständige Konferenz der Kultusminister der Länder) beauftragt einen ihrer Ausschüsse, innerhalb von 6 Monaten einen Entwurf für Richtlinien zum Unterricht über Ökologie in der Sekundarstufe vorzulegen. Der Ausschuß ist aus Personen verschiedener Herkunft (beruflicher, politischer etc.) zusammengesetzt (siehe Handlungsträger). Er geht davon aus, daß Aspekte sowohl einer intakten als auch einer durch Industrialisierung etc. gestörten Ökologie (Umweltverschmutzung) zu behandeln und auf notwendige Veränderungen (Umweltschutz) hin zu untersuchen sind. Insofern wird es notwendig sein, in diesen Richtlinien die Einzelaspekte verschiedener Fächer von Schule und Hochschule zusammenzutragen. Es ist aber fraglich, ob dies im Rahmen eines integrierten Unterrichts geschehen kann (mit besonderen „Ökologie-Lehrern") oder ob dazu eine Abstimmung verschiedener, weiterhin autonomer Fächer und damit getrennter Fachlehrerunterricht ausreicht.

Handlungsträger: zwei Schulverwaltungsbeamte, drei Fachwissenschaftler, zwei Erziehungswissenschaftler.

Handlungsziele: Während die Fachwissenschaftler sich gegen eine integrierte Lösung sträuben, wird diese von den beiden Erziehungswissenschaftlern unterstützt. Die beiden Verwaltungsbeamten sind sich noch unschlüssig, wollen aber auf jeden Fall eine praktikable Lösung erreichen.

Handlungsmöglichkeiten: Diskussion, Vorlage von Gutachten, Anrufung des Auftraggebers KMK, Abhörung von Experten.

Spielverlauf: Den Vorsitz des Ausschusses führt einer der beiden Verwaltungsbeamten. Er eröffnet die Diskussion, indem er die unterschiedlichen Auffassungen vortragen läßt.

9. Lehrstoffe und Lernziele

Woran denken Sie, wenn von „Lehrstoff" die Rede ist? An Textilien, Drogen oder Materie schlechthin? Auf jeden Fall vermittelt das Wort „Stoff" den Eindruck von etwas Greifbarem, Konkretem. Bringt man noch die Vorstellung vom „Fach" hinzu, dann ist die Metapher vom Textilladen vollständig: Die Stoffe sind in den einzelnen Fächern abgelegt, der Stoffverkäufer nimmt sie aus dem Fach, schneidet dem Kunden ein Stück ab und legt den Ballen wieder ins Fach zurück; der Stoff „Wald" kommt ins Fach „Biologie", der Stoff „Französische Revolution" ins Fach Geschichte, der Stoff „Ablativus absolutus" ins Fach Latein.

Da wir aber Unterricht als organisiertes Lernen und nicht als organisierte Stoffübergabe zu Eingang unserer „Einführung in didaktisches Handeln" dargestellt haben, müssen wir jetzt einen Weg finden, um die Brücke von unserem Lernbegriff zu diesem Stoffbegriff zu schlagen. Beginnen wir mit der Frage, was gelernt werden soll, wenn als Stoffbezeichnung „Der Wald" ansteht: Sollen wir lernen, Wälder zu pflanzen, auszuholzen, abzubrennen, zu durchwandern, sollen wir lernen, über solche Vorgänge zu sprechen, sollen wir lernen, welche Pflanzen und welche Tiere in welchen Wäldern vorkommen, wie sie wachsen und wie sie sich verhalten? Oder sollen wir zentrale Begriffe der „Ökologie" erlernen und ihre Bedeutung wiedergeben können? Sollen wir eine positive oder eine wissenschaftlich-distanzierte, eine umweltschutzbewußt-besorgte oder eine freizeitbewußt-unbesorgte Einstellung erlernen? Fragen über Fragen. Eines erkennen wir jedoch daraus: Mit der Festlegung eines Stoffes ist keineswegs ausgemacht, was gelernt werden soll. Oder gehobener ausgedrückt: Lehrstoffe sind ambivalent gegenüber Lernzielen.

Mehrdeutigkeit des Lehrstoffs

Daß Lehrstoffe mehrdeutig sind, haben unsere älteren Mitbürger im Geschichtsunterricht erfahren müssen, wenn eine historische Persönlichkeit als Stoff „dran" war, sagen wir Bismarck. Aber auch im naturwissenschaftlichen Unterricht lassen sich jeweils mehrere Zielperspektiven an einen Lehrstoff anlegen: „Die Seidenraupe" kann unter zellular-physiologischen, ökologischen, ökonomischen, morphologischen oder auch rein

begriffsklassifikatorischen Lerninteressen vermittelt werden, wobei nicht selten jeweils mehrere Aspekte eine Rolle spielen, von denen einer der leitende ist.
In der pädagogischen Theorie war dieser Sachverhalt (die Mehrdeutigkeit des Lehrstoffs) immer schon ein zentrales Problem. Auffällig war nämlich, daß die Stoffpläne unserer Schulen fast ungebrochen aus dem 19. Jahrhundert über Kaiserreich, Weimarer Republik, NS-Staat in unser derzeitiges Bildungswesen der Bundesrepublik Deutschland überliefert werden konnten. War dies allein deshalb möglich, weil die entsprechenden Wertvorstellungen ungebrochen weiterbestanden, oder kann es auch daran gelegen haben, daß sich „Maria Stuart", je nachdem, als Nationalistin, große Liebende, Rebellin oder literarische Figur an sich darstellen ließ, daß man aus Anlaß der Lektüre dieses Dramas demnach sehr verschiedene Wertvorstellungen vermitteln konnte?
Entsprechend herrschte bei verschiedenen pädagogischen Autoren die Auffassung vor, daß es eine zentrale Aufgabe der didaktischen Planung zu sein habe, den „Bildungswert", „Bildungssinn" oder „Bildungsgehalt" eines Lehrstoffs zu erkennen und durch entsprechende Interpretations- und Selektionsleistungen für die konkrete historische Situation, im besonderen auch die Situation der Adressaten, zu bestimmen. Diese Entdeckung oder Bestimmung des Bildungswerts war identisch mit der Festlegung der Bildungs- oder Lernziele, die der Lehrer damit erreichen wollte.
In dem Maße jedoch, wie die Lehrpläne den Charakter von festgelegten Stofftafeln verloren und eher die Gestalt von mehr oder weniger unverbindlichen Richtlinien annahmen, ergab sich die Möglichkeit, ein umgekehrtes Verfahren zu wählen und von den Bildungszielen auszugehen, um von hier aus die Lehrstoffe oder „Inhalte" bzw. „Themen" auszuwählen, von denen man der Auffassung war, daß sie am besten geeignet sind, eben diese Ziele zu vermitteln.

Von der Stofforientierung zur Lernzielorientierung

Dieser Übergang von einer lehrstofforientierten zu einer zielorientierten Unterrichtsplanung hat einige Konsequenzen! Zunächst darf man davon ausgehen, daß auch in der Vergangenheit keine beliebig große Freiheit des einzelnen Lehrers bestand, die Stoffe nach seinen eigenen weltanschaulich-politischen Wertvorstellungen zu interpretieren und beispielsweise zur NS-Zeit an Hand von Maria Stuart das Lernziel „Strategien politischen Widerstands" zu realisieren versuchen. Es gab immer schon *„geronnene" Zuordnungen von Zielvorstellungen und Stoffen,* die durch Lehrerbildung, Lehrbücher oder direkten Umgang vermittelt wurden. Der Übergang von der Stofforientierung zur Lernzielorientierung beinhaltet, daß diese geronnenen Traditionen der Zuordnung von Lehrstoffen und Lernzielen aufgebrochen und problematisiert werden. Die Entscheidungsbedürftigkeit nach beiden Seiten hin wird offenkundig: An welchen Inhalten lassen sich die Lernziele am ehesten verwirklichen, welche Lernziele gibt dieser oder jener Inhalt überhaupt her?

Sodann findet im Übergang von der Stofforientierung zur Lernzielorientierung eine *Verlagerung der Entscheidungskompetenz* statt. Dem einzelnen Lehrer wird größerer Spielraum in bezug auf die Auswahl der Inhalte zugestanden, andererseits müssen sich Lehrplankommissionen ausdrücklich mit den Zielvorstellungen befassen, die im Unterricht erreicht werden sollen. Solange diese Kommissionen so zusammengesetzt sind, daß ihre Mitglieder vom weitgehenden Konsensus bezüglich ihrer weltanschaulich-politischen, wissenschaftlichen und pädagogischen Grundvorstellungen getragen sind, ist diese Formulierung von Bildungszielen eine vorwiegend redaktionelle Aufgabe. In dem Maße jedoch, in dem ernsthaft pluralistische Standpunkte hervortreten, geraten diese Kommissionen an die Grenzen ihrer Handlungsfähigkeit. Die Neigung, durch sehr allgemein gehaltene sprachliche Formulierung ihrer Zielvorstellungen einer Entscheidung auszuweichen und die Entscheidung dann letztlich doch an den einzelnen Lehrer weiterzureichen, der auf dem Wege der Interpretation herauszufinden hat, was ein „kritischer Staatsbürger" ist, wird verständlich.

Schließlich ergibt sich als dritte Konsequenz die Notwendigkeit einer weitgehenden *Präzisierung der Lernziele.* Solange der Stoff festlag und solange geronnene Traditionen dafür sorgten, daß das Spektrum der ihm zugeordneten Lernziele begrenzt war, war damit ein relativ stabiler Planungsfaktor gegeben. Verzichtet man jedoch auf Stoffangaben, so muß man auf der anderen Seite die Lernziele präzisieren, will man vermeiden, daß jeder Lehrer zu jeder Zeit lehrt, was er will, und Ziele realisiert, die er letztlich in quasi privater Kompetenz festgelegt hat.

Was sind Lernziele?

Bevor wir uns jedoch der Frage zuwenden, wie man Lernziele spezifiziert und präzisiert, müssen wir uns zunächst darüber Klarheit verschaffen, was man unter „Lernzielen" zu verstehen hat. In der neueren päd-

agogischen Literatur ist dieser Begriff weit verbreitet und häufig gebraucht. Nicht immer verwenden die Autoren ihn jedoch einheitlich.
Vier Sachverhalte sind in bezug auf den Begriff „Lernziele“ bemerkenswert: Um wessen Ziele handelt es sich, auf wen sind diese Ziele bezogen (wer soll sie erreichen), wie sind die Ziele formuliert, und welchen Realitätsgehalt haben sie?
Was die Frage anbelangt, um *wessen Ziele* es sich handelt, so läßt sich diese je nachdem beantworten mit „die Gesellschaft“, „die Schule“, „der Lehrer“ oder auch „die Adressaten“. Dies verweist auf das Problem der Legitimation, d. h. die Frage, mit welchem Recht jemand für andere festlegen kann, was diese lernen sollen, liegt doch in dieser Festlegung ein entscheidender Eingriff in die Rechte der Persönlichkeit vor. Bei jeder Diskussion um Lernziele spielen daher Fragen nach der *Legitimation* derjenigen Instanz eine Rolle, die über Lernziele entscheidet.
Eindeutiger zu beantworten ist die Frage nach denjenigen, *auf die diese Ziele bezogen sind:* Es sind die jeweiligen Adressaten des Unterrichts, für den die Lernziele formuliert werden. Es geht darum, welche Kenntnisse, Fertigkeiten, Einstellungen, Methoden etc. sie erlernen sollen.
Formuliert sind solche Zielvorstellungen zumeist in Form von sprachlichen *Aussagen über* die erwünschten Qualifikationen und Einstellungen. Hierin liegt eine schwierige Aufgabe jeder Lernzielformulierung: Es geht darum, das Gemeinte so eindeutig wie möglich und verständlich für alle, die an der Kommunikation über diese Lernziele teilnehmen, sprachlich auszudrücken. Dies soll an späterer Stelle ausführlicher dargestellt werden.
Schließlich ist nach dem *Realitätsgehalt von Lernzielaussagen* zu fragen. Zunächst bestehen Lernziele nur in der Vorstellung dessen, der über sie Aussagen macht, wobei frühere Erfahrungen, Wünsche, Hoffnungen und Befürchtungen in diese Vorstellung eingehen. Wie weit sich der Vorstellungsinhalt jedoch mit Realisierungsmöglichkeiten deckt, ist damit noch nicht ausgemacht. Selbst wenn es möglich ist, auf konkrete Individuen zu zeigen, die über die durch die Lernzielaussage bezeichneten Qualifikationen oder Haltungen verfügen, muß offen bleiben, ob dieses Verhalten infolge einer relativ kurzfristig verlaufenden Unterrichtseinheit zustande kam oder ob es auf sehr langfristigen Lernprozessen beruht. Es ist zu unterscheiden zwischen Lernzielen, die prinzipiell und langfristig erreicht werden können, und solchen, die bereits innerhalb des Rahmens einer Unterrichtseinheit liegen können.
Eine erste und vorläufige Antwort auf die Frage, was ein Lernziel ist, müßte demnach lauten: Eine Aussage über Vorstellungen eines Menschen, Qualifikationen oder Einstellungen von Dritten oder von sich

selbst betreffend, die infolge von Unterricht vermittelt werden sollen. Kurz- oder mittelfristig erreichbare Lernziele sind dabei von langfristig erreichbaren zu unterscheiden.

Spezifikation von Lernzielaussagen

Wie kann man erreichen, daß eine Lernzielaussage genauer wird? Zwischen der Aussage „Peter soll lernen, gute Aufsätze zu schreiben“ und der Aussage „Peter soll die 3000 häufigsten Wörter der deutschen Schriftsprache richtig schreiben können“ besteht offensichtlich ein Unterschied bezüglich ihrer Spezifikation. Besteht aber gleichzeitig auch ein Qualitätsunterschied hinsichtlich der Qualifikationen, die damit bezeichnet werden, ist die eine schwieriger zu erwerben als die andere, ist sie wertvoller oder wichtiger?
Seit etwa 10 Jahren ist in der Pädagogik die Forderung wiederholt vorgetragen und begründet worden, daß Lernziele *„operationalisiert“* werden sollten. Darunter versteht man die möglichst genaue Beschreibung dessen, was die Adressaten am Ende des Lernprozesses tun, sagen oder in einer anderen Form beobachtbar äußern sollen, wenn sie das Lernziel erreicht haben. Mehr noch: es sollen auch die Bedingungen genannt werden, unter denen die Äußerung erfolgt (z. B. mit oder ohne Zuhilfenahme eines Instruments oder Hilfsmittels), sowie das Qualitätskriterium, nach dem eine Mindestleistung beurteilt werden soll (z. B. von 100 zufällig ausgewählten Wörtern aus dieser Wortliste höchstens 5 falsch schreiben). Gegen diese Forderung ist vor allem das Argument vorgebracht worden, daß nicht alle Lernziele auf diese Weise beschreibbar seien und daß besonders komplexere Lernziele und solche im Bereich von Einstellungen und Haltungen schwer operationalisierbar seien. Die konsequente Befolgung dieser Forderung führe dazu, daß nur „primitivere“ Lernziele in den Blick kämen und einer Realisierung zugeführt würden.
Mittlerweile sind die Standpunkte differenzierter geworden. Ausschließlichkeit operationalisierter Lernziele wird kaum noch aufrechterhalten, wohl aber die Forderung, überall dort, wo es möglich erscheint, dies zu tun, und überall dort, wo es unmöglich scheint, zu fragen, woran das liegt. Möglicherweise liegt es nämlich daran, daß die Lernzielvorstellung nicht klar genug ist. Immerhin läßt sich davon ausgehen, daß nicht so sehr ein „entweder-oder“ gilt, sondern daß es unterschiedliche Grade der Präzision und Eindeutigkeit bei Lernzielbeschreibungen gibt.

Um Eindeutigkeit zu sichern, bedarf es eines Minimums an Konsensus über die Kategorien, nach denen man Lernziele beschreibt. Die derzeit am weitesten verbreitete Form einer *Klassifizierung* von Lernzielen haben B. Bloom und Krathwohl entwickelt. Sie ist unter der Bezeichnung „Taxonomy of educational objectives“ bekannt geworden und unterscheidet in der Grobgliederung nach drei Verhaltensbereichen. Dies sind der

- kognitive Bereich (Wissen, Prinzipien, Problemlösungsstrategien),
- der affektive Bereich (Einstellungen, Aufmerksamkeit, Interesse, Motivationen, Wertvorstellungen etc.) und der
- psychomotorische Bereich (Körperbewegungen, Handfertigkeit, Koordinationsleistungen etc.).

Die entsprechende Publikation, die inzwischen für den kognitiven Bereich auch in deutscher Sprache vorliegt, differenziert innerhalb dieser Oberkategorie nach weiteren Unterkategorien und gibt eine Reihe von Beispielen. Mit ihrer Hilfe wird die Verständigung über Lernziele erleichtert, außerdem erkennt man relativ rasch, ob in einer Unterrichtseinheit ausschließlich kognitive Lernziele angestrebt werden, ob lediglich Faktenwissen gelehrt oder auch Prinzipien vermittelt werden sollen und welche grundlegenden Lernvoraussetzungen gesichert sein müssen, wenn höhere Lernziele erreichbar sein sollen.

B. S. Bloom (ed.), Taxonomy of educational objectives. Handbook I; Cognitive Domain. New York (Longmans, Green) 1956; deutsch: Taxonomie von Lernzielen im kognitiven Bereich. Weinheim–Basel (Beltz) 2. Aufl. 1973.

D. R. Krathwohl u. a., Taxonomy of educational objectives. Handbook II: Affective Domain. New York (David McKay Comp.) 1964.

Die „Bloomsche Taxonomie“ stellt jedoch lediglich eine Verhaltensklassifikation dar. Sie vermittelt keine Gliederung lernbereichsspezifischer oder lernbereichsübergreifender Themen. Hier werden Didaktiker sich auf Klassifikationen anderer Art einigen müssen, wenn sie größere Eindeutigkeit der Lernzielaussagen anstreben. So könnte man beispielsweise die inhaltliche Gliederung eines umfassenden Lehrbuchs (für ein Fach) für eine solche thematische Klassifikation heranziehen. Oder aber – was vor allem im allgemeinbildenden Bereich notwendig ist – man greift auf Tätigkeitsfelder, Berufsfelder, Rollenkataloge oder Kulturtheorien zurück. Auf diese Weise gelangt man dann zu einer zweidimensionalen

Matrix, die für den Fremdsprachenunterricht etwa folgende Gestalt haben könnte:

Matrix zur Klassifikation von Lernzielen im Französischunterricht				
	Verhaltensklassen			
Inhaltsklassen		kognitiv	affektiv	psychomotorisch
Kenntnisse, Fertigkeiten und Einstellungen, die der *internationalen Kommunikation* dienen	sprachliche Kenntnisse und Fertigkeiten			
	auslandskundliche Kenntnisse			
	kosmopolitische Kenntnisse und Attitüden			
Linguistisch-philologische Kenntnisse und Fertigkeiten	instrumental (zur Erleichterung der Spracherlernung)			
	instrumental (für andere Zwecke)			
Literarische Kenntnisse, Fertigkeiten und Einstellungen	literarästhetisch			
	literarhistorisch			
	ideologisch-normativ			

(aus: K.-H. Flechsig u. a.; Probleme der Entscheidungen über Lernziele. In: pl – Programmiertes Lernen, Unterrichtstechnologie und Unterrichtsforschung 1/1970, S. 1–32, hier S. 25)

Ein solches Klassifikationsschema, das selbstverständlich noch weiter differenziert werden kann, läßt sich als eine Art „Landkarte" verwenden, mit deren Hilfe man sich genauer über Lernziele verständigen kann. Wie weit man den Spezifikationsprozeß treiben kann oder treiben muß, hängt vom Handlungszusammenhang ab, innerhalb dessen man sich über Lernziele verständigt.

Dies kann sein

- die Planung von Unterricht,
- die Analyse von Unterricht,
- die Evaluation von Unterricht und
- die Revision von Unterricht,

um die wesentlichen Anlässe zu erwähnen, bei denen man sich über die Lernziele unterhält. Eine Rolle spielt dabei auch die Vertrautheit der Gesprächspartner mit den Prinzipien der Spezifikation, im besonderen auch mit den Klassifikationsschemata, die Verwendung finden.

Entdeckung von Lernzielen

Wir haben bisher über Lernziele in einer Weise gesprochen, daß wir immer davon ausgingen, daß es Personen gibt, die über Lernzielvorstellungen verfügen, und daß es lediglich darauf ankommt, daß sie diese anderen Personen möglichst eindeutig mitteilen. Wo aber kommen Lernziele her? Entspringen sie allein dem schöpferischen und spontanen Einfall von Individuen, oder gibt es systematische Verfahren, die zur Entdeckung von Lernzielen führen?
In der Literatur wird hier eine Reihe von Möglichkeiten aufgeführt, von denen die wichtigsten erwähnt seien. Die Reihenfolge soll dabei keine Wichtigkeit zum Ausdruck bringen. Vielmehr wird es von der jeweiligen Institution und der Handlungssituation abhängen, welche Verfahren angewandt werden sollen.

- Wirkungsanalyse, d. h. man analysiert Unterrichtseinheiten auf ihre tatsächlichen Lernwirkungen und benennt dann die positiven Wirkungen als Ziele für die künftige Durchführung dieser Unterrichtseinheiten, während man sich zugleich das Ziel setzt, die negativen Wirkungen zu vermeiden.
- Arbeitsplatz- bzw. Qualifikationsanalyse, d. h. man beobachtet ein Individuum, von dem man der Auffassung ist, daß es über die erwünschten Qualifikationen verfügt, am Ort, wo es diese Qualifikation anwendet, und beschreibt diese seine Qualifikationen möglichst genau, so daß sie als Ausbildungsziele für andere dienen können,

- Befragungen, d. h. man befragt relevante Gruppen (Experten, Betroffene) nach ihren Vorstellungen über Lernziele für den betreffenden Lernbereich.
- Analyse von Lehrplänen und Richtlinien anderer Länder oder anderer Institutionen.
- Analyse von Lehrbüchern des betreffenden Bereichs, vor allem auch solcher aus anderen Ländern.
- Übernahme aus Prüfungsaufgaben, d. h. man erkundet möglichst genau, welche Qualifikationen bei Prüfungen tatsächlich gefordert werden.
- Ableitung aus wissenschaftlichen Systematiken oder Forschungsübersichten, aus denen hervorgeht, welches der Stand der Disziplin ist.
- Ableitung aus normativen Systemen, d. h. man befragt die in einer Gesellschaft artikulierten Wertvorstellungen (z. B. die Verfassungsnormen) daraufhin, welche konkreten Qualifikationen und Einstellungen ihnen entsprechen könnten,
- individuelle und kollektive Erfindung.

Daß man Lernziele entdeckt hat, besagt noch nicht, daß man ihnen Geltung verschaffen möchte. Daß man ein Lernziel operationalisieren und spezifizieren kann, besagt noch nicht, daß man es für erstrebenswert erachtet. Es bedarf dazu weiterer Prozesse, die wir als „Begründung" bezeichnen wollen.

Begründung von Lernzielen

Unter „Begründung von Lernzielen" wollen wir die *Angabe von Argumenten* dafür verstehen, warum dieses Lernziel erreicht werden soll. Warum sollen Kinder Schreiben und Lesen lernen? Mögliche Begründung: Damit sie mit nicht Ortsansässigen kommunizieren können. Kann das im Zeitalter des Telefons noch eine hinreichende Begründung sein? Warum sollen Kinder Mengenlehre lernen? Damit sie später leichter die höhere Mathematik begreifen. Ist dies eine gute Begründung? Wie kann man überhaupt gute von schlechten, akzeptable von nicht akzeptablen Begründungen unterscheiden? Hier sei zunächst darauf hingewiesen, daß Begründungen immer nur in bezug auf eine spezifische Gruppe als akzeptabel gelten können. Darüber hinaus können Begründungen aber auch in formaler Hinsicht gut oder schlecht sein.

Lernzielbegründungen haben in der Regel die folgende Gestalt. Sie werden eingeleitet durch das Wörtchen „weil" und verweisen sowohl auf mindestens einen *empirischen* Sachverhalt als auch auf (mindestens) eine *Wertvorstellung*. Beispiel: „Mengenlehre soll gelernt werden, weil man dann besser höhere Mathematik lernt." Der empirische Teil der Begründung enthält die Aussage, daß das Erlernen von Mengenlehre im ersten Schuljahr die Wahrscheinlichkeit des Verstehens höherer Mathematik in späteren Bildungsphasen erhöht. Diese Aussage läßt sich mit empirischen Methoden nachprüfen. Das Argument enthält darüber hinaus jedoch die Aussage, daß es gut sei, höhere Mathematik zu verstehen. Diese Aussage bedarf ihrerseits wieder einer Begründung. Diese könnte lauten: Weil man dies in fast allen Wissenschaften braucht. Auch dieses Argument läßt sich wieder in seine empirische und seine normative Komponente zerlegen und entsprechend weiter behandeln. Wir haben es also mit einem letztlich nicht abschließbaren Prozeß zu tun, denn formal gesehen läßt sich jede Begründung beliebig lange weiter hinterfragen. Wer also böswillig ist und einen anderen in Verlegenheit bringen möchte, der kann das Spiel beliebig lange fortsetzen.
Wie aber läßt sich ein solcher Begründungsprozeß dann abschließen? Faktisch nur dadurch, daß die Bezugsgruppe oder die Bezugsperson, der gegenüber man die Begründung gibt, sich an einem bestimmten Punkt zufrieden gibt, sei es, weil man Tatsachen und Wertvorstellungen benannt hat, die sie selbst teilt, sei es, weil sie – ohne diese zu teilen – der Auffassung ist, daß es keinen Sinn hat, den Prozeß weiterzutreiben. Wie aber kommt es, daß Lernzielbegründungen relativ wenig gegeben werden? Könnte es mit konkreten Machtverhältnissen zusammenhängen? Immerhin ist es plausibel, daß nur Mächtigere von weniger Mächtigen Begründungen fordern und diese Forderungen durchsetzen können, nicht umgekehrt. Mächtigere können Schwächeren gegenüber entweder Begründungen verweigern, ohne Folgen zu riskieren, sie können auch offensichtlich falsche oder zynischerweise Scheinbegründungen beibringen. Überall dort, wo Adressaten im Bildungssystem ihrerseits die Freiheit haben, am Unterricht teilzunehmen oder nicht bzw. sich eine andere Schule zu suchen, ist der Mangel an Begründungen weniger bedeutsam. Wo aber Individuen zum Unterricht gezwungen werden, wie dies im allgemeinbildenden Schulwesen der Fall ist, muß nach den Vorstellungen unserer Verfassung zumindest der Versuch gemacht werden, zu begründen, warum diese oder jene Lernziele erreicht werden sollen.
Aber angenommen, didaktisch Handelnde sind prinzipiell gutwillig und bereit, ihre Lernziele zu begründen; angenommen, sie sind bereit, sich an die oben erwähnten formalen Argumentationsmuster zu halten – gibt

es dann nicht auch inhaltliche Gesichtspunkte, nach denen man Lernzielbegründungen beurteilen kann?
Ein Ansatz hierfür ist die in der folgenden Aufstellung vorgeschlagene Unterscheidung nach didaktisch-immanenten und außerdidaktischen Begründungen:

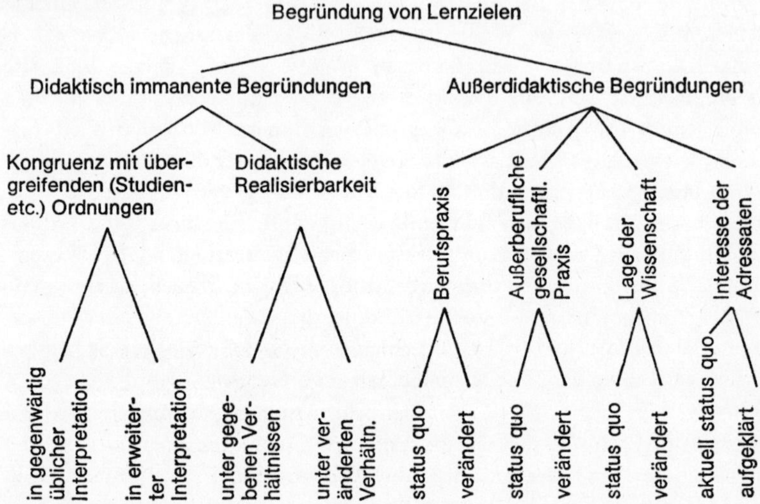

Übliche Begründungen, die man als didaktisch-immanent bezeichnen kann, sind

– der Verweis auf die Übereinstimmung mit übergeordneten Lehrplänen oder Prüfungsordnungen (dies muß gelehrt werden, weil es in der Prüfung verlangt wird) sowie
– der Hinweis darauf, daß das Lernziel unter den gegebenen Bedingungen des Lehrsystems erreichbar bzw. nicht erreichbar ist (das Lernziel ist nicht akzeptabel, weil dafür die Zeit fehlt), sowie
– der Hinweis auf mangelnde Lernvoraussetzungen der Adressaten (das Lernziel ist nicht akzeptabel, weil Achtjährige das noch nicht verstehen),
– der Nachweis, daß das Lernziel wichtige Voraussetzungen für späteren Unterricht schafft.

Außerdidaktische Begründungen verweisen demgegenüber auf

– künftige Lebenssituationen im Beruf oder in anderen Erwachsenenrollen (Rechtschreibung ist wichtig, weil man in jedem Beruf danach beurteilt wird, wenn man aufsteigen will),

- Aspekte der Selbstverwirklichung und der Entwicklung der eigenen Persönlichkeit (man muß lernen, ohne Angst auch in größeren Gruppen seine Meinung kundzutun, weil dies zu einer reifen Persönlichkeit gehört) sowie
- Bedeutung des Lernziels innerhalb von Lebensbereichen oder wissenschaftlichen Disziplinen (das Lernziel ist wichtig, weil Modellbildung ein zentrales Gebiet der Volkswirtschaftslehre ist).

Zusammenhang der drei Funktionen

Zwischen den drei erwähnten Funktionen, der *Spezifikation*, der *Entdeckung* und der *Begründung* von Lernzielen, bestehen Wechselzusammenhänge, wie jedermann erfahren kann, wenn er sich dieser Aufgabe einmal versuchsweise widmet.

Angenommen, eine Gruppe von Lehrern empfindet Unbehagen an der derzeitigen Praxis der Sexualerziehung und hofft, diesem dadurch zu begegnen, daß sie sich näher mit den Lernzielen dieses Unterrichts befaßt, so wird dies sowohl Entdeckungs- und Spezifikations- als auch Begründungsaktivitäten erfordern. Ausgehend von der Frage „Was wollen wir eigentlich erreichen?“ könnten beispielsweise diese Lehrer versuchen, die Lernziele näher zu spezifizieren. Bei diesen Bemühungen dürften dann Zielkonflikte – etwa zwischen kognitiven und affektiven Zielsetzungen der Sexualerziehung – sichtbar werden, die vorher nur deshalb nicht erkannt wurden, weil die Lernziele unklar waren. Bei den Bemühungen, Konsensus bezüglich der Lösung dieser Zielkonflikte zu erreichen, würden die Teilnehmer an diesem Gespräch immer auch Begründungen vorzubringen haben, z. B. das Argument, daß Schüler lernen sollten, die Bezeichnungen der Geschlechtsteile zu verwenden, ohne Angst vor Sanktionen der Gruppe (Gelächter) zu haben, weil nur auf diese Weise aufgeklärte Kommunikation über Sachverhalte der Sexualität möglich sei, und daß der gesellschaftliche Aspekt der Sexualität zu wenig berücksichtigt sei. Bei dem Bemühen, entsprechende Lernziele vorzuschlagen, greift jemand auf Beispiele aus einem schwedischen Curriculum zurück, von denen er der Meinung ist, daß sie diesen Lernzielaspekt decken. Dies löst Aktivitäten der Gruppe aus, auch Lehrpläne und Lehrbücher anderer Länder einzusehen, um weitere Lernziele zu diesem Aspekt zu finden. Hierbei stellt man wiederum fest, daß entsprechende Begründungen fehlen, daß der Spezifikationsgrad zu gering ist und daß es erforderlich sei, dies noch zu leisten.

Der Zusammenhang von Spezifikations-, Begründungs- und Entdekkungsfunktionen läßt sich jedoch nicht nur als Folge von Gruppenaktivitäten sehen, sondern auch unter Gesichtspunkten des zeitlichen Aufwands. Vorausgesetzt, es steht nur beschränkte Zeit zur Verfügung für die Kommunikation über Lernziele, dann wird man entscheiden müssen, ob man sich eher der Entdeckung weiterer Lernziele oder der Begründung bzw. Spezifikation vorhandener vorrangig zuwendet. Es wird dabei immer von der Handlungssituation abhängen, auf welche Aktivität der Akzent gelegt werden muß. Angenommen, unsere Lehrer wollen entscheiden, welches Lehrbuch sie als Grundlage der Sexualerziehung einführen sollen, so werden vermutlich Begründungsprobleme im Vordergrund stehen. Wenn sie gemeinsam eine Unterrichtseinheit auswerten wollen, indem sie einen Test konstruieren, dann wird die Spezifikation der Lernziele im Mittelpunkt stehen. Und wenn sie eine Unterrichtseinheit planen möchten, die sich erheblich in ihren Zielsetzungen von der traditionellen Sexualerziehung unterscheidet, dann werden sie es vorrangig mit Entdeckungsproblemen zu tun haben.

Lernzielplanung als kooperative Tätigkeit

Im Zusammenhang mit Aktivitäten der Curriculumentwicklung hatten wir bereits darauf hingewiesen (vgl. Kapitel 6), daß hier die Kooperation zwischen Trägern verschiedener Kompetenzen notwendig ist: Lehrer, Erziehungswissenschaftler, Vertreter verschiedener wissenschaftlicher Disziplinen und verschiedener Praxisbereiche, Lernpsychologen und Mediendidaktiker und nicht zuletzt auch Adressaten können hier zusammenarbeiten. Wie aber verhält es sich bei der Entwicklung einzelner Unterrichtseinheiten, im besonderen bei der Lernzielplanung dafür? Es ist verständlich, daß man hier nicht den gleichen Apparat einsetzen kann wie bei Projekten der Curriculumentwicklung, andererseits aber ist es fraglich, ob jeder einzelne Lehrer oder ob Lehrer allein diese Aufgabe angemessen bewältigen können. Was aber ist zu tun, wenn keine Vertreter der anderen genannten Kompetenzen am Ort sind oder wenn die lokal ansässigen Wissenschaftler etc. nicht bereit sind, an der Planung mitzuwirken? Hier hat kürzlich die Bildungskommission des Deutschen Bildungsrats den Plan vorgelegt, in der Bundesrepublik sogenannte „Regionale Pädagogische Zentren“ einzurichten, 40 an der Zahl und möglichst weit gestreut. In solchen Zentren würden neben der erwähn-

ten Gruppe von Wissenschaftlern auch beurlaubte Lehrer tätig sein, die sich speziell weiterqualifizieren. Dies böte Lehrergruppen die Möglichkeit, bei ihren Planungen (im besonderen auch bei der Lernzielplanung) sich der Beratung solcher Zentren zu bedienen (vgl. Kapitel 6).
Kooperation ist bei der Lernzielplanung jedoch nicht allein aus dem Grunde erforderlich, weil auf diese Weise arbeitsteilig verschiedene Kompetenzen zur Geltung kommen. Auch die Tatsache, daß zumindest im öffentlichen Bildungswesen Lernzielentscheidungen möglichst öffentlich getroffen werden sollten, spricht dafür, Lernzielplanungen aus dem stillen Kämmerlein des einzelnen Lehrers heraus in eine Gruppe zu verlegen. Aus diesem Grunde ist es auch keineswegs erforderlich, daß der Gruppe nur Spezialisten *verschiedener Kompetenz* angehören. Gerade *interessierte Vertreter der Öffentlichkeit,* im besonderen aus dem Kreise der unmittelbar Betroffenen, könnten die Funktion haben, durch Fragen und teilnehmende Beobachtung zu sichern, daß Lernzielentscheidungen nicht als reine Expertenangelegenheit verstanden werden. Wieweit sie inhaltlich Stellung nehmen können, hängt u. a. von ihrer eigenen Erfahrung mit Lernzielentscheidungen ab. Je üblicher es wird, auch die Adressaten an Lernzielentscheidungen zu beteiligen, desto mehr wird man damit rechnen können, daß in solchen Gremien auch Adressaten sachverständig mitsprechen. Umgekehrt: Wie anders kann man solchen Sachverstand der Adressaten aufbauen als dadurch, daß man ihnen frühzeitig Gelegenheit zur Teilnahme an der Lernzielplanung gibt?

Lernziele und Wirkungen

Nicht immer sind die *tatsächlichen* Wirkungen von Unterricht identisch mit den *beabsichtigten* Wirkungen, d. h. den in Lernzielaussagen formulierten Zielvorstellungen. Häufig führt Unterricht zu *unbeabsichtigten Nebenwirkungen.* Man lernt Mathematik, gleichzeitig lernt man möglicherweise jedoch, mathematischen Problemen aus dem Weg zu gehen, wo immer sie auftreten. Man lernt Latein, verläßt aber die Schule möglicherweise mit dem aufrichtigen Wunsch „Nie wieder Latein!“ In diesem Falle hat der Unterricht zu negativen Nebenwirkungen im affektiven Bereich geführt, die entsprechendes Weiterlernen oder auch nur die Anwendung der erworbenen Qualifikationen in Frage stellen.
Aber nicht nur im affektiven Bereich gibt es negative Nebenwirkungen von Unterricht. In einem Unterricht, in dem Problembewußtsein ge-

weckt werden soll, muß gleichzeitig dafür Sorge getragen werden, daß nicht ein Anspruchsniveau aufgebaut wird, dem zu entsprechen am Ende keiner der Adressaten in der Lage ist, daß Reflexion einseitig auf Kosten der Handlungsfähigkeit erhöht wird. Auch hier gilt es, bei der Lernzielplanung unbeabsichtigte Nebenwirkungen in den Blick zu bringen und möglicherweise entsprechende *Meidungsziele* zu formulieren. „Die Adressaten sollen lernen ..., ohne gleichzeitig zu lernen, daß ..."

Lernziele und andere Ziele („heimliche" Lernziele)

In jedem Unterricht werden neben Lernzielen immer auch andere Ziele verfolgt. Ein Beispiel dafür ist das Bestreben von Lehrern und Schülern, ihren Rang oder ihr Ansehen in der Gruppe zu erhalten oder zu verbessern, ihre Autorität zu wahren, ihrem Image zu entsprechen. Ein anderes Beispiel ist die Befriedigung unmittelbarer Lebensbedürfnisse während der Unterrichtszeit, die nicht in unmittelbarem Zusammenhang mit den Lernzielen stehen, z. B. das Bedürfnis nach Bewegung oder das Bedürfnis nach Kommunikation mit dem Nachbarn. Und schließlich gibt es das Bedürfnis von Lehrern, „mit dem Pensum fertig zu werden", „den Stoff durchzunehmen", „den Absatz zu Ende zu bringen" usw. Aus solchen Bedürfnissen können sich bei Lehrern und Schülern im Unterricht Nebenziele ergeben, die zu den Lernzielen in Konflikt stehen, sich mit ihnen überlagern oder diese zeitweilig ganz verdrängen.

Lernzielorientierung des Unterrichts bedeutet daher immer auch eine kritische Analyse der didaktischen Handlungen daraufhin, ob bzw. in welcher Weise sie zu den erklärten Lernzielen in Verbindung stehen. Das soll nicht bedeuten, daß keine anderen Ziele vorhanden sein dürften, sondern nur, daß diese anderen Ziele auch erkannt werden müßten als das, was sie sind, und sich nicht als „Lernziel" tarnen dürften. Wenn Stillsitzen nicht zu den erklärten Lernzielen gehört, dann kann es bis zu einem gewissen Grad zwar als wünschenswert angesehen werden, um die Wahrnehmung der Lehrfunktionen nicht zu beeinträchtigen. Man darf es aber nicht unterderhand zum eigentlichen und dominanten Lernziel erklären, es sei denn, es ließe sich als solches begründen. Sonst besteht die Gefahr, daß jeder Improvisateur jedwede didaktische Aktivität, die ihm gerade in den Sinn kommt, flugs als Verfolgen eines bestimmten Lernziels deklariert.

Lernziele und Unterrichtsmethoden

Sie werden vermutlich irgendwann einmal von jenem Methodenstreit gehört haben, bei dem es um die Frage geht, ob wohl die Ganzwortmethode oder die Buchstabiermethode (synthetische Methode) besser sei, Kindern das Lesen beizubringen. Eine nähere Betrachtung dieses wie anderer „Methodenstreite" zeigt sehr bald, daß es zumeist auch oder gar vorrangig um einen Zielkonflikt geht. Formal gesehen kann dieser Konflikt als ein solcher zwischen elementareren und komplexeren Lernzielen gewertet werden, inhaltlich zumeist als ein Konflikt zwischen dem Ziel sinnvollen und sinnleeren Lernens. Dabei ist es gar nicht so einfach zu entscheiden, welche Lernziele in bezug auf welche Adressatengruppe begründet werden können. Eben deshalb, weil man den Konflikt als *Methoden*konflikt darstellt, verzichtet man zumeist auch auf die in ihn eingebauten Zielsetzungen und darauf, ihre Begründung einer Analyse zu unterziehen. Es kann hier nun nicht der Ort sein, an dem das Für und Wider beider Methoden des Erstleseunterrichts verhandelt wird. Festgehalten werden soll jedoch dies: Lernziele kommen nicht immer in Form von Lernzielaussagen zum Ausdruck; oft sind sie „verpackt" in Aussagen über Lehrmethoden. Man muß daher wissen, unter welchen Umständen es sich lohnen könnte, eine Methodendiskussion in eine Lernzieldiskussion zu überführen. Dabei darf nicht vergessen werden, daß es eine Reihe von Lehrmethoden gibt, die vor allem deshalb bevorzugt oder abgelehnt werden, weil sie stark disziplinierende Elemente enthalten, so etwa Grammatikmethoden im Fremdsprachenunterricht.

Umgekehrt ergeben sich auch aus Lernzielentscheidungen *Vorgaben* für Entscheidungen bezüglich der Lehrmethode. Wenn es zu den Lernzielen gehört, Schüler zur Kooperation zu führen, dann sind offensichtlich Methoden, bei denen die Schüler ohne Kontakt zueinander und im Wettbewerb miteinander arbeiten, wenig geeignet, dieses Lernziel zu verwirklichen. Wenn es darum geht, Kreativität und Problembewußtsein zu entwickeln, dann ist die „Entdeckungsmethode" einer rein auf der Reproduktion des Gehörten beruhenden Lehrmethode offensichtlich überlegen. Wir werden diesen Zusammenhang deutlicher erfassen können, wenn wir die im folgenden Abschnitt aufgeworfenen Fragestellungen mit in unsere Überlegungen einbeziehen können.

Literaturhinweise:

1 W. Klafki; Didaktische Analyse als Kern der Unterrichtsvorbereitung; in: Didaktische Analyse, Auswahl 1, hrsg. von H. Roth und A. Blumenthal. Hannover usw. (Schroedel) 1964, 10. Aufl. 1969, S. 5—34.

In diesem Aufsatz ordnet Klafki Bildungsziele, Bildungsinhalt und Bildungsgehalt im Rahmen einer „didaktischen Analyse als des ersten und wichtigsten Schrittes der Unterrichtsvorbereitung" (S. 14) und entwickelt fünf Grundfragen, die jeweils wieder in Teilfragen gegliedert sind, für die konkrete Unterrichtsplanung des Lehrers.

2 H. L. Meyer; Trainingsprogramm zur Lernzielanalyse. Frankfurt a. M. (Fischer Athenäum Taschenbücher) 1974.

Dieses Lernbuch greift die neueren Entwicklungen der Didaktik auf, in der vor allem Ansätze der Curriculumforschung realisiert werden. Das Buch ist gegliedert in Abschnitte über die Definition von Lernzielen, über das Abstraktionsniveau von Lernzielen, über Lernziel-Operationalisierung, Lernziel-Dimensionierung, Lernziel-Hierarchisierung und schließlich über die Frage: Was ist ein Curriculum?

3 R. F. Mager; Zielanalyse. Weinheim (Beltz) 1973.

Mager wurde in der Bundesrepublik nach 1965 als „Vater der Lernzieloperationalisierung" berühmt; dabei ist aber zu beachten, daß er sich zunächst nur auf die Verfahren der Lernzielbestimmung für einen programmierten Unterricht bezog. Die neue Arbeit unterliegt nicht dieser Beschränkung.

Vorschlag für ein Erkundungsprojekt 9:

„Mengenlehre: Pro und Kontra"

Befragen Sie eine Anzahl von Personen (etwa 30), von denen Sie wissen (oder annehmen), daß sie Kinder im Alter von etwa 5 bis 12 Jahren haben (bzw. haben könnten), nach ihren Kenntnissen und Einstellungen zur Mengenlehre. Versuchen Sie, ausfindig zu machen, aus welcher Interessenlage und mit welchem Erfahrungshintergrund die jeweiligen Antworten erfolgen. Fertigen Sie für die Auswertung der Befragung eine knappe Protokoll-Liste an, in der wesentliche Daten festgehalten werden (z. B. Alter, Geschlecht, Alter des Kindes, Einstellung pro und kontra, Begründungen).

Vergleichen Sie dazu sowohl Ihre Liste (vor der Befragung) als auch die Ergebnisse mit denen anderer Gruppen Ihres Seminars.
Aus Alternativen bieten sich auch andere Fragen an, so z. B.: „Sollten im Unterricht ‚Comics' gelesen werden?"

Vorschlag für ein Planspiel 9:

„Entscheidungen über Lernziele"

Auf einem Fortbildungskongreß für Lehrer wurde 1972 ein Planspiel über die Auswahl alternativer Curricula durchgeführt. Es ging dabei u. a. auch um die Entscheidung über verschiedene Lernziele. Ein Bericht hierüber ist zu finden in:

Bericht des Arbeitskreises II: Zur Organisation von Lernprozessen. In: Tagungsbericht des 24. Gemener Kongresses, hrsg. vom Philologen-Verband Nordrhein-Westfalen, 1972. Verlag Postberg, Bottrop, S. 107 bis 131.

Sie können dieses Planspiel „nachspielen" oder auch nur die vorliegenden Berichte hierüber näher studieren.

10. Unterrichtsmethode und Lernorganisation

„Macht die Ganzwortmethode unsere Kinder krank?" – so oder so ähnlich könnte die Überschrift einer Boulevardzeitung lauten, wenn sie das Interesse ihrer Leser an Schule wecken wollte. Welche Interessen würden dabei wohl mobilisiert? Ginge es um die möglichst aufgeklärte Diskussion eines möglichst zweckmäßigen Lehrverfahrens, oder ginge es darum, ein totales Unbehagen an der derzeitigen Schule, im besonderen an der Schulreform zu stimulieren? Wenn solches mit dem Hinweis auf eine spezielle Lehrmethode denkbar erscheint, dann muß doch Lehrmethode mehr beinhalten als einen speziellen und sehr technischen Aspekt der Schule und der Unterrichtspraxis. Steht „Methode" überhaupt an Stelle von „Schule" oder „Unterrichtspraxis" im Bewußtsein der breiten Öffentlichkeit?

Der Konflikt um die verschiedenen Methoden des Erstleseunterrichts ist keineswegs brandneu. Entsprechende methodische Ansätze sind bereits im 19. Jahrhundert ausgebildet, und in den zwanziger Jahren dieses Jahrhunderts finden sich die ersten Fibeln, denen man das Prädikat „ganzheitliches Verfahren" zusprechen kann. Was also hat es auf sich mit der plötzlichen Wiederbelebung dieses Konflikts? Ist es der Ausdruck einer generellen Nostalgiewelle? Nach den alten Möbeln und den alten Schlagern nun auch die alten Lehrmethoden, die alten Rohrstöcke und die alten Schulbuchdichter? Wenn es so wäre, dann stünde uns noch einiges ins Haus: Schlagzeilen wie „Einsprachigkeit im Fremdsprachenunterricht unterwühlt Disziplin unserer Kinder!" oder „Entdekkende Lehrverfahren zur Tarnung für Unterwanderung?" oder „Gleichmacherei durch Mengenlehre?"

Immerhin mögen diese grotesken Visionen, die ja nicht so ganz und gar außerhalb aller Möglichkeiten liegen, darauf hinweisen, daß Unterrichtsmethoden von der Öffentlichkeit nicht nur als Kenntnisse und Fertigkeiten von Methodentechnikern verstanden werden, vergleichbar verschiedenen Bohrmethoden der Zahnärzte. Einem breiten Publikum erscheinen sie vielmehr als Ausdruck schulischer Konzepte überhaupt.

Was aber versteht die Erziehungswissenschaft unter einer „Unterrichtsmethode"? Ganz allgemein das Vorgehen im Unterricht oder Verfahren, die in den einzelnen Fächern verschieden sind? Ist „Unterrichtsmethode" ein Synonym für „Unterricht" überhaupt, oder versteht die Pädagogik darunter einen speziellen Teilaspekt des Unterrichts? Was schließlich ist der Unterschied von „Methodik“ und „Didaktik“, eine ebenso beliebte wie unergiebige Prüferfrage beim Lehrerexamen? Wir wollen versuchen, einer Antwort auf diese Frage näherzukommen, indem wir das Problem der Unterrichtsmethode von drei Aspekten her angehen: Unterrichtsmethode als *individuelle Qualifikation* des Lehrers, als *Lehrverfahren* und als *historisches Gebilde.*

Unterrichtsmethode als individuelle Qualifikation des Lehrers

Daß sich ein Lehrer von anderen Mitbürgern dadurch unterscheidet, daß er systematischer „einem etwas beibringen“ kann als ein unausgebildeter und unerfahrener Mensch, ist allgemeine Auffassung. In der Dorfschule des 19. Jahrhunderts, wo die Funktion des Lehrers noch nicht so sehr in der Aufbewahrung und Sozialisation der Kinder zu bestehen brauchte, wie dies heute der Fall ist, erwies er sich vor aller Augen als derjenige, der Schreiben, Lesen und Rechnen, eventuell auch heimatkundliche Kenntnisse vermitteln konnte. Für den Volksschullehrer war Methodenkenntnis zugleich auch so etwas wie das Zentrum seines beruflichen Selbstverständnisses, anders als für den Gymnasiallehrer, der sich ja früh schon als „Wissenschaftler im Schuldienst“ verstehen konnte (vgl. Kapitel 8). Dokumente aus der Frühzeit der Organisation und der politischen Wirksamkeit von Lehrervereinigungen machen dies deutlich.

Gerade aus der politischen Situation der Zeit nach 1848 heraus ist es verständlich, daß Lehrer ihren Autonomieanspruch auf die „Methodenfreiheit“ gründeten, um gegenüber der geistlichen Schulaufsicht, der sie unterstellt waren, einen Freiheitsraum zu behaupten, in den der Pfarrer, der ja in dieser Hinsicht kein Methodenexperte war, nicht eindringen konnte. Methodenfreiheit bot zugleich auch eine strategische Möglichkeit zur Durchsetzung aufklärerischer und demokratischer Bildungsziele.

Unterrichtsmethode konnte in dieser Zeit auch deshalb als individuelle Qualifikation des einzelnen Lehrers aufgefaßt werden, weil die Lehrerbildung in ihren ersten Anfängen stand und Lehrer sich ihre Methoden noch weitgehend durch eigene Praxis, durch Versuch und Irrtum oder durch Abgucken von Vorgängern erwerben mußten. Erst in der zweiten Hälfte des 19. Jahrhunderts bildete sich unter dem Einfluß der „Herbartianer“ eine systematische Unterrichtsmethodik heraus, die Eingang fand in die Stätten der Lehrerbildung.

Unterrichtsmethode als Lehrverfahren

Schon vor dem 19. Jahrhundert waren einzelne Pädagogen mit dem Anspruch auf den Plan getreten, eine besonders zweckmäßige Methode für das Lehren anbieten zu können. Besonders bekannt wurden als Autoren von „Universalmethoden" Jan Amos Komenský (Comenius) (1592–1670) und Johann Bernhard Basedow (1724–1790). Als erster Pädagoge jedoch, der eine wissenschaftlich-systematische Begründung der Unterrichtsmethode gab, ist Johann Friedrich Herbart (1776–1841) zu erwähnen, der das Lehrverfahren aus der systematischen Analyse des individuellen Lernprozesses ableitete. Sein Konzept einer allgemeinen Methodenlehre wurde von seinen Schülern und Anhängern weiter ausgearbeitet und modifiziert und bestimmte die unterrichtsmethodische Ausbildung der Volksschullehrer in den Lehrerseminaren bis in die Anfänge unseres Jahrhunderts. Schon im Laufe des 19. Jahrhunderts wurden jedoch alternative Konzepte der Unterrichtsmethode, teils in direktem Widerspruch zur Lehre der Herbartianer, teils spontan als Erfindungen von Praktikern, publiziert. Dabei zeigte es sich, daß neben alternativen „Universalmethoden" auch solche Methoden entwickelt wurden, die lediglich für einen begrenzten Lernbereich Gültigkeit beanspruchten, so etwa die „direkte Methode" des neusprachlichen Unterrichts.
Überblickt man das derzeit vorhandene Spektrum an bekannten Lehrverfahren, so ergibt sich, wenn wir uns einer Klassifikation von G. Meyer anschließen, das folgende Bild:

Analytisch-synthetische Methode
Analytische Prozesse beinhalten die Zerlegung von Objekten und Erscheinungen, so daß deren Strukturen, Funktionen, Elemente und Wirkungen bloßgelegt werden. Synthetisierende Prozesse fügen einzelne Objekte und Erscheinungen zusammen, so daß ihre Zusammenhänge und Wechselwirkungen hervortreten. Beide Prozesse können getrennt oder einander ergänzend angewendet werden.

Logisch-systematische Methode
Zielgerichtete Prozesse lassen das Objekt systematisch entwickeln, wobei „in ständiger Wechselwirkung zwischen den Forderungen der Aufgabe und Versuchen zur Lösung der günstigste Weg gefunden wird".

Analogiemethode
„Das Denken in Analogien ist ein Übergehen von System zu System." Man geht dabei aus von Ähnlichkeiten und Entsprechungen zwischen

verschiedenen Objekten und Erscheinungen, stellt Hypothesen auf und prüft diese.

Methode der Transformation
Transformation bezieht sich hier auf den Übergang von einer Darstellungsweise zu einer anderen. So ist besonders die Simulation von Erscheinungen, Verhaltensweisen und Ereignissen eine methodische Transformation.

Modellmethode
Modelle sind Abbildungen der (für einen Zweck) wesentlichen originalen Strukturen und Verhaltensweisen. Nebensächlichkeiten können hier vernachlässigt werden, so daß Beziehungen reiner hervortreten; Komplexität wird so reduziert.

Methode des schwarzen Kastens (black box)
Der „schwarze Kasten“ ist als Wirkungsweise zu verstehen, die zunächst unbekannt ist, so daß man lediglich die Eingaben und Auswirkungen kennt, deren Zusammenhänge sollen dann aber zu Rückschlüssen auf die Wirkungsweise führen.

Methode „Versuch und Irrtum“ (trial and error)
Diese Methode ist ein ständig probierendes Annäherungsverfahren, wobei man negative Ergebnisse aussondert und sich so schrittweise durch „Versuch und Irrtum“ vorantastet.

Problemmethode
Zum Lösen von bestehenden Problemen (besonders, wenn sie komplexer Natur sind) sind Strategien notwendig, auf Grund deren man die Lösung systematisch sucht.

(nach: G. Meyer, Kybernetik und Unterrichtsprozeß. Berlin (Volk und Wissen) 1966, S. 69 ff.)

In jüngster Zeit sind Untersuchungen veröffentlicht worden, nach denen man annehmen muß, daß nicht nur Lehrer unterschiedliche Methoden bevorzugen, sondern daß auch Adressaten, je nach ihrer Persönlichkeitsstruktur, von verschiedenen Unterrichtsmethoden unterschiedlich gefördert werden. Es hat sich beispielsweise herausgestellt, daß Ängstliche und Introvertierte durch stark lenkende Unterrichtsmethoden besser lernen, während Nichtängstliche und Extravertierte von Entdeckungsmethoden mehr profitieren. Die Frage ist nun, ob diese Unterschiede noch in der normalen Klassensituation aufzufangen sind oder ob man Klassen von Schülern ähnlicher Persönlichkeitsstruktur bilden und diese nach der jeweils für sie geeigneten Methode unterrichten sollte. Auch in diesem Falle wird das Lehrverfahren als gewissermaßen objektive und von ihrem Anwender abgelöste Verfahrenstechnik verstanden, die je nach dem zu behandelnden „Material" so oder so beschaffen sein kann.

Unterrichtsmethode als historisches Gebilde

In den theoretischen Diskussionen der Erziehungswissenschaft der zwanziger Jahre spielte – auf dem Hintergrund einer Auseinandersetzung mit den Methodenlehren der Herbartianer – der Gesichtspunkt eine zentrale Rolle, daß Unterrichtsmethoden *„historische Gebilde"* seien, *nicht aber zweckrationale Konstruktionen*, die sich allein aus allgemeingültigen Bedingungen menschlichen Lernens ableiten lassen. Im besonderen zeichnete sich diese Position, die vor allem von Wilhelm Flitner artikuliert wurde, dadurch aus, daß sie den Begriff der „Methode" sehr weit faßte und ihn praktisch synonym mit dem Begriff „Unterricht" verwendete.

Unterrichtsmethode in diesem erweiterten Sinn wurde in Abhängigkeit von historischen Bedingungen und daher als selbst historisch bedingt verstanden. Die generationsmäßigen Eigentümlichkeiten der Lernenden, die geschichtliche Entfaltung jener Inhalte, die den Lerngegenstand darstellen, und auch die historische Gestalt der Institutionen, in denen Lehren und Lernen stattfindet, lassen es gemäß dieser Position geraten erscheinen, Unterrichtsmethoden als jeweils historisch gültige, nicht aber allgemeingültige (etwa über die Zeiten und die Nationen hinweg) beliebig und unverändert übertragbare Gebilde zu betrachten. Vielmehr findet dieser Auffassung zufolge in der Überlieferung von Unterrichtsmethoden von einer Generation auf die nächste deren Wandel statt; und nicht nur die Lehrenden, sondern auch die Lernenden zeichnen sich durch generationsmäßige Eigentümlichkeiten aus.

Da auch gegenwärtig wieder die Auffassung weit verbreitet ist, daß man Techniken des Lehrens in erster Linie aus Theorien des Lernens abzuleiten habe, wenn man ihnen eine wissenschaftliche Grundlage geben will, und daß ausschließlich im Fortschritt dieser Lerntheorien der Anlaß für die Änderung von Unterrichtsmethoden liegen könne, dürfte es nützlich sein, sich der Argumentation jener als „geisteswissenschaftlich" bezeichneten pädagogischen Theorie der zwanziger Jahre zu vergewissern, um sich vor kurzschlüssigen Betrachtungsweisen der Unterrichtsmethode zu sichern. In der Tat entstehen Unterrichtsmethoden als Formen didaktischen Handelns im geschichtlichen Wandel. Daß dabei über die Zeiten hinweg gelegentlich der gleiche Name „Projektmethode" oder „Ganzheitsmethode" verwendet wird, darf nicht darüber hinwegtäuschen, daß sowohl Begründungen als auch die Realisationsweise sich gewandelt haben, man denke etwa an den früheren „Projektunterricht" einerseits bzw. seine moderne akademische Variante, das Projektstudium, andererseits (vgl. Anhang).

Von der Lehrerperspektive zur Adressatenperspektive

Aber nicht nur die verschiedenen Unterrichtsmethoden, auch das *Verständnis* von Unterrichtsmethoden selbst ist dem historischen Wandel unterworfen. Eines der wesentlichsten Merkmale dieses Wandels, der sich in jüngster Zeit abzeichnet, ist die Ablösung der Vorstellung, daß Unterrichtsmethode jeweils an die leibhaftige Anwesenheit eines Lehrers (und eines Klassenraumes) gebunden zu sein habe. Die Entstehung neuer Formen *selbstorganisierten* (autodidaktischen) Lernens wie auch die Übertragung zentraler Lehrfunktionen an Medien (vgl. Kapitel 11) markieren einen historischen Wandel, der sich auch in einem veränderten Verständnis von Unterrichtsmethode niederschlägt. Hinzu kommt, daß – nicht zuletzt unter dem Einfluß antiautoritärer Bewegungen – die Lernenden als diejenigen in den Mittelpunkt rücken, um deretwillen Schulen eingerichtet werden und Unterricht veranstaltet wird. Nicht daß die Lehrer lehren, sondern daß die Adressaten lernen, wird als Hauptziel des Unterrichts erkannt.

Dieser Wandel *von der Lehrerperspektive zur Adressatenperspektive* dürfte auch einer der Gründe dafür sein, daß der Begriff „Unterrichtsmethode" zunehmend durch andere Begriffe abgelöst wird. „Methoden des Lehrens und Lernens", „Lehrverfahren", „Lehrtechnik", „Lehrsystem", „Algorithmus" oder „Lernorganisation" werden in verschiedenen Zusammenhängen zur Bezeichnung dessen verwendet, was früher „Unterrichtsmethode" genannt wurde.

Wenn wir in dieser „Einführung in didaktisches Handeln" auf den Begriff der „Lernorganisation" zurückgreifen, so soll darin ebenfalls zum Ausdruck kommen, daß in der Praxis des Lehrens und Lernens ein Wandel stattgefunden hat und noch stattfindet, dessen Ausmaß so erheblich zu sein scheint, daß sich die Verwendung eines neuen Begriffes empfiehlt. Selbstverständlich gibt es auch heute noch überwiegend lehrergesteuerten Unterricht, bei dem die Lernprozesse der Adressaten durch unmittelbare Aktivitäten von physisch anwesenden Lehrern beeinflußt werden. Andere Lernprozesse, z. B. jene, die durch den vorliegenden Text „Einführung in didaktisches Handeln" ausgelöst werden, sind – obwohl organisiert – unabhängig von der Anwesenheit eines Lehrers. Auch die vorgeschlagenen Planspiele und Erkundungsprojekte sind als Lernaktivitäten selbstorganisierter Adressatengruppen gedacht.

Weitere Gründe für die Einführung des Begriffs „Lernorganisation"

Der Wandel von der Lehrerperspektive zur Adressatenperspektive und die Loslösung der Steuerungsfunktionen für Lernprozesse von der Anwesenheit eines Lehrers sind jedoch nicht die einzigen Gründe, welche die Verwendung des Begriffs „Lernorganisation" nahelegen. Auch die Erkenntnis, daß die Steuerung dieser Lernprozesse durch Kräfte und Faktoren erfolgt, die *außerhalb* der konkreten Lehr-Lernsituation liegen, und daß die Herstellung des „Arrangements" von Lernbedingungen eben nicht nur ad hoc durch eine Person vorgenommen wird, legt es nahe, von einer „Organisation" zu sprechen. So ist einsichtig, daß ein Lehrbuchautor an dieser Organisation von Lernbedingungen mitwirkt; aber auch diejenigen Instanzen, welche „bloß" die Stundentafeln für einen Studiengang festlegen, haben teil an der Lernorganisation: Wenn Studenten 30 Semesterwochenstunden absolvieren müssen, dann sind Unterrichtsmethoden, welche ein hohes Maß an zusätzlicher individueller Lerntätigkeit oder Gruppenarbeit vorsehen, nicht mehr realisierbar.

Schließlich soll der Begriff „Organisation" nicht nur die Bedeutung *mittelbarer* Einflüsse auf die Gestaltung von Lehr-Lernsituationen hervorheben: er soll darüber hinaus zum Ausdruck bringen, daß das Prinzip der *Arbeitsteiligkeit* auch bei der Herstellung von Lernbedingungen zunehmend eine Rolle spielt. Man denke etwa daran, wieviele Personen in arbeitsteiliger Weise an der Gestaltung jener Lehr-Lernsituationen mitgewirkt haben, die ein Funkkolleg oder ein Telekolleg enthält.

Hauptaufgaben der Lernorganisation

Die bisherigen Darstellungen mögen eine gewisse Verunsicherung hervorgerufen haben, was denn nun „Unterrichtsmethode" oder „Lernorganisation" genau ist. Wenn es schon nicht allein die Lehreraktivitäten im Klassenraum sind, wenn es wiederum nicht alle Sachverhalte sind,

die man als „Unterricht“ bezeichnet, was beinhaltet dieser Begriff dann wirklich an konkreten Ereignissen?
Der Vorschlag, den wir zunächst für Orientierungszwecke machen wollen, geht davon aus, daß man unter „Lernorganisation“ die Herstellung jener Lernbedingungen zu verstehen hat, von denen man erwartet, daß sie die gewünschten Lernwirkungen bei den Adressaten herbeiführen.
Dies dürfte jedoch nicht hinreichen, denn so selbstverständlich es erscheint, daß irgend jemand das Wort „car“ vorsprechen muß, wenn ein Adressat es erlernen soll, daß also dieses Vorsprechen eine Lernbedingung ist, so absurd erschiene es, die Kette der Ereignisse zurückzuverfolgen bis zu demjenigen, der das Wort als erster verwendet hat.
In der Tat liegt in der Abgrenzung von unmittelbaren und mittelbaren Lernbedingungen die Hauptschwierigkeit bei der Bestimmung des Begriffs der Lernorganisation. Im Anschluß an die im Kapitel 1 dargestellte Gliederung nach fünf Handlungsebenen wollen wir versuchen, zu einer solchen Abgrenzung zu gelangen, und diejenigen Formen didaktischen Handelns als „Lernorganisation“ bezeichnen, die auf der D-Ebene liegen, d. h. die vor allem bei der *Planung und Gestaltung von Unterrichtseinheiten* zu leistenden Tätigkeiten. Es sind dies:

- Die *konzeptionelle* Organisation, d. h. die Klärung der Frage, ob die Unterrichtseinheit die Form eines Kurses oder eines Lernprojekts haben soll bzw. welche Zwischenformen sinnvoll erscheinen.
- Die *soziale* Organisation, d. h. die Klärung der Frage, ob es sich um Massenunterricht, (frontalen) Klassenunterricht, Gruppenunterricht oder Einzelunterricht handeln soll, bzw. welche Anteile jede dieser Formen haben soll.
- Die *zeitliche* Organisation, d. h. die Klärung der Frage, ob es sich um kompakte oder gestreute Zeiteinteilung handeln soll, bzw. wie kompakt und in welcher Weise die Lernsituationen zeitlich gestreut sein sollen.
- Die *Ablaufs*-Organisation, d. h. die Klärung der Frage, in welcher Reihenfolge die Lernsituationen aufeinander folgen sollen.
- Ferner die *Organisation der Lehrfunktionen*, d. h. die Klärung der Frage, in welcher Weise welche Lehrfunktionen von welchen Instanzen getragen sein sollen.

In dieser Gliederung kommen Ansätze anderer Autoren zum Tragen, vor allem der am Ende dieses Kapitels erwähnte Beitrag von W. Schulz. Unter Bezugnahme auf andere Autoren unterscheidet Schulz nach „Methodenkonzeptionen“ (die sich weitgehend mit unserem Begriff der konzeptionellen Organisation decken), „Artikulationsschemata“ (die

mit unseren Lehrfunktionen übereinstimmen), „Sozialformen“ (vgl. soziale Organisation) und „Aktionsformen“ (diese Unterscheidung ist in unserem übergreifenden Begriff der Lernorganisation aufgehoben) sowie „Urteilsformen“ (die wie den Lehrfunktionen zugeordnet haben). Wenn wir die zeitliche Organisation zusätzlich hervorgehoben haben, so deshalb, weil wir uns nicht auf didaktisches Handeln in allgemeinbildenden Schulen beschränken wollen, bei denen in der Tat die zeitliche Organisation durch Wochenstundenpläne weitgehend festgelegt ist, anders als beispielsweise im Hochschulbereich, in dem in den letzten Jahren zunehmend Kompaktkurse Verbreitung gefunden haben.
Auch die „Ablaufsorganisation“, die bei Schulz der Kategorie „Methodenkonzeptionen“ zugeordnet ist, erscheint uns einer Ausgliederung bedürftig, da sie gegenüber der eher übergreifenden Konzeption „Kurs oder Projekt“ auf detailliertere Strukturen hinweist.

Unterrichtsmethoden als „Stile“ der Lernorganisation

Die bisherigen Darstellungen von fünf Aufgaben der Lernorganisation könnten den Eindruck erweckt haben, als ob jede dieser fünf Aufgaben beliebig wahrgenommen und beliebig mit jeder anderen Organisationsentscheidung kombiniert werden könnte. Dies mag zwar theoretisch zutreffen, konkret bestehen jedoch gewisse Affinitäten hinsichtlich der Wahrnehmung dieser fünf Organisationsaufgaben.
Entscheidet man sich beispielsweise für den Typ des Projekts, dann würde eine Verteilung der Unterrichtseinheit auf 50 Dreiviertelstunden, zwischen denen jeweils eine Woche liegt, den Lernprozeß erheblich stören, während die Beeinträchtigungen eines Kurses durch zeitliche Streuung in der Regel geringer sind.
Was die Ablaufsorganisation anbelangt, so ist diese bei Projektunterricht nicht in gleicher Weise festlegbar wie beim Kurs. Da Teilprojekte zudem in sich sinnvoll sein müssen, ergibt sich eine gewisse Bevorzugung *ganzheitlicher* Abläufe. Daß Projektunterricht eng mit Gruppenarbeit verbunden ist, dürfte bekannt sein, ebenso, daß Massenunterricht zumeist dem Konzept des Kurses folgt.
Wir können also davon ausgehen, daß die tatsächlich in der Praxis realisierten Formen der Lernorganisation jeweils *typische Kombinationen* der einzelnen Organisationsaufgaben aufweisen. Wenn man so will, kann man hier eine Verbindung zum Begriff der Unterrichtsmethode im weiteren Sinne herstellen und Unterrichtsmethoden auffassen als die

von der Praxis in typischer Weise entwickelten Konstellationen der 5 Aspekte der Lernorganisation, denen wir uns nunmehr im einzelnen zuwenden wollen.

Konzeptionelle Organisation: Kurs oder Projekt?

Stellen Sie sich die folgenden beiden Unterrichtsformen vor: Im einen Fall handelt es sich um klassischen Mathematikunterricht, der streng nach einem Lehrbuch, Abschnitt für Abschnitt, vorgeht, der pro Einheit immer 45 Minuten umfaßt, der stets nach dem Schema „Hausaufgabenbesprechung", „Neueinführung", „Vormachen an der Tafel", „Hausaufgabenanweisung" abläuft, bei dem die Schüler immer am gleichen Platz in Zweierbänken zu Dreierreihen mit Blickrichtung auf den Lehrer sitzen und abwechselnd sprechen, zuhören, schreiben, zuhören, lesen, zuhören, sprechen etc. Im anderen Fall handelt es sich um einen Unterricht, der etwa folgendermaßen aussieht: Schüler entnehmen in Gruppen aufgeteilt Boden- und Pflanzenproben, tragen sie in den Laborraum, bitten den Lehrer um Beratung, messen und wiegen, diskutieren dann in der Gruppe, schreiben einen Bericht auf Matrize, ziehen diese ab, lesen sie, diskutieren dann in der Klasse die Ergebnisse. Worin liegt der Unterschied? Liegt es am unterschiedlichen Fach, sind die Lehrer verschieden, ist der Grad an Systematik ein anderer, der Grad an Selbständigkeit, oder liegt es einfach daran, daß im einen Falle für die Schule, im anderen für das Leben gelernt wird?
Ganz offensichtlich spielt jedes dieser Merkmale eine Rolle, keines jedoch begründet für sich allein den wesentlichen Unterschied. Unser erster Eindruck ist daher, daß es sich um zwei grundverschiedene *Typen* von Unterricht handelt, die sich hinsichtlich *verschiedener* Merkmale unterscheiden, wobei wir jedoch vermuten, daß die Merkmale untereinander in einer gewissen Beziehung stehen. Lassen wir es zunächst bei der Verwendung des Begriffs „Typ", um auszudrücken, daß wir es mit grundsätzlich und in mehrerer Hinsicht verschiedenen Formen von Unterricht zu tun haben.
Zur Bezeichnung der beiden Typen seien hier die Begriffe „Kurs" und „Projekt" eingeführt. Kurse zeichnen sich dadurch aus, daß sie in ihrem Ablauf regelmäßiger sind, daß sie sich eng an die Systematik eines Lernbereichs anschließen, daß die Adressaten gleichzeitig auf eine zentrale Informationsquelle gerichtet sind, daß sie eine eher passive Lernhaltung einnehmen, d. h. daß die Steuerung des Lernprozesses durch einen Leh-

rer oder ein Medium erfolgt und daß man den Unterrichtsraum im Prinzip nicht verläßt. Projekte haben eher interdisziplinären Charakter, werden durch eine zentrale, der konkreten Umwelt entstammende Aufgabenstellung strukturiert, räumen der selbständigen Gruppenarbeit einen größeren Platz ein und sind in ihrem Ablauf weniger vorhersehbar, lassen erheblichen Raum für spontane Modifikationen. Diese Abgrenzung ist sehr umrißhaft und bedürfte der weiteren Ausführung. Statt diese mit Hilfe dieses Leitfadens bzw. mit weiteren sprachlichen Darstellungen zu machen, sei erinnert an die Erfahrungen, die Sie, der Leser, selbst mit den Planspielen und Erkundungsprojekten dieser „Einführung in didaktisches Handeln" gemacht haben, etwa im Vergleich zu Ihrem früheren Lateinunterricht.
Diese Darstellung könnte nun die Meinung aufkommen lassen, daß Kurse immer ein minderwertiger, Projekte immer ein höherwertiger Typ von Unterricht sind. Dem muß man deutlich entgegentreten, denn einerseits gibt es gute und schlechte Kurse, wie es gute und schlechte Projekte gibt, zum anderen hängt es letztlich von den Lernzielen ab, ob ein Kurs oder ein Projekt die geeignete Form der konzeptionellen Organisation von Unterricht darstellt, mitunter auch von den zeitlichen und räumlichen Rahmenbedingungen, von den Qualifikationen der Lehrer oder von den zur Verfügung stehenden Ressourcen.
Man sollte daher Kurs und Projekt als *alternative Möglichkeiten* der konzeptionellen Organisation von Unterricht verstehen und als Didaktiker in der Lage sein, begründet zwischen beiden zu entscheiden und beide in die Praxis umzusetzen. Außerdem gibt es nicht nur die reinen Typen, sondern die verschiedensten Mischformen, etwa den Kurs, in den kleinere Lernprojekte eingegliedert sind, oder das umfassendere Lernprojekt, in das kürzere Kurse eingelagert sind (vgl. hierzu den Text „Was ist ein Lernprojekt?", welcher im Anhang abgedruckt ist).

Soziale Organisation: Massenunterricht, Klassenunterricht, Gruppenunterricht, Einzelunterricht

Wir haben uns so sehr daran gewöhnt, daß eine Lerngruppe, eine „Klasse", aus ca. 30 Adressaten besteht (plus minus 10, allenfalls 15), daß uns andere Formen der sozialen Organisation als Ausnahmen erscheinen. Dabei war es bis ins 19. Jahrhundert hinein üblich, daß die Jugend des Adels und des gehobenen Bürgertums entweder überhaupt individuell oder in Kleinstgruppen unterrichtet wurde; dabei sind an unseren Hochschulen auch heute noch Massenvorlesungen bekannt; dabei ist Gruppenunterricht auch heute schon so verbreitet, daß jeder von uns, sei es in der Schule, sei es an der Hochschule, sei es im Fortbildungsbereich, mindestens gelegentlich mit ihm Erfahrungen gemacht haben könnte.

Welche Gründe könnten es sein, die ein so hartnäckiges Festhalten an der Auffassung bedingen, daß 30 Adressaten eine „normale" Lerngruppe seien? Ist in einer solchen Gruppe der Geräuschpegel noch gering genug, daß die Lehrerstimme durchdringt, kommt jeder noch häufig genug dran, so daß seine Aufmerksamkeit nicht sinkt? Sind unsere Unterrichtsräume so angelegt, daß bei stärkerer Besetzung die Belüftung nicht mehr ausreicht? Sind die Bildungsausgaben der Bundesrepublik so bemessen, daß ein Lehrer mindestens 20 Schüler unterrichten muß, wenn die Stundenpläne beibehalten werden sollen? Oder handelt es sich ganz einfach um eine Gewohnheit, d. h. empfindet man diesen Zustand als den *normalen,* weil man ihn als Schüler selbst so erlebt hat?

Sicher werden alle diese Gründe eine gewisse Rolle dabei spielen, daß sich das System der 30-Schüler-Klasse so stabilisiert hat. Immerhin wird man einräumen müssen, daß, wenn einmal eine solche Stabilisierung eingetreten ist, jede Art einer Veränderung auf erhebliche Widerstände psychologischer und technischer Art stößt. Man denke allein an die Schwierigkeiten, die es bereitet, in üblichen Schulen Räume zu finden, die Großgruppen- oder Kleingruppenunterricht zulassen. Man denke auch an die Kosten, die Einzelunterricht verursacht.

Dennoch gehört es mit zu den Qualifikationen, die didaktisch Handelnde erwerben sollten, daß sie *alternative Möglichkeiten der sozialen Organisation zumindest kennen.* Dabei spielt jedoch nicht nur die Gruppen*größe* eine Rolle, sondern vor allem auch die *Zusammensetzung* der Adressatengruppen. In einem früheren Kapitel (5) haben wir der Frage bereits Aufmerksamkeit geschenkt und die Prinzipien, nach denen Gruppenbildung (d. h. die soziale Organisation von Unterricht) gestaltet wird, angesprochen. Allerdings stand dabei eher die überdauernde Organisationsform im Vordergrund, d. h. soziale Organisation auf den oberen Handlungsebenen (A bis C), während in diesem Zusammenhang die soziale Organisation auf der Handlungsebene D gemeint ist, d. h. die soziale Organisation des Unterrichts innerhalb einer Unterrichtseinheit. Diese betrifft im besonderen den Wechsel der vier Sozialformen

- Massenunterricht,
- Klassenunterricht,
- Gruppenunterricht und
- Individualunterricht.

Gerade beim Organisationstyp des Projekts dürfte dabei ein *häufiger* Wechsel im Verlaufe der Unterrichtseinheit die Regel sein, je nachdem, welche Form von der jeweils anstehenden Aufgabe her gefordert ist. Auch dürfte hier die kleinere Arbeitsgruppe, das Team von 3–7 Adressaten, der Normalfall sein; eine Zusammenfassung mehrerer Gruppen zu „Plenarveranstaltungen“ oder ihre Teilnahme an „Massenveranstaltungen“ verlangen ebenso die punktuelle Entscheidung wie die Aufteilung der Arbeitsgruppe in Einzelarbeit. Letztere dürfte im wesentlichen in die Entscheidungskompetenz der Arbeitsgruppe selbst fallen, während die Koordination der Prozesse zwischen den Gruppen zu einer zentralen Aufgabe des Lernorganisators wird.
Daß mit dem Übergang von der Klasse zur Arbeitsgruppe nicht nur Probleme der Lernorganisation, sondern auch solche der *Gruppendynamik* besonders auffällig hervortreten, sei in diesem Zusammenhang ausdrücklich erwähnt. Jeder Didaktiker sollte daher Entscheidungen der sozialen Organisation auch unter Berücksichtigung dieser Gesichtspunkte treffen.

Zeitliche Organisation: Verteilte Kurse oder Kompaktkurse (Blockunterricht)

Die Tatsache, daß Schulstunden 45 Minuten dauern, daß man die Stunden für ein Schulfach über eine Woche verteilt und daß ein Schulfach mindestens ein Jahr lang, zumeist aber mehrere Jahre durchläuft, erscheint den meisten von uns als so selbstverständlich, daß wir diese Form der zeitlichen Organisation von Unterricht für die einzig mögliche halten. Im Gegensatz zu diesem Brauch haben sich jedoch an verschiedener Stelle im Bildungswesen Formen „kompakter“ zeitlicher Organisation („Blockunterricht“) durchgesetzt. So haben die meisten *Fortbildungsveranstaltungen* den Charakter von Kompaktkursen, was plausibel ist, denn die Teilnehmer können sich ja zumeist nur für relativ kurze Zeit aus ihren übrigen Verpflichtungen freimachen. Auch für Schüler und Studenten sind „Ferienkurse“ bekannt, die entweder zusätzliche oder Wiederholungs-Funktionen erfüllen. Schließlich kennen wir auch im allgemeinbildenden Bereich „Blockunterricht“ bzw. „Epochenunterricht“, bei dem man versucht, den Unterricht einer Zeitperiode unter ein Schwerpunktthema zu stellen und so eine Zersplitterung zu vermeiden.

Wenn man sich die Frage nach den Gründen stellt, die dazu beigetragen haben könnten, daß die „verteilte" zeitliche Lernorganisation vorherrscht gegenüber der „kompakten", bei der die einzelnen Kurse oder Projekte nacheinander stattfinden, so daß immer nur ein Kurs zu einer Zeit (einem Tage, einer Woche etc.) stattfindet, so stößt man auf mehrere Möglichkeiten. Einerseits wird argumentiert, daß ein Kompaktkurs ermüde und zu wenig Abwechslung enthalte. Sodann nimmt man an, daß es eher zum Vergessen des Gelernten kommt, wenn längere Perioden zwischen den Kursen liegen. Sodann können Lehrer auf diese Weise darauf verzichten, Unterricht langfristig zu planen, und können sozusagen von Stunde zu Stunde ihre Vorbereitungen treffen, da sie ja ohnehin zumeist nur für die Vorbereitung einzelner Lektionen, nicht aber ganzer Unterrichtseinheiten ausgebildet wurden. Und schließlich kann man *Gründe der Disziplinierung* für diesen Brauch ins Feld führen: Auf diese Weise werden Kinder schon früh dazu gebracht, eine Reihe von heterogenen Dingen nacheinander und durcheinander zu bearbeiten, nur weil es die Organisation so vorsieht, und gegen das eigene Bedürfnis zu handeln, sich intensiv mit *einer* Sache und mit *eigenen* Interessen befassen zu können. Eine gute Vorbereitung auf den künftigen Arbeitsplatz?
Ohne die Stichhaltigkeit dieser Argumente im einzelnen zu prüfen, wird man eines jedoch festhalten dürfen: Die Blockorganisation stellt an die didaktische Planung und an die didaktische Phantasie höhere Ansprüche, als die verteilte. Wenn man nämlich einen Kurs zu einem Thema über drei Tage laufen lassen will, so wird man nicht während der ganzen Zeit nur Unterrichtsgespräche führen oder nur Vorträge abhalten können, sondern man wird, wenn die didaktische Dramaturgie differenzierter ausfallen soll, ein möglichst breites Spektrum verschiedenartiger Lernsituationen nutzen müssen, angefangen von Planspielen und Kleingruppendiskussionen über Einzelarbeit bis hin zu kleineren Felderkundungen. Umgekehrt kann man aber auch sagen, daß die Praxis der verteilten Organisation verschiedene Lernformen unmöglich macht, beispielsweise die Durchführung von Planspielen. Daß man für *Prüfungszwecke*, z. B. wegen eines Deutschaufsatzes, sich die Mühe gibt, an einem Vormittag vier Stunden zusammenzulegen, kommt gelegentlich vor. Daß man für *Zwecke des Lehrens* solche Ansätze einer Blockorganisation nutzt, dürfte demgegenüber eine seltene Ausnahme sein.
Hier scheint ein Zirkel zu bestehen: Wenn das didaktische Repertoire nicht umfangreich genug ist, kann man die Möglichkeiten der Kompaktorganisation nicht nutzen, es fällt aber andererseits auch weniger auf.

Umgekehrt würde der Nutzen kompakter Organisation nur ausgeschöpft werden können bzw. eine solche Organisation überhaupt nur notwendig werden, wenn ein solches Repertoire vorhanden wäre und auf Anwendung drängte.

Eine zusätzliche Schwierigkeit sei nicht verschwiegen. Kompaktorganisation und verteilte Organisation sind alternativ und können nicht, je nach Vorstellung des *einzelnen* Lehrers, nebeneinander betrieben werden. Deshalb sind Versuche mit ihr auch nur dann praktisch möglich, wenn *alle* Dozenten daran teilnehmen oder wenn *freie Zeiten* vorhanden sind, also in den *Ferien* oder an *Wochenenden.* Im besonderen aber dürfte ihre Chance wachsen, wenn im Bereich der *Weiterbildung* mit Hilfe von Bildungsurlaub und auf der Basis eines Konzepts der „recurrent education" (Wechsel von praktischer Tätigkeit und organisiertem Lernen) Zeiträume von einer oder mehreren Wochen für Unterricht zur Verfügung stehen.

Ablaufs-Organisation

Zu den allgemein anerkannten Eigenschaften didaktischer Kunstfertigkeit dürfte es gehören, daß jemand weiß, wie man beim Lehren die Dinge schön systematisch in eine Reihe bringt, die man sagen will, so daß man vom Bekannten zum Unbekannten, vom Besonderen zum Allgemeinen oder vom Konkreten zum Abstrakten voranschreitet. Daß man Addieren können muß, bevor man Multiplizieren lernt, das Kleine Einmaleins vor dem Großen drankommen muß oder das Dreieck vor dem Vieleck, scheint jedem einzuleuchten. Wie aber ist es mit der Sprachenfolge? Muß da Latein vor Englisch oder Englisch vor Latein kommen, können beide ohne Konflikt gleichzeitig begonnen werden? Welches sind die sinnvollen Sequenzen beim Erstleseunterricht, und womit beginnt man im Statistikkurs?

Daß von einer zweckmäßigen Ablaufsorganisation der Lernerfolg in hohem Maße abhängt, ist vor allem durch einen pädagogischen Psychologen nachgewiesen worden, Robert Gagné. Er konnte zeigen, daß man die Lernchancen bei komplexen geistigen Prozessen danach abschätzen kann, wie weit die darin enthaltenen einfacheren Prozesse beherrscht werden. Das folgende Schema möge dazu dienen, das Modell einer solchen Ablaufs-Organisation zu beschreiben. Es handelt sich um die Sequenzbildung für die Organisation einer Unterrichtseinheit „Hydrolyse von Salzen“.

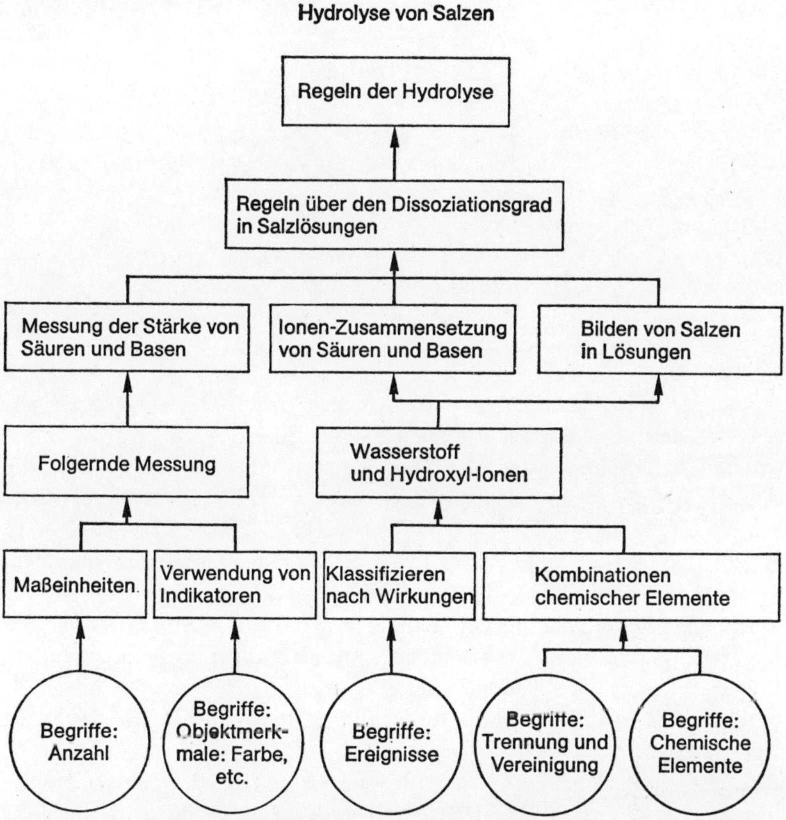

(aus: R. M. Gagné; Die Bedingungen des menschlichen Lernens. Hannover (Schroedel) 1969, S. 155)

Das Schema versteht sich von selbst, so daß es nicht näher beschrieben zu werden braucht. Lediglich ein Punkt bedarf der näheren Erläuterung: Wir haben es mit einem Flußbild zu tun, in dem eine *systematische* Aufbaustruktur abgebildet ist, die zugleich auch eine *lernpsychologische Sequenz* beinhaltet. Für den Didaktiker stellt sich jedoch die Aufgabe, daraus eine *lineare zeitliche Folge* herzustellen. Um dieses Problem deutlicher herauszuarbeiten, wollen wir das Schema weiter vereinfachen und die einzelnen Kreise und Kästchen des Flußschemas mit Buchstaben versehen. Das Schema nimmt dann die folgende Gestalt an (T bedeutet „Teilfertigkeit"):

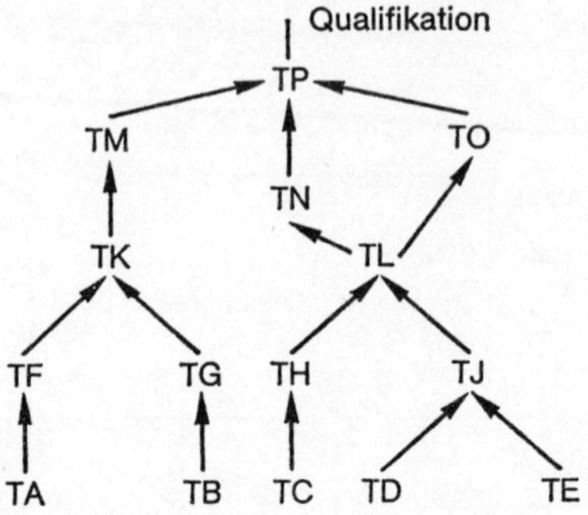

Aus dieser systematischen Struktur ergeben sich *sehr viele Möglichkeiten,* den zeitlichen Ablauf zu organisieren. Eine Sequenz würde so beschaffen sein können, daß die Teilfertigkeiten in der Reihenfolge des Alphabets (im obigen Schema) angeordnet werden. Eine andere würde lauten: TA – TF – TB – TG – TK – TC – TH – TD – TE – TI – TL usw. Wieder andere Sequenzen erscheinen offensichtlich chaotisch, so etwa die Folge: TK – TE – TP – TG – TI usw.

Aus dem Schema geht hervor, daß es *mehrere Möglichkeiten gibt, den linearen Ablauf von Lernprozessen sinnvoll systematisch zu gestalten,* daß es aber *noch mehr* Möglichkeiten gibt, ihn *nicht* sinnvoll zu gestalten: Viele Wege führen nach Rom, aber noch mehr führen *nicht* nach Rom, auch beim Unterricht.

Eine weiterführende Erörterung der Frage, welche der sinnvollen Sequenzen denn wohl am lehreffektivsten ist, kann an dieser Stelle nicht geleistet werden. Lediglich der Hinweis auf den Unterschied von eher „ganzheitlichen" zu eher „synthetischen" Lehrmethoden sei hier angedeutet: Während „ganzheitliche" Methoden sich bemühen, möglichst rasch in Richtung auf das Endziel zu gelangen, um möglichst bald sinnvollere und komplexere Teilfertigkeiten zu erreichen, bemühen sich synthetische Methoden eher um die möglichst vollständige Ausfüllung der „Basis". Am obigen Schema dargestellt wäre eine eher ganzheitliche Sequenz die folgende: TA – TF – TB – TG – TK – TM – TC – TH – TD – TE – TL usw. Eine eher synthetische Sequenz wäre eine solche, die in der Reihenfolge des Alphabets vorginge.

Aus diesem Schema ergibt sich mit einer gewissen Plausibilität, warum synthetische Methoden im allgemeinen so lange „Durststrecken" am An-

fang haben (wie beispielsweise jener Lateinunterricht, der Jahre mit grammatischen Trockenübungen verbringt, bevor er zu originalen Texten vorstößt) und warum jene Sequenzen „interessanter" sind, bei denen man relativ rasch zu sinnvollen Teilfertigkeiten gelangt.
Das Schema ist trotz seiner relativen Komplexität noch verhältnismäßig einfach, wenn man bedenkt, daß es ja noch gilt, in diese Abläufe Übungen und Wiederholungen einzubauen, denn man kann nicht darauf trauen, daß jemand, der die Sequenz bis TL und TK durchlaufen hat, die Elemente an der Basis, also TA – TE, noch hinreichend beherrscht. Da jedoch, wie gesagt, der Lernerfolg bezüglich jener Fertigkeiten an der Spitze davon abhängt, wie weit die Fertigkeiten an der Basis beherrscht werden, gehört es mit zu den wichtigsten Aufgaben der didaktischen Diagnostik (vgl. Kapitel 13), festzustellen, bezüglich welcher Teilfertigkeiten im Einzelfalle spezielle Defizite bestehen.
Das Ergebnis werden Formen der Ablaufs-Organisation sein, bei denen *Zyklen* oder *Schleifen* vorkommen, wenn alle Adressaten gleichmäßig an diesen Wiederholungen und Rückgriffen teilnehmen sollen. Individuell spezifische „Sprünge nach rückwärts" dürften demgegenüber im Falle individuell diagnostizierter Lerndefizite sinnvoll sein.
Die Frage, wie Lehrer und Didaktiker zu einem solchen Ablaufsschema überhaupt gelangen, d. h. wie sie die systematische oder psychologische Struktur eines Lernprozesses so weit durchschauen, daß sie ihn in jener differenzierten Weise darstellen können, wie dies das Schema tut, kann nur mit dem Hinweis darauf beantwortet werden, daß es gilt, Qualifikationen lernpsychologischer und sachlogischer Analyse zu erwerben, die sich für Zwecke der Ablaufsorganisation nutzen lassen.

Organisation der Lehrfunktionen

Als letzte Gruppe von Aktivitäten der Lernorganisation sei die Organisation der Lehrfunktionen erwähnt. Da in Kapitel 13 eine ausführlichere Darstellung der Lehrfunktionen erfolgen wird, sei an dieser Stelle lediglich darauf verwiesen, daß bei der Planung von Unterricht immer auch grundsätzliche Überlegungen darüber angestellt werden müssen, wie in der konkreten Lehr-Lernsituation informiert, motiviert, geübt und diagnostiziert werden kann; sei es, daß der einzelne Lehrer diese Funktionen übernimmt, sei es, daß sie an ein Medium oder an die Adressaten selbst delegiert werden.

Zentrale Fragestellung ist hierbei, wie weit man bei der Organisation der Lehrfunktionen dem Prinzip der *Spontaneität oder dem der Planung* folgt. Immer, wenn man Lehrfunktionen an ein Medium delegiert, dominiert das Prinzip der Planung, denn es müssen ja alle wesentlichen Elemente der Lehr-Lernsituation einschließlich der Äußerungen der Adressaten vorherbedacht werden. Man denke an die Entwicklung eines Unterrichtsfilms. Andererseits besteht, wenn die Lehrfunktionen einem individuellen Lehrer übertragen werden, immer die Möglichkeit, daß er sich, je nach seiner Wahrnehmung und Qualifikation entsprechend, erst in der Situation selbst, sozusagen „vor Ort", entscheidet, in welcher Weise er welche Lehrfunktionen gestaltet. Ein Vorblick auf Kapitel 13 macht jedoch deutlich, daß Umfang und Komplexität dieser Lehrfunktionen von einer Art sind, in der bloße Spontaneität oder bloßes Sich-Verlassen auf Routine stets die Gefahr der schlichten Improvisation in sich birgt. An die Stelle der Methode tritt dann das „teach-as-teach-can". Darüber kann auch die Befriedigung manches Lehrers nach einer ungeplanten Lektion nicht hinwegtäuschen, der meint, daß er besonders einfallsreich war, ohne jedoch gleichzeitig zu bemerken, daß in dieser unvorbereiteten Situation sein Anspruchsniveau herabgesetzt war, so daß er Dinge als Erfolg verbuchen konnte, die er unter Umständen gründlicher Planung als Mängel empfunden hätte.

Lernorganisation als kooperative Aufgabe

Nach unserer in Kapitel 1 dargestellten Gliederung in fünf Handlungsebenen handelt es sich bei der Lernorganisation um Aufgaben, die im wesentlichen der D-Ebene, also der Gestaltung von Unterrichtseinheiten, zuzuordnen sind. Obwohl derzeit auf dieser Handlungsebene Lehrer zumeist noch als einzelne arbeiten, nehmen Bemühungen um *kooperative Gestaltung von Unterrichtseinheiten* gegenwärtig zu. Dies beginnt beispielsweise an der PH Berlin bereits im ersten Praktikum, das so organisiert ist, daß jeweils 4 Studenten, 2 Lehrer und ein Dozent eine Unterrichtseinheit gemeinsam planen, arbeitsteilig durchführen und gemeinsam evaluieren.

Auch sind unter der Bezeichnung „Team Teaching" verschiedene Beispiele kooperativer Unterrichtsplanung und -durchführung, also auch der kooperativen Lernorganisation, in der Literatur dargestellt worden. Wie bereits im Zusammenhang mit der kooperativen Lernzielplanung (vgl. S. 174) erwähnt wurde, ist dabei nicht nur Zusammenarbeit innerhalb

einzelner Lehrerkollegien möglich, sondern im Rahmen „Regionaler Pädagogischer Zentren" auch die Zusammenarbeit mit Wissenschaftlern verschiedener Disziplinen sowie mit Lehrern, die an anderen Schulen tätig sind.
Bleibt die Frage, ob sich kooperative Lernorganisation für die Betroffenen lohnt. Was den Zeitaufwand anbelangt, so dürfte dieser in jedem Falle zumindest am Anfang erheblich größer sein als die Zeitersparnis, die der einzelne Lehrer gewinnt, wenn er mit anderen zusammen Unterricht plant. Es müßte also die *Qualität* des Unterrichts entscheidend verbessert werden, wenn der erhöhte Zeitaufwand gerechtfertigt werden soll. Auch hier scheint Skepsis angebracht, da die Qualität des Unterrichts immer von verschiedenen Rahmenbedingungen abhängig ist, die nicht in der Lernorganisation liegen. So wird man vorerst den Gewinn, den der einzelne Lehrer aus kooperativer Unterrichtsplanung erzielt, in jenen Lernprozessen zu sehen haben, die er in bezug auf seine eigenen didaktischen Qualifikationen erzielt, im besonderen auch eine erhöhte Kompetenz zu besserer Lernorganisation, auch dann, wenn er diese Aufgabe wie bislang vorwiegend in Einzelarbeit durchführt.

Selbstorganisation von Lernprozessen

Damit ist ein weiterer Aspekt angeschnitten, der im Zusammenhang mit der Lernorganisation der Erwähnung bedarf, denn *nicht nur Lehrer* bedürfen der systematischen Weiterbildung, sondern auch *Angehörige anderer Berufsgruppen.* Didaktische Qualifikationen und im besonderen autodidaktische dürften in dem Maße in unserer Gesellschaft über den Kreis der „professionellen" Lehrer hinaus bedeutsam werden, in dem organisiertes Lernen außerhalb von Schulen angesiedelt sein wird. Wie wir bereits im 2. Kapitel dargestellt haben, ist es vor allem die aus dem gesellschaftlichen und kulturellen Wandel sich ergebende Notwendigkeit des „lifelong learning", die kaum noch durch Heranbildung immer neuer Gruppen von ausschließlich Lehrenden wird angemessen eingelöst werden können. Lehrende Praktiker werden künftig nicht nur in der betrieblichen Ausbildung, sondern auch in anderen Lebensbereichen in höherem Maße anzutreffen sein.
Selbstorganisation von Lernprozessen ist aber auch aus der Idee des mündigen Bürgers heraus zu begründen. Da, wie wir dargestellt haben, bereits derzeit das Angebot an Hilfen für die Selbstorganisation von Lernprozessen groß ist, angefangen von Funkkollegs und Telekollegs

über Bücher zum Selbststudium bis hin zu Bürgerinitiativen, wird es darauf ankommen, möglichst viele Personen in die Lage zu versetzen, sich solcher Hilfen zu bedienen, um Lernziele zu realisieren, die sie sich selbst gesetzt haben.
Wenn dies jedoch gelingen soll, dann dürfen Qualifikationen im Bereich der Lernorganisation nicht mehr das exklusive Wissen von wenigen sein, sondern sie müssen praktisch *jedermann zugänglich* werden. Dies nicht zuletzt ist eines der Motive dafür, die vorliegende Einführung in didaktisches Handeln nicht ausschließlich für angehende Lehrer des allgemeinbildenden Schulwesens zu schreiben.

Literaturhinweise:

1 T. Dietrich (Hrsg.); Unterrichtsbeispiele von Herbart bis zur Gegenwart. Bad Heilbrunn/Obb. (Klinkhardt) 4. erw. Aufl. 1973.

Die Gliederung dieses Buches drückt jeweils schon das Programm der verschiedenen methodischen Ansätze aus: Unterrichtslektionen im Sinne des Herbartianismus, Arbeitsabläufe im Sinne der Arbeitsschule, Unterrichtsgestaltung im Sinne der Erlebnispädagogik, usw.

2 W. Schulz; Unterricht — Analyse und Planung; in: P. Heimann / G. Otto / W. Schulz; Unterricht — Analyse und Planung. Auswahl B 1/2. Hannover usw. (Schroedel) 1965, 2. Aufl. 1966, S. 13—47.

Schulz stellt hier die Grundzüge der sog. Berliner Didaktik dar, die sich vor allem durch die „Strukturanalyse" kennzeichnen läßt, bei der Intentionalität, Thematik, Methodik und Medienwahl im Zusammenhang der anthropogenen und sozial-kulturellen Voraussetzungen unterschieden werden. Er benennt und erläutert dann auch drei wesentliche Prinzipien der Planung von Unterricht: Interdependenz, Variabilität und Kontrollierbarkeit.

Vorschlag für ein Erkundungsprojekt 10:

„Methoden in der Definition"

Versuchen Sie, anhand einschlägiger (vgl. hierzu auch das Erkundungsprojekt für 1) Artikel in Lexika, Handbüchern etc. der Pädagogik nähere Kenntnisse über die Definition zum Methodenkomplex („Lehrmethode", „Unterrichtsmethode") zu gewinnen. Gehen Sie wiederum arbeitsteilig vor.

Vorschlag für ein Planspiel 10:

„Kursplanung an der Hochschule"

Auftrag: Der vorliegende Einführungskurs „Einführung in didaktisches Handeln" soll zu einem Kompaktkurs umgeformt werden. Dadurch wäre es möglich, kontinuierlicher an den dargestellten Problemen zu arbeiten; zudem könnten so auch andere Adressaten als Lehrerstudenten angesprochen werden. Versuchen Sie, in Ihrer Gruppe diese Umformung in einem Planungsprozeß vorzunehmen. Berücksichtigen Sie dabei die Aspekte und Prinzipien, die in Kapitel 10 zu Fragen der Lernorganisation vorgetragen wurden, so daß sich für Sie eine Möglichkeit ergibt, die Anwendbarkeit dieser Aspekte und Prinzipien näher zu prüfen.

11. Lehrbücher und andere Medien

Daß Handwerker Werkzeuge benutzen, wenn sie ihren Beruf ausüben, ist bekannt. Daß auch Lehrer Werkzeuge benutzen, ist wahrscheinlich auch bekannt, jedoch weniger bewußt, denn die Werkzeuge von Lehrern liegen nicht mehr so offensichtlich in der Hand, wie etwa der Prügelstock vergangener Zeiten oder Zeigestock und Lineal. Man kann das Mikrophon im Hörsaal, das die Stimme verstärkt, im engeren Sinne als Werkzeug betrachten; doch schon bei der Wandtafel kommen Zweifel, ob es sich da noch um ein Werkzeug des *Lehrers* handelt, denn im herkömmlichen Sinne versteht man unter Werkzeugen Geräte, welche Muskelkraft (im weitesten Sinne) verstärken oder umformen oder welche der Steigerung der Sinneswahrnehmungen dienen, wie etwa das Mikroskop. Ist dann die Wandtafel nicht eher das Lernwerkzeug des Schülers als vielmehr das Lehrwerkzeug des Lehrers? Und wie verhält es sich mit Lehrbüchern? Sind dies die Lehrwerkzeuge von Lehrern bzw. von Schulbuchautoren, oder sind es die Lernwerkzeuge von Schülern? Sind Bücher Informationswerkzeuge?

Das Buch als Medium

Wir wollen auf eine nähere Erörterung dieses Problems verzichten, da hierfür eine eingehendere Beschäftigung mit dem Begriff „Werkzeug“ erforderlich wäre. Statt dessen wollen wir einen anderen Begriff verwenden, um die Funktion von Lehr- und Lernbüchern näher zu kennzeichnen, den des „Mediums“. Es ist nämlich allgemein bekannt, daß Zeitungen, Rundfunk und Fernsehen, aber auch der Film als „Massenmedien“ bezeichnet werden, weil man damit eine große Anzahl von Menschen gleichzeitig erreichen kann. Nach diesem Verständnis können Lehrbücher zumindest von einer gewissen Auflagenhöhe und einem bestimmten Nutzungsgrad an sicher auch als Massenmedien bezeichnet werden.

Zunächst zum Begriff des *Mediums* im didaktischen Sinne (wir klammern die Medien bei spiritistischen Seancen lieber aus). Neueren didaktischen Medientheorien zufolge lassen sich Medien als *Vermittler von Primärerfahrung* verstehen. Sie treten an die Stelle von Realsituationen, indem sie diese in irgendeiner Form repräsentieren oder „abbilden". Daß man in Realsituationen lernen kann, ist bekannt: aus Schaden wird man klug. Wie weit man aber auch aus der *Abbildung* einer Realsituation lernen kann, hängt von verschiedenen Bedingungen ab: Lernt man aus einem Film, der falsches Verhalten im Straßenverkehr dokumentiert, ebenso wie aus entsprechenden Realsituationen, die man am Volant erlebt? Wenn ja, muß es dann ein Film sein, oder kann man auch schon aus Büchern lernen, in denen solche Situationen mit Wörtern beschrieben oder mit Strichzeichnungen dargestellt sind?

Der Glaube daran, daß man aus Büchern lernen kann, ist ebenso alt wie die gegenteilige Auffassung, daß Buchwissen totes Wissen sei. Es gab in der Geschichte der Pädagogik immer wieder Reformbemühungen, die darauf abzielten, aus dem Klassenraum auszubrechen und sich der unmittelbaren Lebenserfahrung zuzuwenden, nicht aus Büchern, sondern an den Sachen selbst zu lernen. Wie kann man das Problem des „Lernens mit Medien" so formulieren, daß man auf eine Antwort hoffen kann?

In Kapitel 13 werden wir verschiedene Lehrfunktionen darstellen, und zwar *Motivation, Information, Übung und Diagnose.* Ausgehend von dieser Unterscheidung, erscheint es plausibel, daß man Büchern (Lehr- und Lernbüchern im besonderen) vor allem *Informationsfunktionen* zusprechen kann. Innerhalb der Informationsfunktionen ist es wiederum die der Informations*darbietung,* von der man annehmen darf, daß sie von Büchern ebensogut – oder besser – geleistet werden kann wie von Lehrern, vorausgesetzt, daß die Adressaten lesen können. „Lesen" heißt dabei nicht nur, laut vorlesen können, sondern aus gedruckten Materialien Sinn entnehmen, was durchaus nicht identisch ist.

Inwiefern unterscheidet sich nun jene Informationsdarbietung, die ein Buch leistet, von jener, die in Realsituationen stattfindet? Nehmen wir ein Beispiel: Wodurch unterscheidet sich der Satz „Die Haustür ist verschlossen" von der unmittelbaren Erfahrung einer verschlossenen Haustür? Offensichtlich zunächst dadurch, daß man im ersteren Falle der deutschen Sprache mächtig sein muß, um die Information zu verstehen, während im zweiten Falle dies auch ohne solche Sprachkenntnisse möglich ist. Im Buch sind Realsituationen also *sprachlich vermittelt.* Wer die Sprache, im besonderen die spezielle Begrifflichkeit, nicht beherrscht, kann aus dem Buch daher nicht lernen.

Der Umstand sprachlicher Vermittlung ist jedoch nicht der einzige Unterschied bezüglich der Lernwirkung von Büchern und Realsituationen. In der Realsituation ist die Erfahrung (z. B. der verschlossenen Haustür) eng verwoben mit einer Fülle anderer Eindrücke (etwa der dunklen Umgebung, der Kälte der eisernen Türklinke, möglicherweise auch mit dem Angstgefühl, nicht hineinzukommen). Die durch das Buch vermittelte Erfahrung filtert diese Wahrnehmungen aus und konzentriert die Information auf den einen Sachverhalt (der verschlossenen Haustür). Das Buch als Medium hat gegenüber der Realsituation demnach auch eine Art *Filter- oder Auswahleigenschaft.*

Sodann kann man einen weiteren Umstand festhalten. Während die Realsituation, in der man die Erfahrung der verschlossenen Haustür macht, mit dem Augenblick dahingeht, läßt sich der gedruckte Satz „Die Haustür ist verschlossen" über die Jahrhunderte aufbewahren und über Tausende von Kilometern hin verschicken. Medien können demnach Erfahrungen unabhängig von Raum und Zeit aufbewahren und verfügbar machen: Sie haben Eigenschaften eines *Speichers und Verteilers.*

Schließlich kann man – wie jedermann bekannt ist – Bücher in beliebig hoher Auflage herstellen, und jedes Buch (je nach Beschaffenheit) kann von einer größeren Zahl von Individuen gelesen werden. Insofern haben Medien immer auch die Eigenschaft der Vervielfältigung von Informationen *(Multiplikatorfunktion).* Diese Eigenschaften von Büchern und anderen Medien eröffnen jedoch auch Möglichkeiten zur *Manipulation,* d. h. zu einer trickhaften Beeinflussung des Nutzers, die seinen eigenen Interessen zuwiderläuft und denen des Manipulators bzw. seiner Auftraggeber entgegenkommt: Sprachliche Vermittlung und Filterung können nämlich von verschiedenen Interessen und Gesichtspunkten bestimmt sein, also auch denen eines „Manipulators". Der Multiplikator-Effekt von Medien macht Manipulationen zudem entsprechend massenwirksam.

Andere Lehrfunktionen von Büchern und Lerntexten

In Kapitel 13 wird speziell erläutert werden, daß man Lehrfunktionen an Medien übertragen kann, sei es, daß dies der einzelne Lehrer tut, sei es, daß dies durch eine andere Institution geschieht, etwa durch das Redaktionsgremium des Schulfunks. In diesem Kapitel ist bereits auf die vier Lehrfunktionen hingewiesen worden, so daß wir in diesem Zusammenhang nur noch kurz Erwägungen darüber anzustellen haben, ob Lehrbücher – wir sprechen besser von „Lerntexten" – auch andere Lehrfunktionen übernehmen können als die der Informationsdarbietung.

Da sind zunächst die anderen Informationsfunktionen, nämlich das *Anbieten von Reaktionsmöglichkeiten, das Einhelfen und das Bestätigen.* Am Beispiel gedruckter Lehrprogramme (vgl. S. 274) wird noch zu

erläutern sein, auf welche Weise und wie weit dies möglich ist. Im besonderen stellt das Angebot von Lernhilfen insofern eine Schwierigkeit dar, als diese weitgehend auf individuelle Lernvoraussetzungen und Lernschwierigkeiten eingehen müssen, was bei einem standardisierten Text nur sehr begrenzt möglich ist. Auch in bezug auf die Rückmeldung besteht bei Buchtexten nur eine begrenzte Möglichkeit der Differenzierung, etwa, indem man verschiedene Antwortmöglichkeiten anbietet und dann je nach gewählter Antwort eine andere Rückmeldung anbietet. Dies ist bei den sogenannten „durcheinandergewürfelten Lehrbüchern" (scrambled textbooks) der Fall, in denen der Lehrtext nicht von Seite zu Seite kontinuierlich abgedruckt ist, sondern wo die Seiten nach vorn und nach hinten übersprungen werden müssen, je nachdem, wohin man auf Grund seiner Antwort verwiesen wird. Immerhin ist so viel zu sagen: In dem Maße, wie man andere Präsentationstechniken als den Buchdruck wählt, lassen sich auch diese Funktionen erheblich differenzieren. So ist beim „computerunterstützten Unterricht" eine große Zahl von Lehrtexten gespeichert, die je nach Reaktion des Lernenden auf eine gestellte Frage von Fall zu Fall der Antwort entsprechend abgerufen und ausgedruckt werden. Die Möglichkeit von sehr differenzierten Lernhilfen und von spezifischer Rückmeldung ist hier gegenüber dem Buch deutlich erweitert. Auch andere „Lehrmaschinen", die auf elektronischer Basis arbeiten, sind geeignet, diese Lehrfunktionen gegenüber dem Buch zu differenzieren.
Bezüglich der anderen Lehrfunktionen – Motivation, Übung und Diagnose – liegen die Dinge ähnlich. Soweit diese Lehrfunktionen in irgendeiner Weise standardisierbar sind, können sie an Lerntexte übertragen werden; soweit sie jedoch individuelle Lernvoraussetzungen und Lernbedingungen berücksichtigen müssen, findet dieses Medium seine Grenzen. Bevor man jedoch diese Grenzen beschwört, sollte man sich zunächst darum bemühen, Erfahrungen darüber zu sammeln, wo sie tatsächlich liegen. Keineswegs sind nämlich die derzeit verbreiteten Lehrbücher das Non-plus-ultra der didaktischen Möglichkeiten.

Gesichtspunkte für die Auswahl von Lehrbüchern bzw. Lerntexten

Man geht wohl nicht fehl in der Annahme, daß gegenwärtig nicht nur im allgemeinbildenden Bereich, sondern in nahezu allen Bildungsbereichen dem Unterricht Lehrbücher bzw. gedruckte Lerntexte zugrunde gelegt sind oder aber ihn begleiten. Die hohe Bedeutung, welche dem Lehrbuch als Unterrichtsmedium noch immer zukommt, steht in gar keinem Verhältnis zu dem geringen Aufwand, der im allgemeinen bei ihrer Auswahl getrieben wird. Lehrbücher werden entweder verwendet, weil sie als nützlich empfunden werden, oder aber, weil sie schon immer verwendet wurden, weil ein Wechsel Unannehmlichkeiten mit sich bringt, weil Alternativen nicht vorhanden oder nicht bekannt sind. Berichte über die systematische Auswahl von Lehrbüchern fehlen jedenfalls in der didaktischen Literatur so gut wie überhaupt.

Aus den bisherigen Überlegungen dürfte deutlich geworden sein, daß bei der *Auswahl von Lehrbüchern* einerseits der Gesichtspunkt eine Rolle spielen sollte, von welchen *Interessen* die Auswahl der Inhalte und Festlegung der Lernziele im besonderen bestimmt ist; vor allem, ob diese denen des Curriculum entsprechen. Zum anderen aber wird es darum gehen müssen, zu prüfen, welche Lehrfunktionen der Lerntext tatsächlich zu übernehmen geeignet ist, welche anderen Funktionen daher vom Lehrer oder von anderen Medien getragen werden müssen. Sodann aber stellt sich die Frage, ob denn ein gedruckter Text überhaupt das geeignete Medium ist, um diejenigen Lernprozesse zu fördern, welche in dem betreffenden Unterricht zentral sind. Ein Beispiel: Wenn der Fremdsprachenunterricht Hörverstehen und mündlichen Ausdruck in den Mittelpunkt stellt, dann können *gedruckte* Texte die dafür erforderlichen Übungsgelegenheiten nicht bieten. Wohl aber können dies *gesprochene* Texte, die, sei es vom Lehrer, sei es durch Rundfunk oder vom Tonband, dargeboten werden. Ähnlich verhält es sich beim Lernen von Bewegungen. Auch hier können gesprochene Texte die unmittelbare Anschauung nicht ersetzen; Filme oder Fernsehaufzeichnungen jedoch sind prinzipiell dafür geeignet.

Unterrichtsmedien als Vermittler von Lernsituationen

Damit kommen wir zur Frage nach dem jeweils *geeigneten Medium.* Solange für Unterrichtszwecke außer Büchern allenfalls ausgestopfte Vögel und Landkarten als „Lehrmittel" oder „Anschauungsmittel" zur Verfügung standen, blieb außer dem Buch oder dem Lehrer nur die Erfahrung in der Lebenssituation selbst als Lerngelegenheit übrig. Seit einigen Jahrzehnten steht nun ein breites Angebot von Medien, vor allem von sogenannten *„audio-visuellen Medien"*, für jede Form von Unterricht zur Verfügung. Es reicht von Diapositiven und Tonbandaufzeichnungen über Tonbildschauen, Tonfilme und Fernsehaufzeichnungen bis hin zu Simulationen der verschiedensten Art: Man betrachte die folgende Aufstellung unter dem Gesichtspunkt der in ihr enthaltenen Vielfalt; die Aufstellung ist unsystematisch.

Checklist of learning resources

☐ Aquarium & Terrarium
☐ Book
- Bound
- Looseleaf
☐ Booklet
- Album
- Clipping
- Diary
- Publicity
- Scrapbook
☐ Bulletin Board
☐ Campaign
☐ Cartoon
☐ Catalogue
☐ Chalkboard
☐ Chart
☐ Club or Society
☐ Collection
☐ Competition
☐ Computer
☐ Costumed Figure
☐ Cut-Out
☐ Data Processing Equipment
☐ Demonstration
☐ Diagram
☐ Diorama
☐ Display Device
- Animated Display
- Display Board
  - Combination
  - Flannel
  - Magnetic
  - Peg
  - Plastic
  - Velcro
- Easel
- Showcase
- Stand
☐ Dramatic Presentation
- Costumed Play
- Marionette
- Mask
- Miniature Stage
- Pageant
- Pantomime
- Puppet
- Radio Play
- Role Playing
- Shadow Play
- Tableau
☐ Drill Device
- Drill Card
- Flash Card
☐ Duplicator
- Blueprinting
- Carbon Paper
- Diazo
- Gelatin
- Glue Plate
- Offset
- Photographic
  - Contact
  - Optical
- Rubber Stamp
- Spirit
- Stencil
- Sensitized Matrix
- True-to-Scale
- Xerography
☐ Electrical-Mechanical Device
- Electric Map
- Electric Questioner
☐ Exhibit
☐ Experiment
☐ Field Trip
- Excursion
- School Journey
☐ Filing System
☐ Filmstrip
- Silent
- Sound
☐ Game
☐ Globe
☐ Graph
☐ Information Storage & Retrieval System
☐ Kit
☐ Laboratory
☐ Lettering Device
- Brush
- Cut-Out
- Embosograf
- Felt Tip Pen
- Guide

- Hot Press System
- Mechanical
- Photographic System
- Printed Alphabet
- Rubber Stamp
- Speedball Pen
- Stencil

☐ Library
☐ Magazine
☐ Map
☐ Motion Picture
☐ Microfilm
☐ Mock-Up
☐ Model

8 mm. & 16 mm.
- Silent or Sound
  - Analytical
  - Animated
  - High Speed
  - Single Concept
  - Stop-Motion
  - Time Lapse

☐ Mould
☐ Museum
☐ Newspaper
☐ Notebook
☐ Object
☐ Optical Instrument
- Binocular
- Micro-Projector
- Microscope
- Telescope

☐ Pamphlet
☐ Photography
- Still
- Motion Picture

☐ Pictorial Card
☐ Picture
- Drawing
- Frieze
- Mural
- Painting
- Photograph
- Poster
- Sketch

☐ Postage Stamp
☐ Presentation Device
- Mechanical Writing Tablet
- Presentation Unit
- Status Board

☐ Printing Press
☐ Programmed Learning Device
☐ Projection Equipment
- Projector
- Cartridge Loading

☐ – Projector (continued)
  - Micro
  - Opaque
  - Overhead
  - Silent Film
  - Slide
  - Sound Film
  - Stereo

☐ – Screen
  - Front Projection
  - Multiple
  - Rear Projection
  - Wide

☐ Publication
- Class Paper
- School Paper
- Yearbook

☐ Quotation
☐ Radio
☐ Realia
  - Magnetic

☐ Recording
- Audio
  - Disc
    - Tape
    - Disc
- Video
  - Kinescope
  - Kine Transfer
  - Magnetic
  - Thermo-plastic

☐ Routine Device
- Marking System
- Response Indicator
- Seating Plan
- Visible Record System

☐ Sandtable
☐ Sign
☐ Silk Screen
☐ Slide
☐ Sound Equipment
- Amplifier
- Distribution System
  - Induction Loop
  - Oscillator
  - Wired
- Headphones
- Loudspeaker
- Microphone
- Radio
- Record Player
- School Sound System

– Stereophonic Equipment	☐ Storage Equipment	☐ Telephone
– Tape Recorder	– Modular Storage Units	☐ Television
		– Broadcast
		– Closed Circuit
☐ Source Material	☐ Study Carrel	
☐ Specimen	☐ Tachistoscope	☐ Test
☐ Stereograph	☐ Teacher	☐ Textbook
– Stereoscope	☐ Teacher Aide	☐ Toy
– Telebinocular	☐ Team Teaching	☐ Transparency

(aus: B. Burnham (ed.); New Design for Learning. Published for The Ontario Institute for Studies in Education by University of Toronto Press, 1967, S. 234)

Die Aufstellung erscheint verwirrend. Man kann der Ansicht sein, daß des Guten zuviel getan wurde, daß in diesen Katalog Dinge aufgenommen wurden, die man nur mit großer Mühe als Lehrmittel oder Unterrichtsmedien betrachten kann. Immerhin illustriert diese Liste, wie reich das Repertoire ist, das für Unterrichtszwecke prinzipiell zur Verfügung steht, und wie wenig davon im Durchschnittsunterricht überhaupt genutzt wird.

Das Bedürfnis nach Systematik dürfte angesichts dieser Vielfalt groß sein. Erfreulicherweise können wir auf verschiedene Ansätze einer Theorie der Unterrichtsmedien zurückgreifen. Der wohl bekannteste Ansatz stammt von Edgar Dale (siehe unten). Dieser Autor begreift Medien als *Repräsentanten* von Realsituationen, d. h. als Stellvertreter der Lebenswirklichkeit. Diese „Stellvertretung“ kann nun verschiedene Gestalt annehmen. Es kann sich um (Ersatz-)*Handlungen*, um *Bilder* oder um *Symbole* handeln. Daß man das Schießen erlernt, indem man auf „Pappkameraden“ zielt, das Operieren, indem man im Präparierkurs an einer Leiche arbeitet, das Rudern, indem man „Trockenübungen“ macht, ist allgemein bekannt. Daß auch die Fähigkeit, richtige Unternehmensentscheidungen zu treffen, dadurch gelehrt wird, daß die Adressaten in sogenannten „Scheinfirmen“ arbeiten oder daß man für die Ausbildung von Zahnärzten eine Attrappe entwickelt hat, deren Zähne zu behandeln sind und deren Reaktionen im Falle von Fehlhandlungen des Anfängers tatsächlichen Reaktionen von Patienten nahekommen, dürfte vielen neu sein. Man nennt diese Art der Nachbildung von Realsituationen auch „Simulation“; Geräte, die dies leisten, werden „Simulatoren“ genannt. Eine Sonderform der Simulation ist das *Planspiel*, das mittlerweile längst den Bereich der militärischen Ausbildung verlassen hat. Simulation ist überall dort angebracht, wo Lehren und Lernen in Realsituationen mit Gefahr für Leib und Leben oder mit hohem finanziellem Risiko verbunden ist bzw. wo die Kosten sehr hoch wären. Eine gegenüber der Simulation abstraktere Repräsentation von Realsituationen ist die *Abbildung*. Was die optischen Reize der Realsituation anbelangt, so können diese durch Film oder Photographie, Standbild oder Zeichnung, Fernsehen oder Holographie abgebildet werden. Bezüglich der Abbildung von akustischen Reizen werden bekanntlich vorwiegend Tonbänder oder Schallplatten verwendet. Ebenso ist bekannt, daß die verschiedensten Kombinationen bei der Abbildung optischer und akustischer Reize von Realsituationen verwendet werden, deren bekannteste der Tonfilm ist.

Schließlich kennen wir jene Form der Repräsentation von Realsituationen, die mittels *Symbolen* geschieht. Das bekannteste Symbolsystem ist dabei die *Umgangssprache*. Wir kennen in den verschiedensten Berufen und Wissenschaften jedoch auch andere Symbolsysteme, so etwa die Symbole der Mathematik, der Elektrizitätslehre oder die Verkehrszeichen. Allerdings können nur diejenigen Individuen verstehen, auf welche Realsituationen diese Symbole hindeuten, welche die betreffende Sprache oder das jeweilige Symbolsystem verstehen. Auch lassen sich mit Hilfe von Symbolen Erfahrungen eigener Art vermitteln, die nicht mehr auf irgendwelche Realsituationen hindeuten, man denke etwa an das System der Geometrie.

Diese drei Arten der Repräsentation von Realsituationen – Simulation, Abbildung und Symbol – lassen sich in eine Reihe bringen, die man als Folge zunehmender Abstraktion begreifen kann. Während bei der Simulation nur relativ wenige Elemente der Realsituation ausgeblendet sind (beispielsweise ist in der Regel eine Handlungs- oder Reaktionsnotwendigkeit für den Lernenden bewahrt), gehen in die symbolische Repräsentation immer weniger Elemente der Realsituation ein. Andererseits wird dadurch eine größere *Allgemeinheit der Bedeutung* vermittelt, d. h. das Symbol kann sich auf eine Vielzahl von Realsituationen beziehen.

Dales Erfahrungskegel

Diese Gliederung nach drei Repräsentationsebenen ist von Edgar Dale weiter differenziert worden. Er gelangt zu einem „Erfahrungskegel" (cone of experience), an dessen Basis die konkrete Realsituation steht und dessen Spitze durch verbale Symbole markiert ist:

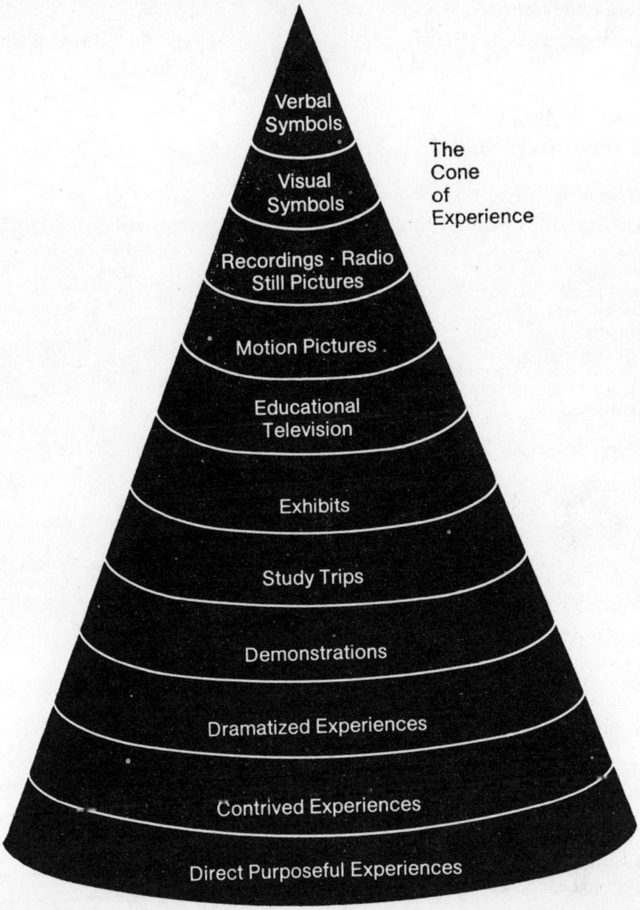

(aus: E. Dale, Audiovisual Methods in Teaching. New York usw. (The Dryden Press / Holt, Rinehart and Wiston, Inc.) 3. Aufl. 1969, S. 107)

Dieser Erfahrungskegel stellt eine Systematik bezüglich der verschiedenen Unterrichtsmedien her. An der Basis des Kegels finden sich die konkreteren, an der Spitze die abstrakteren Medien.

Direct purposeful experiences
Unmittelbare und beabsichtigte Erfahrungen
(z. B. bei Erkundungen und Praktika)

Contrived experiences
Geplante, konstruierte Erfahrungen, im besonderen Simulationen, Planspiele

Dramatized experiences
Dramatisierte Erfahrungen, im besonderen Stegreif- und Rollenspiele

Demonstrations
(Experimental-)Vorführungen, z. B. im naturwissenschaftlichen Unterricht

Study Trips
Exkursionen

Exhibits
Ausstellungen

Educational Television
Bildungsfernsehen

Motion Pictures
Film

Recordings, Radio, Still pictures
Tonaufnahmen, Radio, Standbilder

Visual Symbols
Optische Symbole (z. B. Verkehrszeichen)

Verbal Symbols
Sprachliche Symbole, sei es der Umgangssprache oder formalisierter Sprachen (Computersprachen, Mathematik)

Auch hier handelt es sich wiederum um *eine* Möglichkeit der Klassifikation, nicht um die einzige. Es ist offenbar, daß man die 11 Kategorien weiter differenzieren oder enger zusammenfassen kann. Dennoch dürfte der Dalesche Kegel derzeit zu den nützlichsten Klassifikationen für Unterrichtsmedien gehören.

Gründe für die Medienverwendung

Nachdem wir auf diese Weise einen gewissen Überblick über die insgesamt für Unterrichtszwecke zur Verfügung stehenden Medien gewonnen haben, wollen wir uns die Frage stellen, warum es überhaupt sinnvoll ist, Medien für didaktische Zwecke zu verwenden. Drei Gründe dürften hier ausschlaggebend sein: Bereitstellung „seltener" Erfahrungen, Behebung des Lehrermangels und Steigerung der Effizienz von Unterricht.

Was die *Bereitstellung „seltener" Erfahrungen* anbelangt, so kennt jedermann aus seiner eigenen Schulzeit das Beispiel des naturwissenschaftlichen Films, bei dem Tierverhalten oder Pflanzenwuchs im Zeitraffertempo gezeigt wurde, Vorgänge, die nur mit großer Schwierigkeit oder überhaupt nicht in der freien Natur zu beobachten gewesen wären. Entsprechendes gilt für den historischen Dokumentarfilm, der einmalige geschichtliche Ereignisse festhält, die sich ohnehin nicht beliebig wiederholen lassen. Entsprechende Beispiele lassen sich auch für andere Medien finden.

Behebung des Lehrermangels ist ein weiterer Grund für Medienverwendung. Dies ist einmal im absoluten Sinne zu verstehen, d. h. wenn in einem Land überhaupt zu wenige Lehrer vorhanden sind, kann man versuchen, etwa über Bildungsfernsehen hierfür Ersatz zu schaffen, so daß auch unausgebildete oder angelernte Kräfte ausreichen, um die organisatorischen Arbeiten bzw. kustodiale Funktionen zu übernehmen. So hat z. B. der Staat Elfenbeinküste sein Bildungssystem in erheblichem Maße auf Fernsehunterricht eingestellt. Häufiger ist jedoch die Verwendung im Falle eines *spezifischen* Lehrermangels, wenn Lehrer für eine bestimmte Bildungsstufe oder ein bestimmtes Fach fehlen oder wenn neue Unterrichtsinhalte zu lehren sind, auf die Lehrer während ihrer Ausbildung nicht vorbereitet wurden, man denke nur an das Beispiel der Mengenlehre. Hier hat es Bemühungen von Schulfunk (in Verbindung mit schriftlichen Materialien) und Fernsehen gegeben, einen gewissen Ersatz bereitzustellen.

Schließlich aber werden Medien im Bildungsbereich auch aus Gründen der *Effizienz,* d. h. des höheren Lerngewinns und/oder der gegenüber Lehrerunterricht geringeren Kosten wegen eingesetzt. Ein besonders einprägsames Beispiel ist die „Open University", die in Großbritannien 1971 eröffnet wurde und in der mehr als 50 000 Studenten eingeschrieben sind bzw. waren. Diese Universität arbeitet weitgehend auf dem Wege des Fern- und Selbststudiums und mit Kosten, die erheblich unter denen regulärer Hochschulen lagen. Auch in der Bundesrepublik wurde 1974 vom Lande Nordrhein-Westfalen in Hagen eine Fernuniversität eingerichtet.

Sodann aber darf man nicht übersehen, daß auch bezüglich des *Lerngewinns* Medien dem Lehrerunterricht überlegen sein können, da sie in Teamarbeit detailliert geplant, gründlich entwickelt sowie erprobt werden können, bevor man sie einsetzt, so daß man ihren Lehreffekt bis zu einem gewissen Grad im voraus abschätzen kann. Dies gilt natürlich nicht für alle Medien. Sehr häufig handelt es sich auch um Produkte, die von kommerziellen Firmen ohne solche Erprobung auf den Markt geworfen werden.

Gründe für die Ablehnung von Medien

Die bisherigen Überlegungen lassen es erstaunlich erscheinen, daß im Bildungswesen Unterrichtsmedien nicht sehr viel weiter verbreitet sind. Auch hier lassen sich mindestens vier Gründe anführen, die der breiteren Verwendung im Wege stehen: mangelnde curriculare und organisatorische Integration, mangelnde Zugänglichkeit, Kosten sowie emotionale und qualifikationsbedingte Barrieren.

Was die mangelnde *curriculare und organisatorische Integration* der Medien anbelangt, so ist das Beispiel des Schulfunks hier aufschlußreich: Obwohl die Sendungen oft eine hohe Qualität haben, sind sie doch eher als Zusatzmaterialien zum Unterricht gedacht; ihre Sequenz entspricht nicht der Sequenz irgendeines Lehrbuchs, die Lernziele decken sich nur teilweise mit denen der Lehrpläne, und die Sendungen finden zu Zeiten statt, die nur selten mit den Unterrichtsstunden, in denen man sie braucht, zusammenfallen. Was Wunder, daß Schulfunk nur vergleichsweise selten in unseren allgemeinbildenden Schulen genutzt wird. Nun würde es sich geradezu anbieten, die Sendungen allgemein auf Band aufzunehmen und bei Bedarf abzuspielen, doch dem stehen gewisse urheberrechtliche Regelungen entgegen.

Mangelnde *Zugänglichkeit* ist ein weiterer Grund dafür, daß in unserem Bildungswesen Medien vergleichsweise wenig verwendet werden. Wenn man als Lehrer einen Unterrichtsfilm erst bei der Kreisbildstelle vorbestellen, dann den Hausmeister um Freimachen und Verdunkeln eines Raumes und den Kollegen Gerätewart um Aushändigung des Projektors bitten muß, dann schmilzt der gute Wille eines Lehrers rasch wie Schnee in der Sonne dahin. Auch in diesem Punkt sind zwar mit der großzügigen Ausstattung der Schulen mit Geräten, mit Kassettentechnik und verbesserten Ausleih- und Bibliothekssystemen solche Schwellen niedriger geworden. Sie werden jedoch nur dann ganz wegfallen, wenn jeder Lehrende und Lernende die Medien jeweils zugriffbereit und übersichtlich geordnet im Umkreis von einigen Metern vorfindet. Bei den komplexeren Medien wie Planspielen und Erkundungsprojekten spielt zusätzlich die räumliche Ausstattung eine große Rolle, mitunter auch Mittel für Exkursionen, Versicherungsschutz oder ein flexibler Stundenplan, der es erlaubt, Kompakteinheiten von 3 bis 6 Stunden einzuplanen.

Daß auch *Kosten* ein Grund für geringe Medienverwendung sein können, trifft zwar zu, doch läßt sich feststellen, daß gerade für Medien in den letzten Jahren überdurchschnittlich hohe Mittel bereitgestellt wurden. Dabei hat offenbar auch eine Rolle gespielt, daß die Geräteindustrie es verstanden hat, den Bildungsbereich als Absatzmarkt für ihre Produkte zu erschließen, und daß es sowohl Lehrern wie kommunalen Bildungspolitikern schmeichelt, einen möglichst großen Gerätepark vorzeigen zu können, auch wenn seine Nutzung in eklatantem Mißverhältnis zur technischen Perfektion steht.

Emotionale und qualifikationsbedingte Barrieren bei Lehrern und Adressaten schließlich können eine weitere Ursache für mangelnde Medienverwendung im Bildungswesen sein. Noch immer sind in unserer Gesellschaft Vorurteile verbreitet, daß Technik und Bildung einander ausschließen, so z. B. daß es schändlich ist, den Autor der „Duineser Elegien" nicht zu kennen, daß es aber eher von Sinn für höhere Dinge zeugt, wenn man einen Gerätestecker nicht auswechseln kann. Diesen bildungsbürgerlichen Vorurteilen konservativer Spielart haben sich in den letzten Jahren Vorurteile von Kreisen hinzugesellt, die sich eher für progressiv halten. Für sie ist Verwendung von Technik für Unterrichtszwecke gleichbedeutend mit dem Eindringen industrieller Produktions- und Kommunikationsstrukturen in dic pädagogische Provinz, mit Fremdbestimmung für Lehrer und Lernende und damit verbunden mit einer Störung der Kommunikationsprozesse.

Neben solchen ideologisch-vorurteilshaften Barrieren gegenüber Medienverwendung im Bildungsbereich spielen natürlich auch sehr konkrete Kompetenzmängel eine Rolle. Möglicherweise sind letztere auch ein Grund für erstere. Wer nicht gelernt hat, einen Unterrichtsfilm einzufädeln, und wer auch nicht bereit ist, dies nachzuholen, für den sind entsprechende Ideologeme ein geeignetes Mittel, aus dem Qualifikationsmangel eine Tugend zu machen. Qualifikationsmängel bestehen jedoch nicht nur in bezug auf Fähigkeiten der Gerätebedienung, sondern auch hinsichtlich der Informationen über Bezugsquellen, Standorte und Ausleihverfahren für Medien. Einen ersten Schritt zur Überwindung solcher Informationslücken stellen die im Anhang abgedruckten Adressen wichtiger Kontaktpartner für den Bereich der audiovisuellen Medien dar.

Einsatzmodelle für Unterrichtsmedien

Bereits zu Beginn dieses Absatzes haben wir darauf hingewiesen, daß man Medien auch als Werkzeuge von Lehrern begreifen kann. In diesem Falle ist das entsprechende Einsatzmodell bereits umrissen: Es kommt darauf an, Lehrer für Medieneinsatz zu qualifizieren, ihnen im besonderen Informationen über verfügbare Geräte, Lehrbücher, Filme etc. zu geben, Mittel für die Anschaffung oder Ausleihe zu bewilligen und evtl. ein Kommunikationsnetz für den Erfahrungsaustausch aufzubauen. Man kann in diesem Fall von einem *Lehrerwerkzeug-Konzept des Medieneinsatzes* sprechen.

Dies ist jedoch nicht das einzige Handlungsmuster, nach dem Medien im Bildungswesen Verwendung finden können. Eine zweite Möglichkeit ist das *Massenkommunikations-Konzept.* Hierbei wird die Organisation des Medieneinsatzes, d. h. des Angebots an die Adressaten, mit Hilfe von Massenmedien geleistet. In erster Linie sind Rundfunk- und Fernsehanstalten als Träger zu nennen, inzwischen gibt es jedoch in der Bundesrepublik wie auch in anderen Ländern spezielle Einrichtungen für das Fernstudium (vgl. Anhang), wobei für den Korrespondenzanteil das Verteilernetz der Post benutzt wird.

Von wesentlich komplizierterer Struktur ist das System-Konzept des Medieneinsatzes. Dabei werden die verschiedensten Medien in einem Verbundsystem mit personalen Komponenten (Lehrer, Tutoren, Gruppendiskussionen) integriert. Hier herrscht das Prinzip der Zweckrationalität vor, d. h. es soll durch das System mit möglichst geringem Aufwand ein möglichst hoher Lernerfolg der Adressaten erreicht werden. In aller Regel sind solche Verbundsysteme mit entsprechenden Evaluationsverfahren verbunden, durch die gesichert werden soll, daß das Medienverbundsystem auch tatsächlich die Wirkungen hervorbringt, für die es entwickelt wurde, und daß seine negativen Nebenwirkungen möglichst gering bleiben. Zugleich werden dadurch auch Informationen für die Revision und Weiterentwicklung des Systems gewonnen. Erste Ansätze zu solchen Medienverbund-Systemen stellen Funkkollegs und Telekollegs dar; in den USA bestehen jedoch auch schon verschiedene Modellschulen, die – unter Nutzung von Datenverarbeitungsanlagen – dieses Systemkonzept des Medieneinsatzes perfektioniert haben.

Inzwischen hat sich ein weiteres Konzept der Medienverwendung entwickelt, wenn auch zunächst nur in experimentellen Ansätzen. Man kann es als *„interaktionistisches Konzept“* der Medienverwendung bezeichnen. Der Grundgedanke dieses Konzepts beruht darauf, daß „aufklärende Umwelten" konstruiert werden, mit denen die Adressaten interagieren, d. h. in Energie- oder Informationsaustausch treten, Erfahrungen machen, also lernen können. Solche „aufklärenden Umwelten" (clarifying environments) gibt es sowohl für die berufliche Ausbildung, bei der man „Scheinfirmen" gründet, die alle wesentlichen Elemente von tatsächlichen Firmen enthalten und die verschiedensten Gelegenheiten zu handelnder Auseinandersetzung in verschiedenen Rollen bieten, als auch für den Bereich der Vorschul- und Primarerziehung in den USA, wo Abenteuerspielplätzen ähnliche, jedoch weit aufwendigere Modell-Umwelten geschaffen wurden. Medien übernehmen hierbei die Funktion von Stellvertretern für jene Komponenten wirklicher Umwelten, die aus den verschiedensten Gründen nicht einbezogen werden können. Man wird annehmen dürfen, daß die Verwendung von Medien für Unterrichtszwecke vor allem davon abhängt, wie weit es gelingt, plausible, pädagogisch vertretbare und ökonomisch zu leistende Konzepte zu entwickeln und zu verbreiten.

Medienentwicklung als didaktischer Beruf

Dies verweist nun auf einen Sachverhalt, der an verschiedenen Stellen dieses Leitfadens angesprochen wird. Bei der Differenzierung der didaktischen Berufe und bei der Entfaltung von speziellen Formen didaktischen Handelns wird die Entwicklung und Erprobung von Unterrichtsmedien und von Konzeptionen für den Medieneinsatz einen Qualifikationsbereich eigener Art darstellen. Dabei mag zunächst offenbleiben, ob dies vorwiegend in Form von Studiengängen eigener Art oder als Weiterbildung von Lehrern und Ausbildern geschehen sollte.
Die Ansätze, welche derzeit vorhanden sind, sind noch kaum auf einen Nenner zu bringen. Sie reichen vom Typ des Rundfunk- und Fernsehtechnikers mit psychologischer und pädagogischer Zusatzbildung über den Typ des Funktionslehrers (parallel zum Stufen- oder Fachlehrer), der im Rahmen der allgemeinen Lehrerbildung eine Spezialisierung erfährt, bis hin zum Typ des Systemanalytikers, des Systemmanagers und des spezialisierten Bildungsforschers. Daß damit nicht nur einem sachlichen Bedarf Genüge getan werden soll, sondern daß hier auch institutionelles und individuelles Prestige- und Expansionsdenken im Spiele ist, darf angenommen werden.
Welche Lösung aber auch immer sich durchsetzen wird, sie wird zwei Aspekte in das Ausbildungskonzept einbeziehen müssen: Didaktische

Theorie und Methoden didaktischer Entwicklungsforschung. Der Mediendidaktiker wird nicht weniger, sondern eher mehr didaktisches Theorieverständnis entwickeln müssen als ein Lehrer, da er sonst noch leichter zum Spielball oder Instrument beliebiger Einseitigkeiten oder Kuriositäten werden könnte. Er muß den Stellenwert und die Funktion seines Handelns im jeweiligen Bildungssystem sehr genau einschätzen, wozu er auch des historischen und internationalen Aspekts nicht entraten kann. Er muß aber vor allem auch lernen, die Ziele seines Handelns in rationaler Argumentation zu begründen und dessen Wirkungen differenziert wahrzunehmen. Dazu bedarf es didaktischer Theorie.

Ausbildung in den Methoden didaktischer Entwicklungsforschung beinhaltet neben Curriculumentwicklung und Medienentwicklung auch die Verfahren der Praxisevaluation. Das Durchlaufen der verschiedenen Stadien einer didaktischen Innovation von der Idee über verschiedene Explorationsversuche und Prototypen bis hin zur Felderprobung sollte im Studiengang wenigstens in exemplarischer Weise angelegt sein.

Demgegenüber erscheint es weniger notwendig, bei der Ausbildung von Mediendidaktikern nach den verschiedenen Bildungsstufen, nach Allgemeinbildung oder Berufsbildung zu unterscheiden. Mediendidaktiker werden ohnehin nur in enger Kooperation mit anderen Personen, die in diesem Bereich arbeiten, sinnvoll arbeiten können. Außerdem wird für sie ebenso zu gelten haben, was auch für alle anderen Didaktiker gilt: „lifelong learning", d. h. die Weiterführung organisierten Lernens über formelle Studienabschlüsse hinaus.

Literaturhinweise:

1 K. W. Döring; Lehr- und Lernmittel. Weinheim usw. (Beltz) 1969.

In diesem Buch wird die historische Entwicklung von Lehr- und Lernmitteln dargestellt; ferner wird auch der Versuch einer Theorie solcher Unterrichtsmittel unternommen.

2 H. Dichanz u. a.; Medien im Unterrichtsprozeß. München (Juventa) 1974.

Dieses Buch gibt einen Problemaufriß der gegenwärtigen Medienforschung und Verwendungspraxis in verschiedenen Einzelreferaten. Die Autoren sind bzw. waren zumeist Mitarbeiter am Deutschen Institut für Fernstudien in Tübingen.

Vorschlag für ein Erkundungsprojekt 11:

„Mediennutzung in einer Schule"

Versuchen Sie, ausfindig zu machen, welche Medien in einer konkret ausgewählten Schule vorhanden sind und welche Nutzung mit ihnen betrieben wird. Begrenzen Sie sich dabei arbeitsteilig, indem Sie verschiedene Medien (Filme, Bücher für ein ausgewähltes Fach, Sprachlabor etc.) auswählen. Befragen Sie dazu die Lehrer dieser Schule, insbesondere die für die verschiedenen Medien möglicherweise zuständigen Obleute. Versuchen Sie herauszufinden, wie groß die Nutzung dieser Medien ist, woran eine auffallend starke oder geringe Nutzung möglicherweise liegt, welche Änderungen notwendig wären, wie die Lehrer die Ergebnisse ihrer Arbeit mit diesen Medien ansehen etc.

Skizze zu einem Planspiel 11:

„Medienauswahl für eine einklassige Volksschule"

Situation: In einer einklassigen Volksschule ist vom Lehrer die Anschaffung von Lehrmitteln (Medien) zu planen. Er beantragt einen Sachetat von 10 000 DM pro Jahr und füllt nun die Liste für die anzuschaffenden Geräte etc. aus, und zwar für die nächsten 5 Jahre. Insgesamt sind also 50 000 DM zu „verplanen". Der betreffende Lehrer hat sich zunächst einen Prioritätenkatalog zusammengestellt, muß nun aber auch sehen, welche Kosten dabei entstehen würden. Er befragt also verschiedene Personen, welche Vorzüge die betreffenden Medien aufweisen, welche Anschaffungskosten und welche Folgekosten entstehen usw. Wir gehen dabei davon aus, daß die normalerweise im Unterricht zu verwendenden Lehrbücher nicht in diesen Etat fallen.

Handlungsträger: Ein Lehrer einer einklassigen Volksschule, zwei Vertreter verschiedener Hersteller von Lehrmitteln, zwei beratende Pädagogen, ein beratender Schulverwaltungsbeamter.

Handlungsziele: Während der Lehrer möglichst seinen Unterricht verbessern will und dabei auf die Situation der einklassigen Volksschule

Rücksicht nehmen muß, haben die beiden Hersteller-Vertreter vor allem das Ziel, einen guten Verkauf zu tätigen. Für die übrigen Personen gelten denen des Lehrers vergleichbare Ziele.

Handlungsmöglichkeiten: Diskussion, Vorlage von Dokumenten, Prospekten etc., Besichtigung einer vergleichbaren Gruppe.

Spielverlauf: Es wird notwendig sein, daß Sie sich für dieses Planspiel das Material besorgen, mit welchem im Spielverlauf gehandelt werden soll. So könnten die beiden Hersteller-Vertreter unterschiedliche Lehrmittel (einer z. B. ein System zur Nutzung des Schulfernsehens, der andere z. B. ein System zur Nutzung von Filmangeboten der Landes- und Kreisbildstelle) repräsentieren.

12. Klassenarbeiten, Prüfungen und Evaluationsinstrumente

Im Kapitel 7 haben wir uns mit dem Problem von Leistungsmessung und Evaluation befaßt. Es ging dabei vor allem um Funktionen und Begründungen. Offen blieb die Frage nach den Instrumenten, mit denen Leistungs- bzw. Qualifikationsmessung und Evaluation durchgeführt werden. Greifen wir auf unsere Alltagserfahrung zurück, so fallen uns bei dem Stichwort „Instrumente“ verschiedene Situationen und Beziehungen ein, die mit mehr oder weniger lustvollen Erlebnissen verbunden sind:

Klassenarbeiten,
Klausuren,
Referate,
Tests,
Prüfungsgespräche,
Hausarbeiten,
Übungsarbeiten,
Befragungen (Hearings),
Hospitationen,
Vorsprechen, Vorzeigen (z. B. Waffenappell, Musterung, TÜV).

Alles dieses sind Situationen, in denen wir uns geprüft sehen. Gemeinsam ist diesen Situationen, Verfahren und Instrumenten, daß dabei unter mehr oder weniger geeigneten Bedingungen Daten gesammelt werden, die über unser Wohl und Wehe entscheiden können. Wir wollen dies am Beispiel der sogenannten Klassenarbeit (warum heißt sie wohl so?) erläutern. Damit haben wir eine gewichtige Auswahlentscheidung getroffen. Wir greifen damit nämlich auf ein wesentliches Instrument der Adressatenevaluation zurück und lassen die Systemevaluation notgedrungen außer acht.

Klassenarbeiten sind in der Regel vorgeschrieben durch Erlasse der Kultusminister der einzelnen Bundesländer. In diesen Erlassen ist ausgesagt, wieviele Klassenarbeiten in den verschiedenen Schularten, Klassenstufen und Fächern mindestens zu absolvieren sind, welchen Prinzipien die Arbeiten zu genügen haben etc. Diesem Auftrag kann sich kein Lehrer entziehen, doch gibt es immerhin Situationen, in denen für eine ganze Schule eine Ausnahmeregelung erreicht werden kann, etwa bei einer Gesamtschule, die als Versuchs- oder Modellschule anerkannt wird und in der dann andere Formen der Leistungsbewertung durchgeführt werden können (Tests und Diagnoseberichte). Der „normale“ Lehrer wird hingegen mit Klassenarbeiten ebenso leben müssen wie der „normale“ Schüler.

Bestimmungen über Klassenarbeiten im Unterricht der Gymnasien

Was halten Sie von folgenden Bestimmungen?

(S. 30 – F IV h 1; MBlSchul 1969, S. 53; Hamburg, 16. 1. 1969):

A Allgemeine Bestimmungen

1. Klassenarbeiten sind ein notwendiger Bestandteil des Unterrichts. Sie dienen der Festigung des Erlernten, machen den Schüler mit den facheigenen Arbeitsformen schriftlicher Darstellung vertraut und geben ihm Gelegenheit, seine Kenntnisse und Fähigkeiten in selbständiger Darstellung zu erproben und zu beweisen.

2. Klassenarbeiten werden außer in Religion und Leibeserziehung in allen Fächern geschrieben. Sie stellen alle Schüler der Klasse vor gleiche Aufgaben, werden zensiert und für die Zeugnisnote gewertet. Mit ihrer Hilfe kann der Lehrer objektiver als im mündlichen Unterricht Leistungen seiner Schüler und das Ergebnis der eigenen Unterrichtsarbeit erkennen und beurteilen. Die Erziehungsberechtigten gewinnen aus ihnen einen Einblick in die Arbeit der Schule und in den Leistungsstand ihrer Kinder. Die Zeugnisnoten dürfen sich nicht vorwiegend auf die Ergebnisse der schriftlichen Arbeiten stützen.

3. Die Klassenlehrer sorgen dafür, daß die Klassenarbeiten gleichmäßig auf das Schuljahr verteilt werden und sich nicht gegen Schluß eines Halbjahres häufen. Es ist nicht zulässig, mehr als eine Klassenarbeit am Tage zu verlangen.

4. Die Anforderungen der Klassenarbeit dürfen nicht schwieriger sein als die des vorbereitenden Unterrichts. Im allgemeinen werden die Klassenarbeiten durch Übungen in der Klasse oder zu Hause oder durch die Behandlung von Teilschwierigkeiten im mündlichen Unterricht vorbereitet.

Bei der Aufgabenstellung ist zu bedenken, daß der Schüler selbständig eine Reihe von Denkschritten vollziehen und die Ergebnisse sprachlich formulieren soll, ohne daß ihm wie im Unterrichtsgespräch Anregung und Verbesserung durch Mitschüler und Lehrer weiterhelfen.

5. Es können zusätzliche oder erweiterte Aufgaben zur freiwilligen Bearbeitung angeboten werden.
6. Die Klassenarbeit ist so zu korrigieren und zu beurteilen, daß der Schüler durch die Korrektur gefördert wird und aus der Beurteilung Hinweise für seine weitere Arbeit gewinnt.
Bei der Korrektur der Klassenarbeit werden nicht nur die Fehler, sondern auch gute Lösungen angemerkt. Die Fehler sollen nach Schwere und Eigenart des Verstoßes gewogen und entsprechend für den Schüler gekennzeichnet werden.
Am Schluß der Beurteilung ist jede Arbeit durch eine der vorgeschriebenen Noten zu werten. Zwischennoten sind nicht zulässig. Plus- und Minuszeichen sind statthaft.
7. In der Regel erfolgt die Rückgabe der Arbeiten in der Unterstufe spätestens nach einer Woche, in der Mittelstufe spätestens nach zwei Wochen und in der Oberstufe spätestens nach drei Wochen.
8. Der Fachlehrer unterrichtet den Schulleiter, wenn bei einer Klassenarbeit mehr als ein Drittel der Schüler kein ausreichendes Ergebnis erzielt hat.

B Anzahl der schriftlichen Klassenarbeiten siehe Seite 224

Funktionen von Klassenarbeiten

Wie aus dem voranstehenden Erlaß der Schulbehörde in Hamburg ersichtlich ist, sind Klassenarbeiten mehrere Funktionen zugedacht. Sie sollen Schülern Gelegenheit geben, Erlerntes zu üben (= Übungsfunktion), nachzuweisen, was sie gelernt haben (oder nicht) (= Evaluationsfunktion), und sie anspornen, sich mit Dingen zu beschäftigen, mit denen sie sich aus freien Stücken nicht beschäftigen würden (= Motivationsfunktion); sie sollen weiterhin den Schülern eine Orientierungshilfe bezüglich der tatsächlich für wichtig erachteten Lernziele bieten (= Orientierungsfunktion), vielleicht auch noch die Schüler in der Zucht des Herrn halten (= Disziplinierungsfunktion). Sie sollen aber auch dem Lehrer, der Schulleitung oder auch der Schulaufsicht Rückmeldung geben über den Erfolg des Unterrichts (= Feedback-Funktion), Versetzungen und Zensuren begründen helfen (= Plazierungs- und Selektionsfunktion), Vergleiche über verschiedene Zeiträume und/oder Gruppen ermöglichen (= Vergleichsfunktion), spezifische Lernhilfen entwickeln helfen (= Beratungs- und Unterstützungsfunktion).

B Anzahl der schriftlichen Klassenarbeiten[1]
(Die angegebenen Zahlen sind Mindestzahlen)

1. Neusprachliches und mathematisch-naturwissenschaftliches Gymnasium (Klassen 5—11)

Klasse	E	2. Fremdsprache Franz/Latein	3. Fremdsprache Franz/Latein Russ/Span	Mathematik	Deutsch[2]
5	8	—	—	8	1. Halbjahr: 4 schriftl. Darstellungen[3] 2. Halbjahr: 4 schriftl. Darstellungen[3] 4 Diktate[4]
6	10	—	—	8	7 schriftl. Darstellungen[3] 6 Diktate[4]
7	8	10	—	8	7 schriftl. Darstellungen[3] 4 Diktate[4]
8	8	10		8[5]	7 schriftl. Darstellungen[6] davon mindestens 5 (1-2stündig) in der Klasse
9	7 (1-2stdg.)	8	—	8[5]	7 schriftl. Darstellungen[6] davon mindestens 5 (1-3stündig) in der Klasse
10	7 (1-2stdg.)	6 (1-2stdg.)	—	6 (1-2stdg.)	6 schriftl. Darstellungen[6] davon mindestens 4 (3stündig) Arbeiten in der Klasse
11	5 (1-3stdg.)	6 (1-2stdg.)	10 (einstdg.)	6 (1-2stdg.)	6 schriftl. Darstellungen[6] davon mindestens 4 (4stündig) Arbeiten in der Klasse

[1] Wenn nichts anderes angegeben ist, beziehen sich die Zahlen auf einstündige Arbeiten.

[2] Die Angaben für Deutsch gelten für alle Zweige des Gymnasiums.

[3] Bei der Zensierung bleibt die Rechtschreibung unberücksichtigt.

[4] Angegeben ist nur die Zahl der zensierten Diktate. Die Diktatzensuren haben für die Gesamtnote ein geringes Gewicht: Bei der Bildung einer Halbjahresnote ist das Durchschnittsergebnis aller zensierten Diktate mit etwa dem gleichen Gewicht anzusetzen wie das Ergebnis eines Aufsatzes.

[5] Die Anzahl der Arbeiten kann auf 7 verringert werden, wenn mindestens eine der Arbeiten zweistündig ist: sie kann auf 6 verringert werden, wenn mindestens zwei der Arbeiten zweistündig sind.

[6] Mängel in der Rechtschreibung werden berücksichtigt.

Wie wir sehen, handelt es sich bei Klassenarbeiten um „Mehrzweck-Instrumente". Eine genauere Betrachtung der anderen eingangs dieses Abschnitts erwähnten „Instrumente" würde zu ähnlichen Einsichten führen. Daß es sich – zumindest bei Klassenarbeiten – um ein Mehrzweck-Instrument handelt, könnte man auch aus ihrer außerordentlichen Verbreitung und ihrer starken institutionellen Verankerung schließen. Für ein didaktisches „Einzweck-Instrument" wird solcher Aufwand für gewöhnlich nicht betrieben. Man bedenke:

In Schulen sind – in unterschiedlicher Anzahl für die verschiedenen Fächer und Klassenstufen – festgelegte Mindestzahlen an schriftlichen Klassenarbeiten einzuhalten. Nach den Bestimmungen z. B. der Hamburger Schulbehörde läßt sich so errechnen, daß jeder Gymnasialschüler im Verlauf eines Jahres durchschnittlich mindestens 30 Klassenarbeiten schreiben muß. So hat dann jeder Schüler, der bis zum Abitur gelangt, in seiner Gymnasialschulzeit mindestens ca. 270 Klassenarbeiten hinter sich gebracht. Überträgt man nun diese Zahl auf die gesamte Bundesrepublik, so bedeutet dies, daß hier allein in Gymnasien jährlich etwa 40 Millionen einzelne Klassenarbeiten zu schreiben sind.

Setzt man diese Zahlen weiter um in „Arbeits- und Energiewerte", so bedeuten diese Millionen Klassenarbeiten jährlich vielleicht einige Millionen Arbeitsstunden für beaufsichtigende und korrigierende Lehrer, viele Millionen Lernstunden sich vorbereitender Schüler etc. Deutlich wird, daß hier ein immenser Aufwand an Zeit, Energie, Lernprozessen, Korrekturarbeit etc. betrieben wird.

Die Frage ist nun, wie gut ein solches Instrument den einzelnen Zwekken tatsächlich dient. Könnte es beispielsweise nicht sein, daß eine Klassenarbeit Disziplinierungs- und Legitimationsfunktionen vorzüglich erfüllt, während sie als Instrument zur Qualifikationsmessung oder zur Beratung absolut ungeeignet ist? Wir stellen daher die (zunächst allgemeine) Frage nach der

Funktionalität, Gültigkeit und Zuverlässigkeit als Kriterien der Erstellung und Beurteilung von Evaluationsinstrumenten

Unsere bisherigen (vor allem auch in Kapitel 7 vorgetragenen) Überlegungen lassen es sinnvoll erscheinen, die Probleme der Entwicklung und Anwendung von Evaluationsinstrumenten nach drei Komplexen zu gliedern: Funktionalität, Gültigkeit und Zuverlässigkeit.

Damit sind auch drei Ebenen didaktischen Handelns angesprochen. Zunächst gilt es festzustellen, welchen Funktionen oder Zwecken didaktische Evaluation dienen soll. Sodann ist zu prüfen, ob das Instrument grundsätzlich für diese Zwecke geeignet, d. h. gültig ist, und schließlich ist das Instrument auf seine Zuverlässigkeit zu überprüfen, um zu sichern, daß die Informationen, die mit seiner Hilfe gewonnen werden, keine Zufallsergebnisse widerspiegeln. Wir wollen uns im folgenden diesen drei Komplexen zuwenden.

Funktionalität bezieht sich auf die Bedeutung von Evaluationsinstrumenten für didaktische und außerdidaktische Entscheidungen sowie auf die Vermeidung oder Ausschaltung von negativen Nebenwirkungen.

Gültigkeit ist die Sicherung der Zielsetzungen, die im Hinblick auf die Evaluationsinstrumente konzipiert werden.

Zuverlässigkeit ist die Sicherung der Unabhängigkeit von jeweiligen Anwendungsbedingungen, unter denen Evaluationsinstrumente eingesetzt werden.

Funktionalität von Klassenarbeiten für didaktische Entscheidungen

Im Anschluß an die in Kapitel 7 angebotene Definition, daß es sich bei der Evaluation um die Gewinnung von Informationen für didaktische Entscheidungen handelt, wollen wir am Beispiel des Evaluationsinstruments Klassenarbeit erläutern, für welche didaktischen Entscheidungen prinzipiell Informationen erforderlich sind. Wir beschränken uns aus Gründen des Umfangs auf Klassenarbeiten, meinen jedoch, daran alle wichtigen Gesichtspunkte erörtern zu können, die auch für andere Evaluationsinstrumente ins Feld zu führen sind.

Insgesamt können Klassenarbeiten folgende *didaktische Funktionen* erfüllen:

a) für die Adressaten:
– Rückmeldung des Lernerfolgs an die Adressaten
– Orientierung der Adressaten über Lernziele
– Orientierung der Adressaten über Nachholbedarf
– Motivierung der Adressaten
– Kritik an der Qualität des Unterrichts

b) für die Lehrenden:
– Rückmeldung des Lehrerfolgs
– Planung und Strukturierung des Unterrichts

– zeitliche und inhaltliche Gliederung des Unterrichts
– Reflexion über Lernziele und Lerninhalte
– Feststellung von Lernschwierigkeiten
– Diagnose von Lernvoraussetzungen
– Anhaltspunkte für innere Differenzierung (vgl. Kapitel 5)

c) für andere:
– Information über die Qualität des Unterrichts
– Information über den relativen Leistungsstand einzelner Schüler
– Information über notwendige Unterrichtsverbesserungen

Diese zahlreichen möglichen Funktionen von Klassenarbeiten werden aber zumeist nicht in gleichem Umfang realisiert. Dies zeigt sich z. B., wenn man die Verwendung von Klassenarbeiten als Instrumente der Lernerfolgsmessung betrachtet:
Halbjährlich werden in Schulen Zeugnisse gegeben, die – unterschiedlich in den einzelnen Fächern – aus den im normalen Unterricht und den in Prüfungssituationen (wie also z. B. bei Klassenarbeiten) vergebenen Zensuren gewonnen werden. Da werden dann in den sprachlichen und mathematisch-naturwissenschaftlichen Fächern mündliche und schriftliche Noten zu einem Durchschnitt zusammengezogen, der sich als Zeugnisnote niederschlägt; im Sportunterricht wird vielleicht ein Prüfungsturnen anstelle einer schriftlichen Klassenarbeit veranstaltet etc.
Zeugnisse wie Prüfungssituationen und speziell Klassenarbeiten sollen den Lernerfolg eines Schülers wiedergeben. Zum Abschluß eines Ausbildungsganges wird dann durch sie eine Qualifikation ausgesprochen (Abitur, Mittlere Reife; aber auch: gut in Fremdsprachen, schlecht in Naturwissenschaften u. ä.). Dies ist die zunächst einmal auffallendste Funktion, wobei es dem mit Evaluationskonzepten Vertrauten zu denken gibt, daß hier offensichtlich eine Form der Adressatenevaluation vorliegt, während eine Systemevaluation weitgehend außer acht gelassen wird (vgl. Kapitel 7): Schulische Lernerfolgsmessung ist nämlich an Leistungen des Schülers orientiert und fragt nicht so sehr nach den Leistungen des Unterrichtssystems, welches ja auch an diesen Schülerleistungen mitgewirkt hat. Erst dann, wenn in einer Schulklasse auffallend viele schlechte Zensuren erscheinen, wird ein wenig von Systemevaluation spürbar, indem in einigen Bundesländern keine Wertung dieser Arbeiten vorgenommen wird oder eine Meldung an Vorgesetzte erfolgen muß. Ob sich dadurch dann tatsächlich hinreichende Veränderungen ergeben, mag zweifelhaft sein, da zu erwarten steht, daß ein Lehrer ein solches Resultat mit zuviel schlechten Noten dadurch zu vermeiden weiß, daß er großzügiger benotet.

Diese Adressatenbezogenheit der Klassenarbeiten und auch anderer Prüfungssituationen birgt in sich eine folgenreiche Konsequenz: Wenn nämlich das Unterrichtssystem so wenig in den Evaluationsprozeß einbezogen wird und statt dessen ausschließlich über die Adressaten ein Urteil gefällt wird, besteht die Gefahr, daß sich die Prüfungssituation loslöst von der vorherigen Unterrichtssituation; indem der Lernerfolg als Sache des Adressaten überprüft, damit eine Qualifikation ausgesprochen wird und dabei offen bleiben kann, worauf der Lernerfolg zurückzuführen ist bzw. wodurch ein Nicht-Lernerfolg entstehen konnte, braucht sich niemand Gedanken darüber zu machen, was evtl. zu ändern wäre. Daß dies in der Tat in Schulen oftmals der Fall ist, zeigen Merkmale vieler Erfahrungsberichte; so z. B., wenn Klassenarbeiten vor Zeugnisterminen gedrängt geschrieben werden, während sie in der vorausgegangenen Zeit versäumt wurden; wenn Schüler vor Klassenarbeiten Angst haben (denn dies dürfte auch darauf zurückzuführen sein, daß sie keine hinreichende Gelegenheit hatten, sich vorzubereiten, und somit gar nicht wissen, was „drankommen" wird); wenn Klassenarbeiten Fähigkeiten abverlangen, die in dieser Weise im Unterricht überhaupt nicht erlernt wurden (was z. B. der Fall ist, wenn eine literarische Interpretation verlangt wird, die in der Unterrichtssituation niemals von einem einzelnen in aller Komplexität und Vollständigkeit erbracht wird, sondern immer das gemeinsame Werk von Lehrer und Schülern ist); wenn die Ergebnisse von Klassenarbeiten nicht mehr für den anschließenden Unterricht genutzt werden; wenn den Schülern ein Zusammenhang zwischen den unterrichtlichen Lernprozessen und der Prüfungsarbeit selbst nicht einsichtig wird.

Funktionalität von Klassenarbeiten für außerdidaktische Entscheidungen

Der spezielle Hinweis auf außerdidaktische Entscheidungen ist deshalb erforderlich, weil die durch Klassenarbeiten gewonnenen Informationen – unmittelbar oder mittelbar (nämlich über die Zeugniszensuren) – auch solchen Zwecken dienen, die sich nicht auf die Organisation von Lernprozessen beziehen. Im besonderen handelt es sich um:

– *Qualifikations- und Berechtigungsnachweise*, die in der Regel von außerhalb der Bildungsinstitution stehenden Instanzen (Arbeitgeber, Zulassungsgremien etc.) abgefordert werden;

- *Ausleseentscheidungen,* die nicht mehr die weitere Förderung des Adressaten betreffen, sondern sein Verbleiben oder Ausscheiden aus der Bildungsinstitution;
- *Plazierungen,* d. h. Zuweisungen von Rangplätzen an die Adressaten, ohne daß damit didaktische Maßnahmen verbunden werden, wie das z. B. dann der Fall wäre, wenn mit der Plazierung ein Status verliehen würde (Auszeichnung der Jahrgangsbesten etc.);
- *Legitimation,* d. h. die Bereitstellung von Gründen zur Rechtfertigung der Zuteilung von Lebens- und Berufschancen, die nicht auf nachgewiesenen und inhaltlich bedeutsamen Qualifikationen beruhen.

Vermeidung von negativen Nebenwirkungen

Jedermann weiß, daß bei Klassenarbeiten *Angst* auftreten kann, wobei die Ängstlichkeit bei den einzelnen Adressaten unterschiedlich stark ausgeprägt sein kann. Da man weiß, daß zu große Angst leistungshemmend wirkt, ist deren Vermeidung nicht nur aus humanitären Gründen geboten, sondern auch wegen der damit verbundenen Beeinträchtigung der Zuverlässigkeit der Messung, denn unter solcher Angst kann der Adressat nicht die ihm „wahrhaft“ mögliche Leistung erbringen.
Auch die *Störung der Sozialbeziehungen* ist eine mögliche Nebenwirkung von Klassenarbeiten. Dies gilt im besonderen für die Unterdrükkung kooperativen Verhaltens („Wer abgucken läßt, wird bestraft!“). Es gilt aber auch dann, wenn Klassenarbeiten so angelegt sind, daß Erfolg nicht primär an einem sachlichen Erfolgskriterium gemessen wird, sondern in erster Linie im Vergleich zwischen den einzelnen Klassenangehörigen (nach dem Motto: Man hat nicht mehr oder weniger gut gelernt, sondern man ist besser oder schlechter als andere, vgl. S. 234).
Schließlich ist die *Störung des Lernprozesses* selbst, insbesondere in seinem langfristigen Verlauf, als mögliche Nebenwirkung von Klassenarbeiten zu sehen. Einerseits geschieht dies dadurch, daß Klassenarbeiten rein zeitlich erhebliche Anteile des schulischen Lebens ausmachen, zum anderen können dadurch Lernstile und Verhaltensgewohnheiten ausgebildet werden (z. B. kurzfristig für die nächste Arbeit „pauken“, um schnell wieder zu vergessen), die dem Aufbau stetiger und gründlicher Lernprozesse entgegenstehen.
Diese wenigen Überlegungen zur Funktion von Klassenarbeiten als Instrumenten der Evaluation dürften deutlich gemacht haben, daß auf-

geklärtes didaktisches Handeln auch in diesem Teilbereich nötig ist. Es geht darum, sich darüber im klaren zu sein, welche Funktionen man tatsächlich erreichen will und welche Nebenwirkungen man vermeiden möchte. Die technische Gestaltung von Prüfungssituationen und Evaluationsinstrumenten ist von diesen Vorentscheidungen in hohem Maße abhängig.

Mögliche Ursachen der Resultate von Klassenarbeiten

Hat ein Schüler beispielsweise eine 5 geschrieben (der Charakter der Adressatenevaluation drückt sich schon in diesem Wort aus: er hat sie nicht bekommen, er hat sie nicht erlitten, sondern er hat sie ja selbst geschrieben!), so kann das an verschiedenen Ursachen liegen.

a) Es kann sein, daß er trotz qualitativ einwandfreien Unterrichts und trotz einwandfreien Meßverfahrens die fragliche Qualifikation nicht hinreichend erworben hat (weil er z. B. nicht zugehört hat, alles wieder vergessen hat, nicht hat lernen wollen oder durch anderen Unterricht zu sehr verwirrt war).

b) Es kann sein, daß er gut gelernt hat und somit auch über die betreffende Qualifikation verfügt, dies aber nicht anbringen konnte, weil das Meßinstrument bzw. Meßverfahren (also die Prüfung) etwas anderes gemessen hat (was z. B. der Fall ist, wenn andere Lernziele überprüft werden, wenn in der Arbeit eine Übertragung des zuvor Gelernten verlangt wird, die nicht geübt wurde, oder wenn in der Prüfungssituation lediglich psychische Fertigkeiten abverlangt wurden, wie etwa Konzentrationsfähigkeit oder Merkfähigkeit oder Verbalisierungsfähigkeit).

c) Es kann sein, daß er die fragliche Qualifikation zwar erworben hat und das Meßinstrument auch prinzipiell geeignet war, diese Qualifikation zu messen, daß es aber so gestaltet war oder angewandt wurde, daß die Messung unzuverlässig wurde (wenn z. B. Störungen bei der Arbeit auftraten, wenn der beurteilende Lehrer sich von anderen Bewertungskriterien leiten ließ, als sie bei den Mitschülern und durch das Meßinstrument abgedeckt sind, oder wenn der beurteilende Lehrer für ein früheres oder während der Prüfungssituation begangenes Vergehen bestrafen wollte).

d) Es kann sein, daß er nicht gut gelernt hat und somit auch nicht über die fragliche Qualifikation verfügt, weil er sie im Unterricht gar nicht hat erwerben können (z. B. wenn nur über freiwilliges

Selbststudium der Schüler oder durch Nachhilfe der Eltern die Qualifikation zu erlernen war, wenn der Unterricht schlecht war, wenn er dauernd durch Mitschüler gestört wurde oder wenn man den Lehrer akustisch nicht verstehen konnte).

Während es sich bei d) um einen Verstoß gegen Prinzipien der Unterrichtsgestaltung handelt, bei a) um einen Fehler des Schülers, ist bei b) (auf Grund mangelnder Gültigkeit) und c) (auf Grund mangelnder Zuverlässigkeit) die Ursache der Note 5 im Meßverfahren selbst zu suchen. Wir wollen uns im folgenden den unter b) und c) aufgeführten Ursachen zuwenden; nur dann, wenn diese beiden Gütekriterien der Lernerfolgsmessung gewährleistet sind und zudem auch der Unterricht einwandfrei durchgeführt wurde, dürfte dem Schüler zurecht bescheinigt werden, daß es sich um mangelnden Lernerfolg seinerseits, nicht aber um mangelnde Qualität des Meßinstruments handelt.

Gründe für die mangelnde Gültigkeit von Klassenarbeiten und Prüfungen

Von mangelnder *Gültigkeit* einer Prüfung spricht man dann, wenn sie nicht das mißt, was sie messen soll. Dies ist der Fall, wenn mündliche Sprachfertigkeiten durch ein Diktat gemessen werden, wenn Begriffsverständnis durch reine Wissensaufgaben überprüft wird oder wenn so viel Angst erzeugt wird, daß überhaupt nur das Bestehen angsterzeugender Situationen geprüft wird.

Die Wahrscheinlichkeit mangelnder Gültigkeit (auch: Validität) ist immer dann besonders groß, wenn Klassenarbeiten als Rituale eigener Art von Zeit zu Zeit in den Unterricht eingeschoben werden, ohne daß sie auf die Lernziele der einzelnen Unterrichtseinheiten genau abgestimmt sind. Sie ist aber auch dann gegeben, wenn der Lehrer ein zu geringes Repertoire an Prüfungsverfahren zur Verfügung hat; sei es, daß ihm dieses von der Behörde überhaupt sehr eingeschränkt wird, sei es, daß er in diesem Punkt nicht hinreichend ausgebildet ist. Über Diktate, Aufsätze, Fragensammlungen und Rechenaufgaben hinaus gibt es ein umfangreiches Instrumentarium an Prüfungsaufgaben, die geeignet sind, die Gültigkeit der Prüfung zu erhöhen. Allerdings: Nur wenn phantasievoll und abwechslungsreich unterrichtet wurde, ist auch phantasievolles, abwechslungsreiches Prüfen angebracht. Sonst wird nämlich die Gültigkeit von einer anderen Seite her gefährdet.

Gründe für die mangelnde Zuverlässigkeit von Klassenarbeiten und Prüfungen

Während mangelnde Gültigkeit einer Prüfung zumeist auf inhaltliche Mängel der Prüfungsaufgaben zurückzuführen ist (mangelnde Übereinstimmung von Prüfungsinhalten, von Lernzielen und Prüfungsthemen), kann mangelnde Zuverlässigkeit einer Prüfung mehrere Ursachen haben. In erster Linie sind dies:

- Formale Mängel der Aufgabenstellung (einschließlich der Durchführungsbedingungen, Beispiel: Die historischen Sachverhalte werden mit Zahlengedächtnis so gekoppelt, daß ein Versagen bei letzterem auch das erstere als nicht hinreichend erscheinen läßt);
- Mängel der Auswertung (Beispiele: Übersehen von Fehlern, Anstreichen richtiger Lösungen als Fehler, Schwanken der Fehlerfeststellung von Schüler zu Schüler, Unsicherheit in der Markierung, Unsicherheit bezüglich der Urteilskriterien für „guten Stil");
- Mängel der Benotung (Beispiele: Fehleranrechnung unabhängig von der Länge des Aufsatzes, Unsicherheit bei der Festlegung der Bereiche für die einzelnen Noten, Abrundungsfehler).

Diese Mängel können so schwerwiegend sein, daß sie *Schwankungen* von mehreren Notenpunkten verursachen. Vor allem, wenn nur ein Beurteiler vorhanden ist, werden sie kaum aufgedeckt. Grotesk wird es allerdings dann, wenn – wie gegenwärtig gehandhabt – die Produkte solcher Messung, also die Abiturnoten, bis auf zwei Stellen hinter dem Komma genau berechnet werden. Hier wird eine Genauigkeit vorgetäuscht, die durch die Zuverlässigkeit der ursprünglichen Meßverfahren (also der üblichen Klassenarbeiten) in gar keiner Weise gerechtfertigt ist.

In hohem Maße wird die Zuverlässigkeit bei der Auswertung von Klassenarbeiten durch *Einstellungen* der beurteilenden Lehrer beeinträchtigt: Jedermann wird dabei zunächst an die Besinnungsaufsätze des Deutschunterrichts denken, in denen es neben stilistischen und anderen rhetorischen Fähigkeiten in der Regel auch darum geht, eine angemessene Meinung zu dokumentieren. Gewiß ist immer noch ein – der Toleranz des jeweiligen Lehrers entsprechender – Spielraum vorhanden, vor allem darf der Schüler nicht zu auffällig um die Gunst des bewertenden Lehrers buhlen, doch dürfte schon die bekannte Tatsache, daß verschiedene Lehrer in erheblichem Maße bei der Bewertung von Deutschaufsätzen voneinander abweichen (wobei denn auch Noten von 1 bis 6 für einen

Aufsatz möglich sind!), einen Hinweis darauf abgeben, daß hier subjektive Gesichtspunkte eine erhebliche Rolle spielen.
So hat z. B. Sonnemann an wenigen ausgewählten Beispielen deutlich gemacht, bis in welche Details Schüleraufsätze von Lehrern auf Grund ihrer eigenen Einstellungen unterschiedlich bewertet werden, d. h. daß die betreffenden Lehrer ihre eigenen Normvorstellungen in die Korrektur und Benotung einfließen ließen, ohne dabei noch über ein objektives Maß an Leistungskontrolle verfügen zu können. Noch deutlicher – weil weniger erwartet – wird dies am Beispiel mehrerer Untersuchungen (Weiss), die zeigen, daß auch in den angeblich „wertfreien" Fächern wie Mathematik etc. die sozialen Vorurteile des Lehrers bei der Bewertung eine Rolle spielen. So wurden Arbeiten von Schülern, über die den korrigierenden Lehrern gesagt wurde, daß sie aus ungeordneten Familienverhältnissen stammten, sehr viel schlechter benotet als die von Schülern, von denen gesagt wurde, sie seien fleißig und aus guter Familie. In beiden Fällen aber handelte es sich um dieselben Arbeiten.

Verbesserung der Qualität von Prüfungen durch standardisierte Tests

Wie nun ließe sich erreichen, daß die Gütekriterien Zuverlässigkeit und Gültigkeit bei der Lernerfolgsmessung gewährleistet sind oder doch zumindest in höherem Maße erreicht werden?
Üblicherweise wird im Hinblick auf diese Frage auf *standardisierte Schulleistungstests* verwiesen, die erstmals zu Beginn dieses Jahrhunderts in den USA entwickelt, in den späten zwanziger Jahren auch in Deutschland bekannt wurden und nun seit etwa 10 Jahren in der BRD zunehmend angewandt werden.
„Standardisierte oder nicht-standardisierte Tests?" lautet dabei eine wesentliche Frage, denn es lassen sich mit Tests unterschiedliche Funktionen ausfüllen.
Standardisierte Schulleistungstests sind in der Bundesrepublik für verschiedene Fächer und Schulstufen käuflich zu erwerben (vgl. hierzu Kataloge der Verlage Beltz und Klett). Als „standardisiert" werden sie deshalb bezeichnet, weil jeder dieser Tests an einer relativ großen Zahl von Klassen und Schülern (ca. 1000–2000) erprobt wurde. Die Ergebnisse der Gesamtgruppe (die ihrerseits repräsentativ sein soll für alle dieser Klassen- und Altersstufe entsprechenden Schüler in der BRD) bilden den Maßstab, an dem jeder spätere Prüfling gemessen wird:

Er gehört zu den oberen oder unteren 5, 7, 26, 38 etc. Prozent dieser „Normgruppe“ (man spricht daher auch von „normgruppenorientierten Tests“).

Eingesetzt werden standardisierte Tests einmal von Lehrern, die gern wissen wollen, ob ihre Klasse in bezug auf die Normgruppe eher besser, durchschnittlich oder schlechter ist. Diese Tests können aber auch zusätzlich Informationen über den Stand *eines* Schülers in bezug auf die Normgruppe oder seine Klasse liefern. Insofern spielen sie vor allem bei *Auslese-Entscheidungen* eine Rolle.

Nur begrenzt verwendbar sind diese Tests allerdings zur Erhebung spezifischer Qualifikationen. Ihre Konstruktion berücksichtigt diesen Aspekt in der Regel nicht, d. h. spezielle Kenntnisse und Fertigkeiten, die in einer bestimmten Schulklasse erworben wurden, lassen sich mit ihrer Hilfe nicht zuverlässig erheben. Sie können auch nicht die besonderen regionalen oder einmaligen Bedingungen des Schulwesens berücksichtigen. Sie sagen aus, ob ein Schüler besser ist als ein anderer, nicht aber, was im einzelnen er wie gut kann.

Will man dagegen Informationen über spezifische Qualifikationen und deren differenzierte Ausprägung bei einzelnen Adressaten gewinnen, so wird man einen anderen Typ von Leistungstests zu wählen haben: *lernzielorientierte Leistungstests.* Vor allem dann, wenn es darum geht, die Lernerfolge in einem bestimmten Unterricht und in bezug auf spezifische Lernziele zu messen, wird man sich um solche Tests bemühen müssen, die nun aber weniger zuverlässige Messungen darstellen.

Entwicklung lernzielorientierter Schulleistungstests

Über Verfahren der Konstruktion von Tests, mit denen ein Lernerfolg der Adressaten von Unterricht gemessen wird, sind in den letzten Jahren auch in der BRD zahlreiche Aufsätze erschienen, in denen entsprechende Vorschläge unterbreitet werden. Es kann hier nicht der Ort sein, alle diese – z. T. unterschiedlichen – Ansätze zu referieren und näher zu erörtern. Auch kann hier lediglich ein erster Einblick in die Testkonstruktion gegeben werden, der sich zudem auf die von Lehrern realisierbaren Verfahren beschränkt. Insofern müßten wir genauer von *informellen* lernzielorientierten Schulleistungstests sprechen, da inzwischen auch für lernzielorientierte Tests formalisierte Konstruktionsverfahren vorgestellt wurden, die wir hier wegen ihres Aufwandes und wegen der für sie erforderlichen Kenntnisse nicht berücksichtigen.

Ein Schulleistungstest kann mit einer umgangssprachlichen Definition als eine Anzahl von Aufgaben bestimmt werden, die von bestimmten Personen (hier: Adressaten eines Unterrichts) zu erfüllen sind und die in ihrer Gesamtheit eine Qualifikation überprüfen sollen. Es kommt also bei der Entwicklung eines Tests darauf an, solche Aufgaben zu formulieren und ihre Angemessenheit zu bestimmen. Beim lernzielorientierten Test orientieren sich diese Aufgaben an den Lernzielen, die für den Unterricht Geltung hatten.

Der erste wichtige Schritt ist also eine Bestimmung und Formulierung der Lernziele, und zwar so, daß sie die zu lösenden Aufgaben bereits umschreiben (vgl. Kapitel 9). Sie sollten Auskunft darüber geben,

– was der Adressat eines Unterrichts tun soll auf Grund der in diesem Unterricht erworbenen Qualifikationen;
– unter welchen Bedingungen (z. B. mit Hilfsmitteln wie Lexika, Wörterbücher o. ä.) er diese Leistung vollbringen soll;
– in welchem Ausmaß seine Leistung als hinreichend für die betreffende Qualifikation angesehen werden soll.

Das Beispiel „Der Schüler soll die 3000 häufigsten Wörter der deutschen Sprache beherrschen" müßte so spezifiziert werden in „Der Schüler soll von den 3000 häufigsten Wörtern der deutschen Sprache mindestens 2500 Wörter fehlerfrei schreiben können, wenn sie ihm genannt werden". (Um Mißverständnisse zu vermeiden: Dies ist natürlich nicht das Lernziel einer einzigen Unterrichtseinheit.)

Dieses Beispiel zeigt, daß man bei der Konstruktion einzelner Testaufgaben nicht jeweils eine Aufgabe zu jedem kleinsten Lernziel schreiben können wird, andererseits aber auch nicht ein komplexes und umfassendes Lernziel durch nur eine Aufgabe abdecken kann. Man wird sich vielmehr auf eine *Stichprobe* von Aufgaben beschränken müssen. Es geht also nicht an, den Adressaten alle 3000 Wörter (aus einem Häufigkeitswörterbuch) zu nennen und sie diese aufschreiben zu lassen. Die Stichprobe wird beispielsweise nur ca. 60 (= 2 Prozent) nach Zufall ausgewählte Wörter umfassen. Eine weitere Ersparnis des Aufwandes liegt darin, daß man die Aufgaben nicht mündlich, sondern schriftlich stellt. Man wird also die verbleibenden 60 Wörter nicht einzeln diktieren, sondern auf einem Testbogen vorgeben. Ein weiteres Verfahren, das nicht alternativ zu sehen ist, sondern als Ergänzung, besteht darin, daß man Situationen in Form von Bildern auf dem Testbogen vorgibt, zu denen eindeutig nur das entsprechende (zu überprüfende) Wort passen kann, so daß der Schüler dann dieses Wort niederschreiben kann, ohne daß es ihm schriftlich vorgegeben wird.

In der Regel wird man jedoch Aufgaben nach dem Muster der *Auswahlantworten* schreiben, die in folgenden Beispielen zu finden sind:

a) Alternativantwort

– Das von rechts kommende Fahrzeug hat in allen Fällen Vorfahrt.

Richtig Falsch

(Zutreffendes unterstreichen!)

– Streiche die falsche Aussage durch!
Das von rechts kommende Fahrzeug hat in allen Fällen Vorfahrt.
Das von rechts kommende Fahrzeug hat in allen den Fällen Vorfahrt, in denen nicht durch ein Gesetz (z. B. Ampel, Bestimmungen für Bundesstraßen) eine andere Regelung vorgesehen ist.

b) Mehrfach-Wahl-Antwort

– In welchem Jahr wurde Karl der Große zum Kaiser gekrönt?

○ 811 ○ 800 ○ 799 ○ 814

(Bitte zutreffende Antwort ankreuzen!)

c) Zuordnungsantworten

– Suche für jeden der genannten Dichter das Todesjahr aus den Daten heraus!

1. Goethe	a) 1926
2. Schiller	b) 1916
3. Brecht	c) 1805
4. Thomas Mann	d) 1956
5. Rilke	e) 1832
	f) 1955
	g) 1842

Darüber hinaus sind auch *freie* Antworten im Test möglich, wenngleich dies nur in den Fällen geschehen sollte, in denen eine eindeutige Antwort möglich ist, denn ansonsten treten Probleme der Interpretation einer Schülerleistung auf, die durch den Test gerade vermieden werden sollen. Außerdem erhöht diese Aufgabenform den Aufwand bei der Auswertung, da jede offene Antwort noch einzeln verschlüsselt werden muß.

Mit diesen Beispielen haben wir lediglich die Formulierungsweisen verdeutlichen wollen, ohne uns um besonders sinnvolle und schwierige Testaufgaben zu kümmern. Solche Beispiele möge der Leser der aufgeführten Literatur entnehmen.

Mit der Zusammenstellung solcher Testaufgaben ist ein Test allerdings noch längst nicht fertig. Es folgt nun die *Überprüfung* der Angemessenheit und der Eindeutigkeit der gewählten Aufgaben. Dies kann z. B. dadurch geschehen, daß man den Test zunächst einmal von einer Person ausfüllen läßt, von der man berechtigterweise annehmen kann, daß sie voll und ganz über die fragliche Qualifikation verfügt (bei einem Fremdsprachentest also z. B. ein „native speaker“). Treten bei solchen „Probeläufen“ Fehler auf, so ist anzunehmen, daß die Aufgabenstellung nicht eindeutig war; auf jeden Fall sind solche Abweichungen zu diskutieren und zu bereinigen.

In ähnlicher Weise sollte dann auch die Lernzielbezogenheit des Tests näher geprüft werden. Dies läßt sich z. B. dadurch erfüllen, daß man eine mit dem Problem näher vertraute Person (z. B. einen Fachkollegen) anhand des Tests die zu den Aufgaben nach dessen Meinung gehörenden Lernziele formulieren läßt, den Prozeß also rückwärts wiederholt. Auch hier sollten auftretende Abweichungen Anlaß einer näheren Klärung und gegebenenfalls auch einer Änderung sein.

Weiterhin ist zu klären, ob die gewählten Testaufgaben tatsächlich den im Unterricht vorgelegten Informationen etc. entsprechen, ob sie also das Kriterium der Gültigkeit für den ablaufenden Unterricht erfüllen. Dies läßt sich einmal anhand von Unterrichtsprotokollen und ähnlichen Notizen feststellen, kann aber auch dadurch erfüllt werden, daß die gewählten Testaufgaben stückweise mit anderen Daten in den Unterricht selbst eingebracht werden, daß also die Schüler während des Ablaufs einer Unterrichtseinheit bereits den späteren Test stückweise erfüllen. Andere Daten können etwa der Austausch von Zahlenwerten in einer Rechenoperation oder – nimmt man das obige Beispiel von den 3000 häufigsten Wörtern – weitere zufallsmäßig ausgewählte Wörter sein.

In vielen Fällen lassen sich *Paralleltests* erstellen. Nimmt man das obige Beispiel noch einmal auf, so wird das deutlich, denn man kann ja neben den 60 per Zufall ausgewählten Wörtern noch einmal 60 weitere und ebenfalls durch Zufall ausgewählte Wörter nach dem gleichen Verfahren zu einem Test zusammenstellen. Für Rechenaufgaben gilt Entsprechendes. Mit Hilfe solcher Paralleltests kann einmal das „Abgucken“ beim Ausfüllen vermieden oder verringert (und damit die Zuverlässigkeit der Messung erhöht) werden, zum anderen kann nachträglich an Hand der gewonnenen Ergebnisse die Zuverlässigkeit des Tests bestimmt werden. Ein Test ist dann zuverlässig, wenn zwei oder mehr solcher (die gleichen Qualifikationen messenden) Paralleltests bei einer genügend großen Schülergruppe zu denselben Ergebnissen führen (d. h. wenn deren Prozentrangplätze gleich sind). Dazu muß dann jeder Schüler jede Testfassung ausfüllen. In einer einzigen Schulklasse und bei einer Aufteilung in zwei oder mehr Gruppen, die jeweils nur eine der vorgegebenen Parallelfassungen bearbeiten, ist allerdings nicht auszuschließen, daß zufälligerweise auch sonst „bessere“ und „schlechtere“ Schüler sich unterschiedlich auf die beiden Testfassungen verteilen. Insofern braucht bei Paralleltests in einer einzigen und auch einigen wenigen Schulklassen eine Abweichung im Ergebnis nicht überbewertet zu werden (als mangelnde Zuverlässigkeit des Tests). Das Verfahren gibt aber möglicherweise doch einige Hinweise darauf, ob der Test unter gleichen Bedingungen für alle Schüler eingesetzt und ausgewertet wurde.

Durchführung und Auswertung lernzielorientierter Tests

Bei der *Durchführung* solcher Tests ist vor allem darauf zu achten, daß die Arbeitsbedingungen entsprechend der gegebenen Zielsetzung für alle Adressaten gleich sind. Dies betrifft vor allem die zur Verfügung stehende Zeit, die Qualität der Testbogen (Leserlichkeit!) und die bereitgestellten Hilfsmittel (wie Lexika, Synonymwörterbuch etc.).

Was die *Auswertung* anbelangt, so wird man die einzelnen Aufgaben auf ihre Richtigkeit hin durchsehen und für jede richtig gelöste Aufgabe einen Punkt geben. Die Frage, ob es nicht besser sei, für schwierigere Aufgaben mehr Punkte zu geben oder Teilpunkte für Teillösungen, kann bei prinzipiell einfachen Aufgaben ausgeklammert werden. Bei komplexeren Aufgaben ist es sinnvoll, diese in Einzelaufgaben zu zerlegen, deren jede dann wieder einen Punkt erhält. Durch Addition der einzelnen Rohpunkte erhält man dann für jeden Adressaten die *Rohpunktsumme.* In den Fällen, in denen im Rahmen eines Tests unterschiedliche Fähigkeiten, Kenntnisse etc. (z. B. bei einem Fremdsprachentest Grammatik, Wortschatz etc.) erfaßt werden sollen, wird es zweckmäßig sein, Zwischennummern für die Teilbereiche zu bilden. Die Rohpunkte werden in eine Liste übertragen, die so aussieht:

Schüler	Aufgabe Nr. 1	2	3	4	5	6	7	8	9	10	Summe der Rohpunkte pro Schüler
A	x	x			x		x	x	x		6
B		x			x			x			3
C			x	x	x	x		x	x		6
D					x	x		x	x		4
E					x	x	x		x		4
F	x	x	x	x	x		x	x	x		8
G	x				x	x			x		4
H		x			x			x	x		4
J	x	x	x		x	x	x	x	x		8
K				x	x	x		x	x		5
Anteil der richtigen Lösung zu jeder Aufgabe	4	5	3	3	10	6	4	8	9	0	
in %	40	50	30	30	100	60	40	80	90	0	

Man kann nun sehen, welche Aufgaben schwierig waren und welche leicht, welche Schüler Erfolg hatten und welche nicht. Zu diskutieren bleibt, was die Ursachen waren.

Bevor nun diese Rohpunktwerte in eine *Benotung* überführt werden, ist es zweckmäßig, anhand der erreichten Ergebnisse eine Revision der Punktwerte vorzunehmen. Nach der traditionellen Testtheorie würde man nun z. B. eine Aufgabe, in der alle Adressaten einen Fehler gemacht haben, ebenso als unbrauchbar beurteilen wie eine Aufgabe, in der keiner einen Fehler gemacht hat. Diese Aufgaben wären nach der üblichen Testtheorie deshalb nicht brauchbar, weil sie nicht mehr *trennscharf* sind, d. h. nicht mehr zwischen den einzelnen Adressaten differenzieren (was natürlich ein Mangel ist, wenn der Test in erster Linie der Auslese dienen soll). Im Zusammenhang unserer Absicht, den Test zur Messung des Lernerfolgs in einer Unterrichtseinheit zu benutzen, ist diese Entscheidung jedoch falsch, denn uns geht es darum, nach den vorliegenden Ergebnissen auch solche Aufgaben ausfindig zu machen, die von keinem oder nahezu keinem der Adressaten gelöst wurden, denn gerade sie liefern Informationen bezüglich des Lernerfolgs, es sei denn, daß das Lernziel dieser Aufgabe überhaupt nicht behandelt worden ist oder daß sie in formaler Hinsicht Mängel hatte. Solche Aufgaben sollte sich der Lehrer auf jeden Fall näher ansehen und dann beurteilen, ob er diese Aufgabe möglicherweise nicht doch besser aus der Wertung herausnimmt und die ihr zugrunde liegende Qualifikation im anschließenden Unterricht erneut und besser vermittelt.

Benotung

Nach solchen Korrekturen, die möglichst nicht zu Lasten der Adressaten gehen sollten, kann nun eine *Umformung in ein Notensystem* vorgenommen werden, wenn dies verlangt wird. Täuschen wir uns aber nicht darüber hinweg, daß so eine Reduzierung der ursprünglichen Aussagefähigkeit von Tests erfolgt! Zwei unterschiedliche Verfahren bestehen hierbei, nämlich einmal ein ergebnisabhängiges und zum anderen ein ergebnisunabhängiges Verfahren.

Ergebnisabhängige Verfahren

Beim *ergebnisabhängigen Verfahren* wird man so vorgehen, daß man den Bewertungsmaßstab (ob eine Arbeit mit x-Punktzahlen noch als eine 2 oder eine 3 etc. gewertet werden soll) nach den vorliegenden Ergebnissen anlegt. Dabei kann man einmal die Ergebnisse der Adressaten in gleich große Gruppen einteilen (= *Verfahren 1*): Reichen beispielsweise die Test-Punktzahlen von 21 bis 38, so kann man nun für die erreichten Werte zwischen 21 und 38 sechs gleich große Intervalle (Abstände) einrichten; die Differenz zwischen dem geringsten und dem höchsten Punktwert beträgt hier 18; durch 6 geteilt erhält man 3er-Intervalle. Für 21, 22 und 23 Punktwerte kann man also eine 6, für 24, 25 und 26 eine 5, für 27, 28 und 29 eine 4 usw. geben. (Allerdings fällt die 6 in der Benotung meistens heraus; sie wird wohl mehr als Bestrafung – für Mogeln etc. – gegeben.) Man kann hierbei aber auch

die Adressaten in gleich große Gruppen teilen, nämlich in sechs (resp. fünf), so daß die Verteilung sich eher nach den Ergebnissen in der Klasse ausrichtet (= *Verfahren 2*): Haben z. B. 30 Personen die Testarbeit mitgeschrieben, so umfassen dann die Gruppen jeweils (30 geteilt durch 6 gleich 5) 5 Personen; die fünf niedrigsten Ergebnisse werden mit 6, die nächsten fünf mit 5, die folgenden mit 4 usw. bewertet. (Da gelegentlich die Grenzen mit den Punktzahlen nicht übereinstimmen, sind Korrekturen vorzunehmen.)
Im folgenden ersehen Sie aus einer willkürlich angenommenen Verteilung die unterschiedlichen Benotungsergebnisse, je nachdem, ob Verfahren 1 oder 2 angewandt wurde.

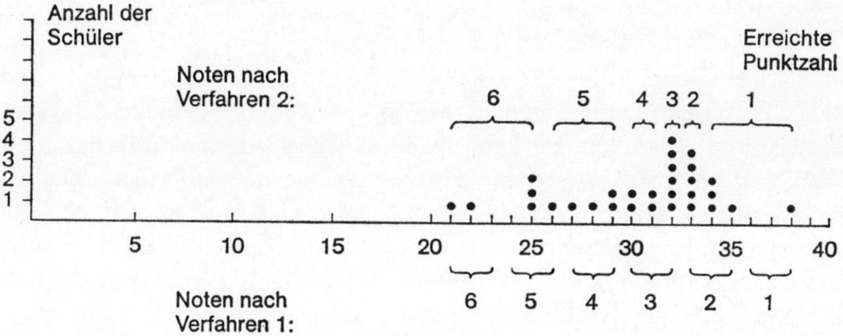

Diese Beispiele machen deutlich, welche großen Unterschiede bei der Leistungsmessung allein durch unterschiedliche Benotungsverfahren auftreten können. Auch das im folgenden beschriebene, *ergebnisabhängige* Benotungsverfahren dürfte seine Tücken haben.
Bei diesem Verfahren berechnet man zunächst den Mittelwert aller von den – sagen wir dreißig – Schülern erreichten Rohpunktwerte. Sodann berechnen wir die *mittlere Abweichung* von diesem Mittelwert, d. h. den Wert, der sich ergibt, wenn man die Differenzen aller Rohpunktwerte zu diesem Mittelwert addiert und durch die Zahl der Schüler teilt. Dieses Verfahren, das allerdings nur dann sinnvoll ist, wenn die Rohpunktwerte in etwa normal verteilt sind, würde zur Folge haben, daß etwa ein Drittel der Schüler die Note 3, etwa ein Drittel der Schüler die Note 4, etwa ein Sechstel der Schüler die Noten 1 und 2 und etwa ein weiteres Sechstel die Noten 5 und 6 erhalten. Probieren Sie es einmal mit tatsächlichen oder fiktiven Rohpunktwerten!

Sie können aber auch die folgende Tabelle zur Hilfe nehmen:

		Mittelwert				
1	4	10	10	4	1	(Adressaten bei einer Klasse von insgesamt 30)
$-3\ \sigma$	$-2\ \sigma$	$-1\ \sigma$	$+1\ \sigma$	$+2\ \sigma$	$+3\ \sigma$	
2,5 %	14 %	34 %	34 %	14 %	2,5 %	(der Adressaten)
6	5	4	3	2	1	(Noten)

Wir kennen nun drei ergebnisabhängige Benotungsverfahren. Vermutlich wird Sie keines davon recht befriedigen. Möglicherweise wird Ihnen die Tatsache, daß jedesmal eine Reihe von Schülern unterschiedliche Noten erhält, überhaupt die Freude am Benoten trüben.

Ergebnisunabhängige Verfahren

Die bisher aufgeführten Verfahren dürften vor allem insofern als unbefriedigend empfunden werden, als sie dem Prinzip der Lernzielorientierung widersprechen. Es kann nämlich dabei vorkommen, daß ein Schüler trotz etwa 75 Prozent richtiger Antworten doch eine schlechte Note erhält (nämlich dann, wenn die meisten übrigen Schüler einfach besser waren); umgekehrt wäre ähnliches möglich, nämlich eine gute Benotung einer nicht sehr hohen Leistung, wenn die Leistungen der übrigen Schüler noch schlechter sind. Es ist also auch nach einem *ergebnisunabhängigen Verfahren* der Benotung von Testergebnissen zu fragen. Man kann dazu eine Festlegung vornehmen, etwa in der Art, daß man für die Benotung mit 1 eine mindestens zu 95 Prozent richtige Testarbeit voraussetzt, für die Benotung mit 2 eine mindestens zu 90 Prozent richtige Testarbeit etc. Hier wären möglicherweise die Grenzen auch anders zu ziehen, doch wenn ein Lehrer sich immer wieder an die gleichen Grenzen hält, fallen ihm die Unterschiede im Gesamtergebnis einer Testarbeit sehr drastisch auf. Auf jeden Fall wird sich hierbei die Benotung nach dem Kriterium richten, welches zu erbringen ist, nicht aber nach den tatsächlich erbrachten Ergebnissen in einer Gesamtgruppe. Ist das Erfolgskriterium nicht erreicht, muß weitergelernt oder ein anderer („leichterer") Test durchgeführt werden, der dem Lernzustand der Adressaten angemessener ist, oder aber es sind die Erfolgskriterien zu ändern.

Doch hierbei tritt wiederum ein Konflikt auf zu einem anderen Ziel, nämlich der Systemevaluation. Möglicherweise sind ja die Testergebnisse auch abhängig von Faktoren, die außerhalb der Beeinflussung oder Handhabung durch die Adressaten bestehen. Bei einem schlecht ausfallenden Testergebnis würde so das Ergebnis den Adressaten allein die Schuld zuschreiben. Es kann aber auch schlicht ein schlechter Unterricht des Lehrers zu diesem schlechten Testergebnis geführt haben. Dies würde nun verdeckt werden, wenn die Benotung so wie oben vorgebracht angewendet würde. Man muß deshalb im Einzelfall prüfen, ob das gesetzte Ziel für die Gesamtheit der Adressaten des Unterrichts noch hinreichend erreicht wurde, um eine Benotung überhaupt sinnvoll erscheinen zu lassen. Ist dies nicht der Fall, so ist entweder der Maßstab zu verändern, d. h. man muß die Notengrenzen nach oben verschieben, oder es kann die gesamte Prüfungsarbeit nicht gewertet werden, da erst einmal der Lehrprozeß verbessert bzw. verlängert werden muß.

Andere Evaluationsinstrumente

Darüber hinaus ist dann auch noch die Verwendung von Instrumenten möglich, mit denen andere als die kognitiven Lernleistungen gemessen werden. So kann etwa ein *soziometrischer Test,* mit dem gemessen wird, welche Schüler welche Mitschüler mögen oder ablehnen, Aufschluß darüber geben, welche sozialen Beziehungen in einer Schulklasse bestehen und wie sie sich möglicherweise durch eine Reihe von Maßnahmen des Unterrichts verändert haben. Schließlich ist auch noch an *Einstellungs-Fragebogen* zu erinnern, mit deren Hilfe man erfassen kann, wie sich Einstellungen (z. B. zum Lerngegenstand oder zum Fach) infolge des Unterrichts entwickelt haben. Die Entwicklung solcher Erhebungsverfahren (z. B. von Fragebogen, Interviews und Beobachtungsskalen) setzt jedoch genauere Methodenkenntnis voraus. Besonders im Zusammenhang der Planung neuer Unterrichtseinheiten ist an die Notwendigkeit zu erinnern, auch die Einstellungen von Adressaten zu dieser neuen Unterrichtseinheit zu erfassen. Immer dann, wenn Unterrichtseinheiten kooperativ geplant werden, wächst auch die Chance, daß in sozialwissenschaftlichen Meßverfahren ausgebildete Personen gewonnen werden können, die über diese Qualifikationen verfügen.

Gesichtspunkte zur Verbesserung von traditionellen Evaluationsinstrumenten

Zweifellos muß man davon ausgehen, daß (zumindest in naher Zukunft) auch weiterhin traditionelle Evaluationsinstrumente zur Leistungsmessung verwendet werden. Dazu gehört vor allem die Klassenarbeit. Es wäre vermessen, von diesem Tatbestand durch illusionistische (weil nicht ohne veränderte Rahmenbedingungen zu verwirklichende) Alternativen abzulenken. Wegen des enormen Aufwandes, mit dem standardisierte Schulleistungstests hergestellt werden müssen, steht nicht zu erwarten, daß sich ihre Zahl in den nächsten Jahren sehr stark vermehren wird. Auch die informellen Tests verlangen einen beträchtlichen Aufwand für den einzelnen Lehrer, doch ist hierbei wenigstens eine Rationalisierung des Arbeitsaufwands möglich, wenn sich mehrere Lehrer zu gemeinsamer Verwendung solcher informellen Tests verabreden oder wenn ein Lehrer seinen Test wiederholt einsetzen kann.

Schließlich werden Klassenarbeiten noch in Zukunft wohl auch deshalb eine wichtige Rolle spielen, weil es zu den von den Schulverwaltungen festgesetzten Pflichten der Lehrer gehört, sie anzuwenden. Allerdings betrifft dies nicht die Form, so daß auch informelle Schulleistungen dieser Forderung entsprechen.

Einen ersten Hinweis auf die Verbesserung von Klassenarbeiten können wir bereits den eingangs genannten Erlassen über die Durchführung von Klassenarbeiten entnehmen. Würden diese Vorschriften in allen Fällen von den Lehrern eingehalten werden, so könnte dies tatsächlich eine Verbesserung für die Schüler mit sich bringen.

So heißt es z. B. für Hamburger Gymnasien, daß die Klassenlehrer dafür sorgen sollen, daß Klassenarbeiten auf das ganze Jahr verteilt sein müssen (und nicht gegen Ende des Schuljahres angesichts des Zwanges, Zeugnisse schreiben zu müssen, gehäuft vorkommen dürfen, so daß die Schüler unter unerträgliche Belastungen gesetzt werden), nicht schwieriger sein dürfen als der vorbereitende Unterricht, ja im allgemeinen auch durch speziellen Unterricht oder spezielle Hausaufgaben vorbereitet sein sollen. Ferner soll der Schüler aus der Korrektur Hinweise für seine weitere Arbeit gewinnen und durch die Korrektur gefördert werden.

Eine Verbesserung der vorherrschenden Situation ist in einem gewissen Ausmaß also schon dadurch zu erwarten, daß die *Bestimmungen eingehalten* werden. Weiterhin ist zu überlegen, inwieweit Prinzipien einer Evaluation, die sich ja nicht auf Selektion und Zwang richten sollen (vgl. Kapitel 7), ansatzweise auch bei solchen Prüfungsarbeiten erreicht werden können. Hierbei ist vor allem an *klassenübergreifende Beurteilungsmaßstäbe* zu denken.

Im Zusammenhang einer *kooperativen Unterrichtsplanung* zwischen Lehrern einer Schule bzw. den Fachlehrern von Parallelklassen lassen sich Absprachen über solche klassenübergreifende Beurteilungsmaßstäbe durchführen. So ist einerseits die Vergleichbarkeit der Beurteilung von

Arbeiten aus verschiedenen Klassen zu sichern, andererseits können die Kontakte zwischen den beteiligten Lehrern dazu führen, daß Ablenkungen in den Beurteilungen (z. B. Bevorzugungen von Schülern, die als „Lieblinge“ eines Lehrers gelten, Abneigung gegen andere Schüler und ihren Arbeitsstil etc.) verringert werden. Diese Kooperation zwischen Lehrern könnte sich dann auch auf gelegentliche *Zweitkorrekturen* richten, auf Grund deren bei Abweichungen neue Gesichtspunkte für eine Diskussion auftreten, die dann zu weiterer Angleichung Anlaß sein kann.

Die Entwicklung klassenübergreifender Beurteilungsmaßstäbe ist besonders deshalb wichtig, weil im gegenwärtigen Bildungssystem die Unterschiede bei klassenspezifischen Bewertungen von Prüfungsarbeiten sehr groß sind. So konnte festgestellt werden, daß Schüler, die beispielsweise mit ihrer Leistung in einer Klasse im oberen Drittel liegen und somit eine gute Note erwarten können, in einer anderen Klasse mit gleicher Leistung nur im unteren Drittel liegen würden und somit mit einer schlechten Note rechnen müßten. Allerdings gilt dies für Klassen ohne eine kooperative Unterrichtsplanung der Lehrer. Bei Bemühungen um klassenübergreifende Beurteilungsmaßstäbe würde man auch den Ergebnissen von Untersuchungen Rechnung tragen, die gezeigt haben, daß verschiedene Lehrer sehr wohl zu hinreichend übereinstimmenden Bewertungen gelangen, wenn sie nach gleichen Maßstäben urteilen und die gleichen Kriterien anwenden (z. B. Ausdrucksfähigkeit, mathematische Beweisführung etc.). Unterschiede in der Bewertung verschiedener Lehrer sind nämlich vor allem darauf zurückzuführen, daß sie unterschiedliche Kriterien anwenden oder gleiche Kriterien unterschiedlich gewichten. Man denke etwa an die unterschiedliche Gewichtung orthographischer Fehler bei der Beurteilung von Deutschaufsätzen durch verschiedene Lehrer.

Ein weiterer Gesichtspunkt für die Verbesserung von Klassenarbeiten besteht darin, daß das *Kriterium der Lernzielorientierung* aufgegriffen wird. „Lernzielorientierung“ von Klassenarbeiten bedeutet, daß die Arbeiten auf die Überprüfung solcher Lernziele hin angelegt sind, die auch Richtschnur für den vorherigen Unterricht waren. Dies bedeutet allerdings nicht, daß Klassenarbeiten lediglich den „Stoff“ der unmittelbar vorliegenden Lernzeit abdecken, da so die Gefahr entsteht, daß die Schüler sich durch die „Stoffhäppchen“ durchlernen und im Anschluß an eine solche Arbeit das jeweils zuvor Erlernte und Überprüfte getrost wieder vergessen können. Statt dessen sollten in Klassenarbeiten auch die übergreifenden und langfristig angestrebten Lernziele überprüft werden, sofern ihnen die Lernbedingungen entsprechen.

Um Lernzielorientierung herzustellen, ist es hilfreich, wenn bei der Planung einer Unterrichtseinheit bereits Überlegungen hinsichtlich der späteren Prüfung im Verlauf der Unterrichtssequenz abgedeckt werden und umgekehrt.

Lernzielorientierung von Klassenarbeiten bedeutet aber auch, daß die überprüfte Leistung *für die Adressaten* ebenfalls in einem erkennbaren Zusammenhang zu den vorherigen Lernprozessen steht, d. h. daß ihnen deutlich wird, welchen Sinn die Prüfung hat. Insofern müssen den Adressaten möglichst schon zu Beginn einer Unterrichtseinheit die Lernziele bekannt sein; dadurch (und durch weitere Hinweise des Lehrers) entsteht für sie eine bessere und einsehbare Möglichkeit, sich auf eine Prüfung vorzubereiten. Nichts macht mehr Angst vor einer Prüfung, als im dunkeln darüber gelassen zu werden, was „drankommen" wird.

Lernzielorientierung bedeutet schließlich auch, daß Lehrer Konsequenzen aus den Ergebnissen von Klassenarbeiten ziehen und schlechte Ergebnisse nicht unbedingt den Adressaten anlasten, sondern sich nach den Ursachen fragen, im besonderen nach Mängeln der Lehr- und Lernsituationen, die der Prüfung vorausgingen. Insofern sind lernzielorientierte Klassenarbeiten immer auch Anlaß zur Überprüfung für den Lehrer selbst. Treten Fehler eines bestimmten Typs häufig auf, so ist zu überlegen, inwieweit diese Fehler bei der Bewertung der Prüfungsarbeiten überhaupt berücksichtigt werden dürfen, denn möglicherweise verbirgt sich hinter ihnen ein fehlerhafter, mißverständlicher etc. Lernprozeß.

Diese Forderung läßt sich auch dahingehend interpretieren, daß Klassenarbeiten eine *Funktion für den nachfolgenden Unterricht* haben; z. B. dadurch, daß typische Fehler noch einmal eingehender behandelt oder die Schüler zumindest auf individuelle Arbeitsmöglichkeiten hingewiesen werden.

Weiterhin muß vermieden werden, Prüfungsarbeiten als Mittel der Disziplinierung von Schülern zu benutzen, indem z. B. eine (dann auch noch besonders schwere) Arbeit als Strafe für ein undiszipliniertes Verhalten einer Klasse verhängt wird. Auch sollte den Schülern nicht zusätzliche Angst, z. B. durch entsprechende Kommentare, Bloßstellung vor der Klasse etc., eingeflößt werden.

Wie schon eingangs im Zusammenhang von Überlegungen zur didaktischen Funktionalität erwähnt wurde, werden oftmals Klassenarbeiten geschrieben, die eine sehr viel komplexere Leistung des Schülers erfordern, als sie der vorherige Unterricht vermittelt hat. Das Erbringen individueller und komplexer Leistungen ist zwar häufig notwendig, denn z. B. kann die Interpretation eines ganzen Gedichts im Unterricht

nicht von einem Schüler allein vorgenommen werden, ohne daß die Klasse unruhig würde; es sollte dann aber versucht werden, diese individuellen und komplexen Leistungen der Schüler außerhalb von Prüfungssituationen zu ermöglichen, etwa dadurch, daß Probearbeiten (die nicht gewertet werden) geschrieben werden oder daß jeweils einige Schüler eine solche Tätigkeit in Hausaufgaben o. ä. ausführen und die Resultate dann gemeinsam besprochen werden.
Alle solche Maßnahmen können aber doch nicht darüber hinwegtäuschen, daß Klassenarbeiten nur sehr begrenzt geeignet sind, eine gültige und zuverlässige Evaluation der Lehr- und Lernprozesse des Unterrichts vorzunehmen.

Eine Alternative zum traditionellen Schulzeugnis: Diagnosebogen

In unserer Betrachtung eigentlicher Instrumente der Evaluation haben wir kaum die für die Mitteilung von Ergebnissen üblichen Zeugnisse behandelt. Sie sind nicht unabhängig von den Verfahren, nach denen Noten zustande kommen; insofern waren uns die Verfahren wichtiger. Seit einigen Jahren werden in einigen Schulen, vor allem Gesamtschulen, versuchsweise *Diagnosebogen* angewendet, um den Leistungsstand von Schülern festzuhalten und ihnen, anderen Lehrern und den Eltern mitzuteilen. Erstes Prinzip ist hierbei die Abschaffung des Notensystems. Statt dessen werden verbale Umschreibungen und Symbole besonderer Art verwendet. Die Umschreibungen geben an, inwieweit der Schüler nach Ansicht des Lehrers und dessen Unterlagen (Tests, Notizen über mündliche Mitarbeit etc.) sich erwünschter- oder unerwünschterweise verhalten hat (ein fiktives Beispiel: Klaus hat bei der Angabe „Erlebniserzählung“ aus dem Diagnosebogen für die 7. Klasse folgenden Eintrag zur Mitarbeit in der Klasse erhalten: „Klaus hat Hemmungen, sich vor Mitschülern mündlich auszudrücken, die aber in solchen Fällen verschwinden, in denen er reale eigene Erlebnisse ausdrückt.“ Zusätzlich zu diesem Eintrag könnte dann noch eine Empfehlung erfolgen, etwa: „Klaus sollte mehr losgelöst von seinen eigenen Erfahrungen den mündlichen Ausdruck pflegen.“). Solche Diagnosebogen summieren dann in den erwähnten Symbolen den Leistungsstand ähnlich dem „pass-fail“-Verfahren, d. h. für den Ausdruck „Lernziel voll erreicht“ wird ein Symbol (z. B. ein Kreis) eingetragen, für den Ausdruck „Lernziel nicht erreicht“ ein anderes Symbol. Der Vorteil der Diagnosebogen liegt auf der Hand: Schüler, Eltern und andere Lehrer

DIAGNOSEBOGEN – Informationen zum Stand des Lernprozesses

	Stichwort zum Thema, zur Unterrichtseinheit usw.	1	2	3	4	5	6	7	8	9	10	
Ernst-Reuter-Schule Gesamtschule Frankfurt-Nordweststadt												Name Vorname Schuljahr Kerngruppe **Deutsch** Fach
Dauer ⟶												Hinweise und Empfehlungen zum Lernziel/Fähigkeiten usw.
...nzielen/Fähigkeiten, Fertigkeiten, Gesichtspunkten des Unterrichts	A Fähigkeit, mit anderen zu sprechen											
	B Fähigkeit, Sprache zweckentsprechend schriftlich einzusetzen											
	C Fähigkeit, Anwendungsmöglichkeiten v. Texten zu erkennen (unter Einbeziehung dafür notwendiger Fragestellungen)											
	D Untersuchung von Sprachvorgängen											
	E Fähigkeit d. Gruppe zur Projektarbeit											

Stichworte										

Zeichenerklärung	Hinweise und Empfehlungen zum Thema, zur Unterrichtseinheit usw.
+ Lernz. erreicht / Fäh. ausgeprägt ○ Lernz. teilweise erreicht / Fähigk., Fertigkeit vorhanden = Lernz. bisher nicht erreicht / Fähigk. nicht nachgewiesen X keine Beobachtung / nicht gefordert / entwertet	
J, P, K Jahrgangs-, bzw. Parallel- bzw. Kursgruppe N Normarbeit T schulübergreifender Test D+, D○, D= über, bzw. im, bzw. unter dem Durchschnitt der geprüften Gruppe	

Schriftliche Nachweise, Tests, Ergebnisse praktischer Arbeiten („p. A.")

Bezug auf die Lernziele oder Themen										
Datum										
Art/Gruppe										
Ergebnis (D: auf den Durchschnitt bezogen)										

Kursverbleib gefährdet Hi/Ben	am:	am:	am:
Aufstufung Abstufung	am:	am:	am:

Erläuterungen zu den Kursbezeichnungen

Ankreuzen, mit wem Besprechung erwünscht ↓

Unterschriften

Lehrer	vom	bis
1.		
2.		
3.		
4.		

Schüler	Dat.
Erziehungsberechtigter	

Hi = Hinweis auf schwache Leistungen im Kurs. Ben = Benachrichtigung über gefährdeten Kursverbleib wegen sehr schwacher Leistungen.

können detailliertere Kenntnisse über den Leistungsstand (insbesondere spezifische Stärken und Schwächen) des einzelnen Schülers erfahren als mit dem starren Notensystem. Nachteile sind vor allem in dem *relativ großen Aufwand* zu sehen sowie *im Verzicht auf* eine formale und äußerliche Vergleichbarkeit der Leistungsfeststellungen. Eltern und Verwaltungen können dann keine Rangunterschiede mehr zwischen den Schülern feststellen.
Nach unserer Meinung sprechen für die Diagnosebogen sehr viele gute Gründe. Man wird aber ihre allgemeine Einführung nicht so leicht durchsetzen können, wie man sich das erhoffen möchte.

Literaturhinweise:

1 H. Chauncey/J. E. Dobbin; Der Test im modernen Bildungswesen. Stuttgart (Klett) 1968.

Dieses Werk gibt einen umfassenden Überblick über die Theorie, Entwicklung und Anwendung von Testverfahren im Bildungswesen, ist aber eher am amerikanischen Bildungswesen orientiert.

2 P. Gaude/W.-P. Teschner; Objektivierte Leistungsmessung in der Schule. Frankfurt a. M. (Diesterweg) 3. Aufl. 1973.

Die beiden Autoren haben dieses Werk als Gesamtschullehrer in Berlin geschrieben; so ist es erklärbar, daß sie sich vor allem der Entwicklung und dem Einsatz sog. informeller Tests widmen, insbesondere bei der Leistungsdifferenzierung im Fach Deutsch.

3 K. Ingenkamp (Hrsg.); Die Fragwürdigkeit der Zensurengebung. Weinheim usw. (Beltz) 1971. 4. Aufl. 1973.

In verschiedenen Einzelreferaten werden historische und funktionale Aspekte der Zensurengebung behandelt, ferner Fehlerquellen, prognostische Werte und fächerspezifische Probleme aufgewiesen.

Vorschlag für ein Erkundungsprojekt 12:

„Notengebung in einer Schule“

Stellen Sie durch Einsichtnahme in die Notenlisten die Verteilung von Schulnoten bzw. Zeugniszensuren in einer Schule für einzelne Fächer und einzelne Lehrer fest, wobei Sie den Mittelwert für jede Klasse, für

jeden Lehrer und für jedes Fach bilden, um so festzustellen, ob sich die Klassen oder die Lehrer oder die Fächer in den Notendurchschnitten unterscheiden, ob es „Hochbewerter“ und „Niedrigbewerter“ gibt.
Sprechen Sie sich mit anderen Arbeitsgruppen ab, damit möglichst unterschiedliche Berechnungen vorgenommen und später zusammengetragen werden können.
Sie errechnen den Durchschnitt mit Hilfe des arithmetischen Mittels, d. h. Sie bilden zunächst die Summe aller Zensuren (z. B. für Klassenarbeiten) in einer Gruppe und teilen diese Zahl dann durch die Anzahl der Schüler in dieser Gruppe.

Vorschlag für ein alternatives Erkundungsprojekt:

„Sammeln und Analysieren für ein alternatives Erkundungsprojekt“

Als Alternative oder Ergänzung können Sie folgendes Erkundungsprojekt durchführen: Sammeln Sie alle verfügbaren bzw. erreichbaren Dokumente zum Thema „Klassenarbeiten und Prüfungen“. Solche Dokumente können sich auf die Planung dieser Evaluationsinstrumente richten (z. B. ministerielle Erlasse, Hinweise in schulpädagogischen Handbüchern, Äußerungen von Lehrern) oder die Praxis ihrer Handhabung und Wirkungen beinhalten (z. B. Klassenarbeiten, Berichte über Prüfungen – auch an Hochschulen –). Analysieren Sie diese Dokumente nach Gesichtspunkten, die im vorangehenden Kapitel behandelt wurden, z. B. im Hinblick auf die Frage, ob und welche *Qualifikationen* in ihnen gefordert bzw. überprüft werden, oder im Hinblick auf die Frage, welche Qualitätskriterien für sie verlangt und in ihnen eingehalten werden.

Skizze zu einem Planspiel 12:

„Benotung von Seminarscheinen“

Situation: Im Fachbereich einer Hochschule soll festgelegt werden, nach welchem Verfahren die Benotungen erfolgen sollen. Eine Gruppe spricht sich dafür aus, differenzierte Noten (etwa von 1 bis 5) auf Scheine und die Abschlußprüfung zu geben (= Lösung A). Eine andere Gruppe spricht sich dagegen dafür aus, nur nach „bestanden" und „nicht bestanden" zu unterteilen, und zwar sowohl bei einzelnen Scheinen als auch bei Abschlußprüfungen (= Lösung B).

Handlungsträger: Die Mitglieder des (drittelparitätisch besetzten) Fachbereichs an einer Hochschule, und zwar zwei Professoren (je einer für Lösung A und B), zwei Assistenten (je einer für Lösung A und B), zwei Studenten (je einer für Lösung A und B).

Handlungsziele: Durchsetzung der jeweils gewünschten Lösung. Ein Kompromiß erscheint nicht als möglich. Fällt keine Entscheidung, so ist das gleichbedeutend mit einer späteren Entscheidung durch die Hochschulbehörde des Landes, die wahrscheinlich der Lösung A zuneigt.

Handlungsmöglichkeiten: Diskussion, Vertagung und externe Beratung (d. h. unter Zuhilfenahme von Experten und mit Diskussionen in den jeweiligen Wahlgruppen), Androhung von Streik, aber auch Verschärfung des Leistungsdrucks.

Spielverlauf: Das Spiel wird vom Vorsitzenden des Fachbereichs (einem Professor) eröffnet. Jede Gruppe trägt ihre Argumente vor und versucht, die der anderen zu entkräften. Bei einer evtl. Vertagung ist zu verabreden, welche externen Handlungsträger befragt werden sollen, die dann durch schriftliche Gutachten (von der jeweiligen Gruppe verfaßt) ihre Informationen zur Kenntnis geben, wenn das Spiel wieder aufgenommen wird.

13. Lehrerrollen und Lehrfunktionen

An einem beliebigen Tage in einer beliebigen Unterrichtsstunde und in einer beliebigen Klasse erleben wir eine Deutschstunde. Thema: „Verkaufsanzeigen in Zeitungen". Die Schüler – es ist eine Klasse der Hauptschule – sollen versuchen, der Reihe nach je eine Verkaufsanzeige zu dechiffrieren. Wir beobachten für einen winzigen Zeitausschnitt allein die Lehrerin, was sie sagt und was sie tut. Dabei hören wir, über einen Zeitraum von etwa zwei Minuten verteilt, die folgenden Sätze (es handelt sich um eine nicht gestellte Situation; es werden nur die Aussagen der Lehrerin wiedergegeben):
„So – weiter geht's, wir müssen rumkommen. Mach'n bißchen. Michael, was wird verkauft? . . . De Em, D-Mark heißt das immer noch. . . . Nein, Michael ist dran. Du kommst gleich dran! . . . Michael, wer ist in deinem Fall der Verkäufer? . . . 'ne Firma, das ist nämlich neu, bisher waren es immer Einzelpersonen, und jetzt ist es 'ne Firma, die verkaufen will. . . . Das ist aber damit gemeint. . . . Jürgen! . . . Jürgen, was wird bei dir verkauft? . . . Scht! . . . so ist gut . . ." Nebenher sammelt die Lehrerin eine Papierschwalbe ein, die ein Schüler abschußbereit auf seinem Tisch liegen hat und bedeutet einem anderen durch eine Handbewegung, daß er das Kaugummi aus dem Mund nehmen soll.
Diese Szene spielt sich so oder so ähnlich täglich in Hunderten von Klassenräumen ab. Es kann an dieser Stelle nicht darum gehen, ein Urteil über die Qualität eines solchen Unterrichts zu fällen, das wäre auf Grund eines so kurzen Ausschnitts ohnehin nicht möglich. Vielmehr soll mit dieser Szene ins Gedächtnis gerufen werden, was jeder von uns in seiner eigenen Schulzeit erfahren hat.
Die Frage, die wir uns zu stellen haben, erscheint zunächst einfach zu beantworten: Was tut ein Lehrer, wenn er „lehrt"? Die Antworten, die auf diese Frage hin erfolgen, weisen jedoch auf ein unterschiedliches Verständnis dessen hin, was man als Lehrerverhalten oder „gutes", „erfolgreiches" Lehren begreift. Man ist angesichts eines unterschiedlichen Vorverständnisses versucht, das Problem empirisch anzugehen und eine reine Beschreibung dessen vorzunehmen, was Lehrer im Klassenraum, in der Schule oder überhaupt tun.

Versuche, Lehrerverhalten zu systematisieren

Vor die Aufgabe gestellt, eine Arbeitsplatzanalyse von Lehrern zu erstellen, die offenkundig unterschiedliche Aktivitäten von Lehrern erfaßt, hinreichend plausible Kategorien benutzt und allgemeinverständlich ist, könnte man auf die Idee kommen, auf das folgende, von einem amerikanischen Autor eingeschlagene Verfahren zurückzugreifen, mit dem dieser versucht, aus einer Art Laienperspektive einen Lehrerverhaltenskatalog zu entwickeln und damit sozusagen im vortheoretischen Raum zu bleiben. Der Tagesablauf eines Lehrers würde dann die folgenden Tätigkeiten umfassen:

„Er oder sie redet, läuft durch die Pausenhalle, sammelt Geld ein, überprüft Anwesenheit, berät, putzt sich die Schuhe, diszipliniert, kritisiert und beurteilt, füllt Listen aus, spricht mit Eltern, plant, erklärt, definiert, macht vor, motiviert, fragt, regelt den Verkehr, trinkt Kaffee, reicht Informationen weiter, weint ..." (T. F. Green; The Activities of Teaching. New York [McGraw-Hill] 1971, S. 2). Diese Liste könnte am nächsten Tage durch einige weitere Aktivitäten ergänzt werden.

Nun fällt auf, daß diese Tätigkeitsbeschreibungen nicht sehr systematisch sind. Einerseits sind sie von unterschiedlicher Konkretheit („putzt Schuhe" – „plant"), zum anderen sind die Kategorien nicht sehr trennscharf (so ist die Kategorie „spricht mit Eltern" in der Kategorie „sprechen" bereits enthalten). In dem Bemühen, zu einer gewissen Systematik zu gelangen, revidiert der Autor die oben dargestellte Liste in der Weise, daß er nach drei Hauptkategorien unterscheidet und diese dann intern weiter differenziert. Es sind dies die Oberkategorien „Logische Handlungen", „Strategische Handlungen" und „Institutionelle Handlungen". Was damit gemeint ist, wird deutlich, wenn man die Unterkategorien hinzunimmt:

Logische Handlungen	Strategische Handlungen	Institutionelle Handlungen
Erklären	Motivieren	Geld einsammeln
Schlußfolgern	Beraten	Aufpassen
Ableiten	Beurteilen	Hofaufsicht
Begründen	Planen	Konfernzteilnahme
Beispiele sammeln	Ermuntern	Anwesenheitskontrolle
Vormachen	Disziplinieren	Elternberatung
Definieren	Fragen	Listen ausfüllen
Vergleichen		

Diese Klassifikation erscheint auf den ersten Blick relativ vollständig, trennscharf und ausgewogen. Wenn man sie jedoch den von anderen Autoren entwickelten Klassifikationsschemata für Lehrerverhalten gegenüberstellt, erkennt man, daß sie allenfalls relativen Wert hat.

So verwendet beispielsweise F. Winnefeld (einer der deutschen Autoren, die in der Tradition der „pädagogischen Tatsachenforschung" stehen) das folgende Schema:

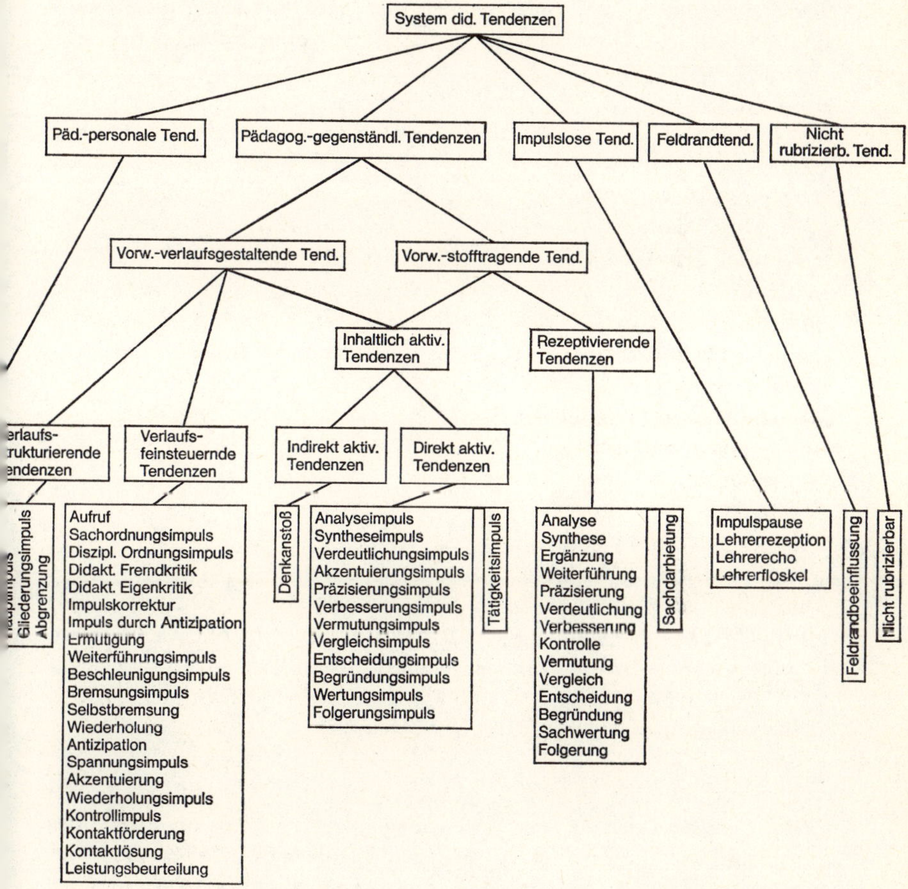

(aus: F. Winnefeld; Pädagogischer Kontakt und pädagogisches Feld. München (Reinhardt) 2. Aufl. 1973, S. 60)

Hierbei wird deutlich, daß der Autor im Unterschied zu Green nur *klassenrauminterne* Aktivitäten in das Schema aufnimmt und daß er hierbei wiederum nur solche einbezieht, die sich auf das „Lehren" im engeren Sinne beziehen, während Aktivitäten des Disziplinierens oder des Administrierens entfallen bzw. in die Kategorie „nicht rubrizierbar" fallen.

Dies ist in gleicher Weise der Fall bei zwei weiteren angelsächsischen Autoren, deren Klassifikationen auch in der Bundesrepublik häufig für Forschungs- und Ausbildungszwecke verwendet werden, B. O. Smith und N. Flanders. Diese Kataloge enthalten folgende Kategorien:

B. O. Smith	*N. Flanders*
Beschreiben	Gefühle akzeptieren
Definieren	Loben und Ermuntern
Bezeichnen	Ideen von Schülern aufgreifen
Feststellen	Fragen stellen
Referieren	Vortragen
Ersetzen	Anweisen
Beurteilen	Kritisieren
Meinung bekunden	Autorität rechtfertigen
Klassifizieren	
Vergleichen und Gegenüberstellen	
Bedingungszusammenhänge herstellen	
Erklären	
Disziplinieren und Ordnung aufrechterhalten	

(Beide Kataloge sind dargestellt in: W. Schulz u. a.; Verhalten im Unterricht – seine Erfassung durch Beobachtungsverfahren, in: K. Ingenkamp [Hrsg.]; Handbuch der Unterrichtsforschung, Teil I. Weinheim usw. [Beltz] 1970, S. 636–851.)

Diese wenigen Beispiele, von denen man in der wissenschaftlichen Literatur noch viele andere findet, machen deutlich, daß es offenbar davon abhängt, welches Verständnis ein Autor vom Begriff des Unterrichts bzw. didaktischen Handelns bzw. „Lehrerverhaltens" hat. Interpretiert er Unterrichten vorwiegend als Prozeß logisch-rationaler Argumentation und systematischer Informationsvermittlung, wird er andere Katego-

rien in den Vordergrund rücken, als wenn er es als Prozeß der Persönlichkeitsentwicklung, der sozialen Interaktion oder der Verhaltensdressur begreift. Wie aber kann man entscheiden, welche dieser Interpretationen von „Unterrichten" die „richtige" ist? (Für Taktiker: immer die derjenigen Autorität, welche der Prüfende akzeptiert.)
Da wir uns eingangs auf den Begriff des „didaktischen Handelns" festgelegt haben, ist für uns auf jeden Fall nur ein solcher Begriff akzeptabel, der Lehrerverhalten nicht reduziert auf die logisch-verbalen Akte, sondern der möglichst alle Aktivitäten umfaßt, welche für das Lernen der Adressaten von unmittelbarer oder mittelbarer Relevanz sind. Andererseits sind wir uns dessen bewußt, daß wir damit vor die Schwierigkeit gestellt sind, zwischen solchen Aktivitäten zu unterscheiden, die Lehrer in Wahrnehmung ihrer *didaktischen* Funktionen ausüben, und solchen, die primär den *außerdidaktischen* Funktionen zugeordnet sind. Wir müssen uns daher zunächst etwas systematischer mit der eingangs gestellten Frage auseinandersetzen, welche anderen Aufgaben Lehrer denn haben könnten als die des Lehrens, des Unterrichtens, des Qualifizierens. Wie kann man die „außerdidaktischen Funktionen" von Lehrern – so wollen wie sie zunächst nennen – in den Griff bekommen? Wir wollen versuchen, durch Einführung des Begriffs der „Rolle" einer Antwort näherzukommen.

Funktionen und Rollen von Lehrern

Unter den verschiedenen Versuchen einer Klassifikation der *Funktionen bzw. der Rollen* von Lehrern ist der Ansatz von Mann (1969) von besonderem Interesse, da er ein sehr breites Spektrum von Funktionen in seinem Schema einfängt. Er unterscheidet dabei sechs Rollen, die Lehrern zufallen: die des „Experten", die einer „Autorität", die des „Sozialisationsagenten", die des „Unterstützers", die des „Ego-Ideals" und die einer „individuellen Person". Der folgende Überblick erläutert diese sechs Funktionsgesichtspunkte, unter denen Lehrer zu sehen sind, und stellt eine Beziehung her zu entsprechenden Aspekten der Schülermotivation:

Lehrerrollen	Hauptziele	Wichtige Fähigkeiten	Hauptquellen der Schülermotivation (und der Angst)
Experte	übermittelt Information, Begriffe und Perspektiven des Faches bzw. Bereichs	Zuhören, fachliche Vorbereitung, Unterrichtsorganisation und Darbietung von Lehrmaterialien, Beantwortung v. Fragen	Neugier, Leistungsbedürfnis, Interesse an der Sache und am Inhalt (Befürchtung, dumm zu gelten, Befürchtung, zu versagen)
Formelle Autorität	Ziele setzen und Verfahren bestimmen, um Ziele zu erreichen	Festlegung der Struktur und der Qualitätsmaßstäbe, Evaluation des Resultats	Abhängigkeit, Streben nach guten Noten (Befürchtung, durchzufallen, sich zu verzetteln und irrelevante Tätigkeiten auszuüben)
Sozialisationsagent	Ziele und Karriereperspektiven über den Kurs sichtbar machen, Schüler darauf vorbereiten	Belohnungen und Erwartungen hervorkehren, die von der Mehrheit der Fachwissenschaftler akzeptiert werden	Bedürfnis, sich über die eigenen Interessen und Neigungen klarzuwerden, der Wunsch, akzeptiert zu sein (Befürchtung, vom Fach abgelehnt zu werden oder in den Vorhaben beschnitten zu werden)
Unterstützer	Kreativität und Entfaltung nach dem Selbstverständnis des Schülers zu fördern, Lernschwierigkeiten überwinden helfen	Schüler entwickeln, das Bewußtsein ihrer Interessen und Fähigkeiten schärfen, Einsicht und Problemlösungsfähigkeit nutzen, um Schülern zu helfen, Ziele zu erreichen und Blockierungen abzubauen	Selbsterfahrung und Klarheit darüber, daß man sich in gewünschter Richtung entwickelt (Befürchtung, eine Marionette oder ein Notengrabscher zu sein oder zu werden, Befürchtung, keine klare und angemessene Identität zu entwickeln)

Lehrerrollen	Hauptziele	Wichtige Fähigkeiten	Hauptquellen der Schülermotivation (und der Angst)
Egoideal	Begeisterung und Wertschätzung intellektueller Forschung in einem speziellen Bereich vermitteln	verdeutlichen, daß letztlich die eigenen materiellen oder geistigen Ziele die Mühe wert sind und das persönliche Engagement	Der Wunsch, angeregt zu werden, der Wunsch nach einem Vorbild, einer Personifizierung eigener Ideale (Befürchtung, indifferent, verhärtet und zynisch zu werden)
individuelle Person	das ganze Spektrum menschlicher Bedürfnisse und Fähigkeiten übermitteln, die erforderlich sind für die eigene intellektuelle Aktivität, als Mensch gewürdigt zu werden und den Schüler als Menschen zu würdigen	sich so darstellen, daß deutlich wird, daß man über die aktuelle Aufgabe hinaus existiert, vertrauenswürdig und warmherzig sein, um Schüler zur Offenheit zu ermuntern	der Wunsch, mehr als nur Schüler zu sein, der Wunsch, einen Lebenszusammenhang herzustellen (Befürchtung, ignoriert oder als Objekt behandelt zu werden)

(aus: W. R. Mann; Teacher as Typology; in: W. J. McKeachie; Teaching Tips. Lexington, Mass. (University of Michigan) 1969, S. 51.

Da der Autor bei dieser Gliederung nach sechs Rollen offensichtlich stärker die Verhältnisse im Hochschulbereich im Auge hat, muß für den allgemeinbildenden und den vorschulischen Bereich mindestens eine Rolle nachgetragen werden, die hier eine zentrale Bedeutung erhält, nämlich die des „Aufsehers". Diese „kustodiale" Rolle verdient besonders deshalb eine Hervorhebung, weil sie vom Bildungssystem am nachdrücklichsten abgesichert ist. Schüler dürfen nicht einfach nach Hause geschickt, aus dem Klassenraum verwiesen werden; Unterrichtsstunden werden häufig durch Vertretungsstunden ersetzt, denen rein kustodiale Funktionen zukommen; und selbst, wenn es für den Lerngewinn bezüglich der Schulleistungen wie auch für die Vermittlung von Haltungen und Einstellungen zweckmäßiger wäre, Klassen zu halbieren und dafür jedem Kind nur die Hälfte Klassenunterricht angedeihen zu lassen, bestünde hierzu gegenwärtig kein Entscheidungsspielraum eines Lehrers oder einer Schule. Lehrer erhalten von der Gesellschaft offenbar einen erheblichen Anteil ihres Gehalts schlicht dafür, daß sie Kinder und Jugendliche während bestimmter Zeiten des Tages beaufsichtigen, anders gesagt: Sie werden nur zum Teil für die Vermittlung von Qualifikationen und Haltungen bezahlt. Lehrer können disziplinarisch dafür belangt werden, wenn sie ihre kustodialen Funktionen versäumen, im Falle mangelhafter Erfüllung von Lehrfunktionen bestehen praktisch kaum solche Möglichkeiten. Könnte dies nicht ein Hinweis sein, die kustodiale Funktion des Lehrers deutlicher zu sehen, als dies bisher üblich ist, auch wenn die Aufklärung dieses Sachverhalts nicht überall Freude auszulösen vermag?

Wir hätten es demnach mit mindestens sieben Funktionen zu tun, denen Lehrer zu genügen haben. Diese Funktionen können in den verschiedenen Bereichen und auf den einzelnen Stufen des Bildungswesens unterschiedliches Gewicht haben. Auch können von Lehrer zu Lehrer unterschiedliche Akzente gesetzt sein. Immerhin macht das Schema deutlich, daß Lehrer nicht nur „Unterrichter" sind, d. h. daß sie nicht nur Lehrfunktionen in einem engeren Sinne wahrnehmen.

Da wir uns in dieser „Einführung in didaktisches Handeln" jedoch schwerpunktmäßig mit den Bedingungen, Voraussetzungen und Verfahren *organisierten* Lernens befassen, müssen wir notwendigerweise ein geringeres Gewicht unserer Aufmerksamkeit auf die „außerdidaktischen Funktionen" von Lehrern legen. Das darf keineswegs dahingehend fehlinterpretiert werden, daß diese außerdidaktischen Funktionen überhaupt von geringerem Interesse seien, sondern lediglich, daß sie in unserer Betrachtungsweise nicht im Mittelpunkt stehen.

Stehen aber nicht auch im Klassenraum oder im Hörsaal die *didakti-*

schen Funktionen, also besonders die Rolle des Lehrers als „Experte" und allenfalls noch die als „Autoritätsfigur", im Vordergrund? Wirken Lehrer nicht vorwiegend über ihr tatsächliches Verhalten und weniger durch ihre „Persönlichkeit", die von den Systembedingungen her ohnehin nur geringe Möglichkeiten hat, zur Geltung zu kommen?

Persönlichkeitsmerkmale von Lehrern

In der wissenschaftlichen Literatur herrscht darüber offenbar eine andere Auffassung vor, denn die Erforschung der Persönlichkeitsmerkmale von Lehrern hat eine lange Tradition und inzwischen einen relativ großen Umfang angenommen. Offenbar kommt darin u. a. die Annahme zum Ausdruck, daß es eher möglich ist, Lehrer so auszuwählen, daß sie den Bedingungen des gegenwärtigen Unterrichtssystems entsprechen, als dieses Unterrichtssystem so zu gestalten, daß in ihm unterschiedliche Persönlichkeitsstrukturen einen geeigneten Arbeitsplatz finden können, oder Lehrerstudenten so auszubilden, daß sie ihre Aufgaben qualifiziert wahrnehmen können. Was sind die bisherigen Forschungsbefunde darüber, welche Persönlichkeitstypen für den Lehrerberuf am besten geeignet sind?

Wenn wir der Quintessenz folgen, die Getzels/Jackson und Pause (1970) in Band II des „Handbuchs der Unterrichtsforschung", a. a. O., auf Grund eines Überblicks über die Forschungsliteratur ziehen, wäre folgendes zu sagen:

„(Die Untersuchungen) bleiben ... durch ihre regionale Beschränkung in ihrer Aussagefähigkeit auf wenige hochzivilisierte Länder beschränkt und sind in der Regel in ihren Ergebnissen wenig befriedigend. Wir haben zwar hinreichend erfahren, daß gute Lehrer eher freundlich, heiter, sympathisch oder tugendhaft als grausam, depressiv, unsympathisch oder amoralisch seien bzw. sein sollten.

Damit sind jedoch allenfalls Binsenweisheiten zum Ausdruck gebracht worden, jedoch keine Aussagen darüber, welche fachspezifischen oder altersstufenspezifischen Merkmale erwartet werden oder von welchen gesellschaftlichen Leitvorstellungen aus derartige Bewertungen vorgenommen worden sind.

Von weiterführendem Interesse kann also nicht so sehr die Wiederholung lapidarer Selbstverständlichkeiten oder die Zementierung herkömmlicher Leitvorstellungen sein, sondern vielmehr die gegenwartsbezogene Feststellung von spezifischen, am Kind, am Fach und an den

gesellschaftlichen Bedingungen und Veränderungen orientierten Merkmalen, die einer *erziehungswissenschaftlich und persönlichkeitstheoretisch begründbaren* Vorstellung von Lehrerpersönlichkeit gerecht zu werden vermögen.
Diese Forderungen sind leichter gestellt als ausgeführt, wie die kritischen Bemühungen einer größeren Anzahl methodenbewußter Forscher zeigen, die in Anlehnung an bestehende Persönlichkeitstheorien und unter Berücksichtigung gesellschaftlicher Aspekte vergleichbare und aussagekräftige Untersuchungsergebnisse anzubieten versuchen." (a. a. O., S. 150 f.)
Nach Auffassung der Autoren sind es vier Hauptschwierigkeiten, die einer Erforschung des Sachverhalts „Lehrerpersönlichkeit" entgegenstehen:

- die Definition des Begriffs „Persönlichkeit",
- die Entwicklung geeigneter Forschungsinstrumente,
- die Frage der gesellschaftlichen Umwelt, für die die Aussagen formuliert werden sollen, und
- die Frage des Beurteilungskriteriums, an dem man Lehrbefähigung mißt, und dessen Abhängigkeit von der Struktur des Unterrichtssystems.

Was also bleibt für den angehenden Didaktiker als erste Erkenntnis? Niemand, es sei denn, er wäre außergewöhnlich unfreundlich, unsympathisch, amoralisch oder depressiv, braucht auf Grund seiner Persönlichkeitsstruktur darauf zu verzichten, einen didaktischen Beruf zu ergreifen. Und wer würde solche Eigenschaften schon an sich selbst erkennen?
Immerhin spitzt sich damit die Frage nach der Lehrerqualifikation auf erlernbare Einstellungen, Fertigkeiten, Haltungen, Kenntnisse und Fähigkeiten zu, von welcher Persönlichkeitsbasis her sie auch immer erworben sein mögen.

Was muß man gelernt haben, um ein guter Lehrer zu sein?

Auch hier steht zunächst die Frage voran, an welchem Kriterium man denn messen kann, ob ein Lehrer ein „guter" Lehrer ist. Als ein solches Kriterium bietet sich der Lernerfolg der Schüler an. Ein guter Lehrer ist dann der, welcher einer möglichst großen Zahl von Schülern zu

möglichst hohem Lernerfolg verhilft, wobei Lernerfolg aus Gründen der Übersichtlichkeit unseres Problems beschränkt bleiben mag auf den Katalog durchschnittlich erwünschter Fachleistungen im Bereich der Orthographie, des geographischen Wissens, der Rechenfertigkeit, der Sprachbeherrschung etc.
Was läßt sich von der derzeitigen Forschungslage her über diejenigen Eigenschaften und Verhaltensweisen von Lehrern aussagen, von denen der Lernerfolg der Schüler abhängt? Auf Grund einer vergleichenden Analyse vieler Untersuchungen über den Zusammenhang von Lehrerverhalten und Lernerfolg der Schüler kommen Rosenshine und Furst (1971) zu der Auffassung, daß vor allem fünf Eigenschaften des Lehrers von Einfluß sind:

– „Klarheit“ (Verständlichkeit, Eindeutigkeit beim Darstellen und Erklären),
– „Variabilität“, d. h. Verfügung über ein breites Repertoire didaktisch-methodischer Alternativen, aus dem man je nach Situation auswählen kann,
– „Enthusiasmus“, d. h. Interesse, Anteilnahme und Begeisterung des Lehrers für das, was er lehrt,
– „Aufgabenorientierung bzw. Sachlichkeit und Nüchternheit“, worunter vor allem systematisches Vorgehen, Lernzielorientierung und Verzicht auf Abschweifen zu verstehen sind, sowie
– „dem Schüler Gelegenheit geben, sich mit dem spezifischen Lerngegenstand zu beschäftigen“, der Gegenstand von Prüfungen ist.

(B. Rosenshine/V. F. Furst; Research on teacher performance criteria, in: B. O. Smith [ed.]; Research in teacher education: A symposium. Englewood Cliffs, N. Y. [Prentice-Hall] 1971, S. 37–72)

Zunächst ist man versucht, auch diese fünf Eigenschaften als ziemlich trivial und selbstverständlich zu empfinden. Wenn man allerdings jeweils das Gegenteil dieser Eigenschaften hinzudenkt, das *vermieden* werden soll, so zeigt sich, daß bereits in diesen fünf Kategorien ein erheblicher Anspruch an die Qualifikation bzw. Ausbildung von Lehrern liegt: Sie müssen nämlich zu vermeiden lernen,

– unverständlich und mehrdeutig zu formulieren,
– nach einem einzigen Schema den Unterricht abrollen zu lassen,
– in müde-gelangweilter oder routinemäßiger Weise ihre Lektionen vorzutragen,
– von Improvisation zu Improvisation zu springen und

– andere Dinge zu lehren als diejenigen, die sie prüfen, und umgekehrt.

Dennoch scheinen diese Befunde zunächst darauf hinzudeuten, daß Lehrer nur in ihrer Rolle als „Experte“, „formelle Autorität“ und „Unterstützer“ gefordert sind, um Schülern zum Lernerfolg zu verhelfen. Ihre Rolle als „Sozialisationsagent“, „Egoideal“, „individuelle Person“ und „Aufsichtsperson“ wird offenbar entweder für andere Einflüsse auf das Schülerverhalten – z. B. auf das Sozialverhalten – relevant, oder aber Lehrer beeinflussen in diesen Rollen den Lernerfolg in bezug auf Fachleistungen nur mittelbar, so daß diese Einflüsse durch solche Untersuchungen nicht erfaßt werden konnten.
Immerhin lassen es unsere bisherigen Überlegungen sinnvoll erscheinen, uns näher mit jenen Einflüssen von Lehrern zu befassen, die *unmittelbar* auf Lernerfolg zu wirken versprechen. Gehen wir also davon aus, daß sich aus der Fülle von Lehreraktivitäten, so wie wir sie zu Beginn dieses Abschnittes kennengelernt haben, solche ausgliedern lassen, die man als „Lehrfunktionen“ im engeren Sinne bezeichnen kann. Wir wollen darunter vorläufig jenes didaktische Handeln im Klassenraum verstehen, das unmittelbar auf die Steuerung jener Lernprozesse der Adressaten gerichtet ist, welche ausdrücklich den Unterrichtszielen entsprechen. Nachdem wir uns darüber Aufklärung verschafft haben, daß wir damit eine Abstraktion vornehmen, braucht uns das Argument, wir blendeten damit viele Aspekte des Unterrichtsgeschehens aus, nicht mehr zu schrecken. Wir wissen nämlich schon, wovon wir abstrahieren.

Welches sind die wichtigsten Lehrfunktionen?

Es hat in der Geschichte der Pädagogik bis in die Gegenwart hinein mannigfache Versuche zur Bestimmung von Lehrfunktionen gegeben. In den meisten Fällen orientierten diese Ansätze sich an Lerntheorien, denn „Lehren“ im engeren Sinne heißt „lernen machen“, und so ist es konsequent, wenn man sich zunächst Aufklärung über die Beschaffenheit von Lernprozessen verschafft, bevor man die Verfahren zu ihrer Beeinflussung systematisiert. Je nachdem nun, welche Lerntheorie man zugrunde legt, wird man auch zu einer andersartigen Abgrenzung und Bestimmung der Lehrfunktionen kommen. Zwei Autoren mögen stellvertretend für diese Ansätze stehen.

Heinrich Roth unterscheidet in seiner „Pädagogischen Psychologie des Lehrens und Lernens", Hannover usw. (Schroedel) 1957, nach

- Lernhilfen zur Motivierung des Lernens,
- Lernhilfen zur Überwindung der ersten Lernschwierigkeiten,
- Lernhilfen beim Finden der Lösung,
- Lernhilfen beim Tun und Ausführen,
- Lernhilfen für das Behalten und Einüben und
- Lernhilfen für das Bereitstellen, die Übertragung und die Integration des Gelernten.

Robert Gagné verwendet demgegenüber das folgende Klassifikationsschema:

- Funktionen, die zu Anfang der Lehrsequenz ausgeübt werden,
- Funktionen, die darauf abzielen, Lernen hervorzurufen und zu leiten,
- Funktionen, welche die Generalisierung der Einsicht fördern, und
- Funktionen, die eine Beurteilung der Ergebnisse erlauben.

Da dieses Schema hinreichend allgemein ist, so daß man es auf die verschiedensten Lernsituationen anwenden kann, andererseits es jedoch erlaubt, spezifische Aspekte hervorzuheben, soll es im folgenden in einer gewissen Abwandlung verwendet werden, um die verschiedenen Lehrfunktionen zu skizzieren. Wir wollen sie abkürzend bezeichnen als

- Motivation,
- Information,
- Übung und
- Diagnose.

(R. Gagné; Instruction and the Conditions of Learning, in: L. Siegel [ed.]; Instruction. Some contemporary viewpoints. San Francisco 1967, S. 291–330)

Motivation

Unter Motivation sind diejenigen Lehrfunktionen zusammengefaßt, die den Lernenden dazu veranlassen, sich auf den Lernprozeß einzulassen, Aufmerksamkeit und Interesse zu wecken und zu verhindern, daß er sich anderen Aktivitäten zuwendet, die nicht zu den Unterrichtszielen in Beziehung stehen. Zu den Motivationstechniken gehören einerseits

Belohnungen und Bestrafungen bzw. ihre Androhung. Das Spektrum kann dabei von körperlichen Einwirkungen (Streicheln, Schläge, Ohrenziehen etc.) über sprachliche Ausdrücke des Lobs und Tadels bis hin zu Gebärden und Gesten gehen. Sodann aber zählt man auch *„Abweichungskontrolle“* zu den Motivationstechniken, d. h. jene Handlungen, die geeignet sind, den Adressaten daran zu hindern, sich ablenken zu lassen. Auch hier reicht das Repertoire von der Einschließung über extrem karge Raumausstattung und Sichtblenden bis hin zur Hinausweisung von „Störern“ aus dem Raum. Eine weitere Klasse von Motivationstechniken beruht auf der *Präsentation unerwarteter oder kurioser Ereignisse* oder Sachverhalte, die Neugier wecken bzw. das Bedürfnis, dem Trick auf die Schliche zu kommen oder das Problem zu lösen, man denke beispielsweise an optische Täuschungen, verschlüsselte Aussagen, Witze, Rätsel oder widersprüchliche Thesen, deren jede gut begründet scheint. In den letzten beiden Jahrzehnten ist auch der *Leistungsmotivation* bzw. dem Motiv des Wetteifers wachsende Aufmerksamkeit gewidmet worden, scheint es doch geeignet, in allen Lernsituationen, in denen sich im Wettbewerb mit anderen oder im Wettbewerb mit akzeptierten Standards Leistungsfortschritte erzielen lassen, wirksam den Lernprozeß zu fördern, nicht nur im Sport, wo man Leistungsunterschiede relativ gut sichtbar machen kann, sondern auch beim Erlernen anderer Aktivitäten. Voraussetzung ist jedoch, daß der Adressat bereits (durch relativ früh verlaufende Erziehungsprozesse) leistungsmotiviert ist. Es kommt dann darauf an, die Lernsituation so darzustellen, daß er sie als eine Leistungssituation interpretiert, und er wird sich bemühen, besser zu sein als andere oder besser zu sein als letztes Mal. Schließlich sind diejenigen Arten der Motivation hervorzuheben, die darauf beruhen, daß der Adressat das Gefühl erhält, der anstehende Lernprozeß bzw. die erlernten Kenntnisse und Fertigkeiten dienten dem *Erreichen von Lebenszielen oder der Befriedigung wesentlicher Bedürfnisse,* etwa der Berufsfähigkeit, der sozialen Anerkennung, der Selbstverwirklichung oder dem Einfluß auf andere. Indem so zentrale „Interessen“ – eigene wie die von anderen – angesprochen werden, kann der zu erlernende Sachverhalt „interessant“ werden.

Diese Auflistung unterschiedlicher Möglichkeiten des Motivierens darf jedoch nicht den Eindruck erwecken, daß alle gleich akzeptabel sind, wofern sie nur wirksam sind. An den Motivationspraktiken hat immer schon die Kritik pädagogischer Autoren angesetzt, zunächst als Kritik an der körperlichen Züchtigung, später als Kritik an jeder Art von Lernmotivation, die nicht „an der Sache selbst“ ansetzt oder die manipulative Elemente ins Spiel bringt. Was aber sind legitime Interessen der

Lernenden und was illegitime? Wann kann sich der Didaktiker darauf berufen, daß er negative Nebenwirkungen von Lohn und Strafe im Interesse der Lernenden in Kauf nimmt, und wann übt er schlicht Herrschaft aus? Wann darf er noch die Rolle des Vormunds übernehmen, und wann muß er den Adressaten als mündigen Partner akzeptieren? Diese und ähnliche Fragen sind zu beantworten, wenn man die ethische Seite der Lernmotivation diskutiert und im Einzelfall entscheidet. Wohlmeinende Naivität ist dabei sicher ebenso unangebracht wie grundsätzlicher Pessimismus bezüglich der Lernwilligkeit von Homo sapiens.

Die Lehrfunktion des Motivierens ist jedoch nicht nur unter dem Aspekt ihrer *ethischen Vertretbarkeit* zu erörtern. Auch der Gesichtspunkt ihrer *individuellen Anwendbarkeit* bedarf der Diskussion. Bestimmte Aktivitäten wirken ziemlich generell motivierend – so etwa die Erzeugung von Schmerz, der Appell an den Wetteifer oder die Androhung schlechter Noten. Sie sind deshalb im Klassenunterricht so beliebt, weil es keiner intensiven individuellen oder gruppenspezifischen Diagnose bedarf, um sie in Anwendung zu bringen. Andere Motivationen sind in hohem Maße abhängig vom Entwicklungsstand oder Lernzustand der Adressaten. Wer keine Berufsperspektive entwickelt hat, der ist nicht dadurch zu motivieren, daß man die zu vermittelnden Lernprozesse zur Berufspraxis in Beziehung setzt. Wer keine Freude am Fußballspiel hat, den kann man nicht damit belohnen, daß man ihn in die Mannschaft aufnimmt. Wer den Lehrer nicht akzeptiert, der fühlt sich von seinem Tadel nicht getroffen. Hierin liegt nun eine der Hauptschwierigkeiten begründet, mit denen alle „höheren" Arten des Motivierens konfrontiert sind: Sie setzen jeweils bereits komplexe Lernprozesse voraus, die zum Aufbau eben jener Bedürfnisse und Perspektiven geführt haben, andererseits die Fähigkeit des Didaktikers, diese individuell zu erkennen und in differenzierter Weise anzusprechen. Die frontal gestaltete Situation des Klassenunterrichts ist in aller Regel wenig geeignet, diese Arten der Motivation ins Spiel zu bringen. Es liegt daher nicht daran, daß Lehrer von Natur aus oder von Amts wegen autoritär sind, wenn sie vorwiegend mit Lohn, Strafe und Abweichungskontrolle motivieren. Das heißt natürlich nicht, daß nicht auch hierbei differenziertere und weniger differenzierte Praktiken verfügbar wären, solche, die große, und solche, die nur geringe negative Nebenwirkungen haben. Auch ist es ein Unterschied, ob der Lehrer sie in dem Bewußtsein anwendet, daß es sich allenfalls um ein notwendiges Übel handelt, oder ob er sie in unkritischer Weise für erzieherisch wertvoll hält, ob er an ihrer Überwindung arbeitet, oder ob er sich an sie als an einen notwendigen Bestandteil seiner Praxis gewöhnt hat.

Information

Es sind vor allem Erkenntnisse der neueren Lernpsychologie gewesen, die näheren Aufschluß über zweckmäßiges Handhaben der Informationsfunktionen erbracht haben. Unabhängig davon, ob für die Information sprachliche oder nichtsprachliche Mittel verwendet werden, kommt es hier zunächst darauf an, daß *alle notwendigen Informationen so dargeboten werden, daß sie vom Adressaten aufgenommen werden können.*

Funktion der Informationsdarbietung:

Dies erscheint als eine Binsenweisheit unterrichtlicher Praxis, dennoch ist die Zahl der Verstöße dagegen erheblich. Angefangen von der Tatsache, daß bei manchem Erstkläßler vorhandene Schwerhörigkeit oder Kurzsichtigkeit nicht erkannt wurden, über den Lehrer, der unleserlich schreibt oder unverständlich spricht, bis hin zu den zahlreichen Fällen, in denen Lehrer oder Lehrbuchautoren bestimmte Informationen vorenthalten, um die Sache nicht zu leicht zu machen, reicht die Skala mangelnder Erfüllung der Informationsfunktion. Wirksames Informieren kann immer nur im Hinblick auf Vorkenntnisse und Lernzustand der Adressaten geschehen. Was vorausgesetzt werden darf und was neu mitgeteilt werden muß, ist davon abhängig. Es ist für jeden Lehrer eine höchst nützliche Erfahrung, wenn er auf einem ihm bislang unbekannten Gebiet selbst wieder in die Rolle des Adressaten schlüpfen muß; so z. B. wenn ihm ein Skilehrer sagt, daß er einfach das nachmachen soll, was er ihm vormacht. In solchen Situationen wird er sensibler für die Bedeutung von Informationsmängeln.
Neben der möglichst vollständigen, klaren und eindeutigen Darbietung von Informationen gehört zu den Informationsfunktionen ferner das *Anbieten von Reaktionsmöglichkeiten* für den Adressaten. So gehört z. B. zum Vormachen die Aufforderung zum Nachmachen, zum Vorsprechen die Aufforderung zum Nachsprechen, zum Hinschreiben o. ä. Obwohl lernpsychologische Untersuchungen bestätigen, daß auch Lernen allein durch Beobachten möglich ist, ohne daß der Lernende eine offene Reaktion ausführt, spielt die Bereitstellung von Antwort- bzw. Reaktionsmöglichkeiten im Informationsprozeß eine wichtige Rolle, nicht zuletzt auch darum, weil der Lehrende daraus erkennt, ob der Lernende die Information aufgenommen hat.
Nun ist aber bekannt, daß bei Beginn des Erlernens neuer Fertigkeiten die ersten Reaktionen der Adressaten häufig nicht den Erwartungen bzw. dem Vorbild entsprechen. Man denke etwa an einen vorgemachten

„Griff" auf einem Instrument. Möglicherweise ist der Adressat überhaupt nicht in der Lage, irgendeine Reaktion hervorzubringen. In diesem Falle kommt eine dritte Klasse von Informationsfunktionen ins Spiel, nämlich das *„Einhelfen"*. Damit ist nicht etwa das „Vorsagen" gemeint, sondern eine reiche Fülle von Lernhilfen, die über das Nennen von Anfangsbuchstaben, das Aufgliedern in Zwischenschritte, die Bereitstellung einer einfacheren Näherungslösung bis hin zu Analogien, Bildern, „Eselsbrücken" oder ähnlichen Hinweisen reichen.
Sodann gehört zu den Informationsfunktionen das *Bestätigen oder die Rückmeldung* auf die Reaktion des Adressaten hin. Auch hier gibt es differenziertere Formen, als nur „richtig" oder „falsch" zu sagen. Man kann den Teilaspekt hervorheben, der bereits positiv beherrscht wird, man kann sich aber auch auf die Teilaspekte konzentrieren, die noch nicht beherrscht werden. Die Frage, ob es lernpsychologisch sinnvoll ist, bei Diktaten immer die Fehler mit roter Tinte dick herauszustreichen und auch sonst bei Zwischenprüfungen die Fehler zu zählen, statt die „Richtigen", ist lang und breit diskutiert worden. Dabei sprechen gute Gründe für die eine und für die andere Praxis. Immerhin ist die übliche Praxis der unüblichen keineswegs überlegen, so daß diejenigen Lehrer ein gutes Gewissen haben dürfen, die es andersherum versuchen. Ein Problem ist es auch gewesen, ob man die Aufgaben so leicht machen sollte, daß sie fast immer richtig gemacht werden, oder ob man Fehler in Kauf nehmen darf, weil man ja auch aus Fehlern lernen kann. Diese Frage kann nicht unabhängig von den Lerninhalten beantwortet werden. Bei einfachen Reaktionen, wie z. B. motorischen Reaktionen oder Faktenwissen, erscheint es zweckmäßiger, das Auftreten von Fehlern zu vermeiden, während bei komplexeren Lerngegenständen, wie z. B. dem Erlernen von Begriffen und Modellen, auch aus Fehlern gelernt werden kann, wenn eine entsprechende Rückmeldung erfolgt.

Übung

Das Sprichwort, daß Übung den Meister mache, dürfte innerhalb gewisser Einschränkungen mit lernpsychologischen Einsichten übereinstimmen. Unter „Übung" ist dabei das Hervorbringen von Aktivitäten zu verstehen, die im Prinzip bereits beherrscht werden, die aber noch einen höheren Grad an Perfektion erreichen oder die gegen Vergessen abgesichert werden sollen. Im Laufe der Geschichte didaktischer Praxis haben sich nun unterschiedliche Formen des Übens herausgebildet, die zu kennen auch dann nützlich ist, wenn man ihre lernpsychologische Begründung nicht im einzelnen nachzuvollziehen vermag.

Da ist zunächst die *reine Reproduktion* der erlernten Aktivität, die in täglichen gymnastischen „Übungen" bestehen kann, im Abhören von Vokabelgleichungen und auswendig gelernten Gedichten oder auch in der wechselseitig gegebenen Versicherung des einmal erlernten Stereotyps, daß Rothaarige falsch, Langhaarige asozial oder Gastarbeiter faul seien. Auch hier macht wöchentliche Übung am Stammtisch den Meister.

Sodann kann Üben in der *Anwendung der erlernten didaktischen Aktivität in einem neuen didaktischen Kontext* bestehen. Hierzu gehören etwa jene Hausaufgaben, bei denen eine erlernte Rechenoperation mit veränderten Daten ausgeführt werden, ein Begriff auf weitere Beispiele oder eine Maltechnik auf einen neuen Gegenstand angewendet werden soll.

Die *Anwendung in Realsituationen* ist zwar eine nicht immer mögliche, doch aus Motivationsgründen höchst wirksame Übungstechnik. Wenn ein Schüler zum ersten Mal mit einem Ausländer in der Fremdsprache kommuniziert, wenn jemand, der eine Computersprache erlernt hat, zum ersten Mal ein von ihm entwickeltes Programm erfolgreich zum Laufen bekommt, wenn ein Lehrerstudent zum ersten Mal eine Unterrichtseinheit durchgeführt und offensichtlich Lernerfolge herbeigeführt hat, so sind dies Gelegenheiten, auch schon während eines Lehrgangs erworbene Fertigkeiten in der Praxis zu üben.

Die *Integration der erlernten Fähigkeit in übergreifende Verhaltensmuster* ist eine weitere Übungstechnik. Jedermann weiß, daß schriftliches Addieren beim schriftlichen Multiplizieren immanent mitgeübt wird, daß man sorgfältiges Beschreiben, das im Deutschunterricht erlernt wurde, im Sachunterricht anwenden und somit üben kann und daß bei den meisten Ballspielen auch die im Lauftraining erworbenen Fähigkeiten mitgeübt werden. Weniger bewußt ist, daß Entsprechendes auch für den emotionellen Bereich gilt.

Schließlich ist auf jene Übungsfunktion hinzuweisen, die darin besteht, eine *Übertragung des Erlernten* auf strukturähnliche Bereiche zu ermöglichen. Daß man durch das Erlernen des Lateins ganz allgemein das Denken schulen könne, ist eine verbreitete Vermutung, die allerdings durch Forschung nicht bestätigt werden konnte. Daß jedoch Teilfertigkeiten, wie etwa die des Klassifizierens oder Deklinierens, auf andere Anwendungsbereiche einen gewissen Einfluß haben, wenn diese Ähnlichkeiten aufweisen, darf als sicher gelten. So kann z. B. die Fähigkeit des Gleichgewicht-Haltens, die beim Rollerfahren erworben wurde, auf das Radfahren übertragen werden. Umgekehrt wird aber auch durch Anwendung in einem anderen Zusammenhang die Fähigkeit so geübt, daß sie für den ursprünglichen Anwendungsbereich nicht verlorengeht.

Diagnose

Unter den Lehrfunktionen der Diagnose sind all jene Aktivitäten zu fassen, die zu Beginn, während und am Ende eines bereichsspezifischen Lernprozesses darauf gerichtet sind, den jeweiligen Lernzustand der Adressaten zu erkunden. Diagnose ist insofern der Evaluation (vgl. Kapitel 7) verwandt, bezieht sich jedoch auf kürzere Lernphasen. So haben z. B. bestimmte Lehrerfragen im Unterrichtsgespräch oder Zwischenfragen in einem Lehrtext häufig den Zweck festzustellen, ob ein Adressat die Sache schon verstanden hat. Es bedarf jedoch nicht immer spezieller Fragen oder Zwischentests, um Funktionen der Diagnose auszuüben. Gelegentlich läßt sich aus den Reaktionen der Adressaten unmittelbar auf den Lernzustand zurückschließen.
Einmal geht es bei der Diagnose um die Feststellung des jeweiligen Lernzustands, d. h. um die Frage, ob bzw. wieviele Adressaten im Lernprozeß wie weit vorangekommen sind. Hier werden von Lehrern häufig schwerwiegende Fehlentscheidungen durch unzureichende diagnostische Fähigkeiten gefällt. Der Lehrer stellt die Frage an „die Klasse", konkret jedoch fragt er nur einen der besseren Schüler. Hat er dabei den Eindruck, daß dieser verstanden hat, geht er weiter, auch wenn die große Mehrzahl noch nicht so weit vorangekommen ist. Lehrer, die über gute diagnostische Fähigkeiten verfügen, werden eher Schüler der unteren Leistungsgruppe befragen, wenn sie darauf Wert legen, die Gruppe gleichmäßig zu fördern. Diagnose ist immer dann unerläßlich, wenn man Gruppenarbeit und innere Differenzierung auf der Basis unterschiedlicher Lernzustände herbeiführen will.
Sodann kommt es bei der Diagnose jedoch auch darauf an festzustellen, aus welchem Grunde Lernschwierigkeiten aufgetreten sind. Manchmal hilft hier die direkte Befragung der Adressaten weiter, vor allem wenn diese darin geübt sind, den didaktischen Prozeß mitzureflektieren. Allerdings können Didaktiker nicht auf die Aneignung lernpsychologischer Grundkenntnisse verzichten, wenn sie zu einer differenzierten Beurteilung von Lernschwierigkeiten gelangen wollen.

Verhältnis der Lehrfunktionen zueinander

Die bisherigen Überlegungen könnten die Auffassung nahelegen, daß die einzelnen Lehrfunktionen jeweils aufeinanderfolgende längere Phasen ausmachen müßten, etwa in der Weise, daß zu Beginn jeder Unterrichtsstunde drei Minuten Motivation, dann 15 Minuten Information, 25 Minuten Übung und zum Schluß zwei Minuten Diagnose zu leisten wären. Dies ist ganz sicher nicht der Fall. Wenn überhaupt an die Abfolge von Phasen zu denken ist, so sind diese wesentlich kürzer anzusetzen. Im übrigen aber wird man eher von einer gewissen Parallelisierung dieser Lehrfunktionen auszugehen haben, da eine Lehraktivität häufig mehrere Funktionen gleichzeitig haben kann. Beispiel hierfür ist eine an einen Schüler gerichtete Frage. Sie hat einerseits eine Motivationsfunktion, indem sie ihn, der vielleicht abgelenkt war, der „Abweichungskontrolle“ unterwirft. Sodann hat sie diagnostische Funktionen, denn der Lehrer möchte sehen, ob der Schüler bis dahin verstanden hat. Schließlich hat sie Informationsfunktionen oder Übungsfunktionen, indem sie eine Reaktionsgelegenheit mit anschließender Bestätigung bietet. Bei *entdeckenden* Lehrverfahren oder komplexere Interaktionen vermittelnden Methoden wie beispielsweise Planspielen, bei denen Adressaten miteinander kommunizieren und mit ihrer Umwelt unmittelbar (nicht über den Lehrer) interagieren, ist die Verschachtelung der einzelnen Lehrfunktionen in der Regel noch komplizierter als etwa beim fragend-entwickelnden Unterrichtsgespräch. Wie auch immer in der Praxis die einzelnen Lehrfunktionen ineinander übergehen oder in einer Lehraktivität zusammenfallen, es gehört zu den Qualifikationen jedes Didaktikers, daß er in der Lage ist, eine didaktische Situation daraufhin zu analysieren, welche Lehrfunktionen in ihr angelegt sind und wie bzw. ob sie überhaupt zur Geltung kommen.

Lassen sich Lehrfunktionen „delegieren“?

Wie wir gesehen haben, sind die meisten der derzeit bekannten Unterrichtssysteme daraufhin angelegt, daß jeder einzelne Lehrer gleichzeitig eine Vielfalt von Rollen wahrzunehmen hat, daß er neben Lehrfunktionen faktisch auch Sozialisationsfunktionen, kustodiale Funktionen und Funktionen der Persönlichkeitentwicklung trägt. Darin liegt nun eine Ursache für erheblichen Streß: Lehrer fühlen sich — je nachdem, wie ihre Sensibilität ausgeprägt ist — von jeder dieser Rollen her mit Ansprüchen konfrontiert, denen sie praktisch nie hinreichend genügen zu können glauben. Sie werden ihr Verhalten je nachdem als eine Serie von Ersatzhandlungen, als Durchwursteln, als bewußtes Ausklammern von Anforderungen oder auch als Dauerimprovisation empfinden und immer eine Sehnsucht danach haben, irgend etwas einmal zu einer gewissen Perfektion bringen zu können. Wie läßt sich diese in einer solchen Rollenbündelung angelegte Überforderung überhaupt überwinden? Durch bessere Ausbildung, kleinere Klassen und weniger Stunden? Durch Abschaffung der Schule und damit des Lehrberufs? Oder bietet das in anderen Lebensbereichen erprobte Prinzip der Arbeits- und Funktionsteilung sowie der Nutzung technischer Ressourcen einen Ausweg?

Was den Aspekt der *Arbeitsteilung* anbelangt, so finden sich in neuerer Zeit verschiedene Ansätze hierzu in der Literatur. Es sind dies

- *Team Teaching,* bei dem eine Lehrergruppe gemeinsam Unterricht plant, durchführt und beurteilt und intern durch Arbeitsteilung zu einer gewissen Rationalisierung gelangt, beispielsweise dadurch, daß sie Großgruppenunterricht oder Tests entwickelt, die schnell auszuwerten sind,
- der Einsatz von sogenannten „Schulassistenten", welche Lehrer von gewissen Routine- oder Aufsichtsfunktionen entlasten,
- Phasen des *Selbststudiums,* in denen die Lernenden Lehrfunktionen übernehmen, teils mit, teils ohne Tutoren oder Helfer.

Die hierdurch frei werdenden Kapazitäten können dann auf der anderen Seite für Einzelbetreuung, Kleingruppenunterricht oder auch Lehrerfortbildung genutzt werden, wodurch möglicherweise eine gewisse Erleichterung des rollenbedingten Aufgabendrucks eintritt.

Diese Art der Arbeitsteilung bringt aber allenfalls eine gewisse Verlagerung und Spezialisierung auf einzelne Aktivitäten mit sich, sofern nicht gleichzeitig zusätzliche personelle oder materielle Mittel aufgebracht werden. Man denke nur an das Beispiel des Schulassistenten.

Eine weitergehende Frage ist es daher, ob auch im Bildungsbereich so etwas wie eine Technisierung, d. h. eine Übertragung von Funktionen, die traditionellerweise von Menschen getragen werden, an „Maschinen" möglich ist. Wenn ja, um welche Funktionen kann es sich dabei handeln? Blicken wir auf die verschiedenen Lehrerfunktionen zurück, so erscheint es zunächst wenig plausibel, die Sozialisations- und Persönlichkeitsentwicklungsfunktionen an Maschinen (welcher Art auch immer) zu delegieren, da man davon ausgehen muß, daß bei ihnen soziale Interaktion eine zentrale Rolle spielt.

Hinsichtlich der Lehrfunktionen hingegen ist bekannt, daß schon immer Menschen mit Hilfe von „Maschinen" gelernt haben und noch lernen, ohne daß es dazu eines Lehrers bedurft hätte. Mit „Maschinen" sind hier Bücher gemeint. Immerhin können diese die meisten der vorangehend erwähnten Lehrfunktionen übernehmen, sofern die Adressaten nur lesen können. Besteht in bezug auf diese Möglichkeit, Lehrfunktionen an Bücher oder andere Geräte zu delegieren, vielleicht doch eine Chance der Entlastung von Lehrern?

Programmiertes Lernen

Schon seit etwa 10 Jahren gibt es sogenannte „Lehrprogramme" auch in der Bundesrepublik. Man kann damit beispielsweise Algebra oder Buchhaltung erlernen, ohne daß man dazu einen Lehrer braucht. Vergleichsuntersuchungen haben erwiesen, daß solche Buchprogramme sich mit traditionellem Unterricht durchaus messen können.

Der folgende Abschnitt aus einem Buchprogramm mag zur Illustration dienen:

148

Wir haben bisher zur Bezeichnung von Leerstellen nur die vier Zeichen „□", „○", „△" und „▽" verwendet. Wenn wir nun Zahlformen mit mehr als vier Leerstellen verwenden wollen, müssen wir uns neue Zeichen einfallen lassen. Damit wir aber nicht immer neue Zeichen lernen müssen, verwenden wir in Zukunft die Buchstaben des kleinen Alphabets.

Bitte umblättern!

149

Wenn wir jetzt statt □ und △ die Zeichen „a" und „b" in einer Zahlform verwenden, dann sieht das z. B. so aus:

$$3 \cdot a - 5 \cdot b$$

	150
	In den folgenden Programmeinheiten sollen Sie sich an die neuen Zeichen für die Leerstellen gewöhnen. Sie werden keine neuen Regeln lernen, sondern die bekannten Regeln auf Zahlformen anwenden lernen, in denen Buchstaben zur Bezeichnung von Leerstellen verwendet werden. $7 \cdot [x \cdot (3{,}5 \rightarrow x)] + y$ ist eine Zahlform mit den beiden Leerstellen ______ und ______ .

A 150	151
x und y	$4 \cdot u + 5 \cdot v$ ist eine Zahlform mit den Leerstellen ______ und ______ .

A 151	152
u und v	Wieviel Leerstellen besitzt die Zahlform $2 \cdot x + x \cdot (y - z)$? ______

A 152	153
drei, denn das Zeichen x steht ja zweimal für ein und dieselbe Leerstelle!	Welches sind die Leerstellen von $58{,}7 \cdot s - 2{,}9 \cdot t \cdot (15 \cdot k - 40 \cdot s)$? Es sind ______

A 153 s; t; k Wenn Sie s doppelt gezählt haben, etwa s; t; k; so gehen Sie bitte nach Einheit 147 zurück.	154 Ist $c : 2 + 3{,}5 \cdot d$ eine Zahlform? ________

A 154 ja	155 Welches sind die Leerstellen von $c : 2 - 3{,}5 \cdot d$? ________

A 155 c und d	156 Ist $(2 \cdot x - 3 \cdot y) \cdot (5 \cdot x - 4 \cdot y)$ eine Zahlform? ________

A 156 ja	157 Wieviel Leerstellen hat die Zahlform $(2 \cdot x - 3 \cdot y) \cdot (5 \cdot x - 4 \cdot y)$? ________

(aus: K. Heipcke u. a.; Algebra programmiert. 6 Bände. Hannover [Schroedel] 1973)

Wir können relativ gut erkennen, welche Lehrfunktionen in diesem Programmabschnitt zur Geltung kommen. Es ist auch plausibel, daß Adressaten unter bestimmten Voraussetzungen mit diesem Buchprogramm ebenso gut oder besser lernen können wie bei einem Lehrer. Sie müssen lesen können, müssen eine gewisse Arbeitsdisziplin haben, um nicht abgelenkt zu werden, und müssen ihr Bedürfnis nach sozialer Interaktion für eine gewisse Zeit zurückdrängen können. Da sie am Ende eines jeden Abschnitts einen Zwischentest vorfinden, können sie auch ihren Lernerfolg (oder Mißerfolg) selbst kontrollieren, sozusagen eine Art Selbstdiagnose stellen.
Es gibt jedoch nicht nur Buchprogramme. Auch auf anderen Trägern können Lehrprogramme erscheinen, so etwa auf Tonbändern oder, wenn es sich um Sequenzen von Bildern handelt, auf Dias, Filmleinwand oder auf dem Bildschirm von Fernsehgeräten. Der Aufwand für die Entwicklung solcher Lehrprogramme ist in der Regel hoch, da ja nicht nur Texte formuliert und produziert werden müssen, sondern weil solche Lehrprogramme immer auch auf ihren Lehrerfolg bei einer Gruppe von Adressaten erprobt werden müssen. Gegebenenfalls ist eine mehrmalige Revision erforderlich.
Neben diesen Lehrprogrammen im engeren Sinne können Lehrfunktionen auch an „Medien“ delegiert werden (vgl. Kapitel 11). Wie man weiß, gibt es eine differenzierte Dramaturgie, ähnlich der bei Film und Fernsehen angewandten, deren Einsichten auch für die Gestaltung von Unterrichtsmedien genutzt werden, wobei Motivations- und Informationsfunktionen vom Medium übernommen werden können. Was die Übungs- und Diagosefunktionen anbelangt, so sind diese allerdings mit Hilfe von Massenmedien kaum zu leisten. Deshalb geht man in letzter Zeit dazu über, Medien in „Verbund-Systeme“ einzubringen, bei denen diese Funktionen den Gruppendiskussionen, den Lehrern oder auch Zwischen- und Abschlußtests schwerpunktmaßig zugeordnet werden.
Wenn es nun die Möglichkeit gibt, Lehrfunktionen ganz oder teilweise an Programme und Medien zu delegieren und damit eine Entlastung der überstrapazierten Lehrerrolle zu ermöglichen, warum wird dann nicht in größerem Umfang als bisher davon Gebrauch gemacht? Warum sind dann selbst die Lehrbücher, die ja ohnehin verwendet werden, noch nicht in die Form programmierter *Lern*bücher gebracht worden, die sich für das Selbststudium eignen?

Widerstände gegen die Übertragung von Lehrfunktionen an Medien

Die Gründe, weshalb sich die Übertragung von Lehrfunktionen an Programme und Medien noch nicht in größerem Umfang als bisher durchgesetzt hat, sind verschiedener Art. Was den allgemeinbildenden Bereich anbelangt, so bleibt ja immer die Frage offen, ob gegenwärtig in den allgemeinbildenden Schulen nicht die Sozialisationsfunktionen – im besonderen die der Disziplinierung – über die Lehrfunktionen im engeren Sinne dominieren. Wenn dies der Fall ist, so würde durch die Übertragung an Medien eben diesen Sozialisationsfunktionen der Boden entzogen, da man sie nicht mehr an den traditionellen Lerngegenständen aufhängen könnte, sondern ihnen Inhalte eigener Art zuordnen müßte. Stillsitzen könnte dann nicht mehr aus Anlaß von Orthographie vermittelt werden, sondern seine Notwendigkeit – sofern man an ihr festhält – müßte anders und offener begründet und an Inhalten eigener Art vermittelt werden.

Sodann aber vermuten Lehrer, daß ihnen eine Dequalifizierung drohte, wenn ihnen Lehrfunktionen durch „Maschinen" abgenommen würden, ohne daß sie für die anderen Funktionen, die sie dann ja ausschließlich übernehmen müßten, ausgebildet sind und ohne daß ihnen ersichtlich wäre, wie sie denn diese anderen Funktionen in den neuen Organisationstyp einbringen könnten. Solange sie selbst von Zeit zu Zeit den Einsatz eines Lehrprogramms oder eines Mediums in die Wege leiten und in den Prozeß ihres Unterrichts integrieren können, haben diese natürlich ein anderes Gewicht, als wenn – etwa durch administrative Erlasse – Unterrichtszeiten eingeplant wären, in denen Schüler mit vorgegebenen Programmen selbständig lernen müßten, wobei Lehrern oder anderen Personen allenfalls Aufsichtsfunktionen zukämen.

Aber auch *ökonomische Gründe* stehen einer breiteren Übertragung von Lehrfunktionen an Programme und Medien entgegen. Die Kosten für Programmentwicklung übersteigen die der Entwicklung von traditionellen Lehrbüchern erheblich, die Kosten des für den Lernprozeß erforderlichen Materials die der üblichen Lehrbücher ebenfalls. Da jedoch in unserem Bildungswesen aus etatistischen Gründen Personaletat und Sachetat nicht wechselseitig gegeneinander verrechnet werden können, besteht nicht die Möglichkeit, Einsparungen auf der einen Seite auf der anderen Seite auszugeben, beispielsweise dadurch, daß man die (ohnehin fehlenden) Lehrer durch entsprechende Materialien für das Selbststudium ersetzt.

Und schließlich sind es auch *Mentalitätsbarrieren,* die sich gegen jede Art der Industrialisierung ins Feld führen lassen: Dadurch werde der Mensch auf seelenlose Tätigkeiten zurückgedrängt, alle Menschen würden gleichmacherischen Bedingungen unterworfen, personale Kontakte gingen verloren und neue Hierarchien würden begründet — um nur einige der bislang auch gegen die „Unterrichtstechnologie" vorgebrachten Gründe dieser Art zu nennen. Sicher sind dies gute Gründe, wenn die Übertragung von Lehrfunktionen an Medien in naiver Weise erfolgt und wenn man elementare Bedürfnisse außer acht läßt, ohne daß neue Möglichkeiten zu deren Befriedigung vorgesehen werden, wenn also soziale Interaktion, die Berücksichtigung individueller Lernvoraussetzungen, der direkte Umgang mit der Umwelt schlicht wegfallen. Da es jedoch bereits gegenwärtig hinreichend viele Beispiele dafür gibt, wie auch das Wohlbefinden der Adressaten durch überlegte Verwendung von Medien erheblich verbessert werden kann, verlieren diese Gründe viel von ihrer Plausibilität. Immerhin wäre es ja möglich, den Adressaten selbst die Entscheidung zu überlassen, ob sie einem konkreten Lehrer ein konkretes Lehrprogramm vorziehen — oder?

Neue Aufgaben für Didaktiker

Nehmen wir an, daß die genannten Widerstände und Einwände gegen eine Übertragung von Lehrfunktionen an Lehrprogramme und Medien überwunden werden können, daß also durch entsprechende Modellversuche deutlich gemacht werden kann, daß auf diese Weise wichtige Verbesserungen bezüglich der Lehrfunktionen (Individualisierung, Rationalisierung, Effektivität) erreichbar sind, ohne daß es auf der anderen Seite zu Beeinträchtigungen der Umweltbeziehungen, des Kommunikationsverhaltens, der Sozialbeziehungen und der Persönlichkeitsentfaltung kommt, welche neuen Aufgaben stellen sich dann für „Didaktiker"? Auf welche Aktivitäten sollen sie sich dann konzentrieren?
Um den schlimmsten Fall auszuschließen: Kinder und Jugendliche sitzen in großen Sälen nebeneinander, jeder für sich an Programmen oder mit audiovisuellen Medien lernend, und zwischen den Reihen läuft pädagogisches Überwachungspersonal herum, um für Ruhe und Ordnung zu sorgen, d. h. traditionelle Disziplinierungsfunktionen wahrzunehmen sowie zu verhindern, daß die Adressaten weglaufen (Motivation durch Abweichungskontrolle, kustodiale Funktion der Schule). Daß man mit der Beschwörung dieses Alptraums in demagogischer Weise gegen die

Übertragung von Lehrfunktionen an Medien und Programme polemisieren kann, ist leicht einzusehen.

Warum aber sollten auch in traditionellen Schulen nicht Phasen von *Bibliotheksarbeit* eingeführt werden, in denen Adressaten die Möglichkeit erhalten, individuellen Interessen nachzugehen oder individuelle Defizite auszugleichen. Hierzu bedarf es des *Diagnostikers und Lernberaters,* der ihnen dabei hilft, ihre individuellen Lernschwierigkeiten und Interessen zu erkennen, und der ihnen Hinweise auf entsprechende Materialien zum Selbststudium gibt. Oder soll Individualnachhilfeunterricht nur denjenigen vorbehalten bleiben, die dafür bezahlen können, oder deren Eltern dazu in der Lage sind, selbst Nachhilfe zu geben?

Ein solches Konzept setzt jedoch voraus, daß hinreichend viele Materialien von hoher Qualität für das Selbststudium verfügbar sind, ein Zustand, der gegenwärtig noch nicht erreicht sein dürfte. Hier werden neue Ansprüche in quantitativer wie qualitativer Art an die Funktion der *Medienentwicklung* gestellt. Es werden also Didaktiker benötigt, welche über die Qualifikation verfügen, Programme, audiovisuelle Medien, Planspiele, Lernprojekte etc. zu entwickeln, zu erproben und weiterzuentwickeln.

Wenn aber zentrale Lehrfunktionen von Medien übernommen werden können, dann muß auf der anderen Seite dafür gesorgt werden, daß sozialerzieherische Funktionen der Schule an Inhalten eigener Art zum Tragen kommen. Wenn Sozialerziehung *nicht mehr als Nebenprodukt der fachbezogenen Schulleistung* aufgefaßt wird, sondern als Funktion, die eine eigenständige Begründung erhält, dann muß auch der *Sozialerzieher* als didaktischer Beruf eine differenzierte Ausbildung erhalten.

Und schließlich bedarf auch die Rolle des *Organisators* einer speziellen Vorbereitung, wenn man zu komplexerer Lernorganisation übergeht. Der Verwaltungsoberstudienrat mit Steckkasten, der sich diese Qualifikation als Autodidakt erwerben mußte, dürfte dann nicht mehr hinreichen. Immerhin haben inzwischen die Organisationswissenschaften einen Stand erreicht, der es nicht mehr erlaubt, ihre Einsichten für die Organisation von Lernprozessen zu übersehen. Die Wahrscheinlichkeit, daß Schulbürokratien *auf Grund mangelnder Ausbildung* und entsprechend mangelnder Qualifikation ihrer Träger lästig werden, dürfte größer sein, als daß dies durch ein zu hohes Maß an organisationswissenschaftlicher Kompetenz zustande kommt. Dabei kommt es vor allem darauf an, daß der didaktische Beruf des Organisators nicht den perfekten Ablauf der Prozesse an sich zum Selbstzweck erhebt, sondern daß er ihren Ablauf im Sinne jener erzieherischen, gesellschaftspolitischen und didaktischen Ziele und Wertvorstellungen fördert, die dem Interesse der

Betroffenen und dem Konsensus der Träger der Einrichtung entsprechen.

Nicht zuletzt erwachsen auch der *Bildungsforschung* neue Aufgaben, wenn Lehrfunktionen an Programme und Medien übertragen werden und wenn damit die Komplexität der Lernorganisation zunimmt. Daß Grundlagenforschung in bezug auf Lernprozesse notwendig ist, ist inzwischen allgemein anerkannt. Daß aber die Entwicklung von Lehrverfahren und Medien, von Sozialisationsformen und Organisationsmodellen, von diagnostischen und Evaluationsmethoden ebenso qualifiziert ausgebildeter Didaktiker bedarf wie die wissenschaftliche Entwicklung und Analyse der bildungsökonomischen, bildungsorganisatorischen und bildungspolitischen Zusammenhänge, einschließlich der Entscheidung über Ziele und Inhalte von Bildungssystemen, ist noch nicht hinreichend ins Bewußtsein einer breiten Öffentlichkeit gedrungen.

Die häufig beschworene Gefahr, daß durch eine Funktionsdifferenzierung der didaktischen Berufe der Zersplitterung des Bildungswesens Vorschub geleistet werde, dürfte ebenso begründet (oder unbegründet) sein wie die These, daß durch Beibehaltung der streßhaft überforderten Rolle des Klassenraumlehrers dessen Einheit gesichert ist. Was allerdings deutlicher hervortreten wird, ist die Notwendigkeit, daß in komplexen Formen der Lernorganisation das Prinzip ein Lehrer – eine Klasse – eine Stunde – durch Kooperation und Teamarbeit sowie durch stärkere Selbstorganisation der Lernprozesse durch die Adressaten selbst und erweiterte Möglichkeiten der Mitbestimmung ersetzt werden muß. Daß dieses auch einen Verlust an (wenn auch nur eingebildeten) Herrschaftsmöglichkeiten für einzelne Lehrer mit sich bringen wird, ist anzunehmen. Aber auch die Rolle des Zaunkönigs im eigenen Reich – in der reinsten Form verkörpert durch den Zwergschullehrer – ist bestenfalls nur noch eine Wunschvorstellung im Falle aktueller Frustration, keine reale historische Möglichkeit mehr.

Literaturhinweise:

1 A. Combe; Kritik der Lehrerrolle. München (List) 1971.

Der Autor behandelt Funktionen und Merkmale der Lehrerrolle auf dem Hintergrund einer materialistischen Gesellschaftstheorie und zieht dabei auch eine Vielzahl von empirischen Forschungsergebnissen hinzu; so wird es ihm möglich, Erscheinungsformen in ihren gesellschaftlichen Abhängigkeiten zu erfassen, was sich insbesondere auf eine Kritik der Reproduktion gesellschaft-

licher Herrschaftsformen und sozialer Ungleichheiten richtet, die vom Lehrer zu leisten sei.

2 H.-H. Groothoff; Funktion und Rolle des Erziehers. München (Juventa) 1972.

Ganz anders behandelt dieser Autor dasselbe Problem; nach einer Darstellung unterschiedlicher Theorien und der sich hieran anschließenden gegenwärtigen Diskussion über die „Funktion und Rolle des professionellen Erziehers und Lehrers" entwickelt er aus dem geschichtlichen Verlauf der Theoriebildung Leitbilder; ebenso wird in einem abschließenden Kapitel über „Elemente zu einer Theorie des Erziehers und Lehrers" auf idealtypisch zu verstehende soziologische und psychologische Grundlagen verwiesen.

3 R. E. Kirsten; Lehrerverhalten. Stuttgart (Klett) 1973.

Wieder anders geht dieser Autor vor. Er verwertet empirische Untersuchungen zur Lehrerpersönlichkeit und zum Lehrerverhalten vor allem unter dem Gesichtspunkt einer Veränderung durch verhaltenspsychologisches Training. So enthält dieses Buch auch ein „Selbsterfahrungsprogramm für Lehrer" und Hinweise zur Unterrichtsbeobachtung, Unterrichtsanalyse, zu Unterrichtsmethoden sowie für gruppendynamische Spiele in der Schulklasse.

Vorschlag für ein Erkundungsprojekt 13:

„Unterrichtshospitationen"

Für die Durchführung eines Erkundungsprojektes zu diesem Abschnitt unterbreiten wir keine speziellen Vorschläge, da wir der Meinung sind, daß hierzu längere Hospitationen notwendig sind, bei denen genauere Beobachtungen zu sehr von gründlicher, theoretischer Vorbereitung, von der Schulart, den Fächern etc. abhängig sind, als daß wir hier in Kürze konkrete Hinweise geben könnten. Versuchen Sie also selbst, sich ein Erkundungsprojekt zu erstellen, auf Grund dessen Sie diese Hospitationen unter eine Fragestellung im Zusammenhang dieses Abschnittes ordnen.

Skizze für ein Planspiel 13:

„Kontrolle von Lehrern im Unterricht"

Situation: In einem Kultusministerium haben zwei Referenten den Auftrag bekommen, ein Kontrollsystem auszuarbeiten, mit Hilfe dessen festgestellt werden kann, wie sich Lehrer im Unterricht verhalten. Es ist dabei daran gedacht, Hospitationen in Schulklassen in gewissen Abständen vorzunehmen, bei denen mit einem Protokoll-Bogen die Tätigkeit des betreffenden Lehrers erfaßt und einer späteren näheren Auswertung zugänglich gemacht werden soll. Wer diese Hospitation vornehmen wird, ist erst später zu klären; zunächst geht es nur darum, die Kategorien einer solchen Beobachtungs-Liste aufzustellen. Die beiden Referenten haben dazu einen Ausschuß einberufen.

Handlungsträger: Zwei Schulverwaltungsbeamte (Referenten), zwei Personalräte (einer GEW, der andere Philologenverband), zwei Sozialwissenschaftler (einer Psychologe, der andere Didaktiker).

Handlungsziele: Während die beiden Referenten zunächst einmal überhaupt die Kategorie des Kontrollsystems aufstellen wollen, versuchen die anderen Personen, dieses Verfahren generell zu diskutieren, woran sie aber immer wieder gehindert werden mit Hinweisen wie „Wir müssen jetzt aber zur Sache kommen!“ und „An dem Auftrag des Ministers können wir doch wohl nichts ändern!“ Der GEW-Vertreter will das Kontrollsystem überhaupt verhindern und wird dabei von dem Didaktiker unterstützt. Der Vertreter des Philologenverbandes ist zwar auch gegen ein rigides Kontrollsystem (insbesondere dann, wenn es in die methodische Freiheit des Lehrers eingreifen sollte), findet es aber aus eher politischen Motiven nicht für generell ablehnenswert. Dabei unterstützt ihn der Psychologe insofern, als er an der Verbesserung der Effektivität des Unterrichts interessiert ist.

Handlungsmöglichkeiten: Diskussion, Einholung von Gutachten, Androhung von weiterführenden Maßnahmen wie Streik, Disziplinarverfahren etc.

Spielverlauf: Das Planspiel beginnt mit der ersten Sitzung dieses Ausschusses, bei der sich die Teilnehmer z. T. erst kennenlernen und ihre ersten allgemeinen Argumente vorbringen möchten. Durch die ständige Intervention der Verwaltungsvertreter wird dann aber doch auch über die konkret zu berücksichtigenden Kategorien des Lehrerverhaltens diskutiert.

14. Unterrichtsgeschehen und organisierte Lernsituationen

Die bisherigen 13 Kapitel unserer Einführung in didaktisches Handeln haben sich mit Problemen und Sachverhalten befaßt, die – unserem auf den Seiten 14 bis 19 skizzierten Gliederungsschema entsprechend – auf den Ebenen A bis D angesiedelt sind. Daß dem didaktischen Handeln auf der E-Ebene nun lediglich *ein* Kapitel gewidmet sein wird, könnte als Geringschätzung des „Unterrichtsgeschehens vor Ort" angesehen werden, im besonderen könnte der Eindruck entstehen, daß das Lehrerverhalten vor Schülern im Klassenraum nur am Rande als didaktisches Handeln zu verstehen ist.

Daß die Diskussion didaktischen Handelns auf der E-Ebene in dieser Einführung relativ geringen Raum einnimmt, hat im wesentlichen zwei Gründe: Einmal liegt es an dem Gewicht, das wir den Aktivitäten der *didaktischen Planung* beimessen. Es besteht nämlich ein Verhältnis von Unterrichtsplanung und aktuellem Unterrichtsgeschehen dergestalt, daß Versäumnisse in der Planung durch – nicht selten improvisierte – Entscheidungen bei der Durchführung ausgeglichen werden müssen. Wenn beispielsweise der Lehrfunktion „Motivation" bei der Planung einer Unterrichtseinheit zu wenig Aufmerksamkeit geschenkt wurde, dann ist zu erwarten, daß auf Grund mangelnden Interesses der Adressaten Lernschwierigkeiten auftreten, die vom Lehrer Kompensationsstrategien verlangen, die er ad hoc erst im Klassenraum und unter situativem Druck entwickeln muß. Was Wunder, wenn solche Kompensationsstrategien strengen Maßstäben für pädagogisches Verhalten nur selten entsprechen. Daß Planungsfeindlichkeit und Improvisationsfreude (gelegentlich unter den Begriff „schöpferische und spontane Unterrichtsgestaltung" gefaßt) in der pädagogischen Literatur gar nicht so selten vertreten sind, hat mit dazu beigetragen, daß die Aufmerksamkeit von Lehrerbildung und Unterrichtsforschung ihren Schwerpunkt beim Lehrerverhalten im Klassenraum fand.

Der zweite Grund hängt mit unserem eingangs formulierten Verständnis des Begriffs „Unterricht" zusammen, der jede Form organisierten Lernens umfaßt, nicht nur Lehrerunterricht in Klassenräumen. Damit aber zeichnet sich die E-Ebene durch eine so große Vielfalt von Situationen aus, daß es schwer wird, zu *allgemeinen* Aussagen über didaktisches Handeln auf der E-Ebene zu kommen. Diese Situationen unter-

scheiden sich nämlich nicht nur hinsichtlich der *Handlungsträger* (Dozenten, Praktiker, Adressaten, Erzieher etc.), sondern ebenso bezüglich des *Lernorts* (Betrieb, Elternhaus, Schule, Massenmedium, Exkursion etc. und hinsichtlich der Handlungsmöglichkeiten, die in ihnen prinzipiell oder tatsächlich verfügbar sind.
Dennoch wollen wir bei unserer folgenden Darstellung ausgehen von der historischen Tatsache, daß „Klassenunterricht" noch immer den überwiegenden Typ organisierter Lernsituationen verkörpert und daß in den letzten Jahren Bemühungen zugenommen haben, die Qualifikationen von Lehrern, sich in dieser Situation angemessen zu verhalten, zu verbessern.

Microteaching

Diese Bemühungen lassen sich in dem aus dem Englischen entlehnten Begriff des „Microteaching" zusammenfassen, wenn man darunter alle Ansätze begreift, durch entsprechende Ausbildungsformen die konkreten Verhaltensweisen zu trainieren, deren Lehrer bedürfen, wenn sie Klassenunterricht erteilen. Was die zur Vermittlung dieser Verhaltensweisen eingesetzten Ausbildungsformen anbelangt, so spielen dabei Simulation (z. B. der Schulklasse durch Kommilitonen), audiovisuelle Medien (z. B. Videoaufzeichnungen von agierenden Lehrern oder Lehrerstudenten) und Gruppendiskussionen eine zentrale Rolle. Die Unterrichtseinheiten, in denen die speziellen Teilfertigkeiten geübt werden sollen, können sehr kurz sein (1–2 Minuten) oder aber bis zu einer Lektion dauern (45 Minuten).
Wie läßt sich jedoch komplexes Lehrerverhalten, das dem Zuschauer als unstrukturierter Fluß von verschiedenartigen Äußerungen erscheinen mag, so systematisieren, daß man es in Teilfertigkeiten (skills) zerlegen kann, die sich dann einzeln und kombiniert üben lassen? Erinnern wir uns an den vorigen Abschnitt, so können wir lediglich sagen, daß die Lösung davon abhängt, welchem der verschiedenen Autoren, die solche Klassifikationsvorschläge unterbreiten, man folgen will. Schließt man sich z. B. D. Allen und K. Ryan an, die zu den frühen Vertretern des Microteaching gehören, so lassen sich die folgenden Teilfertigkeiten (teaching skills) unterscheiden:

- Reizvariation (Mannigfaltigkeit in bezug auf die Informationsvermittlung),
- Herstellung von Einstellungen zum Lerngegenstand,

- Sicherung von Zwischenergebnissen,
- Schweigen und nichtsprachliche Lernhilfen,
- Bestätigen und Rückmelden,
- Geläufigkeit und Flüssigkeit der Fragestellung,
- Fragen stellen, um zu prüfen, was angekommen ist,
- Fragen höherer Ordnung stellen (Problemfragen),
- Fragen zur Erzeugung von Denkanstößen,
- Aufmerksamkeit sichern,
- Erläutern und Beispiele anbieten,
- Vortragen,
- planmäßiges Üben und
- Vollständigkeit der Kommunikation sichern.

(nach: D. Allen - K. Ryan; Microteaching. Reading usw. [Addison Wealey Publ. Comp.] 1969)

Betrachtet man diesen Katalog von Teilfertigkeiten, so gewinnt man den Eindruck, daß der Lehrer eine Art Alleinunterhalter ist, der – wie sein Kollege, der Entertainer auf der Bühne – ohne Pause eine Dauershow abziehen muß, von dem das Publikum erwartet, daß er es unterhält, dem es aber auch mit Recht die Verantwortung übertragen kann, wenn keine Stimmung aufkommt. Auch die Tatsache, daß mancher Lehrer diese Rolle nicht ungern übernimmt, darf uns nicht dazu verleiten, in diesem Typ von Lernorganisation die einzige oder gar die normale Form von Unterricht zu sehen. Im übrigen ist dieses eine Lehrweise, die in den Seminaren an den Hochschulen oftmals vorexerziert wird.
Nun läßt sich unser Einwand jedoch mit der Bemerkung zurückweisen, daß Lehrer, wenn sie schon vom „System" in die Rolle des Alleinunterhalters gedrängt sind, dann wenigstens jenes Maß an Virtuosität erwerben sollten, das ihnen Publikumserfolg – sprich Lehrerfolg – sichert, und diese erwerbe man eben durch Einüben von jenen Fertigkeiten, wie sie oben aufgeführt sind, selbst wenn dann die Gefahr besteht, daß eben diese Virtuosität dazu verleitet, diesen *einen* Typ von Lernsituation für den besten aller möglichen zu halten.

Die Monokultur des Unterrichtsgesprächs

Die neueren Formen des Microteaching folgen den traditionellen Unterrichtslehren insofern, als sie das Unterrichtsgespräch zum Königsweg systematischen Lernens erklären. Sie folgen damit der durchschnittlichen

Unterrichtspraxis wie auch der Praxis der Lehrerbeurteilung (z. B. bei Lehrproben), bei der tatsächlich das Gespräch zwischen „dem" Lehrer und „der" Klasse im Mittelpunkt steht. Differenzen bestehen dann lediglich in Detailfragen, z. B. ob Lehrer nicht zuviel und Schüler nicht zuwenig redeten, ob Lehrer W-Fragen (Warum ...? Wo ...? etc.) stellen sollen oder nicht, ob sie sich bemühen sollen, daß der antwortende Schüler zur ganzen Klasse spricht oder nur zum Lehrer, ob auch einmal ein Schüler als Gesprächsleiter fungieren darf, wieviele Sekunden ein Lehrer nach einer Frage warten sollte, bis er eine zweite nachschiebt, ob er freundliche Worte finden sollte oder auch seinem Ärger freien (sprachlichen) Lauf lassen darf usw.

Angesichts dieser „Monokultur" von Lernsituationen des Typs „Unterrichtsgespräch" stellt sich die Frage, wie es wohl kommt, daß diese Praxis den vorherrschenden Typ organisierten Lernens ausmacht.

Um auf diese Frage eine brauchbare Antwort zu erhalten, müßten wir in das Studium von Dokumenten zur Unterrichts- und Schulgeschichte eintreten, müßten zu klären versuchen, warum Sprache nicht nur das *zentrale Medium* schulischen Lehrens und Lernens geworden ist, sondern zugleich auch einer seiner wesentlichen *Inhalte,* müßten zu erkunden versuchen, seit wann und unter welchen Bedingungen sich der Typ „Frontalunterricht" herausgebildet hat, bei dem ein Lehrer einer größeren Zahl sitzender Kinder in einem relativ bescheiden ausgestatteten Raum sprechenderweise gegenübertritt, unterstützt vor allem durch die Wandtafel. Ein solches Studium läßt sich durch ein paar Sätze nicht ersetzen, und deshalb wollen wir statt dessen auf Quellensammlungen zur Erziehungs- und Schulgeschichte verweisen, in denen zu blättern auch ein ganz unprofessionelles Vergnügen bereiten kann. Gut zugänglich ist dabei die von K.-G. Günther herausgegebene Sammlung „Quellen zur Geschichte der Erziehung", Berlin (DDR) 1961, 6. Aufl. 1971; aber auch K. Odenbachs „Studien zur Didaktik der Gegenwart", Braunschweig (Westermann) 1961, 4. erw. Aufl. 1970, und die im Anschluß zu Kapitel 10 genannte Sammlung von T. Dietrich verdienen Erwähnung.

Historische Alternativen

Ein Blick in die Geschichte der Pädagogik zeigt jedoch nicht nur, wie verbreitet der Typ des lehrergesprächs-zentrierten Frontalunterrichts war, sondern auch, daß es eine lange Tradition der Kritik an ihm und der Entwicklung von Alternativen zu ihm gibt.

Während beispielsweise im 18. und 19. Jahrhundert das Lernen mit Büchern an Bedeutung zunahm, haben die Vertreter der Pädagogischen Reformbewegung zu Ende des vorigen und zu Beginn unseres Jahrhunderts als Gegenreaktion gegen die Buch- und Wortschule Lernen durch Erfahrung und Umgang, durch Simulation und Spiel, durch bildliche Anschauung sowie durch freies Gespräch und Diskussion hervorgehoben. Namen wie John Dewey, Georg Kerschensteiner, Maria Montessori, Berthold Otto, Hugo Gaudig, Ellen Key und Hermann Lietz stehen für diese Alternativen (vgl. die von W. Flitner und G. Kudritzki herausgegebene Quellensammlung „Die Deutsche Reformpädagogik“, 2 Bände, Düsseldorf–München [Küpper] 1961 und 1962). Mit zunehmender Verfügbarkeit von audiovisuellen Medien, im besonderen des Films und des Fernsehens, aber auch des Rundfunks und des Tonbands seit dem zweiten Drittel unseres Jahrhunderts, sind weitere Alternativen organisierten Lernens hinzugekommen, man denke etwa an Funkkollegs und Fernsehuniversitäten. Und schließlich haben neue Druck- und Reproduktionstechniken wie auch neue Prinzipien der Erstellung von Lehrtexten, vor allem das „Programmieren“ (vgl. Kapitel 13), dem Lernen mit gedruckten Texten wie auch dem Fernstudium eine neue Qualität verliehen.
Unsere gegenwärtige historische Situation bezüglich der Möglichkeiten, Lernprozesse zu organisieren, zeichnet sich mithin dadurch aus, daß wir über ein relativ breites Spektrum didaktischer Handlungsmöglichkeiten auch auf der E-Ebene verfügen. Was aber bedeutet dies für didaktisch Handelnde, was bedeutet es insbesondere für einen Lehrer oder einen Lehrerstudenten?
Zunächst wohl dies: Er sollte wissen, daß sein Repertoire an Möglichkeiten zur Organisation von Lernsituationen wesentlich breiter ist, als es die durchschnittliche Klassenraumpraxis vermuten läßt, in der das lehrergesteuerte Unterrichtsgespräch dominiert. Er sollte möglichst viele dieser Alternativen nicht nur kennen, sondern auch handhaben können. Und er sollte sich darum bemühen, die Bedingungen und Zielsetzungen der verschiedenen Alternativen so genau kennenzulernen, daß er situationsgerechte Entscheidungen fällen kann.
Dies ist nun keineswegs so plausibel und so leicht zu realisieren, wie es klingt. Wie sonst könnte der Trend zum lehrergesteuerten Unterrichtsgespräch im Klassenzimmer noch immer jede andere Praxis verdrängen, trotz aller noch so radikalen Gegenschul-Modelle, die in der Lehrerbildung und in den pädagogischen Zeitschriften doch immerhin gebührende Darstellung erfahren? Ob es nur daran liegt, daß es die billigste, ungefährlichste und konfliktärmste Art ist, Lernen zu organisieren? Oder

gibt es darüber hinaus andere Systemzwänge, die jene Form favorisieren?
Um wenigstens ein Hemmnis zu verringern, nämlich den Informationsmangel, wollen wir im Rahmen dieser Einführung in didaktisches Handeln wenigstens einen kurzen Überblick über verschiedene Typen oder Arten organisierter Lernsituationen geben.

Zur Klassifikation organisierter Lernsituationen

Erinnern wir uns zunächst an die im Kapitel Unterrichtsmethode und Lernorganisation gemachten Aussagen bezüglich der konzeptionellen, sozialen, zeitlichen Ablaufs- und Lehrfunktionen-Organisation (vgl. S. 187). Betrachten wir ferner die in Kapitel 11 vorgenommene Beschreibung der Medien als Vermittler von Lernsituationen (S. 206 ff.). Aus beiden ergeben sich Gesichtspunkte für eine Klassifikation organisierter Lernsituationen.
Indem wir unter „Lernsituationen" *diejenigen Lebenssituationen verstehen, in denen Menschen primär lernen* (obwohl sie gleichzeitig produzieren, sich unterhalten oder müßiggehen können), und indem wir von „Organisation" immer dann sprechen, wenn ein gewisses Maß an Absicht und Planung (im Sinne von Lernorganisation) vorliegt, ist es uns möglich, ein breites Spektrum von Lebenssituationen als organisierte Lernsituationen zu begreifen (vgl. auch Kapitel 2). Anknüpfend an unseren auf S. 202 f. erläuterten Medienbegriff können wir ferner annehmen, daß die Erfahrungen, die in solchen organisierten Lernsituationen gemacht werden, durch verschiedene Medien vermittelt sein können. Ausgehend von diesen Vorüberlegungen dürfte die folgende Klassifikation eine gewisse Begründung finden:

- Lernen durch Tun,
- Lernen durch Simulation und Spiel,
- Lernen durch Erkunden und Forschen,
- Lernen durch Lehren,
- Lernen mit audiovisuellen Medien,
- Lernen durch Vortrag, Gespräch und Diskussion,
- Lernen mit gedruckten Texten.

Bevor wir uns diesen sieben Typen im einzelnen zuwenden, sei darauf hingewiesen, daß traditionelles Unterrichtsgeschehen vorwiegend dem Typ „Lernen durch Vortrag, Gespräch und Diskussion" zugeordnet werden kann. Für diesen wie für die anderen Typen soll im folgenden eine kurze Erläuterung gegeben werden. Eine Behauptung sei jedoch bereits an dieser Stelle festgehalten: Innerhalb jedes dieser Typen organisierter Lernsituationen treten spezifische und verschiedenartige „Mikrosituationen“ auf, und es werden von den didaktisch Handelnden – Lehrenden und Lernenden – unterschiedliche Qualifikationen verlangt, die sich nicht auf die im traditionellen Microteaching vermittelten Teilfertigkeiten reduzieren lassen.

Lernen durch Tun

Damit sind all jene Lernsituationen gemeint, bei denen die Adressaten am „Ernstfall“ lernen, d. h. sie werden in mehr oder weniger verantwortlicher Rolle an Produktions-, Verwaltungs-, Unterhaltungs- oder Unterrichts(!)-Situationen beteiligt, in der Erwartung, daß sie durch Beobachtung und Imitation erfahrener „Praktiker“ all jene Qualifikationen erwerben, über die auch dieser verfügt. Man verwendet dafür gelegentlich die Bezeichnung „Meisterlehre“, auch wenn diese vorwiegend auf den Erwerb handwerklicher Fertigkeiten beschränkt ist. Daß hierbei der Übergang von organisiertem zu nichtorganisiertem Lernen gleitend ist, bzw. daß der Organisationsgrad mehr oder weniger ausgeprägt sein kann, ist bekannt und wird nicht nur im Bereich der Ausbildung von Handwerkslehrlingen beklagt, sondern auch beim Hochschullehrernachwuchs. Immerhin läßt sich nicht verkennen, daß bei der Meisterlehre einige Probleme gelöst sind, die zu lösen in anderen Lernsituationen gelegentlich hohen Aufwand erfordert: Der Praxisbezug dessen, was erlernt wird, ist durchsichtig, und somit sind die Chancen für die Weckung aufgabenbezogenen Interesses hoch. Der Standard für die zu erreichende Qualifikation ist zumeist durchsichtig. Die Anforderungen an verschiedene psychische und physische Funktionen befinden sich in einem gewissen Gleichgewicht. Allerdings: Wenn „Praxis“ auf „Technik“ und „Routine“ verkürzt wird, wenn der Meister über sein Tun nicht reden, wenn er es nicht begründen kann, gleitet Meisterlehre relativ rasch in unverstandene Imitation über.
Daß gegenwärtig die Forderung nach mehr „Praxisbezug“ für schulisches, universitäres und berufliches Lernen erhoben wird, ist bekannt, auch wenn mit diesem Begriff ein relativ breites Spektrum sehr verschiedener Auffassungen vertreten wird. Am ehesten wird der Bezug zu didaktischem Handeln deutlich, wenn man sich die verschiedenen Vor-

schläge für die Neugestaltung von *„Praktika“* in den verschiedenen Ausbildungsgängen ansieht, angefangen von den „Betriebspraktika“ von Hauptschülern, die der Berufsfindung dienen sollen, über diejenigen Praktika, welche vor bzw. innerhalb verschiedener Studiengänge zu absolvieren sind, bis hin zu den „Referendariaten“, d. h. Einführungen in die Praxis nach Abschluß eines Studiums und vor der Übernahme voller Berufsverantwortung. Einerseits wird es allgemein als positiv angesehen, wenn die Adressaten bereits Funktionen übernehmen, die auch von anderen Berufstätigen regulär ausgeübt werden. Zum anderen sind dort Grenzen gesetzt, wo Gefahren oder Benachteiligungen von Betroffenen auftreten können: Eine falsch zugeschnittene Spanplatte kann man notfalls wegwerfen; eine Kindergruppe, die soziale Bindungen entwickelt, oder ein Patient, dessen Gesundheit auf dem Spiel steht, setzen andere Bedingungen. Die Folge davon ist, daß manche „Praktika“, die diese Bezeichnung tragen, eher den Charakter von Erkundungen haben, d. h. die Adressaten nicht oder nur untypisch zum Tun bzw. Mittun veranlassen. Wie weit sich in den verschiedenen Arbeitssituationen Gelegenheiten finden lassen, in denen Lernende einerseits produktiv mitarbeiten können, gegebenenfalls auch indem sie sogenannte „Hilfsarbeiten“ übernehmen, andererseits jedoch von der vollen Bürde der Verantwortung für das Produkt entlastet sind, läßt sich nur im Einzelfall ausmachen.

Zum Typ „Lernen durch Tun“ gehört auch das *Lernprojekt.* Darunter sind Arbeitssituationen zu verstehen, die zwar primär für Lernzwecke eingerichtet werden, die aber dennoch mindestens Nebenprodukte hervorbringen, die für andere Mitglieder der Gesellschaft nützlich sind. Im Hochschulbereich sind hier in den letzten Jahren vor allem in den Sozialwissenschaften neue Formen des Projektstudiums entstanden, bei denen z. B. Stadtteilarbeit, Umweltschutz oder Betreuung benachteiligter Bevölkerungsgruppen im Mittelpunkt stehen. Daß auch im Sekundarbereich solche Lernprojekte möglich sind (und zwar sowohl im Bereich der Güterproduktion als auch im Bereich der Sozialarbeit und des Umweltschutzes), ist durch verschiedene Beispiele im nationalen und internationalen Bereich belegt. Vor allem in *Entwicklungsländern* gibt es zusätzliche Gründe, dem Lernprojekt den Vorzug zu geben vor anderen, mehr akademischen Formen der Kenntnisvermittlung.

Schließlich sei auf das *Werkstattseminar* hingewiesen, das vor allem im Bereich der Weiterbildung (u. a. der Lehrerfortbildung) eine gewisse Verbreitung gefunden hat. Hier kommen bereits praktizierende „Lerner“ zusammen, um einerseits Probleme, die sie an ihrem Arbeitsplatz zu lösen haben, miteinander zu besprechen, zugleich aber durch Einbeziehung von „Experten“ zu besseren Problemlösungen zu gelangen. Dieses *Lernen am praktischen Fall* setzt allerdings bereits entfaltetes Problembewußtsein voraus wie auch die Fähigkeit der Experten, sich auf konkrete Fallösungen einzulassen. Als Beispiel dafür sei eine Veranstaltung der Lehrerfortbildung genannt, auf der es darum geht, geeignete Lehrbücher in gemeinsamer Arbeit auszuwählen, andererseits aber auch um den Erwerb von Kriterien und Informationen, die eine höhere Kompetenz in bezug auf diese Aufgabe vermitteln.

Lernen durch Simulation und Spiel

Es dürfte allgemein bekannt sein, welch hohen Wert das Spiel für die Entwicklung von Kindern hat, sei es als Funktionstraining, Einübung in Rollen, Ersatzhandlung oder Entspannung. In verschiedenen Bildungs- und Ausbildungsinstitutionen hat man sich darum bemüht, das Spiel für Unterrichtszwecke zu nutzen, vor allem in der Vorschulerziehung und in der Grundschule. In der Berufsbildung und im Hochschulbereich spricht man allerdings lieber vom *„Planspiel“*, nicht zuletzt vermutlich, um den Vorwurf mangelnder Seriosität oder mangelnder Effektivität abzuwehren, der möglicherweise von Uneingeweihten zu befürchten wäre, denen man sagte, daß man auch durch Spielen akademische Qualifikationen erwerben kann. Immerhin hat das Planspiel im Bereich des Militärs eine lange Tradition, inzwischen ist es auch in die Wirtschaftswissenschaften (Unternehmensspiele) und in die Pädagogik (Didaktische Planspiele) eingedrungen. Das Planspiel gehört zu jenem Typ von Lernsituationen, bei denen Umweltverhältnisse, Ereignisse und Rollenverhalten verschiedener Handlungsträger bzw. Betroffener *simuliert* werden. Unter *Simulation* versteht man dabei die Reduktion einer Ernstsituation auf ihre wesentlichen Merkmale unter Ausklammerung von Gefährdung, Vergeudung und Verwirrung (vgl. S. 209 f.). Das Planspiel setzt nicht nur einen relativ hohen Aufwand an Vorbereitung und Planung voraus; auch während der Durchführung bedarf es einer „Spielleitung“, die für den Ablauf und möglichst hohen Lerngewinn sorgt. Dies setzt beim Spielleiter ein ebenso hohes Maß an didaktisch-methodischer Kompetenz voraus wie beim Lehrer, der ein Unterrichtsgespräch nach allen Regeln der Kunst führt. Was die Lernenden anbelangt, so gibt es auch hier für sie (auto-)didaktische Fähigkeiten, über die sie verfügen müssen, wenn sie die Lernsituationen, die beim Planspiel auftreten, gut nutzen wollen. Diese Fähigkeiten im einzelnen zu beschreiben, würde

einerseits den Rahmen dieser Darstellung überschreiten, andererseits ohne entsprechende Beispiele vage bleiben. Da jedoch der vorliegende Kurs „Einführung in didaktisches Handeln“ eine größere Zahl von Planspielideen enthält, kann auf diese Erfahrung verwiesen werden.
Wie weit im Planspiel und bei der Simulation die *Ernstsituation* repräsentiert und wie gut auf sie vorbereitet werden kann, hängt nicht zuletzt davon ab, welche Realitätsfaktoren in sie eingehen: Handeln angesichts weniger Alternativen und angesichts knapper Zeit; Informationssuche angesichts von Problemen, die sich nicht danach richten, in welchen Fächern das Wissen zu ihrer Lösung aufbereitet ist; reagieren auf unvorhergesehene Zwischenfälle, Verarbeitung sozialer Konflikte und Bewertung von Erfolg und Mißerfolg sind solche Realitätsfaktoren. Was bei der gut geplanten Simulation ebenfalls erhalten bleibt, ist die Rolle des Handlungsträgers, in die die Lernenden versetzt werden. Sie lernen nicht aus der Perspektive des interesselosen und distanzierten Beobachters, sondern aus der des engagierten und betroffenen, und sie müssen sich mit Interessen und Wertvorstellungen anderer auseinandersetzen. Insofern ist Praxisbezug bei diesem Typ von Lernsituation weitgehend gesichert.

Lernen durch Erkunden und Forschen

Von eben jener Einbindung des Lernenden in seine Umwelt als Handlungsträger und als Betroffener sieht die Erkundung ab. Auch hier sei auf die Erfahrung verwiesen, die der Leser mit den Erkundungsprojekten des Kurses gemacht hat. Bei der Erkundung geht es darum, daß die Lernenden ihre Umwelt und ihre Mitmenschen systematisch beobachten und ihre Beobachtungen in irgendeiner Form protokollieren. Wenn sie sich dabei nicht ganz an den Einfall des Augenblicks und an das auffällige Zufallsereignis verlieren wollen, müssen sie vorher eine Systematik, ein „Modell“ (z. B. in Form eines Beobachtungsbogens) entwickeln, d. h. sie müssen sich überlegen und sie müssen festlegen, *was* sie beobachten wollen. Dabei treibt mitunter unsere Sprache einigen Schabernack mit uns, indem sie uns vortäuscht, daß wir es mit beobachtbaren Sachverhalten zu tun haben, wo es sich doch um abstrakte Begriffe handelt. Versuchen Sie einmal, „Begabung“, „Motivation“ oder „Unterrichtsstil“ zu beobachten!
Wesentliche Lernprozesse finden deshalb bereits statt, bevor man sich hinausbegibt ins „Feld“, was auch immer das sein mag, eine Schule, ein

Betrieb, eine Behörde, ein Verkehrsmittel oder das Selbstverwaltungsgremium einer Hochschule. Sie bestehen vor allem darin, daß zu entscheiden ist, welche Informationen man für welche Zwecke gern gewinnen möchte. *Forschung* unterscheidet sich bis zu diesem Punkt im wesentlichen dadurch von der Erkundung, daß der theoretische Apparat, der zur Ableitung der Fragestellungen eingesetzt wird, im allgemeinen aufwendiger beschaffen ist. Hat man jedoch das Gefühl, daß man hier auf schwankendem Boden steht, so kann man immer noch von einer *Pilotstudie* sprechen.

Was dann im Feld geschieht, wo der Erkunder oder der Forscher seine Beobachtungen machen möchte, ist nicht immer vorherzusehen: Personen, die man befragen möchte, verweigern die Aussage; Dokumente, die man einsehen möchte, werden unter Verschluß gehalten; Ereignisse, die man für wichtig hält, treten nur selten auf; der entwickelte Beobachtungsbogen erweist sich als unpraktikabel. Immerhin gibt es die Notlösung, mit Tonband und Videogerät möglichst viel vom vollen Menschenleben einzufangen und darauf zu hoffen, daß man die so eingefangenen Ereignisse im stillen Kämmerlein und beim wiederholten Hören und Sehen besser verstehen bzw. protokollieren kann.

Weitere Lernsituationen treten im Zusammenhang mit der Auswertung der Beobachtungen bzw. der Protokolle auf. Man muß entscheiden, ob sich daraus neue Fragestellungen oder bereits Handlungsanweisungen entwickeln lassen, ob der Beobachtungsprozeß fortgesetzt werden muß oder ob er abgeschlossen werden kann, ob man weiterhin auf Eigenerkundung ausgehen sollte oder ob man Berichte von Erkundungen anderer heranziehen kann.

Auch hierbei wird deutlich: Die dargestellten Lernsituationen unterscheiden sich von denen des Unterrichtsgesprächs im Klassenraum ganz erheblich, die Rollen der Lehrenden und die der Lernenden müssen anders ausgefüllt werden, es kommen „Dritte“ ins Spiel, Termine und Gruppenbildungen sind nicht mehr ohne weiteres vorgegeben, ja selbst die Lernziele können sich im Laufe der Erkundungen wandeln und verlagern.

Lernen durch Lehren

„Docendo discitur“ (durch Lehren wird gelernt) war eine Devise des römischen Philosophen Seneca, die schon die Humanisten des 16. Jahrhunderts aufgegriffen hatten. Zweifelsohne dürfte es diese Maxime sehr erleichtert haben, daß ziemlich jugendliche Herren – Melanchthon soll bei Übernahme seiner Professur 16 Jahre alt gewesen sein – in sehr frühen Jahren bereits den Rang einer Lehrkraft bekleiden konnten. Diese Devise darf jedoch nicht so verstanden werden, daß jeder Lehrer notwendigerweise immer selbst etwas lernt, wenn er andere etwas lehrt, sondern daß man den Auftrag zum Lehren bewußt in der Absicht faßt, daß der Betreffende zum Lernen veranlaßt wird, weil dies eine gute Möglichkeit ist, ihn zu motivieren. Abgesehen davon bleibt einem gar nichts anderes übrig in historischen Situationen, in denen es für manche Dinge noch keine ausgebildeten Lehrer gibt, als auf Laien oder Lernende zurückzugreifen, die dann die Funktion eines Lehrers übernehmen, ganz abgesehen davon, daß es immer wieder Jugendbewegungen gibt, bei denen es sich die Angehörigen der jüngeren Generation verbitten, von Älteren belehrt zu werden (Trau keinem über Dreißig!).

Im Hochschulbereich wird derzeit das Prinzip „Lernen durch Lehren" mindestens in zweifacher Hinsicht praktiziert, wenn auch wahrscheinlich nicht immer bewußt: Zum einen wird das bekannte Anfertigen von Referaten u. a. auch damit begründet, daß ein Student angesichts der Aufgabe, seinen Kommilitonen den Inhalt von Texten zu vermitteln, selbst diesen Inhalt zur Kenntnis nehmen muß. Zweitens aber gibt es didaktische Funktionen studentischer Tutoren, die nur dann angemessen wahrgenommen werden können, wenn diese Tutoren sich selbst in inhaltlicher und didaktischer Hinsicht entsprechend vorbereiten, also lernen. Wie weit dabei Lernen als Nebeneffekt des Lehrens (oder der umgekehrte Fall) auftritt, sei dahingestellt.

Schließlich sind – nicht zuletzt unter dem Einfluß der Entschulungsbewegung („Each one teach one!") – in Kanada, USA und Großbritannien eine Reihe von verschiedenartigen Unterrichtsmodellen entwickelt worden, die alle auf der Idee beruhen, Kinder durch Kinder unterrichten zu lassen. Ein ausführlicher Bericht darüber findet sich bei E. Gartner u. a. (1971). Als Ziele, denen diese Lernsituationen zugeordnet sein sollen, nennen die Autoren:

– Bessere Arbeitshaltungen
– Verbesserte Einstellungen gegenüber der Schule
– Positiveres Selbstbild
– Erweiterung von Fertigkeiten
– Zuwachs bezüglich beruflicher Interessen und Pläne
– Erhöhte Motivation

(A. Gartner, M. C. Kohler & F. Riessmann; Children Teach Children, Learning by Teaching. New York [Harper & Row] 1971)

Selbstverständlich bedürfen solche Modelle der kritischen Analyse. Im besonderen werden sie daraufhin zu prüfen sein, wie weit die Lernenden „instrumentalisiert“ werden, d. h. die „lehrenden“ Schüler auf Kosten der von ihnen betreuten lernen (oder umgekehrt). Auch muß der Einfluß auf das soziale Klima, im besonderen auf Autoritätsstrukturen, sorgfältig kontrolliert werden, will man nicht ungewollte Nebenwirkungen in Kauf nehmen. Da diese Vorbehalte jedoch für jeden Unterricht — insbesondere auch für das lehrergesteuerte Unterrichtsgespräch — zu machen sind, sollten sie nicht dazu dienen, die Vorteile, die Lernen durch Lehren birgt, schlicht abzuwehren.

Lernen mit audiovisuellen Medien

Da wir bereits in Kapitel 11 versucht haben, die Bedeutung audiovisueller Medien für didaktische Zwecke darzustellen, können wir uns an dieser Stelle darauf beschränken, jenen Typ von Lernsituation herauszuheben, bei dem Adressaten mit den audiovisuellen Massenmedien (Hörfunk, Fernsehen) lernen. Daß dabei gelernt wird und daß vor allem auch Einstellungen und Haltungen vermittelt werden können, davon zeugen nicht nur die großen Fernsehfolgen wie etwa „Sesame Street“.

Als Eigentümlichkeit dieses Typs von Lernsituationen darf man es ansehen, daß die Lernenden — allein oder in Gruppen — mit dem Medium konfrontiert sind, ohne daß gleichzeitig ein Lehrer anwesend sein muß. Alle Lehrfunktionen werden vom Medium übernommen. Bezüglich der Lehrfunktion „Motivation“ kann und muß es besonders wirksam sein, da das Ausbrechen aus der Situation — etwa durch Abschalten der Sendung — hier sehr viel einfacher ist in einer Klassenraumsituation.

Daß jedoch für solche Lernprozesse ein hohes Maß an Organisation nicht nur unmittelbar während der Sendung stattfindet, sondern daß übergreifende Aufgaben (im besonderen die Integration in übergreifende Lernzusammenhänge) notwendig sind und tatsächlich auch stattfinden, wird spätestens dann sichtbar, wenn man zum „Medienverbund“ übergeht, d. h. wenn die Sendungen eingebettet werden in Zusammenhänge, die auch andere Typen von Lernsituation beinhalten, vor allem Lernen mit Texten und Lernen durch Gruppendiskussion.

Inzwischen weiß man, daß Lernen mit audiovisuellen Medien nicht nur als Ersatz für einen guten Lehrer angesehen werden darf, sondern daß es als Lernsituation eigene Qualitäten aufweist. Einerseits ist es unmittelbar der Selbstorganisation von Lernprozessen durch die Adressaten zugänglich (vgl. S. 199). Zum anderen können dadurch Erfahrungen stattfinden, die allein durch Buch, Wort und Wandtafel nicht vermittelt werden können, man denke nur an Darstellungen von Pflanzenwachstum im Zeitraffer. Und schließlich ist durch die Nutzung von Aufzeichnungsgeräten ein hohes Maß an räumlicher und zeitlicher Unabhängigkeit gegeben, so daß die Anpassung der Lernsituationen an die Zeitplanung der Adressaten möglich ist.

Lernen durch Vortrag, Gespräch und Diskussion

Die Zusammenfassung von Lernsituationen von zugegebenermaßen in sich unterschiedlicher Art zu *einem* Typ allein auf Grund der Tatsache, daß in ihnen das gesprochene Wort dominiert, mag als problematisch empfunden werden. Der Hauptgrund dafür ist jedoch weniger die Einheit des Mediums als vielmehr der Umstand, daß beim klassischen Unterrichtsgespräch Vortrags-, Gesprächs- und Diskussionskomponenten eng miteinander verwoben sind. Nur sehr selten werden im allgemeinbildenden Bereich reine Vorlesungen, systematisch organisierte Diskussionen oder „Sokratische Gespräche" über eine längere Zeiteinheit, etwa eine Unterrichtsstunde hin, fortlaufend durchgeführt.
Welch zentrale Bedeutung die Beherrschung der gehobenen Umgangssprache hat, die Fähigkeit, sie geläufig zu handhaben und sie situativ angemessen einzusetzen für die Lebens- und Berufschancen in unserer Gesellschaft, zeigt die Diskussion, die in jüngster Zeit zum Problem sprachlicher Benachteiligung stattgefunden hat. Daß man eben diese Fähigkeiten am besten erwirbt in Situationen, in denen viel und angemessen gesprochen wird, dürfte ebenfalls unumstritten sein. Insofern kommt diesem Typ organisierter Lernsituationen nach wie vor eine hohe Bedeutung zu, allerdings mit der Auflage, daß sie diesem Ziel auch tatsächlich dienen.
Hierzu bedarf es einer Analyse der Funktionen, denen das Gespräch dienen soll. Immerhin ist leicht einzusehen, daß beispielsweise Orientierungsgespräche, Informationsgespräche, Planungs- und Beratungsgespräche, Interpretationsgespräche und Streitgespräche unterschiedlich organisiert sein müssen. Folgende Beispiele mögen dies verdeutlichen:
Orientierungsgespräch: Zu Beginn einer Lehrveranstaltung sprechen Teil-

nehmer und Leiter über ihre Erwartungen in bezug auf das Thema, ihre Vorerfahrungen und Vorkenntnisse und verschiedene Möglichkeiten, die Veranstaltung zu organisieren.

Informationsgespräch: Schüler, die verschiedene Erkundungsprojekte durchgeführt haben, tragen sich wechselseitig ihre Ergebnisse vor, wobei Nachfragen gestellt und beantwortet werden.

Planungs- und Beratungsgespräch: Eine Gruppe von Lehrern in einer Lehrerfortbildungsveranstaltung plant gemeinsam eine Unterrichtseinheit und möchte bezüglich der Lernziele zu einer Entscheidung kommen.

Interpretationsgespräch: Eine Gruppe von Schülern hat – jeder für sich – einen literarischen Text gelesen und versucht herauszufinden, in welcher Absicht, für welche Adressaten und in welcher Situation der Autor den Text geschrieben hat.

Streitgespräch: In einer Lehrveranstaltung versuchen Anhänger und Gegner der Gesamtschule ihre Positionen darzustellen und sich wechselseitig von deren Überlegenheit zu überzeugen.

Schon diese wenigen Beispiele machen deutlich, daß diese Lernsituationen doch so große Unterschiede aufweisen, daß man kaum generelle Regeln für deren Organisation aufstellen kann, es sei denn, es handle sich um Sätze wie „Sprich klar und deutlich, daß alle dich verstehen können!" oder „Es sollte möglichst jeder drankommen" oder „Störungen des Gruppenklimas sollten beseitigt werden, bevor man in der Sache fortfährt".

Eine nähere Analyse von Empfehlungen, die Lehrern in Unterrichtslehren für das Unterrichtsgespräch gegeben werden, ergibt zumeist, daß sie nur für einen bestimmten Typ von Gespräch Gültigkeit beanspruchen können.

Wir haben bisher diesen Typ von Lernsituation unter dem Gesichtspunkt betrachtet, welche sprachlichen Kompetenzen in ihm vermittelt werden können oder sollen. Dies darf nun nicht in Vergessenheit geraten lassen, daß Unterrichtsgespräche nicht zuletzt in der Absicht geführt werden, *andere* als sprachliche Kenntnisse, Fertigkeiten und Haltungen zu vermitteln. Wenn ein Lehrer mit seiner Klasse über den Siebenjährigen Krieg spricht, so will er zumeist primär Geschichtskenntnisse vermitteln und allenfalls sekundär Sprachfertigkeiten. Dies führt uns zu der Frage, ob bzw. welche Zusammenhänge es gibt zwischen einem bestimmten Typ von Lernsituation und den Dingen, die dabei gelernt werden sollen. Ist jeder Typ gleich geeignet für jede Kenntnis, Fertigkeit oder Haltung? Ist insbesondere der Typ „Gespräch" allen anderen darin überlegen, daß er das breiteste Spektrum deckt?

Lernen mit gedruckten Texten

Gäbe es die Möglichkeit des Lernens mit gedruckten Texten nicht, so wäre alle Weiterbildung von Wissenschaftlern, wäre jedes Korrespondenzstudium und wäre auch diese Einführung in didaktisches Handeln unmöglich. Jedoch bedeutet die Aussage, daß Lernen mit gedruckten Texten möglich ist, weder, daß dies immer die beste Art ist, noch, daß es bezüglich der Lehrwirksamkeit von Texten keine Unterschiede gibt. Daß es auch in bezug auf das Abfassen wie hinsichtlich des Lesens von Lehrtexten so etwas wie „microteaching“ bzw. „microlearning“ gibt, ist spätestens bekannt, seitdem es für die Entwicklung von Textprogrammen Handlungsanweisungen gibt, die an Differenziertheit den Handlungsanweisungen für Unterrichtsgespräche in nichts nachstehen. Auch um eine Systematisierung des Leseverhaltens der Adressaten gibt es Bemühungen, wie die sogenannten „Schnellesekurse“ zeigen.

Und schließlich gibt es bereits einen entfalteten Forschungsbereich, der sich dem Thema „Lernen mit gedruckten Texten“ widmet (vgl. z. B. E. Z. Rothkopf, Einige theoretische und experimentelle Ansätze zu Problemen des Lernens von schriftlichem Material. In: M. Hofer – F. E. Weinert [Hrsg.], Pädagogische Psychologie, Band 2. Frankfurt a. M. [Fischer] 1973, S. 227 ff.).

Bedeutet das Lernen mit gedruckten Texten aber nicht, daß die Lehr-Lernsituation sozusagen „geronnen“ ist, daß es praktisch keine Handlungsspielräume für Lehrende und Lernende gibt? Eine Antwort hierauf dürfte sich kaum von derjenigen unterscheiden, die für die anderen Typen von organisierten Lernsituationen gegeben werden kann: Es hängt von den Handlungsträgern selbst ab, wie weit sie gegebene Handlungsspielräume nutzen, um innerhalb jeder dieser Situationen die Vielfalt der Möglichkeiten auszuschöpfen und ihren Bedürfnissen – nicht nur ihren Lernbedürfnissen, sondern auch anderen – anzupassen. Spielräume gibt es nicht nur bezüglich Ort und Zeit, die der einzelne als die für ihn günstigsten herausgefunden hat, oder für die „Portionierung“ und Geschwindigkeit, sondern auch in bezug auf die Art und Weise, in der er den Text abarbeitet. Bücher müssen nicht immer von vorn nach hinten Satz für Satz und eines nach dem anderen gelesen werden. Für die Selbstorganisation von Lernprozessen bleibt somit ein hinreichend weites Feld für eigene und vielseitige Erfahrung beim Lernen mit gedruckten Texten.

Zur Mikro-Organisation von Lernsituationen

Fassen wir zunächst unsere bisherigen Überlegungen bezüglich des didaktischen Handelns auf der E-Ebene zusammen: Es gibt nicht nur einen, sondern mehrere Typen organisierter Lernsituationen. Innerhalb jedes dieser Typen von Lernsituationen sind für didaktisches Handeln eigentümliche Bedingungen, aber auch Handlungsspielräume gegeben, die kennen und handhaben zu lernen Aufgabe eines *situationsspezifischen microteaching* ist. Es gibt also nicht nur Handlungsanweisungen auf der Mikro-Ebene für den Typ „Unterrichtsgespräch im Klassenraum", sondern ebenso für den Typ „Lernen durch Tun", wobei zugegeben sei, daß hierfür entsprechende Handlungsanweisungen nicht in der gleichen, differenzierten Weise vorliegen.
Eben dies zu leisten, nämlich differenzierte Handlungsanweisungen für *jeden* der erwähnten Typen von Lernsituationen zu formulieren und zu begründen, übersteigt den Rahmen einer *Einführung* in didaktisches Handeln. Wie könnte die Sache weitergehen? Wie können diejenigen, die spezielle Qualifikationen für didaktisches Handeln auf der E-Ebene erwerben wollen, diesen ihren Lernprozeß weiterorganisieren?

> Hier sei in erster Linie auf die relativ gut zugängliche Literatur zum Thema „microteaching" verwiesen, z. B. auf D. Allen/K. Ryan, Microteaching, deutsche Ausg., hrsg. von W. Zifreund. Weinheim (Beltz) 1972; G. Eigler u. a., Grundkurs Lehren und Lernen. Weinheim (Beltz) 1973, 2. Aufl. 1975.

Sodann haben wir im Anhang einige Hilfen zum Lernen mit Planspielen, Lernen durch Gruppendiskussionen und Lernen durch Erkundungsprojekte formuliert und auch auf entsprechende weiterführende Literatur verwiesen. Schließlich möchten wir auf die gängigen Handbücher und Lexika sowie auf die deutschsprachigen Dokumentationen zur pädagogischen Literatur hinweisen, die bei speziellen Fragen zumeist weiterhelfen (die Autoren benutzen sie auch). Im übrigen dürfte es an deutschen Hochschulen auch einige Lehrveranstaltungen geben, in denen man konkrete praktische Qualifikationen erwerben kann für didaktisches Handeln auf der E-Ebene.

Auf dem Wege zu einer multimedialen Didaktik

Zum Abschluß unserer Einführung in didaktisches Handeln sei ein kurzer Rückblick auf die Position der Autoren zu ihrem Gegenstand gestattet. Daß wir unter didaktischem Handeln nicht nur Klassenunterricht durch Lehrer verstehen, sondern jedes Handeln, das mittelbar oder unmittelbar der Organisation von Lernsituationen dient, ist hoffentlich deutlich geworden. Daß wir organisiertes Lernen nicht nur als ein durch das Wort des Lehrers vermitteltes Geschehen betrachten, sondern daß wir eine Vielzahl von Handlungsträgern (im besonderen die Lernenden selbst) und Medien als Organisationshilfen betrachten, ist vom Leser hoffentlich verstanden worden. Daß wir uns darum bemüht haben, diese Prinzipien nicht nur verbal zu verkünden, sondern wenigstens Ansätze zur Realisierung in Form von Erkundungsprojekten und Planspielen zu zeigen, werden uns Kritiker hoffentlich zugute halten.
Die Begründungen für diese unsere Position haben wir an verschiedenen Stellen unserer Einführung zu geben versucht. Hier seien noch einmal kurz unsere Hauptargumente aufgeführt: Multimediale Didaktik

- fördert Perspektivenwechsel und Perspektivenvielfalt in bezug auf organisiertes Lernen und baut die Fixierung auf die Lehrerperspektive ab,
- erleichtert die Selbstorganisation der Lernprozesse durch die Adressaten,
- erweitert die Lernchancen, indem sie mehrere Wahrnehmungsformen bzw. Wahrnehmungsebenen anspricht,
- dient der Idee des „lifelong learning", indem sie Handlungsmöglichkeiten auch für außerschulisches organisiertes Lernen aufzeigt, und sie
- reichert das Spektrum der Lerninteressen an, indem sie eine Vielzahl menschlicher Bedürfnisse berücksichtigt.

Wer den Text gründlich gelesen hat, wird gegen die Fehlinterpretation gefeit sein, daß „multimediale Didaktik" bedeutet, daß möglichst viele Filme, Computer oder psychedelische Lichteffekte als Lernhilfen verwendet werden sollen. Multimediale Didaktik zielt auf vielseitige Erfahrungsmöglichkeiten, differenzierte Wahrnehmungs- und Handlungsmuster und damit auf eine Integration von Lernen und Leben ab.

Literaturhinweise:

Lernen durch Tun
J. Dewey/W. H. Kilpatrick; Der Projektplan. Weimar (Böhlau) 1935.

Lernen durch Simulation und Spiel
J. L. Taylor/R. Walford; Simulationsspiele im Unterricht. Ravensburg (Maier) 1974.

Lernen durch Erkunden und Forschen
Hierzu mehrere Aufsätze in Heft 1 und 2 (1975) der Zeitschrift „betrifft: erziehung" über projektorientierten Unterricht.

Lernen durch Lehren
R. Krüger; Projekt Lernen durch Lehren. Bad Heilbrunn (Klinkhardt), 1975.

Lernen mit audiovisuellen Medien
M. Rauch; Planung und Durchführung von Unterricht unter Verwendung von Unterrichtstechnologien und AV-Medien; in: K. Frey u. a. (Hrsg.); Curriculum-Handbuch. München (Piper) 1975.

Lernen durch Vortrag, Gespräch und Diskussion
M. Sader u. a.; Kleine Fibel zum Hochschulunterricht. München (Beck) 1970.

Lernen mit gedruckten Texten
O. Peters; Das Fernstudium an Universitäten und Hochschulen. — Didaktische Struktur und vergleichende Interpretation. Weinheim (Beltz) 1967.

Vorschlag für ein Erkundungsprojekt 14:

Wir haben in diesem letzten Kapitel zu zeigen versucht, daß es neben dem Lernen durch Vortrag, Gespräch und Umgang eine Reihe anderer Möglichkeiten gibt, Lernen zu organisieren. Ob diese anderen Möglichkeiten in Schulen überhaupt vorkommen bzw. wie weit sie verbreitet sind, dies zu erkunden wäre Aufgabe dieses Projekts. Dabei könnten die Erkundungsgruppen versuchen, selbst Beurteilungskategorien und -instrumente zu entwickeln, die es erlauben, eigene Beobachtungen zu ordnen. Am Ende könnten erste Schätzungen darüber stehen, wie verbreitet die verschiedenen Typen organisierter Lernsituationen in einigen Schulen und Ausbildungsstätten unseres Landes wohl sein dürften.

Vorschlag für ein alternatives Erkundungsprojekt 14:

Anzunehmen ist, daß in unseren Schulen Lernen durch Vortrag, Gespräch und Diskussion den größten Teil organisierter Lernsituationen ausmachen. Dennoch gibt es hinsichtlich der Möglichkeit, in diesen Situationen didaktisch zu handeln, d. h. an der Organisation der Lernsituation aktiv mitzuwirken, für den Lehrer und Adressaten unterschiedliche Chancen. Fragen wir uns, an welchen beobachtbaren Merkmalen sich dies ablesen läßt, so springt eines davon unmittelbar ins Auge: der Anteil, den ein Individuum an den insgesamt beobachtbaren (sprachlichen) *Äußerungen* in dieser Situation hat. Ein weiteres Merkmal bezieht sich auf die Art und Weise der „Steuerung" dieser Situation. Unter den verschiedenen Steuerungsinstrumenten bei Vortrag, Gespräch und Diskussion spielen *Fragen* eine hervorragende Rolle. Es wäre deshalb zweckmäßig, die Beobachtung beider Merkmale „sprachliche Äußerung" und „Frage" (letztere ist eine Teilmenge aller sprachlichen Äußerungen) zu verbinden. Das Resultat dieses Erkundungsprojekts wäre eine Schätzung des Verhältnisses von Lehreräußerungen und Schüleräußerungen, von Lehrerfragen und Schülerfragen. Da in der Literatur über Unterrichtsbeobachtungen ähnliche Kategorien verwendet werden, bietet sich von hier aus ein Zugang zu entsprechenden Fragestellungen der Lehrerverhaltensforschung.

Skizze zu einem Planspiel 14:

„Die Lehrprobe"

Situation: Bekanntlich müssen Referendare während ihrer Ausbildung am Studienseminar Lehrproben halten. Hierfür müssen sie einen vorbereiteten Stundenentwurf abliefern. Nach einer Vorbesprechung „halten" sie dann die Stunde vor mehr oder weniger großem Publikum; anschließend wird beurteilt, häufig auch benotet, wie gut oder schlecht der betreffende Referendar unterrichtet hat.
Studienreferendar Abel hat seinem Fachleiter Bebel eine schriftliche Vorbereitung für seine erste Lehrprobe eingereicht. Dieser liest den Entwurf durch und stellt dabei fest, daß die „Stunde", eine Unterrichtseinheit von ca. 45 Minuten, darin bestehen soll, daß die Schüler einen in der vorhergehenden Stunde dieses Faches festgelegten Text auf ein

Tonband sprechen, wobei einige die verteilten Sprecherrollen übernommen haben, andere die Technik bedienen, darunter insbesondere drei Schüler darauf achten müssen, daß die Texte simultan laufen zu der zugehörigen Dia-Serie.

Handlungsträger: Abel, Fachleiter Bebel, Schulleiter, Mentor und ein weiterer Lehrer.

Spielregeln: Alle Handlungsträger versuchen, ihre Ziele durch Reden zu verwirklichen, wobei sie die anderen zu überzeugen suchen. Dabei können andeutungsweise auch gewisse Drohungen erfolgen, was im Falle dessen zu erwarten sein wird, daß man nicht auf die eigenen Vorstellungen eingeht.

Handlungsziele: Fachleiter Bebel hat prinzipiell nichts gegen solchen Unterricht. Er empfindet es aber (gelinde gesagt) als eine Frechheit, wenn Abel ihm solchen Unterricht als Lehrprobe anbietet. Er versucht nun, ca. 30 Minuten vor dieser geplanten Unterrichtsstunde, die anderen Mitglieder der Prüfungskommission davon zu überzeugen, daß es überhaupt keinen Sinn hat, sich diesen Unterricht anzuschauen. Abel will seinerseits gerade diesen Unterricht „vorführen", weil er dazu beitragen möchte, daß auch solche didaktischen Aktivitäten anerkannt werden. Allerdings weiß er, daß er letzten Endes auch eine gute Beurteilung benötigen wird, um später in den Beamtenstatus übernommen zu werden. Die übrigen Mitglieder der Prüfungskommission (Schulleiter, Mentor und ein weiterer Lehrer) möchten bei der ganzen Sache möglichst wenig Reibereien haben.

15. Hinweise zur Bearbeitung der „Einführung in didaktisches Handeln“

15.1 Erfahrungen und Vorschläge zur Anwendung der „Einführung in didaktisches Handeln“

Der Text wurde vor der Erstellung der endgültigen Fassung bei ca. 15 Lehrveranstaltungen vorwiegend in der Lehrerbildung und Lehrerfortbildung erprobt, und zwar von 6 Dozenten. Abgesehen von den Gesichtspunkten, die sich dabei für eine Revision des Textes ergaben, erbrachte diese Erprobung Hinweise in bezug auf typische Anwendungsformen in Lehrveranstaltungen. Sie sollen im folgenden kurz umrissen werden:

Typ 1: Lektüre unabhängig von Lehrveranstaltungen

Der Text wird von einzelnen Personen nach deren üblichen Lesegewohnheiten gelesen und verarbeitet. Dies dauert dann ca. 20 Stunden, Schnelleser brauchen entsprechend weniger, Langsamleser mehr. Dazu können nach zeitlichem Vermögen und Interesse einige der angegebenen weiterführenden Texte gelesen werden. Die Beschreibungen der Erkundungsprojekte und Planspiele haben in diesem Falle die Funktion einer inhaltlichen Verdeutlichung des Handlungsbereiches, zum anderen regen sie dazu an, im Gedankenexperiment zu vollziehen, was ansonsten in Gruppenaktivitäten geschieht.

Typ 2: Lektüre des Textes zur Herstellung eines übergreifenden Bezugsrahmens für eine Lehrveranstaltung mit einem spezielleren Thema

Angesichts der Tatsache, daß für den unterrichtswissenschaftlichen Teil des Lehrerstudiums (wie auch für andere Teile) nur an wenigen Hochschulen detaillierte Studienpläne vorliegen, und angesichts der Tatsache, daß das Lehrangebot vornehmlich aus weitgehend unverbundenen, jedoch spezialisierten Themen besteht, haben Lehrende und Lernende nicht selten das Bedürfnis, einen allgemein-didaktischen Bezugsrahmen anzubieten, innerhalb dessen dann die spezielle Thematik lokalisiert werden kann. Wo Überblicksveranstaltungen fehlen, kann dann die „Einführung in didaktisches Handeln" benutzt werden, um diesen Bezugsrahmen herzustellen.

Typ 3: Lektüre des Textes in Verbindung mit Gruppendiskussionen

Hierbei steht die Lektüre des Textes in der Weise in Verbindung mit einer Lehrveranstaltung (Seminar, Übung), daß in der Regel jeweils ein Kapitel für eine Sitzungseinheit von allen Teilnehmern gelesen wird (arbeitsteilig zusätzliche Lektüre) und daß für die Diskussion des Kapitels die Lehrveranstaltung selbst genutzt wird. Je nach Teilnehmerzahl kann diese Diskussion entweder ausschließlich und über die ganze Zeit im Plenum erfolgen. Bei größerer Teilnehmerzahl ergibt sich dann die bekannte Situation, daß nur wenige das Wort führen, während die Mehrheit stumme Zuhörer sind. Um diese Situation zu vermeiden, können bei Lehrveranstaltungen mit größerem Teilnehmerkreis – sofern es die räumlichen und/oder zeitlichen Verhältnisse erlauben – Kleingruppendiskussionen organisiert werden, deren Ergebnisse dann wiederum dem Plenum vermittelt werden. Allerdings kann es, wenn diese Diskussionen zu naturwüchsig und ohne systematische Betreuung (etwa durch Tutoren oder Dozenten) durchgeführt werden, bei unerfahrenen Gruppen zu erheblichem Leerlauf und zu Verärgerungen kommen, d. h. der mögliche Lerngewinn wird nicht voll ausgeschöpft. Um für diesen Fall Anregungen zur Verbesserung der Situation zu geben, sei auf Abschnitt 15.2 verwiesen, wo einige Empfehlungen für die Gestaltung von Gruppendiskussionen vorgetragen werden. In diesem Falle dürfte der Umfang einer 2 Semesterwochenstunden umfassenden Lehrveranstaltung mit entsprechenden Vor- und Nachbereitungszeiten ausreichen.

Typ 4: Einbeziehung von Erkundungsprojekten und Planspielen

Das von den Autoren entwickelte Konzept einer „Einführung in didaktisches Handeln" gründet sich – wie in der Einleitung ausgeführt wurde – auf die Annahme, daß das Erlernen praktischer Qualifikationen immer auch praktische Aktivitäten beinhalten muß. Insofern stellen

Erkundungsprojekte und Planspiele keineswegs bloß zusätzliche und auflockernde Randerscheinungen dar. Sie haben vielmehr die Funktion, den jeweiligen Themenbereich erfahrungsmäßig aufzuschließen, bevor er dann begrifflich-sprachlich aufgearbeitet wird. Als sinnvolles und praktikables Anwendungsmodell erwies sich dabei die Durchführung von einem Erkundungsprojekt und einem Planspiel in kleinen Arbeitsgruppen von höchstens 7 Teilnehmern. Dies setzt allerdings die Erweiterung des zeitlichen Umfangs auf 4 Semesterwochenstunden voraus. Da die Möglichkeit besteht, daß in ein und derselben Lehrveranstaltung alle Erkundungsprojekte und alle Planspiele – allerdings von verschiedenen Kleingruppen – durchgeführt werden, sollten dann die Plenarveranstaltungen nicht mehr vorrangig der Textdiskussion bzw. Textinterpretation dienen, sondern der Kommunikation über die Ergebnisse der Gruppenarbeit.

Typ 5: Erweitertes Erkundungsprojekt bzw. erweitertes Planspiel

Hierbei konzentrierte sich die Lehrveranstaltung auf die Durchführung eines einzigen Erkundungsprojekts bzw. eines einzigen Planspiels. Der vorliegende Text dient dann der Herstellung des allgemein-didaktischen Bezugsrahmens (vgl. Typ 2). Je nach Umfang des Erkundungsprojekts bzw. des Planspiels wird es sich um eine 2stündige oder 4stündige Veranstaltung handeln, wobei auch in diesem Falle der gleiche Zeitaufwand wie für die Veranstaltung (oder auch mehr) hinsichtlich der Lektüre sowie der Vor- und Nachbereitungsaktivitäten bzw. Feldarbeit anzusetzen ist.
Bei der Erprobung unserer Einführung hat sich nun herausgestellt, daß die Lerngruppen nicht immer über hinreichende Erfahrungen mit der Organisation von Planspielen, Erkundungsprojekten oder Gruppendiskussionen verfügten. Das ist ihnen nicht vorzuwerfen, denn sie haben eben ihrerseits während ihrer Schulzeit vorwiegend Unterricht des Typs „Unterrichtsgespräch“ oder „Lehrervortrag“ kennengelernt, da sie von Lehrern unterrichtet wurden, die ihrerseits durch „Hochschulunterricht“ dieses Typs ausgebildet worden waren. Wir versuchen in den folgenden Unterabschnitten, Hinweise für die Durchführung eines Kurses mit der „Einführung in didaktisches Handeln“ zu geben.

15.2 Gruppendiskussionen

Bei den verschiedenen Anwendungstypen, die im vorausgegangenen Abschnitt dargestellt wurden, nehmen Gruppendiskussionen mehr oder weniger großen Raum ein. Nun muß man davon ausgehen, daß sowohl Lehrende als auch Lernende ihr Verhalten in Gruppendiskussionen weitgehend naturwüchsig erlernt haben und nur zum Teil bereit sind, ausdrücklich zu planen und sich nach festgelegten Spielregeln zu verhalten, sei es, weil sie befürchten, Spontaneität und Kreativität zu hemmen, sei es, weil sie der Auffassung sind, daß sich der Ablauf aus „der Sache" ergeben müsse.

In den letzten Jahren jedoch haben Bemühungen um eine Systematisierung von Gruppenprozessen im Hochschulbereich, insbesondere im Hinblick auf die *sozialen Aspekte*, zugenommen. Dabei haben sich verschiedene Richtungen und Schulen herausgebildet, auf die im einzelnen einzugehen an dieser Stelle nicht möglich ist. Es kann aber auf zwei Publikationen verwiesen werden, die beide einführenden Charakter haben und sich zudem nicht auf die Darstellung einer gruppendynamischen Richtung beschränken:

Joseph Luft; Einführung in die Gruppendynamik, Stuttgart (Klett) 1971.

Wolfgang Schmidbauer; Sensitivitätstraining und analytische Gruppendynamik, München (Piper) 1973.

Spezielle Empfehlungen über die *Behandlung von Texten in Gruppendiskussionen,* wie dies im Zusammenhang der erwähnten Anwendungsmodelle als häufigster Typus angeführt wurde, finden sich in einem kleinen Buch von W. M. Fawcett Hill „Learning Thru Discussion", Beverly Hills/London (Sage Publications), 6. rev. Auflage 1969. Darin werden folgende Leitlinien für die Vorbereitung von Diskussionsbeiträgen auf Grund von Textlektüre genannt:

Leitlinien für die Vorbereitung

Schritt 1 – Schreibe alle Wörter auf, über die du dir nicht im klaren bist. Schaue sie nach und schreibe ihre Definition auf.

Schritt 2 – Schreibe in deinen Worten eine allgemeine Aussage über die Botschaft des Autors.

Schritt 3 – Suche die Unterthemen des Textes heraus.

Schritt 4 – Notiere die Unterthemen, bei denen du Verständnisschwierigkeiten hattest oder von denen du glaubst, daß sie für eine Diskussion wertvoll sind.

Schritt 5 – Schreibe in Form einer kurzen Aussage die inhaltlichen Gesichtspunkte auf, die in jedem Unterthema angesprochen werden. Schreibe zu jedem eine Frage auf.

Schritt 6 – Schreibe die Bedeutung oder den Nutzen des bislang Erarbeiteten für andere Bereiche und Probleme auf. Führe andere Gesichtspunkte an, die in diesem erarbeiteten Material enthalten sind, die ihm widersprechen oder die es erweitern.

Schritt 7 – Schreibe auf, wie diese Gesichtspunkte in deinen eigenen vergangenen, gegenwärtigen oder zukünftigen Lebens- und Erfahrungsbereich passen; schreibe auf, welche Implikationen der Text für deine eigenen geistigen Interessen und deine Studien hat.

Schritt 8 – Schreibe deine Reaktionen und deine Bewertung zu dem gesamten Text oder zu dem dir zugeteilten Abschnitt auf.

(übersetzt aus: W. M. Fawcett Hill, 1969, S. 55 f.)

Für die *Abfolge* der einzelnen Schritte einer Textdiskussion empfiehlt der Autor neun Schritte, und zwar:

Geistiger Gruppenfahrplan

Schritt 1 – Definition der Begriffe und Konzepte
Schritt 2 – Allgemeine Aussage über die Botschaft des Autors
Schritt 3 – Identifizierung von Hauptthemen und Nebenpunkten
Schritt 4 – Festlegung der Zeit
Schritt 5 – Diskussion der Hauptthemen und Nebenpunkte
Schritt 6 – Integration des erarbeiteten Materials und anderer Kenntnisse
Schritt 7 – Bedeutung des erarbeiteten Materials
Schritt 8 – Bewertung der Darstellung des Autors
Schritt 9 – Bewertung der individuellen Arbeit und der Gruppenarbeit

(übersetzt aus: W. M. Fawcett Hill, 1969, S. 23)

Qualifikationen, die von den Teilnehmern einer Diskussion erlernt werden sollten, damit möglichst hoher Lerngewinn entstehen kann, nennt Hill in Abhängigkeit von den Arbeitsfunktionen in der Gruppe. Wir verkürzen im folgenden diese Darstellung:

Gruppenfunktionen und Tätigkeiten der Mitglieder

A. Sequenz von Tätigkeiten, die spezifisch für die Diskussion um ein Thema sind.
Im einzelnen werden als solche Aufgaben aufgeführt:
Initiierung – Informationen geben und erfragen – Reaktionen zeigen und abfordern – Beispiele aufgreifen und geben – Realität gegenüberstellen und an der Realität überprüfen – Klären, Zusammenstellen und Zusammenfassen.

B. Grundsätzliche Tätigkeiten, die beim Lernen durch Diskussion erforderlich sind.
Hierunter fallen die folgenden Tätigkeiten:
Auf den Kernpunkt zurückkommen – Zeit einhalten – Bewerten und Diagnostizieren – Standardmuster einhalten (die die Gruppe sich selbst gegeben hat) – Fördern und Ermutigen – Spannungen in der Gruppe auflösen.

(nach W. M. Fawcett Hill, 1969, S. 33–38)

Schließlich sei auch noch auf die von Hill genannten nichtfunktionalen Tätigkeiten bei Gruppendiskussionen hingewiesen, also solche Tätigkeiten, die dem Erfolg der Diskussion schaden können:

Nicht-funktionale Tätigkeiten

1. Angreifen
2. Abblocken
3. Selbstmitleid haben
4. Wettstreiten
5. Sympathien erheischen
6. Spezielle Interessen durchsetzen wollen
7. Herumflirten (Playboy spielen)
8. Prestige suchen
9. Abschweifen
10. Dominieren

(übersetzt aus: W. M. Fawcett Hill, 1969, S. 38)

Im übrigen sei auf die Ausführungen von M. Sader u. a. verwiesen, die in der „Kleinen Fibel zum Hochschulunterricht", München (Beck) 1970, zur Frage des Lernens durch Gruppendiskussion vorgetragen werden.

15.3 Entwicklung und Durchführung von Erkundungsprojekten zur „Einführung in didaktisches Handeln"

Anspruchsniveaus der Erkundungsprojekte

Erkundungsprojekte sind Analysen von Praxisfeldern, denen der Anspruch von Forschungsprojekten nicht zugemessen werden kann und soll. Dazu fehlt vor allem die Möglichkeit, die Repräsentativität von Erfahrungen und Befunden zu überprüfen bzw. überhaupt herzustellen. Insofern verbietet sich für Erkundungsprojekte eine statistische Prüfung der gewonnenen Daten; es lassen sich bei quantitativ vorliegenden Daten in der Regel allenfalls Häufigkeitsverteilungen herstellen (also Tabellen, in denen die Daten – z. B. die auf die alternativen Antwortmöglichkeiten einer Frage fallenden Nennungen von Personen, die einen Fragebogen ausgefüllt haben – nach absoluten und prozentualen Häufigkeiten aufgeführt sind, möglicherweise noch in Untergruppen getrennt, die nach Alter oder Geschlecht etc. gebildet werden). Durch diesen Verzicht wird es nun aber möglich, zu größerer Komplexität zu gelangen; da es nämlich nicht notwendig ist, aus forschungsmethodologischen Gründen die Analyse eines Praxisfeldes auf wenige Untersuchungsdimensionen zu reduzieren, kann die Vielfalt praktischer Probleme und Handlungen erfahren werden. Deshalb sollten die in Erkundungsprojekten gewonnenen Erfahrungen auch nicht anekdotischen Charakter haben (nämlich den Charakter von singulären Ereignissen von gelegentlich beeindruckendem Zuschnitt), sondern vielmehr auf einem Modell der Handlungssituationen des Praxisfeldes beruhen bzw. zu einem solchen führen.

Instrumente, deren sich die empirische Sozialforschung bedient, sollten dabei kennengelernt und in ihren Anwendungsbedingungen überprüft werden. So werden z. B. im Hinblick auf die allgemein bestehende Frage, ob für eine wissenschaftliche Untersuchung eine Befragung mit Interviews und/oder Fragebogen durchgeführt werden soll, für den Adressaten der „Einführung in didaktisches Handeln“ wichtige Hinweise erfolgen können. Er lernt dabei, Instrumente der Forschung als Mittel anzusehen, deren Einsatz nicht als Selbstzweck betrieben werden soll, sondern auf Grund von Kriterien der Angemessenheit für einen Zweck. Ebenso betrifft dieses Kriterium die Interpretation und Darstellung von gewonnenen Befunden. Möglicherweise ist es wegen des mit Forschung gemeinhin verbundenen hohen Anspruchsniveaus günstiger, wenn die Erkundungsprojekte eher aus der Perspektive des sauber recherchierenden Journalisten als auch der des Forschers (den die Adressaten natürlich nicht „spielen“ zu können glauben) durchgeführt werden.

Funktionen der Erkundungsprojekte

Die Funktionen der Erkundungsprojekte dieser Einführung sollten unter dem Licht der an sie gestellten Ansprüche betrachtet werden; es ist also in der Verwendung der Einführung jeweils genauer zu klären, unter welchen Ansprüchen diese Funktionen als erfüllt angesehen werden können. Im einzelnen erscheinen uns die folgenden Funktionen als bedeutsam:

– Die Erkundungsprojekte sollen systematisch *Primärerfahrungen* ermöglichen bzw. vermitteln, indem Handlungssituationen der Didaktik und ihre Auswirkungen auch sinnlich-konkret und nicht allein sprachlich vermittelt wahrgenommen werden können. Durch Systematik der Wahrnehmung und durch Modellbildungen soll dabei ein bloßes Hospitieren und Mitschauen beim Unterricht vermieden werden.

- Fragestellungen zum didaktischen Handeln sollen nicht nur aus der Klassenraum- und Lehrerperspektive entwickelt werden.
- Zusammenhänge zwischen verschiedenen Handlungsebenen werden aufgedeckt; je nach Art kann es sich dabei um funktionale und dysfunktionale Zusammenhänge handeln. Ferner können sie als Einflüsse, Verstärkungen und auch Konflikte erkannt werden.
- Die Adressaten können untereinander und mit verschiedenen Personen, die in Praxisbereichen tätig sind, Kommunikation ausüben und damit ihre Kontaktfähigkeit prüfen und gegebenenfalls auch verbessern.
- Die Adressaten können Formen der Arbeitsorganisation erlernen, erproben und bewerten, die sie wiederum für weitere Lernprozesse nutzbar machen können. Dabei ergibt sich auch durch die Erkundungsprojekte ein Gegenstand, an dem die Selbstorganisation von Lernprozessen entwickelt werden kann.
- Schließlich haben die Erkundungsprojekte auch eine wissenschaftspropädeutische Funktion, da bei ihrer Durchführung einige grundlegende Prinzipien von Forschung Anwendung finden sollen, nämlich vor allem das Erstellen und Überprüfen von Hypothesen.

Durchführung der Erkundungsprojekte

Bei der Durchführung der Erkundungsprojekte werden vor allem zwei Typen der Informationsgewinnung im Vordergrund stehen:
Beobachtung und Befragung. Bei der *Beobachtung* geht es darum, daß der Erkundende Wahrnehmungen macht, auf die er sich vorbereitet hat. Diese Wahrnehmungen können sich beziehen auf das Verhalten von Menschen, auf Eigenschaften von Umwelten (Räumen, Situationen, Geräten etc.), aber auch auf Eigenschaften von Institutionen (Schulen, Behörden etc.) sowie von Materialien (Lehrbücher, Prüfungsarbeiten etc.). Wahrnehmen kann man allerdings nur das, worauf man vorbereitet ist, d. h. wofür man bereits Kategorien, Begriffe, sozusagen „Schubladen“ hat. In aller Regel sind diese Kategorien auf einem Blatt Papier vermerkt, etwa einer „Abhak- oder Strichliste“. Wann immer dann ein Ereignis eintritt oder ein Merkmal beobachtet wird, das einer der Kate-

gorien entspricht, vermerkt dies der Beobachter. Daß dabei auch der Übung eine gewisse Rolle zukommt, dürfte offenkundig sein.
Bei der *Befragung* hingegen werden die Informationen in der Weise gewonnen, daß der Befrager andere Personen, sei es um ihre Meinung, sei es auf einen spezifischen objektiven Sachverhalt hin, befragt („Besitzen Sie ein Taschenmesser?“). Diese Befragung kann mündlich erfolgen, dann spricht man von einem Interview, oder sie kann schriftlich erfolgen, dann geschieht dies zumeist mit Hilfe eines *Frage*bogens.
Beide Formen der Informationsgewinnung (Beobachtung und Befragung) werden nicht nur bei Erkundungsprojekten oder journalistischen Recherchen angewendet. Sie finden vor allem auch Anwendung in der sozialwissenschaftlichen Forschung. Da das Methodenbewußtsein in der Forschung besonders ausgeprägt ist, ist viel darüber geschrieben worden, wie man eine Beobachtung bzw. eine Befragung anzulegen hat, um möglichst gute Informationen zu gewinnen. Auch wenn wir unsere Erkundungsprojekte nicht als Forschungsprojekte im engeren Sinne verstehen, können wir dennoch aus der Literatur über Methoden der sozialwissenschaftlichen Forschung Nutzen ziehen. Für die Zwecke unserer Erkundungsprojekte zur „Einführung in didaktisches Handeln“ sei deshalb auf einen Autor verwiesen, dessen Buch als Lehrbuch weite Verbreitung gefunden hat:

F. N. Kerlinger, Foundations of Behavioral Research. London — New York (usw.) (Holt, Rinehardt and Winston) 1970.
Im besonderen sind es die Kapitel 26 und 28, die sich mit Befragungs- bzw. Beobachtungsmethoden befassen.

Das Verhältnis der Erkundungsprojekte zur Einführung in didaktisches Handeln und zu Forschungsprojekten zum gleichen oder ähnlichen Thema, wie sie in der Forschungsliteratur referiert sind, bedarf einer besonderen Beachtung. Nach unserer Auffassung sollten die Erkundungsprojekte zunächst unbeeinflußt von den Methoden und Ergebnissen der Forschung in Angriff genommen werden, weil sonst die Gefahr besteht, daß entweder eine bloße Wiederholung solcher Untersuchungen mit wahrscheinlich weniger zureichenden Mitteln erfolgt; oder aber durch die Beschäftigung mit solchen Forschungsprojekten werden Ansprüche aufgebaut, die dann nicht mehr einlösbar erscheinen, so daß ein Verzicht auf Praxiserkundung überhaupt begründet erscheint. Dieses Risiko ist um so größer, als ja Erkundungsprojekte mit gewissen Unannehmlichkeiten verbunden sind (z. B. Kontaktaufnahme mit fremden Personen, Terminplanungen etc.). Wenn man dann noch durch das Vermeiden von

Praxiskontakt hohes Prestige gewinnen kann („Ich will ja kein Dilettant sein!"), liegt es nahe, sich so zu verhalten.
Ganz anders verhält es sich mit der umgekehrten Abfolge: *Nach* der Durchführung des Erkundungsprojekts folgt die Auseinandersetzung mit der Forschungsliteratur. In diesem Falle sind inhaltliche Kategorien zur Bearbeitung des Praxisfeldes aufgebaut; eine gewisse Neugier ist geweckt, wie wohl ein „richtiger" Forscher das Problem angeht, ein Gespür für Gewichtungen und Qualitäten ist entwickelt, und nicht zuletzt sind Vergleichsmaßstäbe erstellt, die eine kritische Auseinandersetzung ermöglichen.

15.4 Entwicklung und Durchführung von Planspielen

Zunächst sei vorausgeschickt, daß es sich bei den im Anschluß an die einzelnen Kapitel genannten „Planspielen" nur um *Planspielskizzen* handelt, aus denen erst noch Planspiele entwickelt werden müssen. In erster Linie bedeutet das, daß die Rollenbeschreibungen und der Informationshintergrund der einzelnen Handlungsträger ausführlicher gestaltet und schriftlich niedergelegt werden müssen. Es bedeutet aber auch, daß die für die speziellen Rahmenbedingungen des Einzelfalles zu berücksichtigenden Gegebenheiten in die konkrete Planung aufgenommen werden müssen. Dies sind im besonderen Zahl und zeitliche Belastbarkeit der Teilnehmer, deren Vorkenntnisse, die verfügbaren Materialien sowie Vorerfahrungen der Spielleitung mit Planspielen. Wie die Entwicklung eines Planspiels aus einer Planspielskizze geschehen kann, wird weiter unten beschrieben.
Um von vornherein keine falschen Erwartungen aufzubauen, ist es notwendig, daß man sich der Funktionen bewußt ist, die Planspiele im Zusammenhang der „Einführung in didaktisches Handeln" haben können. Da ist einmal die Funktion der *Modellbildung:* Die Planspielsituation stellt ein Modell einer Wirklichkeit dar, nicht diese Wirklichkeit selbst. Es abstrahiert von vielen Merkmalen der Wirklichkeit, beispielsweise von ernsthaften Konsequenzen, die sich aus Fehlentscheidungen ergeben. Es hebt andere Merkmale stärker hervor und ersetzt sie durch „Stellvertreter", so etwa den wirklichen Schulleiter durch einen Studenten. Durch diese Beschränkung auf wenige Merkmale soll die *Einsicht in Zusammenhänge* ermöglicht werden, so daß man den Wald trotz der vielen Bäume sieht. Dies wäre eine zweite Funktion. Die dritte und möglicherweise wichtigste Funktion von Planspielen besteht darin,

daß die Lernenden in die Rolle von — wenn auch nur simulierenden — *Handlungsträgern* kommen. Insofern stellt das Planspiel in der akademischen Ausbildung ein wichtiges Korrektiv dar, denn der traditionelle akademische Unterricht drängt die Studierenden in die Rolle des distanzierten, staunenden oder kritischen Außenstehenden. Dies führt dann nicht selten zu jener „Oberseminarattitüde", bei der Ansprüche beliebig hochgespielt werden können, da offen bleiben kann, wer sie denn einlösen könnte. Schließlich bewirkt ein Planspiel, sofern es gut geplant und durchgeführt wird, daß die Teilnehmer sich *selbständig Informationen* beschaffen, um als Handlungsträger kompetent zu sein bzw. Erfolg zu haben. Wissen wird nicht um seiner selbst (oder um der Prüfung willen) erworben, sondern weil man es braucht, um Entscheidungen fällen und begründen zu können.
Welche dieser Funktionen durch die Planspiele zum didaktischen Handeln tatsächlich erfüllt werden und wie gut dies gelingt, hängt davon ab, wie weit das Planspiel ausgearbeitet wird. Beispiele für ausgearbeitete Planspiele für den Bereich des pädagogischen Handelns sind in der deutschsprachigen Literatur noch ziemlich rar. Zu nennen sind hier als Beispiele:

J. Ruhloff; Ein Schulkonflikt wird durchgespielt. München 1970.
F.-J. Kaiser; Entscheidungstraining. Bad Heilbrunn (Obb.) 1973.
E. Becker u. a.; Soziales Lernen in der Lehrerausbildung; in: DZ-Information 5/1973; hrsg. vom Didaktischen Zentrum der Johann Wolfgang-Goethe-Universität Frankfurt (Sophienstraße 1—3), S. 9—48.
K.-H. Flechsig u. a.; Organisation von Lernprozessen; in: Tagungsbericht des 24. Gemener Kongresses über „Sozialisation und Erziehung", hrsg. vom Philologen-Verband Nordrhein-Westfalen. Verlag Postberg, Bottrop, 1972, S. 107—131.

In der angelsächsischen Literatur findet man hingegen ein weit größeres Angebot. Hierüber informiert

D. W. Zuckerman & R. E. Horn, The Guide to Simulations/Games for Education and Training, Lexington/Mass. 1973,
wo allein 30 Planspiele für Lehrerbildung und Schuladministration beschrieben sind.

Am besten sammelt man dadurch Erfahrung, daß man selbst einmal ein solches Planspiel, das von anderen entwickelt wurde, mitspielt. Es muß nicht unbedingt ein solches aus dem pädagogischen Bereich sein. Hat man dann erste Erfahrung als Spieler gewonnen, so ist auch der Weg zur Mitentwicklung nicht unüberwindlich. Von Rex Walford stammen die folgenden Empfehlungen zur schrittweisen Entwicklung eines Planspiels:

1. Identifiziere die Grundkonzepte oder -prozesse, die dargestellt werden sollen.
2. Definiere den räumlichen Kontext und die Reichweite der Simulation.
3. Bestimme die Art der beabsichtigten Simulationen in Hinsicht auf: a) praktische Ausstattung, b) persönlichen Beitrag, c) Wettbewerbscharakter.
4. Lege die Teilnehmer des Spiels fest.
5. Lege die Ziele der Teilnehmer fest.
6. Bestimme den Interaktionsspielraum des Spieles.
7. Versetze Teilnehmer, Ziele und Handlungen in eine Spielwirklichkeit.
8. Füge der Spielhandlung Rahmengegebenheiten und Handlungszwänge hinzu.
9. Zeichne die Spielregeln auf.
10. Vergleiche das fertiggestellte Spiel mit der Wirklichkeit.

(nach R. Walford; Lernspiele im Erdkundeunterricht; Der Erdkundeunterricht, Heft 14, 1971, S. 96–100 passim)

Im Anhang ist der ausführliche Text von R. Walford wiedergegeben. Da die „Einführung in didaktisches Handeln" in einer Vorfassung mit verschiedenen Studentengruppen erprobt wurde, liegen auch bereits ausführlichere Fassungen der als Planspielskizzen zu den einzelnen Abschnitten angegebenen Themen vor. Das folgende Beispiel – es bezieht sich auf das Kapitel 11 – mag verdeutlichen, in welcher Weise eine solche Weiterentwicklung verlaufen kann. Die vorliegende Fassung darf jedoch keineswegs als einzig mögliche noch als endgültige verstanden werden. Sie stellt vielmehr eine nächste Stufe dar.
Da auch Planspielskizzen zu anderen Kapiteln weiter ausgearbeitet und realisiert worden sind, und da mehrere Kollegen entsprechende Spiele planen, ist anzunehmen, daß in absehbarer Zeit eine Sammlung solcher Planspiele vorliegt, die dann eine gesonderte Publikation nahelegen würde. Da gegenwärtig jedoch noch nicht abzusehen ist, welche zeitlichen und aufwandmäßigen Beschränkungen gegeben sind, kann dies vorerst nur als Möglichkeit angedeutet werden. Immerhin: Alle Leser, die ihrerseits Planspielskizzen in Planspiele zum didaktischen Handeln weiterentwickelt haben, werden gebeten, dies den Autoren über den Verlag mitzuteilen.

Auszüge aus dem Planspiel

„Schulbuchauswahl"
(gespielt von Hamburger Lehrerstudenten im Wintersemester 1974/75)

Ausgangssituation: Am Gymnasium Lessingstraße wird seit Jahren im Deutschunterricht ein Lehrbuch des Verlages X verwendet. Eine junge Lehrerin ist aber davon überzeugt, daß dieses Lehrbuch keineswegs den didaktischen Anforderungen entspricht; sie bemüht sich nun darum, ein neues Lehrbuch, das der Verlag Y auf den Markt gebracht hat, an ihrer Schule einzuführen. Sie kann dies nicht auf ihre Klassen beschränken, da wegen der Lehrmittelfreiheit die Fachlehrer sich auf ein gemeinsam verwendetes Werk einigen müssen. Also stellt sie einen Antrag an die Fachlehrer-Konferenz, die sich auf ihrer nächsten Sitzung damit befaßt.

Rollenkarte: Frau *Nadhoff*
Sie sind seit drei Jahren im Schuldienst, und zwar am Gymnasium Lessingstraße. Sie sind als forsche, moderne und beliebte Lehrerin (Deutsch und Geschichte) bekannt. Nun versuchen Sie, das alte Schulbuch für den Deutschunterricht (X-Verlag) durch ein neues und besseres auszuwechseln. Sie müssen dazu Ihre drei Fachkollegen für Deutsch überzeugen. Herr Müller ist Ihnen als konservativ bekannt; dabei hat er wohl vor allem Angst davor, sich auf einen neuen Unterricht einzustellen. Herrn Schulze-Hofmann werden Sie vielleicht eher überzeugen können, denn er ist schon mehrmals Ihrer Meinung gewesen. Sie merken aber, daß er sich nicht die Gunst älterer Kollegen verscherzen will, denn er möchte ganz gern Karriere machen. Frau Mittenzwey kennen Sie noch nicht gut genug, um sie schon einschätzen zu können, denn sie ist erst seit einigen Wochen an der Schule.
Legen Sie jetzt kurz schriftlich (in wenigen Stichworten) fest, wie Sie vorgehen wollen, wenn sich um 10 Uhr die Fachkollegen für Deutsch treffen und Sie Ihren Antrag (den die anderen schon kennen) vorlegen und begründen wollen.

Rollenkarte: Herr *Müller*
Sie haben schon davon erfahren, daß Frau Nadhoff ein neues Deutschbuch einführen will. Da sind Sie strikt dagegen, denn dann müßten Sie ja Ihren Unterricht von Grund auf umkrempeln. Außerdem ist Ihnen dieser neumodische Deutschunterricht der Frau Nadhoff nicht ganz geheuer. Sie hat einmal zu Ihnen gesagt, Goethe und Schiller seien den

Schülern genauso wichtig wie Kain und Abel. Für einen Witz war das aber doch zu stark. Sie haben schließlich eine humanistische Bildung! Sie haben eine wichtige Lebenserfahrung: Wenn jemand etwas Neues machen will, so kann man ihn ja gewähren lassen, wenn das keine Auswirkungen auf einen selbst hat. Hat es das, so muß man ihn davon abbringen. Dabei nützt Diskutieren insofern nicht viel, als es Ihnen nicht darum gehen wird, den alten Zustand zu verteidigen. Der hat sich ja schließlich bewährt. Sie werden also am besten die anderen reden lassen und dann deren Argumenten begegnen; es ist immer leichter, etwas zu zerstören (hier: ein Argument), als etwas Neues aufzubauen.

Rollenkarte: Herr *Schulze-Hofmann*
Sie stehen der Kollegin Nadhoff im Grunde ganz aufgeschlossen gegenüber, wenn die manchmal auch mit dem Kopf durch die Wand will. Aber für Sie selbst ist etwas wichtiger: Sie sind zwar noch jung (34 Jahre), wollen aber bald schon einen besseren Posten haben, möglichst einmal Schulleiter werden. Da können Sie sich keine Auseinandersetzungen erlauben, die der Mehrzahl der Kollegen Unmut gegen Sie verschafft. Also versuchen Sie, die Sache möglichst elegant im Sinne der Mehrheit zu erledigen. Welches ist aber die Mehrheit?

Rollenkarte: Oberstudiendirektor *Karl Donnerkeil*
Sie haben seit 5 Jahren das Gymnasium Lessingstraße geleitet; Sie erfreuen sich allgemeiner Beliebtheit und Achtung. Wenn Ihre Lehrer eine Auseinandersetzung haben, so achten Sie zunächst darauf, daß alles fair zugeht. Sie haben das vor allem bei Auseinandersetzungen zwischen jungen und älteren Kollegen so gehandhabt, wo Sie schon mehrmals vermittelt haben. Kein Streit im Kollegium, das ist Ihre Devise. Wenn Sie aufgerufen werden, bei Auseinandersetzungen eine Entscheidung zu treffen, so tun Sie das nur unter formalen Gesichtspunkten, es sei denn, es handele sich um ein Fach, von dem Sie etwas verstehen (Mathematik und Naturwissenschaften).

Rollenkarte: Frau Oberschulrätin Dr. *Elisabeth Hanauer*
Zu ihrem Schulaufsichtsbezirk gehört u. a. das Gymnasium Lessingstraße. Falls Sie von dort in einer Streitfrage angesprochen würden, so gelten für Sie folgende wichtige Punkte:

1. Aufpassen, daß Sie keine „linken Typen“ in Ihren Schulen haben.
2. Kosten möglichst vermeiden.
3. Keinen Streit unter Lehrern, der sich fortsetzen würde.
4. Wenn es um unpopuläre Maßnahmen geht, versuchen Sie, daß das der Schulleiter gegenüber den Lehrern zu tragen hat.

Rollenkarte: Frau *Mittenzwey*
Sie sind erst seit einigen Wochen am Gymnasium Lessingstraße. Da kennen Sie die dortigen Gebräuche und Wortführer noch nicht. Die Kollegin Nadhoff ist Ihnen wegen ihres schnippischen Tons schon aufgefallen, mit denen sie konservativeren Kollegen begegnet. Das ist Ihnen, Sie selbst sind ein grundsätzlich unpolitischer Mensch, denn doch nicht der rechte Stil. Was ein mögliches neues Schulbuch für den Deutschunterricht anbetrifft, so sind Sie der Meinung, daß das alte so recht und schlecht ist wie jedes andere. Sie lesen sowieso viel lieber Lektüre. Da wäre es besser, man würde die Lektüre-Texte, die in der Schulsammlung jeweils für alle Schüler einer Klasse vorhanden sind, erweitern und mehr Texte vor allem aus der Romantik aufnehmen.

Protokollausschnitt:

Müller:
Heutiger Tagungsordnungpunkt ist die Diskussion um die Einführung eines neuen Schulbuches an unserer allgemeinbildenden Schule. Frau Nadhoff hat durch ihre guten Beziehungen zur Schulbehörde und auch zur Universität dieses neue Schulbuch hier in die Konferenz eingebracht, und wir wollen uns heute mit diesem Schulbuch beschäftigen und zu einer Entscheidung kommen, ob wir dieses Werk in unsere Lehrbuchliste aufnehmen wollen. Frau Nadhoff hat heute zum ersten Mal Gelegenheit, Stellung zu nehmen, warum sie dieses Schulbuch empfiehlt.

Nadhoff:
Ja, Sie kennen dieses Buch ja noch nicht, aber Sie kennen ja das ältere Buch X, das an dieser Schule in Gebrauch ist seit längerer Zeit. Ich meine, von meinen Diskussionen mit Leuten von der Universität, die sich damit beschäftigen, daß dieses ältere Schulbuch einfach nicht mehr zeitgemäß ist. Damit habe ich klar meine Einschätzung des alten Buches gegeben. Zwar bringt es einerseits sehr gute literarische Texte, die im wesentlichen wohl dem entsprechen, was die deutschen Dichter hergestellt haben im Laufe der Jahrhunderte, andererseits geht es aber zu wenig darauf ein, was Schüler heute in ihrer Freizeit lesen und womit sie sich überhaupt in ihrem täglichen Leben beschäftigen. Da meine ich eben, daß dies neue Schulbuch Y in viel größerem Maße den Bedürfnissen der Schüler heute gerecht wird. (Es folgt eine ausführliche Darstellung.)

Müller:
Die Stellungnahme von Frau Nadhoff haben wir nun alle gehört. Ich glaube, jeder von uns hat sich auch mit diesem Buch auseinandergesetzt; vielleicht haben Herr Schulze-Hofmann und Frau Mittenzwey sich auch einige Gedanken darüber gemacht, ob wir dieses Buch an unserer Schule und in unserem Unterricht verwenden können.

Schulze-Hofmann:
Ja, Frau Kollegin, Sie sagen, daß Sie auf dieses Buch gestoßen sind durch Ihre Beziehungen zur Uni vor allen Dingen. Inwiefern, das würde mich nun interessieren, ist es denn in der Praxis erprobt, bzw. inwiefern ist es das nicht?

Nadhoff:
Ja also, ich habe darüber keine empirischen Daten, die gibt es ja hierbei nicht, aber wir wissen ja alle, daß es im Angebot der Schulbehörde ist, also in dieser von der Schulbehörde genehmigten Liste der Schulbücher, die in den Schulen gelesen werden dürfen.

Mittenzwey:
Sie sagen ja, es gibt keine Erfahrungswerte darüber, wie das Buch ausgetestet ist. Das sieht dann so aus, daß unsere Schule eine Versuchsschule werden würde. Man hat ja festgestellt, was für katastrophale Auswirkungen das hat, diese dauernden Versuche, und daß kein kontinuierlicher Unterricht möglich ist. Wie stehen Sie denn dazu?

Nadhoff:
Ich würde das nicht so problematisch sehen. Ich meine ganz einfach: Wenn die Schulbehörde so ein Buch legitimiert, dann ist das Buch schon in gewisser Weise „erprobt". Erfahrene Kollegen in der Schulbuchkommission haben es überprüft und für gut befunden. Ich glaube schon, daß man sich da auf die Schulbehörde verlassen kann.

Müller:
Ja, liebe Kollegin, ich glaube, daß das Votum der erfahrenen Kollegen in der Schulbuchkommission nicht so positiv zu sehen ist. Schulbuchkommissionen sind auch ein Ausdruck politischer, ja ideologischer Machtverhältnisse in unserem Land, und Sie wissen, daß die Parteien, die hier in unserem Land an der Regierung sitzen, einen ganz gefährlichen Weg gehen. Das ist meine Meinung!

Schulze-Hofmann:
Na, das sollte man nicht so scharf sehen, Kollege Müller; immerhin, so wie uns das die Kollegin dargestellt hat, kommen doch Themen zur Sprache, die die Schüler im Alltag ansprechen, wie z. B. Jerry Cotton, wenn ich mich recht erinnere, und andere aktuelle Sachen – vielleicht darf ich noch einmal einen Blick hineinwerfen!? Und die Frage der Parteipolitik hier in diese Diskussion einzubringen ist doch etwas weit hergeholt.

Müller:
Aber was für ein Gesellschaftsbild sehen Sie denn in diesem Buch repräsentiert? Jedes dritte Wort ist Konflikt.

Zum weiteren Verlauf des Planspiels:
Wir brechen an dieser Stelle den Protokollausschnitt ab. Das Planspiel lief dann noch ca. eine Stunde weiter, wobei durch Besprechungen mit dem Direktor und der Oberschulrätin weitere Personen ins Spiel gebracht wurden und vor allem neue Perspektiven entstanden. Wie das Planspiel ausging, soll hier nicht weiter berichtet werden, um beim Leser eine Dissonanz wachzuhalten, die ihn möglicherweise ermuntert, selbst ein ähnliches Planspiel durchzuführen. Es ist noch darauf hinzuweisen, daß dieses Planspiel weitgehend als Konferenz stattfand, also mit direkter Kommunikation. Es wäre natürlich auch denkbar und möglich gewesen, sich schriftlicher Kommunikation zu bedienen.

Anhang

Register mit Adressen von Institutionen

(zusammengestellt nach: Jahrbuch für Wissenschaft, Ausbildung, Schule – WAS '75, hrsg. von O. Peters/H. Gotthart; Verlagsgesellschaft Schulfernsehen, Köln 1975; und nach eigenen Unterlagen)

Akademie
der Pädagogischen Wissenschaften
der DDR
DDR — 108 Berlin
Otto-Grotewohl-Straße 11

Aktion Bildungsinformation e. V.
(ABI)
7 Stuttgart 1
Alte Poststraße 5/IV

Bundesministerium
für Bildung und Wissenschaft
53 Bonn 12
Heussallee 2—10, Postfach 12 01 24

Bund-Länder-Kommission
für Bildungsplanung
53 Bonn 12
Petersbergstraße 18

Deutsche Forschungsgemeinschaft
(DFG)
53 Bonn-Bad Godesberg
Kennedyallee 40

Deutscher Volkshochschulverband e. V.
53 Bonn-Bad Godesberg
Heerstraße 100

Deutsches Institut
für Fernstudien an der Universität
Tübingen (DIFF)
74 Tübingen
Wöhrdstraße 8

Deutsches Institut
für Internationale Pädagogische
Forschung
6 Frankfurt a. M. 90
Schloßstraße 29, Postfach 90 02 80

Deutsches Jugendinstitut e. V.
8 München 13
Infanteriestraße 13

Europarat (Conseil de l'Europe)
Direction de l'Enseignement
et des affaires
culturelles et scientifiques
Avenue de l'Europe
67 Strasbourg Frankreich

Gesellschaft zur Förderung
Pädagogischer Forschung (GFPF) e. V.
6 Frankfurt a. M. 90
Schloßstraße 29

Hochschul-Informations-System GmbH
(HIS)
3 Hannover
Prinzenstraße 12

Hochschulvereinigung
für das Fernstudium
53 Bonn-Bad Godesberg
Ahrstraße 39

Institut für Arbeitsmarkt- und
Berufsforschung
der Bundesanstalt für Arbeit
85 Nürnberg
Regensburger Straße 104

Institut für Bildungsplanung
und Studieninformation
7 Stuttgart 1
Schwabstraße 43

Institut für den wissenschaftlichen Film
34 Göttingen
Nonnenstieg 72

Institut für Film und Bild
in Wissenschaft und Unterricht
gem. GmbH
8022 Grünwald
Bavaria-Film-Platz 3

Institut für kybernetische Pädagogik
im Forschungs- und
Entwicklungszentrum für objektivierte
Lern- und Lehrverfahren
479 Paderborn
Rathenaustraße 69—71

Institut für die Pädagogik
der Naturwissenschaften
an der Universität Kiel
23 Kiel
Olshausenstraße 40—60

Internationales Schulbuchinstitut
33 Braunschweig
Rebenring 53

Kultusministerien

Kultusminister des Landes
Baden-Württemberg
7 Stuttgart
Schloßplatz 4

Bayerisches Staatsministerium
für Unterricht und Kultus
8 München 2
Salvatorstraße 2

Der Senator für Schulwesen
1 Berlin 19
Bredtschneiderstraße 5—8

Senator für Bildung, Wissenschaft
und Kunst
28 Bremen
Rembertiring 8—12

Behörde für Schule, Jugend
und Berufsbildung
2 Hamburg 76
Hamburger Straße 31

Behörde für Wissenschaft und Kunst
2 Hamburg 76
Hamburger Straße 47

Der Hessische Kultusminister
62 Wiesbaden
Luisenplatz 10

Niedersächsisches Ministerium
für Wissenschaft und Kunst
3 Hannover
Prinzenstraße 14

Niedersächsisches Kultusministerium
3 Hannover
Am Schiffgraben 12

Kultusministerium
des Landes Nordrhein-Westfalen
4 Düsseldorf
Völklinger Straße 49

Ministerium
für Wissenschaft und Forschung
des Landes Nordrhein-Westfalen
4 Düsseldorf
Kahltor 8

Kultusministerium
des Landes Rheinland-Pfalz
65 Mainz
Ernst-Ludwig-Straße 2

Minister für Kultus, Unterricht
und Volksbildung des Saarlandes
66 Saarbrücken
Saaruferstraße 32

Kultusministerium
des Landes Schleswig-Holstein
23 Kiel
Düsternbrooker Weg 64/68

Landesbildstellen:

Staatl. Landesbildstelle Nordbayern
858 Bayreuth
Josephsplatz 8

Institut für Film und Bild
in Wissenschaft und Unterricht
— Zweigstelle Berlin —
1 Berlin 37
Schützenallee 27—29

Landesbildstelle Berlin
1 Berlin NW 87
Wikingufer 7

Landesbildstelle Bremen
28 Bremen
Uhlandstraße 53

Landesbildstelle Rheinland
4 Düsseldorf
Prinz-Georg-Straße 80

Staatl. Landesbildstelle Hessen
6 Frankfurt a. M.
Gutleutstraße 8—12

Staatl. Landesbildstelle Hamburg
2 Hamburg 54
Kieler Straße 171

Niedersächsisches
Landesverwaltungsamt
— Landesbildstelle —
3 Hannover O
Gellertstraße 20

Landesbildstelle Baden
75 Karlsruhe 1
Sofienstraße 39—41

Institut für Praxis und Theorie
der Schule
— Zentrale für technologische
Pädagogik —
23 Kiel 1
Schloß

Landesbildstelle Rheinland-Pfalz
54 Koblenz-Ehrenbreitstein
Hofstraße 257

Staatl. Landesbildstelle Südbayern
8 München 8
Prinzregentenplatz 12

Landesbildstelle Westfalen
44 Münster
Fürstenbergstraße 10

Landeszentrale für politische Bildung
und technische Unterrichtsmittel
66 Saarbrücken 3
Am Stadten 27

Landesbildstelle Württemberg
7 Stuttgart O
Landhausstraße 70

Max-Planck-Institut
für Bildungsforschung
1 Berlin 33
Lentzeallee 94

OECD (Organization for Economic
Cooperation and Development)
Organisation für
wirtschaftliche Zusammenarbeit
und Entwicklung
Château de la Muette
2 rue André Pascal
Paris 16e
Frankreich
Centre for Educational Research
and Innovation

Pädagogische Arbeitsstelle
des Deutschen Volkshochschul-
Verbandes
6 Frankfurt a. M.
Holzhausenstraße 21

Pädagogisches Zentrum
1 Berlin 31
Uhlandstraße 96/97

Schulbauinstitut der Länder
1 Berlin 12
Straße des 17. Juni 112
Ernst-Reuter-Haus

Staatliche Zentralstelle
für Fernunterricht
5 Köln 1
Krebsgasse 5

Staatsinstitut für Bildungsforschung
und Bildungsplanung
8 München 81
Arabellastraße 1/VI

Ständige Konferenz der Kultusminister
(KMK)
Sekretariat der Ständigen Konferenz
der Kultusminister
53 Bonn
Nassestraße 8

UNESCO (United Nations
Educational, Scientific and Cultural
Organization)
Place de Fontenay
Paris 7e
Frankreich

UNESCO-Institut für Pädagogik
2 Hamburg 13
Feldbrunnenstraße 77

Tests:

Testzentrale
7 Stuttgart 50
Wildbacher Straße 4

Verlag für Psychologie
Dr. C. G. Hogrefe
34 Göttingen
Brentanoweg 10

Ernst Klett Verlag
Referat Testpsychologie
7 Stuttgart 1
Rotebühlstraße 77

Westermann Schultests
33 Braunschweig
Postfach 33 20

Beltz Verlag
694 Weinheim
Postfach 1 97

Karl-Heinz Flechsig

Was ist ein Lernprojekt?

Der Begriff „Projekt“ ist in vielen Bereichen unserer Gesellschaft bekannt, vor allem in Technik und Verwaltung, Forschung und Politik, Produktion und Massenmedien. Er bezeichnet ganz allgemein ein zumeist mittelfristig geplantes Arbeitsvorhaben, das von einer Gruppe, der „Projektgruppe“, arbeitsteilig durchgeführt wird. Diese Gruppe wird zumeist aus Mitarbeitern verschiedener Qualifikation gebildet. Mit dem Begriff des Projekts verbinden sich zugleich Vorstellungen von Neuerung und Praxisbezug, häufig auch von einer Organisationsform, die unabhängig von der bestehenden Betriebshierarchie und ihren Abteilungen aufgabenorientiert und Querverbindungen schaffend funktioniert.

Auch auf die speziell didaktische Variante des Projekts – sie sei zur genaueren Verständigung als „Lernprojekt“ bezeichnet – treffen diese Merkmale weitgehend zu, wie an späterer Stelle noch darzustellen ist. Dies gilt im besonderen für das Merkmal „abteilungsübergreifend“. Im Unterschied zu dem vor allem nach dem „Fachprinzip“ organisierten „Kurs“ stellt das Lernprojekt eine didaktische Alternative dar, die sich nicht an der Idee fachspezifischer Erkenntnis, sondern der des problemorientierten Handelns ausrichtet.

In der Geschichte der Pädagogik ist – mit Vorläufern bei den Philanthropen im 18. Jahrhundert – das Kerschensteinersche Konzept der *Arbeitsschule* eine der ersten Quellen des Projektunterrichts. Am Lernprojekt „Starenkasten“ lassen sich nahezu alle Charakteristika eines Lernprojekts nachweisen: Umweltbezug, Problemorientierung, Integration von Lernen und Handeln, fächerübergreifende Information, Integration von kognitiven, sozialen, affektiven und motorischen Leistungen, Produktherstellung und Selbsttätigkeit der Lernenden. Wir wissen, daß das Programm der Arbeitsschule sozusagen als Kontrastprogramm zum vorherrschenden Unterrichtskonzept der Herbartianer entwickelt wurde, das sich durch Lebensferne, Beschränkung auf kognitive Leistungen, Fächerung und Lehrerdominanz auszeichnete.

Die Idee des *Gesamtunterrichts*, vertreten vor allem durch Richard Seyfert und Berthold Otto, ist eine weitere Quelle des Projektgedankens. Bereits vor der Jahrhundertwende hatte Seyfert Unterrichtseinheiten wie „Ernährung“, „Heizung“, „Hausbau“ und „Kleidung“ ent-

wickelt, ohne dies in den Grenzen der Fächer bzw. Fachwissenschaften (Physiologie, Chemie, Mechanik, Geschichte) abzuwickeln.
Ebenfalls im ersten Viertel dieses Jahrhunderts trat in den USA ein Pädagoge hervor, der im Anschluß an die pädagogischen Theorien John Deweys einen Typ der Lernorganisation entwickelte, den er als *„Projektmethode"* bezeichnete: *William Kilpatrick.* Den Deweyschen Leitgedanken „Learning by doing" konkretisiert er durch differenzierte Beispiele. Dabei gliedert er Projekte nach vier Kategorien:

- Herstellen (z. B. eines Gegenstands, eines Briefes),
- Genießen (z. B. künstlerischer Darbietungen und Werke),
- Problemlösen (z. B. im Bereich der Naturwissenschaften) und
- Qualifikationserwerb (z. B. im fremdsprachlichen oder sportlichen Bereich).

Seine Hauptschrift wurde 1935 ins Deutsche übersetzt und beeinflußte vor allem nach dem Kriege Modelle des Gesamtunterrichts.
Auch die von Helen Parkhurst unter dem Namen *„Dalton-Plan"* entwickelten Unterrichtsprinzipien räumen dem Lernprojekt eine zentrale Stellung ein. Sogenannte „assignments" bilden die Arbeitsaufträge, die den Lernprozeß des einzelnen Schülers strukturieren. Diese bereits in den ersten beiden Jahrzehnten dieses Jahrhunderts entwickelte neue Unterrichtspraxis findet dann im *„Winnetka-Plan"* in den zwanziger und dreißiger Jahren ihre Fortsetzung. Sein Hauptrepräsentant, C. W. Washburne, wirkte dabei der stark individualisierenden Tendenz des Dalton-Plans durch die Einbeziehung systematischer Gelegenheiten des kollektiven Lernens und Handelns entgegen. In der Sowjetunion realisierte etwa gleichzeitig *A. S. Makarenko* in einem Jugenddorf eine Erziehungspraxis, in der wesentliche Prinzipien des Projektgedankens entfaltet wurden.
Der *„Jena-Plan"* Peter Petersens schließlich trägt zur Weiterentwicklung wesentlicher Elemente des Projektprinzips bei, wenn auch das Moment der Fachbezogenheit des Unterrichts durch Differenzierung (Kern- und Kursunterricht, Klassen- und Gruppenunterricht) gewahrt bleibt.
Verblüffend ist an dieser geschichtlichen Perspektive, daß die genannten Autoren und Unterrichtsprinzipien in den Institutionen der deutschen Lehrerbildung nach dem Kriege und bis in die Gegenwart hinein innerhalb des Faches „Schulpädagogik" dominierten, daß aber in krassem Gegensatz dazu eine Veränderung der Unterrichtspraxis in Richtung auf Lernprojekte nicht stattfand. Dies mag einerseits aus Bedingungen der Schulorganisation heraus zu erklären sein, die das Fächerprinzip festschrieb und es zunehmend auch auf die Primarstufe ausdehnte. Zum

anderen dürfte aber auch das entfremdete Verhältnis von Schule und Gesellschaft eine der Ursachen sein. Man darf jedenfalls feststellen, daß Lernprojekte in unseren Schulen der Gegenwart rar sind und daß erst mit den Reformtendenzen der späten sechziger Jahre Prinzipien wiederentdeckt und weiterentwickelt wurden, die dem Projektgedanken neuen Auftrieb gaben. Besonders deutlich wird dies bei dem Verhältnis von Studentenbewegung, Hochschulreform und Projektstudium, in dessen Begründung neue Vorstellungen von „Praxisbezug", „Interdisziplinarität" und „Problemorientierung" eingingen. Aber auch für das allgemeinbildende Schulwesen wurde die Diskussion um das Verhältnis von Schule und Umwelt neu belebt. Als Folge davon entstanden in den USA – aber auch in anderen Ländern – Lernprojekte, die über den Rahmen der Schulmauern hinausführten und unmittelbar Änderungen der Umwelt im Bereich der Gemeinde, vor allem auf den Gebieten Umweltschutz, Sozialarbeit und Kommunalpolitik anstrebten.

Bestimmungsmerkmale von Lernprojekten

In diesem kurzen historischen Exkurs wurden verschiedentlich bereits Merkmale genannt, durch die sich Lernprojekte auszeichnen. Im folgenden soll der Versuch einer Systematisierung unternommen werden. Die folgenden sieben Merkmale erscheinen geeignet, ein konsensusfähiges Verständnis herbeizuführen, auch wenn sie modifiziert, ergänzt oder reduziert werden sollten:

- *Umweltbezug:* Lernen findet statt in Situationen, die auf aktuelle Probleme der physischen und sozialen Umwelt der Lernenden bezogen sind. Bereits im Gedanken der „Heimatkunde" kommt dieser Bezug auf konkrete Umwelt der Schüler zum Ausdruck, wobei allerdings zumeist in idyllisch-vereinfachender Weise das Schwergewicht des Interesses auf Feld, Wald und Flur lag und Fragen der gesellschaftlichen Interessen und politischen Kräfte am Ort, der Bedürfnisse der Bürger und der Handlungsmöglichkeiten innerhalb vorgegebener Institutionen weitgehend ausgeklammert blieben.
- *Adressatenbezug:* Lernprojekte beinhalten Probleme, die mit unmittelbaren Interessen und Bedürfnissen der Schüler zusammenhängen. Je nach Umgebung (Stadt, Land, Wohnviertel, Sozialschicht) werden diese Interessen dabei verschieden sein: Spielplatzmangel, Mangel an sozialer Zuwendung, Wohndichte, Arbeitslosigkeit, Kriminalität, sexuelle Probleme oder schulische Überlastung.

- *Produktorientierung:* Lernprojekte streben die Integration von Lernen und Handeln an. Das Ziel ist dabei die Herstellung eines Produkts (im weitesten Sinne), das zur Verbesserung der physischen und sozialen Umwelt beiträgt. Der Starenkasten war ein Beispiel, andere Beispiele sind: Einrichtung eines Spielplatzes, Ausarbeitung einer neuen Schulordnung, Schaffung eines Ausschusses im Gemeinderat, Patenschaft für eine Gemeinde in einem Entwicklungsland, Ausarbeitung einer Dokumentation über die Wohnverhältnisse in der Gemeinde usw.
- *Interdisziplinarität:* Da sich Lebensprobleme nicht danach richten, wie das Wissen zu ihrer Lösung sortiert ist, geschieht es nur ganz selten, daß man die Lösung eines Umweltproblems von einer einzigen wissenschaftlichen Diskussion her organisieren kann. Entsprechendes gilt auch für das Verhältnis von Schulfächern und Umweltproblemen. Lernprojekte werden deshalb stets mehrere Fächer, möglicherweise auch solche, die in der Schule nicht gelehrt werden, umfassen müssen, wenn man die Erziehung zum Dilettantismus verhindern will. Das Abrufen von Informationen und Fertigkeiten, die „in Fächern gespeichert" sind, aus Anlaß des Projekts dürfte daher zu den Hauptschwierigkeiten von Lernprojekten zählen und nur durch Teamarbeit lösbar sein.
- *Sozialbezug:* Bei Lernprojekten kommt — anders als bei Kursen, die man meist auch im stillen Kämmerlein absolvieren kann — der Sozialbezug des Lernens in verschiedener Hinsicht zum Ausdruck: in der kooperativen Planung, der arbeitsteiligen Durchführung und in der gruppenbezogenen Interpretation und Beurteilung des Nutzens, den das Produkt für die anderen erbringt. Die Frage, ob Lernprojekte didaktische Hilfen für soziales Lernen bzw. für Sozialerziehung sind oder ob umgekehrt soziale Tugenden ausgebildet sein müssen, damit Lernprojekte Erfolg haben, kann nur in Form des Ei-Henne-Problems behandelt werden.
- *Mehrdimensionaler Lernzielbezug:* Wie bereits erwähnt, sollen die Lernsituationen von Projekten nicht einseitig auf die Vermittlung fachspezifischer Kenntnisse und Fertigkeiten bezogen sein. Vielmehr sollen jeweils in mehreren Dimensionen Lernziele angestrebt werden: Wissen und Können, Denken und Handeln, Wahrnehmen und Entscheiden, Erinnern und Produzieren sollen nicht nur parallel, sondern in wechselseitiger Stützung geübt werden. Entsprechend werden Lehrfunktionen wie Motivation, Information, Übung, Anwendung, Bestätigung und Evaluation weniger deutlich voneinander unterschieden gehandhabt als beim Typus des Kurses.

– *Generalisierbarkeit:* Lernprojekte sind jedoch immer auch Unterricht. Sie organisieren *didaktische* Situationen und erst in zweiter Linie Lebenssituationen. Sie sollen der Vorbereitung und dem Erlernen von Handlungsfähigkeit dienen, nicht aber deren Vorhandensein schon voraussetzen. Dies aber bedeutet, daß Lernprojekte insofern exemplarischen Charakter haben müssen, als die entsprechenden Unterrichtssituationen und die in ihnen vermittelten Fähigkeiten übertragbar sein müssen auf künftige, ähnlich beschaffene. Insofern ist es kein Zufall, daß sich Lernprojekte um Themen wie „Wohnen", „Kleidung", „Massenmedien", „Arbeit" oder „Umweltschutz" bemühen, nicht aber um solche wie „Spanischer Erbfolgekrieg" oder „Ablativus absolutus".

Neben der Ergänzung und Modifikation dieser sieben Merkmale bedarf auch ihr je spezifischer Zusammenhang der Diskussion. Dies wird jedoch weniger in abstrakter Form, sondern vielmehr unter Bezugnahme auf konkrete Lernprojekte geschehen müssen.

Beispiele für Lernprojekte

Lernprojekte sind für alle Stufen des Bildungswesens entwickelt worden: gesamtunterrichtliche Einheiten für die Grundstufe, fächerübergreifende Einheiten für die Sekundarstufe, Projektstudium für die Hochschule und Unternehmensspiele für die Berufsfortbildung. Über die Methodik von Lernprojekten auch nur annähernd konkrete Aussagen zu machen, würde den vorliegenden Rahmen bei weitem überschreiten. Einige Unterschiede zum Kurstyp des Unterrichts seien wenigstens stichwortartig benannt:

– Entdeckende statt darstellende Lehrverfahren,
– Selbststeuerung des Lernprozesses durch die Lernenden statt Steuerung durch den Lehrer,
– Gruppenarbeit statt Einzelarbeit,
– Selbstevaluation statt Fremdevaluation,
– Einbeziehung von Planspiel und Simulation, Rückzug des Lehrbuchs,
– auch der Lehrer versteht sich als ein am Projekt Lernender,
– Aktivitäten außerhalb des Klassenraums gewinnen an Bedeutung,
– Lernziele werden während des Projekts entdeckt, nicht vorher festgelegt bzw. nur zum Teil,
– Schüler sitzen weniger,
– der Umgang mit Hilfsmitteln, im besonderen mit Informationsquel-

len, Beratungsinstanzen und Werkzeugen verschiedenster Art gewinnt an Bedeutung.

Dies sind jedenfalls wichtige und hervortretende Merkmale der Unterrichtsorganisation, die bei Lernprojekten wie den folgenden feststellbar sind:

- „Project survival“, ein an einer High School im Nordosten der USA durchgeführtes Lernprojekt im Bereich „Umweltschutz“. Hierbei ging es um die Bekämpfung der Luft- und Gewässerverschmutzung im regionalen Bereich, bei der die Schüler Teilerfolge hatten und bei der Lernsituationen entstanden, die Einsichten in biologische, technische, ökonomische und politische Wechselprozesse ermöglichten.
- „Zeitungen“, ein von Mitarbeitern des Pädagogischen Zentrums unter wesentlicher Mitwirkung von W. Schulz durchgeführtes Lernprojekt, das die Vermittlung von Fähigkeiten zur kritischen Nutzung der Massenmedien zum Ziel hatte.
- „Gastarbeiterkinder“, ein vom Fachbereich Erziehungswissenschaft und dem Interdisziplinären Zentrum für Hochschuldidaktik der Universität Hamburg durchgeführter Versuch des projektorientierten Lehrerstudiums. Hierbei wurden die fachwissenschaftlichen Studieneinheiten (Soziologie, Sozialpsychologie, Linguistik, Pädagogik, Bildungsökonomie etc.) so vermittelt, daß dadurch Lösungsmöglichkeiten für Teilprobleme des Komplexes „Gastarbeiterkinder“ bekannt und erprobt wurden.
- „Wohnen“, ein Lernprojekt, das von Mitarbeitern des Pädagogischen Seminars der Universität Marburg unter Leitung von W. Klafki sowie mehreren Lehrern ausgearbeitet wurde. Bei diesem Projekt für die Sekundarstufe ging es um die Vermittlung von Einsichten in den Zusammenhang von Wohnverhältnissen, Einkommen, Raumordnung und soziologischen Strukturen.

Bislang fehlt eine Übersicht über ausgearbeitete Lernprojekte. Sie wäre jedoch ebenso notwendig für weitere Diskussion wie eine Adressaten-Datei, aus der hervorgeht, an welchen Orten Entwicklungen stattfinden.

Kurs und Projekt als wechselseitige Ergänzungen

Die bisherigen Ausführungen könnten zu dem Mißverständnis führen, daß Kursunterricht künftig durch Lernprojekte zu ersetzen sei. Um diesem Mißverständnis entgegenzuwirken, sei kurz das Verhältnis von Kursen und Projekten im Rahmen einer übergreifenden Unterrichtsplanung erörtert.

Spätestens seit Herbart weiß die Pädagogik, daß zu jedem Unterricht auch die „Anwendung" gehört. Darunter wurde jeweils verstanden, daß Schüler, nachdem sie eine Fertigkeit oder einen Begriff erlernt hatten, versuchen sollten, solche Aufgaben zu lösen, die in ihrer Umwelt als Probleme auftreten. Daß dies mitunter schiefging, verkündet nicht nur manche verschrobene Textaufgabe. Immerhin gab und gibt es auch gelungene Beispiele der Anwendung kursmäßig erworbener Fähigkeiten in Lebenssituationen.

Auf der anderen Seite kann kein Lernprojekt alle erforderlichen Kenntnisse, Haltungen, Fertigkeiten und Handlungsmuster, die in ihm zur Geltung kommen sollen, vom Nullpunkt an vermitteln. Vielmehr muß bei der Projektplanung sehr sorgfältig analysiert werden, welche Lernvoraussetzungen gemacht werden können, d. h. welche der erforderlichen Fähigkeiten als vorhanden angenommen werden können. Dies gilt für die Flächenberechnung beim guten alten Starenkasten ebenso wie für die chemischen Grundkenntnisse bei „project survival".

Was also liegt näher, als beide Formen der Unterrichtsorganisation, Kurs und Projekt, als *komplementäre*, d. h. sich wechselseitig ergänzende Prinzipien anzusehen? Darüber hinaus wird man verschiedene Zwischentypen ausmachen können wie etwa Kurzkurse innerhalb von Projekten oder Kurzprojekte innerhalb von Kursen. Der didaktischen Phantasie sind keine Grenzen gesetzt.

Wie gelangt man zu einem Projekt?

Statt einer Zusammenfassung des bisher Gesagten soll eine Antwort auf die Frage versucht werden, wie man denn zur Formulierung eines Lernprojekts kommen kann. Dies kann in diesem Rahmen allerdings nicht in Form eines ausgearbeiteten Systems der didaktischen Planung solcher Projekte geschehen, sondern ebenfalls nur in Stichworten.

- Das *„Produkt"* des Lernprojekts soll für die konkrete soziale Umwelt (Schule, Gemeinde) von Bedeutung sein.
- Der gesellschaftliche Nutzen des Produkts muß unter zwei Gesichtspunkten vor allem begründbar sein: Die Zahl der Mitbürger, denen es nützlich ist, muß größer sein als die Zahl, der es schadet. Und: die Wertvorstellungen, an denen der Nutzen gemessen wird, müssen deutlich benannt sein.
- Das Thema des Projekts muß den Interessen und Lernvoraussetzungen der Lernenden entsprechen, wobei unter dem Gesichtspunkt der

inneren Differenzierung auch individuelle Interessen und Fähigkeiten angesprochen werden sollten.

- Das Projekt muß auf der Basis der verfügbaren und kurzfristig erlernbaren Qualifikationen der Teilnehmer lösbar sein.
- Das Lernprojekt muß generalisierbare Handlungs- und Kommunikationsmuster vermitteln.
- Es muß hinsichtlich seiner zeitlichen Perspektive überschaubar sein.
- Der erforderliche materielle und personelle Aufwand muß vertretbar sein, im besonderen darf er nicht nur in Sonderfällen zu erbringen sein.
- Das Projekt muß für alle Beteiligten, auch die Lehrer, Lerngelegenheiten bieten.
- Last not least: Es soll Spaß machen.

Textausschnitt zu Planspielen

(aus: R. Walford; Lernspiele im Erdkundeunterricht. Der Erdkundeunterricht, Heft 14, 1972)

11. Die Konstruktion von Spielen und Simulationen

Die Aussicht, seine eigenen Spiele oder Simulationen konstruieren und entwickeln zu sollen, dürfte auf den ersten Blick entmutigend sein. Aber diese Aufgabe kann auf realistische Maßstäbe reduziert werden, wenn eine gewisse Entwicklungslinie eingehalten wird. Die weiter unten beschriebene Reihenfolge soll keine Vorschrift sein, aber sie stellt zumindest einen einigermaßen befriedigenden Weg dar, wie man sich die Aufgabe vornehmen kann.

Um diese Reihenfolge klarer zu umreißen, werden diese Schritte und der beigefügte Kommentar auch auf die Entwicklung eines bestimmten Spiels bezogen. Dieses Spiel „Verstädterung“ wird im Text nicht ausgeführt, aber für diejenigen, die es spielen möchten, ist es möglich, es durch die Benutzung dieser „Heimwerkerausstattung für Simulationen“ selbst zusammenzustellen.

Erster Schritt: Identifiziere die Grundkonzepte oder -prozesse, die dargestellt werden sollen.

Beispiel: Während eines stadtgeographischen Lehrgangs kann es für die Schüler als wichtig angesehen werden, zu begreifen, wie ländliche Gebiete verstädtert werden, und sich die dabei wirkenden Kräfte und Leitlinien vorzustellen, d. h. den Urbanisierungsprozeß zu beleuchten.

Zweiter Schritt: Definiere den räumlichen Kontext und die Reichweite der Simulation.
Beispiel: Wenn man sich beim Schritt 1 zum Thema „Verstädterung" entschlossen hat, kann der Kontext der Simulation auf eine typisch englische ländliche Gegend mit Streusiedlung festgelegt werden, auf die hin sich der Verstädterungsprozeß in Bewegung setzt. Die Reichweite der Simulation kann innerhalb des Gebietes eines einfachen hypothetischen (oder tatsächlichen) Kirchspiels abgesteckt werden, in dem es nur eine einzige größere Siedlung gibt, welche dadurch der Brennpunkt der Simulation wird.

Dritter Schritt: Bestimme die Art der beabsichtigten Simulation in Hinsicht auf:
a) praktische Ausstattung
b) persönlichen Beitrag
c) Wettbewerbscharakter

Diese drei Charakteristiken können am besten durch Achsen dargestellt werden, also:

a) keine Ausstattung (mit Stegreifspiel, Diskussion etc.)	volle Ausstattung (jeder Prozeß durch Materialien simuliert)
b) voller persönlicher Beitrag (die Spieler sind unabhängig von jeglicher vorgeschriebenen Rolle)	kein persönlicher Beitrag (die Spieler sind durch vorgeschriebene Rollen in jeder Hinsicht gebunden)
c) voller Wettbewerb (jeder Spieler spielt gegen jeden)	völlige Kooperation (die Spieler handeln als Einheit)

Beispiel: Eine Verstädterungssimulation kann so entworfen werden, daß sie auf einem Spielbrett abläuft, das in Hektarparzellen eingeteilt ist. Dadurch kommen Ausstattungsgegenstände in den Entwurf. Es kann aber so entworfen werden, daß wirkliches oder Spielgeld nicht bei finanziellen Transaktionen benötigt wird, sondern diese vielmehr durch bloße

Rechnung auf Bilanzblättern getätigt werden. Das würde die Begrenzung des Einsatzes von Ausstattungsmöglichkeiten bedeuten. Deshalb hielte sich diese Simulation etwa in der Mitte der Achse a.
Die Simulation kann mit einer Reihe festgesetzter Regeln für die Spieler arbeiten; aber innerhalb dieser Regeln kann den Spielern ein Raum für die Verwendung unterschiedlicher Taktiken und Verhaltensmuster bleiben. So könnte die Simulation wiederum in der Mitte der Achse b angesetzt werden.
Bei einigen der handelsüblichen Brettspiele, wie z. B. Monopoli, spielt jeder Spieler gegen jeden. Das würde ein solches Spiel auf der Achse c ganz links außen plazieren. Bei einem Verstädterungsspiel könnte man jedoch daran denken, daß sowohl Elemente des Wettbewerbs wie auch der Kooperation bei der Entwicklung einer bestimmten Umwelt erscheinen müßten und daß diese Elemente dadurch unterstrichen würden. Das würde die Simulation auf der Achse c weiter nach rechts einstufen lassen.

Vierter Schritt: Lege die Teilnehmer des Spiels fest.

Simulationsspiele brauchen den Beitrag sich widersprechender Interessen und Gruppen. Innerhalb einer Schulklasse können sich die folgenden Situationen einstellen:

a) Eine Schülergruppe stellt eine bestimmte Person dar.

b) Eine Schülergruppe stellt eine bestimmte Gruppe dar (z. B. einen Aufsichtsrat, ein Kabinett usw.).

c) Ein einzelner Schüler stellt eine bestimmte Person dar.

d) Ein einzelner Schüler stellt eine Gruppe dar.

Beispiel: Bei einem Verstädterungsspiel kann entschieden werden, daß die Teilnehmer eine Mischung von Gruppen und Individuen sind.
Gruppen: Kreistag eines Landkreises, Leitung eines Industrieunternehmens.
Einzelpersonen: Gutsbesitzer, örtliche Grundeigentümer, private Bauunternehmer. Diese Teilnehmer müssen deutlich gekennzeichnet sein, so daß sie später die Grundlage für Interessengruppen in der Klasse abgeben können.

Fünfter Schritt: Lege die Ziele der Teilnehmer fest.

Solche Ziele können einfach ausgedrückt werden (z. B. finanzieller Gewinn) oder komplexer sein (z. B. „Glück“, „Erfolg ohne Unbeliebtheit“).
Beispiel: Beim Verstädterungsspiel könnte man von allen behaupten, ihr Ziel wäre „Zufriedenheit“, aber sie hätten unterschiedliche Möglich-

keiten, diese zu definieren. So wird eine weitere Zielanalyse nötig. Dem ortsansässigen Gutsbesitzer dürfte die Erhaltung der vertrauten Umgebung ein wichtiges Ziel sein, und er wäre relativ uninteressiert an Verkaufsgewinnen aus einem bestimmten Stück Land. Für einen Industriellen dürfte „Zufriedenheit“ mit einer günstigen Gewinnrechnung seiner Fabrik besser umschrieben sein als durch den Umstand, sie in eine ansprechende Umgebung zu setzen. Diese beiden Aspekte brauchen sich jedoch nicht völlig zu widersprechen, und so ist ein Bewegungsspielraum zwischen solchen Spielpartnern möglich. Deshalb:

Sechster Schritt: Bestimme den Interaktionsspielraum des Spieles. (Das heißt: Was soll eigentlich geschehen? In welcher Weise soll das Modell arbeiten?)

Beispiel: Im Zusammenhang mit einem Verstädterungsspiel könnte angenommen werden, daß ein örtlicher Gutsbesitzer einen Teil seines Landes an einen Industriellen oder einen Bauunternehmer verkaufen wird, wenn er das Geld dringend genug braucht und wenn er spürt, daß das die Umgebung nicht über jenen gewissen Punkt hinaus zerstören würde, den er nicht überschritten sehen möchte. So entwickelt sich ein Besiedlungsvorgang über eine ganze Handlungskette, bei der die vorhandenen Landeigentümer Bauunternehmern für eine geänderte Nutzung Land verkaufen, meist für Fabriken, Häuser oder Geschäfte.

Dieser Prozeß wird deshalb das Kernstück beim Verlauf des Spieles sein.

Siebenter Schritt: Versetze Teilnehmer, Ziele und Handlungen in eine Spielwirklichkeit.

Dieser Schritt ist der entscheidende beim Bau jedes Simulationsmodells, auf den man auch die meiste Zeit verwenden muß. Den Schritten 1 bis 6 muß nun eine handhabbare und vereinfachte Struktur verliehen werden.

Beispiel: Im vorgeschlagenen Verstädterungsspiel könnten die Handlungen genau und wirklichkeitsnah durch ein System von Landan- und -verkäufen innerhalb des Klassenzimmers von Schülergruppen nachvollzogen werden, welche Teilnehmer darzustellen haben. Die Spielhandlung könnte so entwickelt werden, daß die Verkaufsangebote geteilt werden in:

a) mündliche Verhandlungen – die Schüler sprechen informell miteinander;

b) schriftliche Angebote – die Schüler bringen Angebote zu Papier und nehmen die Gebote an oder lehnen sie ab.

So kann sowohl das flexiblere „Geschäftemachen“ wie der legalere

Grundstücksmarkt über Annoncen ins Spiel gebracht werden. Eine Runde des Spiels könnte aus den zusammengefaßten mündlichen und schriftlichen Verhandlungssitzungen bestehen und den Ergebnissen eines Jahres gleichgestellt werden. Man könnte auch vorschlagen, daß die Verhandlungen zwischen allen Spielern frei sein sollten, daß aber die Gruppe, die den Kreistag repräsentiert, eine klar umschriebene Rolle des Protokollierens aller oder sogar die Pflicht der Zustimmung zu allen Entscheidungen hätte. Die Ziele in die Spielwirklichkeit umzusetzen sieht auf den ersten Blick schwierig aus, ist aber nicht unmöglich. Finanzielle Zufriedenheit kann in Geldbeträgen ausgedrückt werden, aber wie läßt sich „Zufriedenheit mit dem Zustand der Umgebung" beschreiben?

Man könnte den Weg gehen, daß ein „Umweltzustands-Index" (UZI) jederzeit am Spielbrett dadurch berechnet werden könnte, daß man

a) die Zahl der bebauten Spielfelder notiert,

b) aufschreibt, wie viele Außenkantenpunkte der überbauten Planquadrate gezählt werden können.

Wenn also eine Gegend auf dem Spielbrett sowohl stark als auch aufgelockert, d. h. „zersiedelt" (mit einer großen Zahl unzusammenhängender, individueller Planquadrate) überbaut wird, wäre der „Umwelt-zustands-Index" niedrig. Begrenzte und zusammenhängendere Bebauung würde den Index nicht so weit hinunterdrücken.

Aber obgleich nun ein Weg zur Berechnung des „UZI" in Spielbegriffen gewiesen wurde, bleibt noch das Problem seiner Bewertung durch verschiedene Menschen. Das könnte durch die Spielregel gelöst werden, daß die einzelnen Spielpartner den „UZI" durch einen unterschiedlichen Multiplikator gewichten, den sie von ihrem Wertmaßstab der „Zufriedenheit" ableiten. So wird ihn der örtliche Gutsbesitzer – der ihn hoch bewertet – für sich mit 10 multiplizieren, der Industrielle nur mit 2. Mit solchen Methoden kann ein möglicherweise schwieriges Problem zu einer vernünftigen Spielwirklichkeit verdichtet werden, obwohl viel vom ursprünglichen Charakter erhalten bleibt.

Achter Schritt: Füge der Spielhandlung Rahmenbegebenheiten und Handlungszwänge hinzu.

Wenn das Kernstück eines Spieles einmal bestimmt ist, wie es im siebenten Schritt geschah, muß man darin Ordnung schaffen und sich vergewissern, daß es im Gleichgewicht ist. Zwangsauflagen könnten gebraucht werden:

a) um tatsächliche Zwänge zu simulieren,

b) um das Spiel spielbar zu halten.

Beispiel: In einem Verstädterungsspiel könnte es nötig werden, abzusichern, daß die Einheitswerte, die für „Zufriedenheit“ und für „finanziellen Gewinn“ angesetzt werden, sich in vernünftiger Weise die Waage halten und nicht völlig aus der Proportion zueinander geraten.
Gespielte Zwänge, die gebraucht werden, um echte Zwänge zu simulieren, könnten z. B. einschließen:
a) die Berücksichtigung einer notwendigen Baugenehmigung. Dies könnte der Gruppe „Kreisrat“ eine Schlüsselrolle im Spiel zuweisen;
b) die Möglichkeit, daß die Politik des Kreistages sich ändert, wenn eine andere politische Partei an die Macht kommt – simulierbar durch das Werfen einer „Wahlmünze“ nach jeweils drei Runden (Jahren) und eine Doppelbesetzung der Rollen jener, die den Kreistag spielen;
c) die Notwendigkeit, daß neue Baukomplexe mit Dienstleistungen versorgt werden müssen, vielleicht dadurch einzuführen, daß lokale Beschränkungen für die Siedlungstätigkeit in Abhängigkeit zur Straßendichte erlassen werden können, wobei der Kreistag für solche Infrastruktureinrichtungen vorzusorgen hat.
Solche Zwangsauflagen fügen zwar dem Modell größere Wirklichkeitsnähe zu, machen es aber dadurch komplexer. Wenn solche Ausnahmeregeln in großer Zahl benötigt werden, um aus der Grundsituation eine sinnvolle Angelegenheit zu machen, dann hat die Simulation offensichtlich eine geringere Gültigkeit als eine weniger komplizierte. Das kann auch bereits ein guter Hinweis darauf sein, ob das Simulationsspiel altersmäßig ist.
Die Rolle des Kreistags (als Baubehörde) ist ein ziemlich wichtiger Faktor im gegenwärtigen englischen Siedlungsgeschehen. Das hier umrissene Spiel wird wahrscheinlich eher mit Schülern der zehnten oder höheren als mit jenen der sechsten Klasse erfolgreich benutzt werden können, weil die Idee selbst reichlich komplex ist. Man könnte das Spiel bei jüngeren Schülern verwenden, jedoch nur in einer sehr abgeschwächten und deshalb weniger realistischen Form.
Zwangsauflagen, die man braucht, um das Spiel spielbar zu halten, können die folgenden Maßnahmen einschließen:
a) Die Zahl der Gebote und Gegengebote in jeder Runde kann beschränkt werden, um nicht durch ununterbrochene Geschäftemacherei den ganzen Handlungsfluß verlangsamen zu lassen. Solche Begrenzung hätte ein Analogon im wirklichen Leben.
b) Eine bestimmte Größe kann für Fabrikbauten vorgeschrieben sein, so daß Industrielle größere Grundstücke suchen müssen als Baugesellschaften. Diese Auflage würde die leicht unterschiedliche Politik der beiden Gruppen verdeutlichen helfen.

Neunter Schritt: Zeichne die Spielregeln auf.
Mit den Erfahrungen der Schritte 7 und 8 kann sich der Konstrukteur des Spieles nun an eine Anordnung der Spielregeln begeben und seine Gliederung überprüfen.
Beispiel: Im Verstädterungsspiel, wie es hier beschrieben wurde, würde das bedeuten, daß bestimmten Spielern Rollen zugeschrieben werden, daß man sich auf die Länge des Spiels einigt und dann die Reihenfolge angibt:
a) mündliche Verhandlung,
b) Protokollierung der Verkaufsaktionen. Auch müßte ein Schlußtext für das Spiel entworfen werden.

Zehnter Schritt: Vergleiche das fertiggestellte Spiel mit der Wirklichkeit.
Nachdem alle früheren Arbeitsschritte abgewickelt sind, ist ein Rückblick nötig, um festzustellen, ob der Prozeß der Vereinfachung und der Umsetzung in ein Spiel noch die Grundprinzipien dessen bewahrt hat, was zu erkunden man sich zum Ziel gesetzt hatte. Ist das nicht der Fall, muß die Simulation zumindest revidiert, wenn nicht sogar verworfen werden.
Beispiel: Der Erfinder des Verstädterungsspiels betrachtet noch einmal seine Lernziele, Handlungsmuster und Spielregeln, um festzustellen, ob sie jene Form des städtischen Verdichtungsprozesses deutlich genug darstellen, an die er zuerst gedacht hat. (In einigen erfreulichen und seltenen Fällen trifft das sogar für seine eigenen Maßstäbe zu.)
Die hier als Beispiel für die zehn Schritte eines Spielaufbaus dargestellte Simulation ist für die Verwendung in der Schule bereits ziemlich komplex. Trotzdem wurde sie verwendet, weil sich an ihr einige Schwierigkeiten bei der Entwicklung komplexer Spiele darstellen ließen.
In vielen Fällen brauchen Simulationsspiele nicht so komplex wie das Verstädterungsspiel gehalten zu werden, und die meisten zuvor dargestellten Spiele sind auch nicht so schwierig zu konstruieren.
Es wäre aber ein Fehler, daraus zu schließen, daß einfache Spiele und Simulationen bei ihrer Konstruktion nicht dieselbe strenge Konsequenz benötigten. Es ist wichtig, daß das Spiel für die Schule sich möglichst eng an jene Wirklichkeit hält, die sie erklären will, und sich nicht einfach nur an der Lebendigkeit ihres Bauplans und dem geweckten Schülerinteresse erfreut.

Das Säbelzahn-Curriculum

(Kapitel II. aus: J. A. Peddiwell [Pseudonym für H. Benjamin]; Das Säbelzahn-Curriculum sowie weitere Vorlesungen über paläolithische Erziehung. Stuttgart [Klett] 1974)

Der erste große Praktiker und Theoretiker in der Erziehung, von dem ich Kenntnis habe (so begann Professor Peddiwell), war ein Mann aus der Altsteinzeit, dessen vollständiger Name Neuer-Faustkeil-Macher war und den ich einfach Neue Faust nenne.
Neue Faust war ein Tatmensch, obwohl es in seiner Umgebung nichts zu tun gab, was kompliziert gewesen wäre. Sie haben sicher von dem birnenförmigen Steinwerkzeug gehört, das die Archäologen den coup-de-poing nennen oder den Faustkeil. Neue Faust erwarb sich Namen und Ansehen in seiner Umgebung dadurch, daß er eines dieser Werkzeuge in einer weniger groben, dafür nützlicheren Form, als es bis dahin in seinem Stamm bekannt war, herstellte.

Seine Jagdkeulen waren allgemein überlegene Waffen, und seine Techniken beim Gebrauch des Feuers waren beispielhaft in ihrer Einfachheit und Präzision. Er verstand es, Dinge zu tun, die seinem Stamm nützten, und er besaß die Energie und den Willen, sie in Angriff zu nehmen. Aufgrund dieser Eigenschaften war er ein gebildeter Mann.

Neue Faust war zudem ein Denker. Damals, wie heute, scheute man keine Mittel und Wege, um der Arbeit und Mühe des Denkens zu entgehen. Bereitwilliger als seine Stammesbrüder überquerte Neue Faust jene Grenze, nach der ein Nachdenken sich nicht mehr vermeiden läßt. Dieselbe Intelligenz, die ihn dazu veranlaßte, gesellschaftlich anerkannte Handwerkzeuge zu erfinden und herzustellen, brachte ihn auch dazu, sich im Denken zu üben, was von der Gesellschaft jedoch nicht anerkannt wurde. Wenn die anderen Männer sich nach einer erfolgreichen

Jagd mit Essen und Trinken die Bäuche vollstopften und anschließend viele Stunden ihren Rausch ausschliefen, dann aß und trank Neue Faust etwas weniger, schlief dafür besser und nicht so lange und konnte früher als seine Stammeskollegen wieder aufstehen, sich ans Fenster setzen und nachdenken. Er starrte unruhig in das flackernde Feuer und staunte über verschiedene Dinge seiner Umwelt, bis er schließlich völlig unzufrieden wurde mit dem gewohnten Leben seines Stammes. Er begann, sich Gedanken darüber zu machen, wie er das Leben seiner Familie und seines Stammes besser gestalten könnte. So wurde er ein gefährlicher Mann.
Das war der Hintergrund, der diesen Tatmenschen und Theoretiker dazu brachte, auf das Konzept einer bewußten, systematischen Erziehung zu stoßen. Den direkten Anstoß, der ihn auf die Erziehungspraxis brachte, erhielt er durch die Beobachtung seiner Kinder beim Spielen. Er sah seine Kinder vor dem Höhleneingang beim Feuer, beschäftigt mit Knochen, Stöcken und bunten Kieselsteinen. Er bemerkte, daß sie in ihrem Spiel keinen anderen Sinn sahen als das augenblickliche Vergnügen an der Beschäftigung selbst. Er verglich ihre Beschäftigung mit der der erwachsenen Stammesmitglieder. Die Kinder spielten aus Freude, die Erwachsenen arbeiteten für die Sicherheit ihrer Existenz und den Wohlstand des Stammes. Die Kinder spielten mit Stöcken und Kieselsteinen; die Erwachsenen besorgten das Essen, die Höhlen und die Bekleidung. Die Kinder bewahrten sich vor Langeweile, die Erwachsenen schützten sich vor Gefahren.
„Wenn ich nun diese Kinder dazu bringen könnte, sich mit solchen Dingen zu beschäftigen, die ihnen dazu verhelfen, mehr Nahrung, besseren Wohnraum und mehr Sicherheit zu bekommen", dachte Neue Faust, „dann könnte ich dazu beitragen, daß dieser Stamm ein besseres Leben führt. Wenn die Kinder dann erwachsen wären, hätten sie mehr Fleisch zum Essen, mehr Fell, um sich warm zu halten, bessere Höhlen zum Schlafen und wären weniger gefährdet durch den gestreiften Tod mit seinen geschweiften Zähnen, der nachts auf Raubzüge geht."
Nachdem er ein Erziehungsziel gesetzt hatte, machte Neue Faust sich daran, ein Curriculum zu konstruieren, um auf dieses Ziel hin zu lehren.
„Was müssen wir Stammesmenschen können, um mit vollem Bauch, warmer Kleidung und ohne Furcht leben zu können?" fragte er sich selbst. Um diese Frage beantworten zu können, machte er sich einige Gedanken: „Wir müssen im Teich jenseits der großen Flußbiegung mit bloßen Händen Fische grabschen. Wir müssen mit den Händen fischen, in jedem Teich auf dieselbe Weise. Immer fischen wir nur mit den Hän-

den.“ So entdeckte Neue Faust den ersten Gegenstand seines Curriculum: Fische-grabschen-mit-bloßen-Händen.

„Wir knüppeln die kleinen zottigen Pferde mit unseren Stöcken zu Tode“, fuhr er in seiner Analyse fort, „wie knüppeln sie auf der Sandbank im Fluß, wo sie immer zum Trinken sind. Und in den Dickichten, wo sie immer schlafen. Und auf der Ebene, wo sie immer grasen. Überall, wo wir sie finden.“ Das war der zweite Gegenstand seines Curriculum: die-kleinen-zottigen-Pferde-knüppeln.

„Und schließlich vertreiben wir den Säbelzahntiger mit Feuer.“ Neue Faust dachte weiter: „Wir vertreiben ihn von unseren Höhleneingängen mit Feuer. Wir vertreiben ihn von unseren Wegen mit brennenden Zweigen. Wir machen Feuer und vertreiben ihn von unserem Wasserloch. Überall müssen wir ihn vertreiben, und überall tun wir es mit Feuer.“ Das war der dritte Gegenstand: Tiger-vertreiben-mit-Feuer.

Nachdem er nun ein Curriculum entwickelt hatte, nahm er seine Kinder mit und machte sich an die Arbeit. Er gab ihnen Gelegenheit, diese drei Dinge zu praktizieren. Die Kinder lernten gerne. Es machte ihnen mehr Freude, diese sinnvollen Dinge zu tun, als mit bunten Steinen nur so aus Spaß zu spielen. Sie lernten die neuen Fertigkeiten gut, und so wurde das Erziehungssystem ein Erfolg. Als Neue Fausts Kinder älter waren, konnte man leicht erkennen, daß sie gegenüber den anderen Kindern, die keine systematische Erziehung bekommen hatten, im Vorteil waren, was ein gutes, sicheres Leben betraf. Einige der intelligenteren Stammesmitglieder begannen, es ähnlich wie Neue Faust zu machen. Damit wurde der Unterricht im Fischegrabschen, im Pferdeknüppeln und in der Tigervertreibung zum Kern jeder Erziehung.

Lange Zeit jedoch gab es gewisse, eher konservative Erwachsene, die die systematische Erziehung aus religiösen Gründen ablehnten. „Das Große

Geheimnis, das durch Blitz und Donner spricht“, so argumentierten sie, „das den Menschen das Leben gibt und nimmt, wann es will – wenn das Große Geheimnis wollte, daß Kinder Fischegrabschen, Pferdeknüppeln und Tigervertreibung beherrschten, bevor sie erwachsen sind, dann hätte es selbst dafür gesorgt, indem es die dafür nötigen Instinkte von Anfang an in den Menschen eingepflanzt hätte. Neue Faust ist nicht nur gottlos, da er etwas zu tun versucht, was vom Großen Geheimnis nicht geplant ist. Er ist auch ein verdammter Narr, wenn er versucht, die menschliche Natur zu verändern.“ Woraufhin die eine Hälfte dieser Kritiker feierlich zu skandieren anfing: „Wenn du dich dem Willen des Großen Geheimnisses widersetzt, mußt du sterben“, und die andere Hälfte skandierte spöttisch: „Du kannst die menschliche Natur nicht ändern.“

Neue Faust, der nicht nur Erzieher und Theoretiker, sondern auch ein Diplomat war, antwortete höflich auf beide Argumente. Zu den vornehmlich religiös Eingestellten sagte er, daß das Große Geheimnis befohlen habe, diese neue Arbeit zu beginnen, daß er selbst die Aufgabe übernommen hätte, die Kinder für das Lernen zu begeistern, und daß sie nichts lernen könnten ohne die Kraft des Großen Geheimnisses. Niemand aber könne den Willen des Großen Geheimnisses wirklich verstehen, was Fische, Pferde und Tiger betrifft, wenn er nicht gute Vorkenntnisse in den drei Grundfächern der Neue-Faust-Schule erworben habe.

Denen, die behaupteten, daß man die menschliche Natur nicht verändern könne, entgegnete er, daß die Altsteinzeitkultur ihr hohes Niveau erhalten habe durch Veränderungen der menschlichen Natur und daß es fast unpatriotisch erscheine, den Entwicklungsprozeß abzuleugnen, der die Gemeinschaft groß gemacht habe. „Ich kenne euch, meine Stammesgenossen“, sagte der Pionier-Erzieher, „ich kenne euch als demütige Diener des Großen Geheimnisses. Ich weiß, daß ihr euch nicht einen einzigen Augenblick bewußt gegen seinen Willen stellen würdet. Ich kenne euch alle als intelligente und loyale Stammesgenossen, und ich weiß, daß euer reiner Patriotismus es euch nicht erlauben wird, irgend etwas zu tun, was die Weiterentwicklung unserer Höhlenkultur behindern könnte; besonders wird er euch nicht daran hindern, das durchzuführen, was ihr am meisten nützt, nämlich das altsteinzeitliche Erziehungssystem. Nun, da ihr den Sinn und die wahre Natur dieser Einrichtung versteht, vertraue ich voll darauf, daß es keine Gründe mehr gibt, dieses System nicht zu verteidigen.“

Dieser Appell gewann die konservativen Männer für die Sache der neuen Schule, und nach kurzer Zeit wußte man im Dorf, daß der Kern

einer guten Erziehung in den drei Grundfächern Fischegrabschen, Pferdeknüppeln und Tigervertreibung lag.

Neue Faust und seine Altersgenossen wurden alt, und das Große Geheimnis holte sie in das Land des Sonnenuntergangs weit hinter der

Flußbiegung. Andere Männer lehrten ihre Erziehungspraktiken, bis alle Kinder des Stammes die drei Grundfächer beherrschten. Dem Stamm ging es gut, und er lebte zufrieden.
Man kann nun annehmen, daß auf der Grundlage dieses Erziehungssystems alles so gut geblieben wäre, wenn die Lebensbedingungen des Stammes dieselben geblieben wären. Aber die Bedingungen änderten sich, und das Leben, das einst so sicher und glücklich gewesen war, wurde unsicher und unruhig. Eine neue Eiszeit näherte sich diesem Teil der Welt. Ein großer Gletscher kam von dem Nachbargebirge aus dem Norden. Jedes Jahr kam er näher an die Biegung des Flusses in der Nähe des Stammes, bis er den Strom erreichte und im Wasser zu schmelzen begann. Schmutz und Geröll, das der Gletscher auf seinem langen Weg gesammelt hatte, lagen nun im Fluß. Das Wasser wurde schlammig. Der früher kristallklare Fluß, in dem man leicht bis auf den Grund sehen konnte, war nun ein schlammiger Strom, in dem nichts mehr erkennbar war.
Das Leben des Stammes wurde so wesentlich verändert. Es war nicht mehr möglich, Fische mit der bloßen Hand zu grabschen, denn man konnte die Fische im trüben Wasser nicht mehr sehen. Mit der Zeit waren die Fische in diesem Gewässer ängstlicher, schneller und intelligenter geworden. Die dummen, langsamen Fische, die früher in großer Zahl hier gewesen waren, wurden von den Fischern so lange gefangen, bis schließlich nur die schnellsten überlebten. Diese Fische nun, versteckt im trüben Wasser unter dem Geröll, entwischten den Händen der geübten Fischer. Wie gut ein Mensch auch im Fischegrabschen ausgebildet sein mochte – er konnte keine Fische grabschen, weil er keine Fische mehr sehen konnte.
Das schmelzende Wasser des sich nähernden Gletschers wirkte sich auch auf das Wetter aus. Das Gebiet um den Fluß herum wurde sumpfig. Die kleinen wolligen Pferde, die nur 5 bis 6 Hände hoch waren und auf 4zehigen Vorderfüßen und 3zehigen Hinterfüßen liefen, hatten eine gefährliche Eigenschaft, obwohl der Stamm sie gerne jagte. Sie waren ehrgeizig. Sie alle wollten gerne auf ihren mittleren Zehen gehen. Sie hatten den Wunsch, mächtige, starke Tiere zu werden und nicht so klein und furchtsam zu bleiben. Sie träumten von einem weit entfernten Tag, an dem ihre Nachkommen 16 Hände hoch sein würden, mit einem Gewicht von einer halben Tonne, und in der Lage, diejenigen, die auf ihnen reiten wollten, in den Sand zu werfen. Sie wußten, daß sie dieses Ziel niemals im nassen, sumpfigen Land erreichen konnten; deshalb begaben sie sich nach Osten in die trockenen, offenen Steppen, weit entfernt von den Jagdgründen des Stammes. Ihr Platz wurde ein-

genommen von kleinen Antilopen, die mit dem Eis gekommen waren und die so scheu und schnell waren und einen Spürsinn für Gefahren hatten, daß niemand nah genug an sie herankam, um sie erlegen zu können.

Die besten Pferdeknüppler des Stammes versuchten es jeden Tag mit den effektivsten Methoden, die sie in der Schule gelernt hatten, aber jeden Tag kehrten sie mit leeren Händen zurück. Die beste Ausbildung zum Pferdeknüppler hat keinen Erfolg, wenn keine Pferde mehr da sind.

Schließlich, um den Zusammenbruch des gewohnten Lebens und der Erziehung in der Altsteinzeit zu vervollständigen, verursachten der Nebel und der Dunst in der Luft bei den Tigern Lungenentzündungen, wofür sie besonders anfällig waren. Die meisten von ihnen verendeten. Einige schon geschwächte Tiere schleppten sich zwar nach Süden in die Wüste, aber es waren nur wenige und bemitleidenswert schwache Vertreter einer einstmals starken, mächtigen Tierart. So gab es in diesem Gebiet nun keine Tiger mehr, und die besten Jagdtechniken wurden zu theoretischen Übungen, die an sich zwar gut waren, aber für die Sicherheit des Stammes keine Bedeutung mehr hatten. Doch diese Gefahr für die Menschen wurde nur abgelöst von einer anderen, noch größeren Gefahr, denn mit dem Eis kamen wilde Eisbären, die keine Angst vor Feuer hatten und tagsüber und nachts auf den Pfaden des Stammes zu finden waren. Sie konnten selbst mit den fortschrittlichsten Methoden, die man bisher in den Schulen für das Tigervertreiben entwickelt hatte, nicht verscheucht werden.

Der Stamm befand sich in einer schwierigen Situation. Es gab keinen Fisch und kein Fleisch zum Essen, keine Felle für die Kleidung und keine Sicherheit vor dem pelzigen Tod, der nachts und tagsüber auf den Wegen um die Höhlen herum lauerte. Anpassung an diese Schwierigkeit war erforderlich, wenn der Stamm nicht zugrunde gehen wollte.

Zum Glück für den Stamm gab es jedoch Männer von der Art des Neuen Faust, die die Fähigkeit zum Handeln hatten und Mut zum Denken besaßen. Einer von ihnen stand mit hungrigem Magen am trüben Fluß und überlegte, wie er einen Fisch zum Essen fangen könnte. Immer wieder an diesem Tag versuchte er es mit der alten Methode, aber in seiner Verzweiflung verwarf er schließlich alles, was er in der Schule gelernt hatte, und dachte nach über eine neue Art des Fischfangs im Fluß. Es gab starke, aber dünne Zweige, die von Bäumen am Ufer herabhingen. Er brach sie ab und begann, sie zu befestigen, mehr oder weniger ohne direkte Absicht. Bei der Arbeit wurde der Gedanke daran, wie er seinen eigenen Hunger und den seiner schreienden Kinder in den Höhlen sättigen könnte, immer stärker. Da legte sich seine Verzweiflung etwas. Er arbeitete schneller und bewußter. Schließlich hatte er es – ein Netz, ein Fangnetz. Er rief einen Stammesgefährten und erklärte seinen Plan.

Die zwei Männer legten das Netz ins Wasser, nacheinander in jede Bucht des Flusses, und in einer Stunde fingen sie mehr Fische – intelligente Fische im trüben Wasser –, als der gesamte Stamm an einem Tag mit den alten Methoden hätte fangen können.

Ein anderer schlauer Stammesgefährte wanderte hungrig durch den Wald, wo früher die kleinen Pferde geweidet hatten, wo jetzt aber nur die kleinen, schnellen Antilopen zu sehen waren. Er hatte es mit der

alten Jagdmethode versucht, bis er zur Überzeugung kam, daß sie nutzlos war. Er wußte, daß derjenige verhungern würde, der sich auf sein Schulwissen verließ und in den Wäldern Fleisch nach der alten Methode bekommen wollte. Ähnlich wie der, der das Fischnetz erfand, wurde auch er vom Hunger auf neue Ideen gebracht. Er spannte einen festen, elastischen jungen Baum über einen Antilopenwildwechsel und befestigte eine Schlinge aus einer Weinrebe so, daß das vorbeispringende Tier einen Mechanismus auslösen mußte, der es fesselte, wenn der Baum hochschnellte. Dadurch, daß er mehrere Schlingen befestigte, konnte er in einer Nacht mehr Fleisch und Fell bekommen als ein Dutzend Pferdeknüppler früher in einer Woche.

Ein dritter Stammesgenosse, der entschlossen war, die Gefahr, die von den Bären drohte, zu beseitigen, vergaß ebenso, was er in der Schule gelernt hatte und begann nachzudenken. Schließlich, als Ergebnis seiner

Überlegungen, grub er ein tiefes Loch in einen Bärenpfad, bedeckte es so mit Zweigen, daß ein Bär ohne Mißtrauen darüberlaufen und in die Grube fallen würde und gefangen blieb, bis die Männer des Stammes kommen würden, um ihn mit Stöcken und Steinen zu töten. Der Erfinder zeigte seinen Freunden, wie sie auf allen Pfaden um das Dorf herum solche Gruben anlegen und unauffällig verdecken sollten. So hatte der Stamm wieder dieselbe Sicherheit wie vorher, und außerdem hatten sie noch das Fleisch und das Fell der erlegten Bären.
Als dann diese neuen Erfindungen im Stamm bekannt wurden, bemühten sich alle Mitglieder, die neuen Techniken zu erlernen. Die Männer machten Fischernetze, legten Antilopenschlingen und gruben Bärenfallen. Der Stamm war beschäftigt, und es ging ihm gut.
Es gab einige nachdenkliche Männer, die sich während dieser Arbeit Fragen stellten. Einige Radikale unter ihnen kritisierten sogar die Schulen. „Diese neuen Fertigkeiten wie Netzbauen zum Fischfang, Schlingenherstellen und Fallgrubenbauen sind unerläßlich für unser modernes Leben“, sagten sie. „Warum sollen sie nicht in der Schule gelehrt werden?“ Die Mehrheit wußte eine schnelle Antwort darauf: „Schule!“ sagten sie spöttisch. „Ihr seid jetzt nicht in der Schule. Ihr steht mitten in der Arbeit, um das Leben und das Wohl des Stammes zu erhalten. Was haben diese praktischen Arbeiten mit der Schule zu tun? Ihr sollt keinen Unterricht geben. Vergeßt eure Lektionen und eure alten Ideale vom Fischegrabschen, Pferdeknüppeln und von der Tigervertreibung, wenn ihr weiterhin essen wollt, warme Kleidung haben möchtet und vor dem Tod geschützt sein wollt.“ Die Radikalen beharrten auf ihren Fragen. „Alle diese neuen Fertigkeiten erfordern bestimmte Erkenntnisse und Intelligenz – Dinge, die wir doch in den Schulen entwickeln wollen. Auch brauchen wir sie zum Leben. Warum können sie denn nicht in den Schulen gelehrt werden?“ Aber der größte Teil des Stammes, besonders die weisen Alten, die die Schule kontrollierten, lächelten nachsichtig über die Vorschläge. „Das wäre keine *Erziehung*“, sagten sie. „Warum nicht?“ fragten die Radikalen. „Weil es bloßes Training wäre“, erklärten die alten Männer geduldig. „Mit all den komplizierten Details des Fischegrabschens und Pferdeknüppelns sowie der Tigervertreibung – den Standardkulturgütern – ist das Schulcurriculum bereits überfüllt. Wir können nicht noch Kinkerlitzchen wie Netzkonstruktion usw. beifügen. Der Leichnam des großen Neue Faust, des Begründers unseres Erziehungssystems, würde sich im Grab umdrehen. Was wir tun müssen, ist folgendes: Wir müssen unserer Jugend mehr Grundkenntnisse vermitteln. Nicht einmal wenn sie mit der Reifeprüfung die Schulzeit abgeschlossen haben, beherrschen sie heutzutage das Fische-

grabschen vollkommen, sie sind auch beim Pferdeknüppeln unbeholfen. Ja, sogar die Lehrer scheinen nicht alles voll zu beherrschen, was wir Alten schon in unserer Jugend konnten und niemals vergessen werden."

„Aber verdammt", explodierte ein Radikaler, „wie kann ein normaler Mensch an so nutzlosen Fertigkeiten interessiert sein? Wie kann man lernen, Fische mit der Hand zu grabschen, wenn das gar nicht mehr geht? Wie kann ein Junge lernen, Pferde zu knüppeln, wenn es keine Pferde mehr gibt? Und warum sollen Kinder versuchen, Tiger mit Feuer zu jagen, wenn die Tiger ausgestorben sind?"

„Seid nicht albern", sagten die alten Männer, „wir lehren Fischegrabschen mit der Hand nicht, um Fische zu fangen; wir lehren es, um eine allgemeine Beweglichkeit zu entwickeln, die man nicht durch bloße Übung erwerben kann. Wir lehren das Pferdeknüppeln nicht, um Pferde zu erlegen. Wir lehren es, um eine übergreifende Fähigkeit in dem Schüler zu entwickeln, die er niemals aus so nüchternen und spezialisierten Tätigkeiten wie Fallenstellen gewinnen kann. Wir lehren die Tigervertreibung nicht, um Tiger zu vertreiben, sondern wir lehren sie mit dem Ziel, einen erhabenen Mut zu vermitteln, den man im ganzen Leben braucht und den man nie bei niedrigen Dingen wie dem Totwerfen von gefangenen Bären gewinnt."

Alle Radikalen verstummten vor solchen Argumenten. Nur der Extremste unter ihnen versuchte einen letzten Protest, wenngleich auch er sich beschämt fühlte: „Aber – aber jedenfalls müssen Sie zugeben, daß sich die Zeiten geändert haben. Könnten Sie es mit diesen modernen Dingen nicht wenigstens *versuchen*? Vielleicht haben sie doch einen *gewissen* erzieherischen Wert?!"

Selbst die anderen Radikalen meinten, daß er nun zu weit gegangen sei. Die weisen Alten wurden böse. Ihr freundliches Lächeln verschwand. „Wenn du selbst eine Erziehung hättest", sagten sie ernst, „dann würdest du wissen, daß die Wirkung einer wahren Erziehung zeitlos ist. Es ist etwas, das auch unter veränderten Bedingungen andauert wie ein Felsbrocken inmitten eines reißenden Flusses. Du mußt wissen, daß es einige ewige Wahrheiten gibt, und das Säbelzahn-Curriculum ist eine davon."

Sachregister

Arbeitsteilung 23 f., 145
(s. a. Kooperation)
Adressat(en):
Adressatenmerkmale:
„Reife“ 65 ff.
Erbe/Umwelt 67 f.
Systemspezifische Lernvoraussetzungen 68 ff.

Bildungspolitik 43 ff.
Blockunterricht 192 f.

Curriculum:
Definition 111 f.
Entwicklung von Curricula 117 ff.
„geschlossene“ Curricula 113—115
„offene“ Curricula 115 ff.

Diagnose 271
Diagnosebogen 247 ff.
Didaktik 8 f., 12 ff., 25
Didaktiker 279
didaktisches Handeln 8, 10 ff., 217 f., 284 f.
Fachdidaktik 149 f., 159
Handlungsebenen der Didaktik 14—19
„multimediale“ Didaktik 301
Qualifikationen für didaktisches Handeln 18, 19—23
Differenzierung:
„äußere“ Differenzierung 81 ff.
Blockunterricht 192 f.
Gruppenunterricht 87, 192
„innere“ Differenzierung (Binnendifferenzierung) 82, 85, 86 f.
Leistungsdifferenzierung 84 f.
Team Teaching 87—89
(s. a. Unterricht: Sozialformen des Unterrichts; Lernen: Lerngruppen, Lernorganisation, Lernsituationen)
Disziplin, wissenschaftliche 148 f., 153, 159

Entscheidungsprozesse 47, 179
Entschulung 35 f.
Erkundung 293 f., 302, 306 f., 311 ff.
Evaluation:
Adressatenevaluation 134 ff.
„didaktische“ Evaluation 132
Evaluation von Curricula 120
Gültigkeit der Evaluation 134, 231
Instrumente der Evaluation 221, 243 ff.
Kriterien der Evaluation 133, 226 ff., 245
Systemevaluation 135 ff., 140 f.
Zuverlässigkeit der Evaluation 137 f., 232 f.
(s. a. Diagnosebogen, Klassenarbeit, Leistungsmessung, Noten, Qualifikationsmessung, Tests)

Fach 144 ff.
(s. a. Lernbereich)
Fachdidaktik 149 f.

Gruppenunterricht 87, 190 ff.
(s. a. Differenzierung)
Gruppendiskussion 306, 308 ff.

Handeln:
bildungspolitisches Handeln 45 ff.
didaktisches Handeln 8, 10 ff., 217 f., 284 f.
Handlungsebenen für didaktisches Handeln 14—19
Hausaufgaben 37

Informationsdarbietung 203, 268 f.
Intelligenz 66 ff.

Klassenarbeit 221 ff., 226 ff., 230 ff., 244 ff.
(s. a. Evaluation, Noten, Tests)
Kooperation 147 f., 198 f., 244 f.
Kurs 189 f., 192 f., 201, 332 f.

Lehrbuch, Lehrtext 202 ff., 299, 302, 318 ff.
(s. a. Medien)
Lehren:
Lehrfunktion(en) 197 f., 204 ff., 257 ff., 264 ff., 271 ff., 278 ff.
Lehrstoff 162 ff.
Lehrverfahren 182—184
Microteaching 18, 285 f., 300
Unterrichten 10, 25
(s. a. Adressat, Didaktik, Lehrer, Lernen, Unterricht)
Lehrer:
Lehrfunktion(en) 197 f., 204 ff., 257 ff., 264 ff., 271 ff., 278 ff.
Lehrerrolle 158, 257 ff., 281
Lehrerverhalten 18, 254 ff., 282
Persönlichkeitsmerkmale des Lehrers 261 ff.
(s. a. Lehren)
Lehrplan: allgemein 94 ff., 126 f.
Begründung von Lehrplänen 108 f.
Entwicklung von Lehrplänen 106 f.
neue Tendenzen in der Entwicklung von Lehrplänen 110 f.
Verwendung von Lehrplänen 109 f.
Lernen:
Lernbereich 154—157
Lernerfolg 70 ff.
Lerngruppe 78 ff., 190 f.
Lernorganisation 185 ff., 198 ff., 300
Lernsituationen(en):
— Lernen durch Tun 290 ff., 302
— Lernen durch Simulation und Spiel 292 f., 302
— Lernen durch Erkunden und Forschen 293 f., 302
— Lernen durch Lehren 294 ff., 302
— Lernen mit audiovisuellen Medien 296 f., 302
— Lernen durch Vortrag, Gespräch und Diskussion 289, 297 f., 302, 303
— Lernen mit gedruckten Texten 299 f., 302
Lernvoraussetzungen 64 ff., 70 ff., 139 f.
Lernziel (siehe dort)
organisiertes Lernen (s. a. Lernorganisation) 12—14, 27—32, 284 f., 289 ff.
programmiertes Lernen 274 ff.
Selbstorganisation des Lernprozesses 199 f.
Lernziel: allgemein 162 ff.
Begründung 170—173
Definition 164—166
Entdeckung 169 f.
„heimliche" Lernziele 176
Klassifizierung 167 f.
Planung 174 f.
Lernziele und Unterrichtsmethoden 177
Lernziele und Leistungsmessung 245 ff.
Spezifikation 166—169
Wirkungen 175 f.
Leistungsmessung 129 ff., 250
(s. a. Diagnosebogen, Evaluation, Klassenarbeiten, Noten, Qualifikationsmessung, Tests)

Medien 202 f., 206 ff., 212 ff., 216 ff., 277, 278 f., 296 f., 302
(s. a. Lehrbuch, programmiertes Lernen)
Microteaching 18, 285 f., 300
Motivation 265 ff.

Normbücher 124 f.
Noten, Notengebung 138 f., 142, 240 ff., 250 f.
(s. a. Diagnosebogen, Evaluation, Klassenarbeit, Leistungsmessung, Qualifikationsmessung, Tests)

Planspiel 209, 292 f., 306 f., 315 ff., 334 ff.
(s. a. Simulation)
Programmiertes Lernen 274 ff.
Projekt 88 f., 189 f., 291, 311 ff., 327 ff.
(s. a. Erkundung, Kurs)

Qualifikationen für didaktisches
Handeln 19—23
Qualifikationsmessung 129 ff.
(s. a. Evaluation, Leistungsmessung)

Regionale Pädagogische Zentren
(RPZ) 121 f., 174 f.
Reife 65—67
(s. a. Adressat)
Richtlinien 94
(s. a. Lehrplan)

Schüler, siehe Adressat
Schule: allgemein 27 f., 32 ff.
Entschulung 35 f.
Schule und Staat 42 f., 51 f., 93
Verschulung 35
Schulrat 39—41
Schulverwaltung 39—42
Selbstorganisations des
Lernprozesses 8, 199 f.
Simulation 202 f., 209 ff., 292 f., 302, 334 ff.
(s. a. Planspiel)

Team Teaching 87—89
Tests 250
lernzielorientierte Tests 141, 233 ff.
standardisierte Tests 234 ff.
(s. a. Evaluation)

Übung 269 f.
Unterricht
Ablaufsorganisation des Unterrichts 194 ff.
Blockunterricht, siehe dort
Gruppenunterricht, siehe dort
Unterrichten 10, 25
Unterrichtsfach, Schulfach 144 ff.
Unterrichtsgespräch 286 f.
Unterrichtsmethode 25, 32, 180 ff., 200
Unterrichtsorganisation
siehe Differenzierung
Unterrichtsqualität 131 f.
Sozialformen des Unterrichts 190 ff.

Verschulung 35

KLETT Schulpraktische Reihe

Klaus Kowalski
Die Wirkung visueller Zeichen

ISBN 3-12-929350-7

Visuelle Kommunikation — einmal nicht politisches Schlagwort, sondern detaillierte Analyse visueller Zeichen und Zeichenbeziehungen anhand zahlreicher Beispiele. Für Lehrer des Fachbereichs „Bildende Kunst / Visuelle Kommunikation“ eine grundlegende Einführung, die unmittelbar in Unterricht umgesetzt werden kann. Für Deutschlehrer eine wichtige Ergänzung mit vielen Anregungen und Vorschlägen.

Uwe Wiest
Schulerfolg — Schulversagen

ISBN 3-12-929340-X

Ein Schulpsychologe mit reicher Praxiserfahrung gibt hier gezielte Hinweise und detaillierte Anleitungen für die Beeinflussung von Schulschwierigkeiten, für die Gesprächsführung mit Eltern und Schülern und für Überprüfung und Training des Lehrerverhaltens.

Konrad Joerger
Lernprozesse bei Schülern

ISBN 3-12-929330-2

Hier ist ein Buch entstanden, das dem Lehrer für seinen täglichen Unterricht eine Hilfe sein kann, indem er deutlicher sieht, wie die kognitiven Strukturen des Schülers und die Sachstruktur des Lerngegenstandes am besten aufeinander bezogen werden.

Herbert Ginsburg / Sylvia Opper
Piagets Theorie der geistigen Entwicklung

ISBN 3-12-929310-8

Immer stärker beeinflussen Piagets Forschungsergebnisse den Unterricht, immer mehr Schulbücher berücksichtigen seine Erkenntnisse, und so ist es für den modernen Lehrer unerläßlich, diese Forschungsergebnisse zu kennen und zu nutzen. Die Autoren legen hier eine schulbezogene Einführung in Piagets Lebenswerk vor.